아동 상담

황현주 · 유은정 · 박혜정
신현정 · 정다운 · 서은경 지음

도서출판 피란미음

머리말

많은 유아교육과 보육기관 선생님들이 아동상담을 하는 것이 어렵다고 말씀하십니다. 실제로 우리나라 초 · 중 · 고 학생의 7.2%에 해당하는 15만 명이 정신건강에 문제가 있다는 교육부 조사 결과가 나왔습니다. 아동상담기관과 전문가는 많아지는데, 왜 이렇게 아동의 문제행동들은 더 심각해지고 아동상담을 하는 것이 어려울까요?

초 · 중 · 고 학생의 문제는 바로 유치원과 어린이집, 그리고 가정에서부터 시작된 경우가 대부분입니다. 그리고 아동상담과 정신건강 전문가들이 모두 동의하듯이 아동의 심리 지원과 치료는 조기 개입이 가장 효과적입니다. 결국 아동상담의 문제는 모든 유치원과 어린이집 교사의 주요 업무이며 우리의 피할 수 없는 역할입니다.

따라서 이 책은 유치원과 어린이집 현장에서 교사들이 아동상담의 전문가 역할을 수행하고 아동상담을 보다 쉽게 접근할 수 있도록 제1부 아동상담의 이론과 함께 제2부에서 아동상담의 방법, 제3부에서는 아동상담의 실제를 다루었습니다.

제1부 아동상담 이론에서는 아동상담에 대한 이론적 기초와 함께 다양한 아동상담 이론을 제시하였습니다. 또한 아동의 스트레스와 가정 내 위기사건들에 대한 아동상담을 살펴 보았습니다.

제2부 아동상담 방법에서는 놀이치료와 함께 아동이 가장 좋아하는 활동 중의 하나인 미술활동을 통해 상담할 수 있는 아동미술심리상담과 함께 적극적 경청, 나 전달법, 행동제한과 같이 구체적이고 즉각적으로 아동의 행동을 지도할 수 있는 방법들을 소개하였습니다.

제3부 아동상담의 실제에서는 아동의 정서적, 사회적 부적응 지도를 바로 할 수 있도록 현장에서 가장 많이 일어나고 있는 유형들을 정서적 부적응과 사회적 부적응으로 구분하여 구체적으로 제시하였습니다. 특히 학기 초에 많이 일어나는 분리불안, 등원거부, 초기 적응불안과 아동의 울기, 화내기, 손가락 빨기 및 손톱 물어뜯기, 말하지 않기 등의 부적응행동을 정서적 부적응으로, 그리고 친구에게 지나치게 공격적이고, 교

사에게 거짓말하고 고자질하고 반항하며, 물건을 훔치는 등과 같은 부적응행동을 사회적 부적응으로 분류하여 각각의 문제행동 원인과 지도법을 살펴보았습니다.

또한 교사가 교실에서 지도할 수 있는 아동의 문제행동과 전문가의 개입이 필요한 심각한 문제행동을 구분하기 위해 아동심리 검사를 구체적으로 자세히 소개하였습니다. 그리고 아동미술심리 집단상담 사례와 우울 장애 아동상담 사례 및 ADHD 아동상담 사례를 통해 심리 검사결과를 이해할 수 있도록 하였습니다.

교사는 사람을 세우는 매우 매력적인 직업입니다. 특히 어린이집과 유치원교사는 아이의 삶에서 가장 먼저, 그리고 가장 중요한 시기에 만나는 전문가입니다. 이 책은 여러분들이 전문적인 교사로서 아동을 세우고 상담하여 아동의 문제를 이해하고 해결할 수 있도록 도와 줄 것입니다.

저자 일동

차례

| Part I | 아동상담 이론

Chapter 1 아동상담의 이해

Chapter 2 아동상담의 이론적 기초

| Part Ⅱ | 아동상담 방법

Chapter 4 아동상담의 놀이적 접근-놀이치료

Part III 아동상담의 실제

Chapter 7 아동의 기본생활습관 지도와 상담

Chapter 8 정서적 부적응 지도와 상담

Part I

아동상담이론

Chapter 1

아동상담의 이해

학습주제 아동상담의 이해

학습목표

❶ 현대 사회의 변화와 아동상담의 필요성을 이해한다.
❷ 아동상담과 성인상담의 차이점을 알아본다.
❸ 아동 상담자가 갖추어야 할 자질을 살펴본다.
❹ 아동상담의 과정을 이해하고 준비한다.

학습요약

1. 아동상담의 기초
   1) 아동상담의 개념 및 필요성
   2) 아동문제의 진단 및 발달적 특성
   3) 아동 상담자의 자질
2. 아동상담의 이해
   1) 아동상담의 기본 기법
   2) 아동상담의 특징
   3) 아동상담의 내용 및 과정

주요개념

아동상담, 진실성, 정직성, 일치성, 공감적 이해, 존중, 수용, 신뢰, 무조건 수용, 상담의 원리, 부모상담, 개별상담, 집단상담, 관찰, 경청, 반영, 공감

들어가기

아동을 대상으로 한 상담에서 가장 우선해야 하는 것이 무엇이라고 생각합니까?

1 아동을 대상으로 한 상담 경험
2 아동상담에 대한 전문적 지식
3 아동상담에 필요한 상담기술
4 아동 특성에 대한 이해
5 아동 상담자로서의 인격적 성숙

성인상담에 비해 아동상담에 대한 관심은 늦게 이루어졌습니다. 최근에 들어 아동상담에 대한 관심은 고조되고 있는 추세입니다. 앞서 질문에서 체크했던 것을 기억하며 본 장을 살펴보기로 합시다.

아동기는 인간의 모든 것에 기초가 형성되는 중요한 시기이다. 대부분의 모든 사람들은 유아기를 거쳐 아동기에 이르는 동안 발달의 기초가 형성되며, 이 시기에 형성된 것들은 이후 삶에 지속적인 영향을 미치게 된다. 그동안 이루어진 많은 아동연구 결과를 비추어 아동기의 중요성을 인식하고 있지만, 풍요로움이 넘쳐나는 현대 사회에서 아동 문제는 증가하고 있는 추세이다. 현대의 아동은 물질적 풍요로움은 증가했지만 정서적 교류가 줄어들었으며, 인간 관계보다는 컴퓨터나 미디어가 더 가까운 시대에 살고 있다. 오늘날의 아동의 문제는 물질적 풍요와는 별개로 학대나 방임, 결핍과 결손이 이루어지는 가운데 깊어가고 있다. 아동의 문제를 방치하지 않고 초기에 개입하여 바람직한 방향으로 이끄는 것은 예방적 차원과 치료적 차원에서 효과적이라고 할 수 있다. 본 장을 통해 아동상담의 기초를 확립하고 아동상담에서 고려되어야 할 것이 무엇인지 알아보기로 한다.

01 아동상담의 기초

아동을 대상으로 한 상담은 성인상담과는 다르다. 아동을 상담하기 위해서는 아동상담에 대한 기초적 개념을 수립해야 한다. 먼저, 아동상담의 필요성은 무엇인지 살펴보고 아동의 발달적 특성을 바탕으로 아동을 이해하는 것이 필요하다. 또한 아동상담의 대상은 어떻게 선정할 것인지 그리고 그러한 아동상담을 담당한 상담자의 자질은 무엇인지 차례로 살펴보기로 한다.

1) 아동상담의 개념 및 필요성

상담이란 개인의 성장에 장애가 되는 요인을 극복하고 최적의 발달을 이루려는 개인을 돕는 과정이며, 훈련받은 전문가의 도움이 필요한 사람과 신뢰로운 관계를 형성하는 과정으로 정의할 수 있다(Thompson & Rudolph, 2000). 이러한 상담이 아동을 대상으로 진행되는 과정을 아동상담이라고 정의할 수 있다. 따라서 대상이 되는 아동에 대한 이해가 필수적이다. 아동은 성인과 달리 자신의 문제를 인지하여 상담을 의뢰하기는 어렵다. 또한 아직 성장발달이 진행 중이며, 자신의 문제를 표현하는 데 미숙한 경우가 많다. 아동 스스로의 변화만으로 해결하기 어려운 가족의 문제를 동반한다는 점에서 성인상담과는 차이가 있다. 이러한 아동을 대상으로 한 상담의 경우에는 특별한 준비가 필요하다.

먼저 상담과 심리치료는 비슷한 목표를 갖고 있지만 차이가 있다. 그러나 실제과정에서 중첩되는 부분이 있기도 하여 혼란을 주기도 한다. [표 1-1]에서와 같이 상담은 치료에 비해 경미한 문제를 다루거나 개인의 의사결정과 관련이 있다. 또한 예방적이며 교육적 차원의 접근에 주로 사용된다. 그리고 개인의 효율성이나 적응력을 높이기 위한 방법을 제안하는 것이 주된 영역이라고 할 수 있다.

표 1-1 상담과 심리치료의 비교

구분	상담	심리치료
1	• 내담자	• 환자
2	• 경미한 장애	• 심각한 장애
3	• 개인적 · 사회적 · 직업적 · 교육적 그리고 결정을 내리는 문제들	• 성격문제
4	• 예방적 · 발달적 관점	• 치유적 관점
5	• 교육적 · 발달적 장면	• 임상적 · 의학적 장면
6	• 의식에 관심	• 무의식에 관심
7	• 가르치는 방법	• 치유하는 방법

| 출처 | Thompson & Rudolph (2000). Counseling Children; 천성문 · 송재홍 · 윤치연 · 윤호열 · 이영순 · 박천식 · 김경일 · 하영자 · 김상희 · 원요한 역(2003). 아동상담의 이론과 실제. p. 17.

현대 사회는 경제적 성장과 고도의 산업화로 인해 급격한 변화를 맞고 있다. 현대 아동은 이러한 변화된 환경 가운데 살고 있으며, 아동의 문제도 커져가고 있다. 현대 사회의 변화 가운데 아동에게 영향을 주는 사회적 요인을 먼저 살펴보면 다음과 같다.

첫째, 현대 사회의 빠른 성장과 산업화로 인해 물질만능주의의 가치관에 압력을 받고 있다. 이러한 가치관은 아동에게 지나친 경쟁을 강요하게 되었다. 현대의 아동은 놀이를 통해 또래와 다양한 관계를 맺으면서 자신의 욕구를 만족시키는 대신에 어린 연령부터 인지적 학습을 강요받고 있다. 아동은 또래와의 놀이를 통해 자신의 흥미에 맞는 다양한 탐색을 하면서 지적 호기심을 키우고 또래와의 대인 관계의 경험을 쌓아야 한다. 그러나 현대 아동들은 점점 더 어린 연령부터 학습에 대한 과도한 압력을 받으며 또래와 접촉할 기회를 잃어가고 있다. 이러한 상황은 현대 아동의 문제를 발생시키는 원인이 되고 있다.

둘째, 정보화 사회로 들어오면서 TV나 컴퓨터 등과 같은 매체에서 쏟아지는 정보가 우리의 가치관을 혼란시킨다. 현대의 부모들은 자녀를 키우면서 각종 사교육의 상업적

광고에 쉽게 현혹되고 있다. 부모 역시 자녀가 다른 아이에게 뒤처지게 할 수 없다는 압력에 시달리면서 자녀와의 갈등을 낳고 있다.

셋째, 현대 사회는 개방적이며 다양성을 추구하고 있다. 우리나라도 다양한 문화가 빠르게 받아들여지며, 그로 인해 가족 중심의 문화에서 개인 중심의 문화로 변화를 맞이하게 되었다. 이러한 변화는 가족의 가치관 및 역할의 변화를 가져오게 되었다. 개인주의로의 변화는 돌봄의 대상이 되어야 할 아동에게는 불리한 변화라고 할 수 있다.

현대 사회의 변화 가운데 아동과 가장 직결되어 있는 것은 가정의 변화라고 할 수 있다. 다음은 현대 가정의 변화가 아동에게 미치는 영향을 살펴보고자 한다.

첫째, 여성의 활발한 사회진출로 인해 맞벌이가정이 증가하고 있다. 이러한 변화는 여성의 역할 즉, 어머니의 역할 변화를 가져오게 되었고 이는 아동의 양육 환경의 변화로 이어진다. 과거 어머니의 역할 가운데 가장 중요한 부분인 양육이 가정 중심에서 기관 중심으로 변화하게 되었다. 현대 가정에서는 일하는 엄마가 영아기부터 어린이집에 아이를 맡기는 모습이 더 이상은 낯선 광경이 아니다. 만일 이러한 부모에게 좋은 환경과 질 높은 보육기관에서 전문적인 교사의 도움을 받으며 양육할 수 있다면 다행이지만, 아동에게 이러한 바람직한 환경 제공을 장담할 수 없는 것이 현실이다.

둘째, 현대의 가정은 핵가족화로 인해 가족 결속력이 많이 떨어져 있다. 이로 인해 과거 대가족이 함께 생활하던 때의 아동과는 달리 조부모나 이모, 삼촌과 같은 다양한 관계의 경험이 부족하다. 더욱이 부모의 이혼이 증가하고 있고 그로 인해 한부모가정, 재혼가정과 같은 다양한 형태의 가정이 생겨났다. 전형적인 가정에 비해 아동의 양육에 불리한 가정의 형태는 현대 아동문제의 원인이 되기도 한다.

셋째, 현대 사회의 변화 가운데 가정에 영향을 주는 것이 직업의 불안정성이다. 현대 사회는 변화가 빠르게 진행되어 이제 평생직장이라는 개념은 사라지게 되었다. 부모의 잦은 이직이나 실직, 조기 퇴직과 같은 직업의 불안정성은 아동에게 경제적인 불리함을 줄 수 있다. 또한 이러한 직업의 불안정성은 부모의 심리적 불안을 가져오게 되어 자녀 양육에 좋지 않은 영향을 미치게 된다.

현대 사회의 이러한 변화는 과거에 비해 아동에게 불리한 환경을 제공하고 있다. 보건복지부(2009)에 따르면 아동상담 발생 유형으로는 비행 및 가출, 학대 및 방임, 미아, 기아 등이며, 발생 배경으로는 결손(예 부모의 사망, 이혼, 가출 등), 결함(예 부모의 질병, 주벽, 복역 등), 빈곤 등으로 나타났다.

현대 사회의 변화는 가족의 기능을 변화시키고 있으며, 이는 다시 아동의 문제로 이어진다. 특히 주목할 것은 아동상담 전체 건수에서 일반가정의 비율이 결손이나 빈곤가정에 비해 높다는 것이다. 이는 현대 사회에서 아동상담은 특수한 환경에서만 필요한 것이 아니라 아동상담에 대한 보편적 적용의 필요성을 말하는 것이라 볼 수 있다.

결국 아동상담은 개인에게 최적의 발달을 돕기 위해 가능한 한 빠른 시기인 아동기에 실시함으로써 문제를 예방하고 아동에게 처한 불리한 환경의 개선과 발달상의 어려움을 극복하는 데 효과적이라고 할 수 있다.

2) 아동문제의 진단 및 발달적 특성

아동상담을 위해서는 먼저 아동의 문제를 진단해야 한다. 어떠한 기준으로 아동의 문제를 판단해야 하는지를 통해서 상담과정을 수립할 수 있다. 아동의 문제는 행동적, 인지적, 정서적, 사회적인 부분에서 연령에 따라 차이를 나타낼 수 있다는 점이 성인상담과의 차이라고 할 수 있다. 아동문제의 진단을 위한 기준은 일반적으로 다섯 가지로 나뉜다.

첫째는 통계적 기준에서 판단한다. 즉, 통계적 관점에서 정상의 범주에서 벗어난 특수한 행동이나 특성을 말한다. 이러한 기준에서는 평균의 범위를 파악하는 것이 중요하다. 예를 들어 키나 몸무게를 연령별로 평균치를 내어 비교한다면 평균에서 이탈된 지나치게 크거나 작은 사례를 대상으로 삼을 수 있다. 반면 행동이나 심리적 특성과 같은 평균치를 내기 어려운 경우에는 객관적이고 정확한 문제의 진단이 쉽지 않기 때문에 주의를 기울여야 한다.

둘째는 의학적 기준을 들 수 있다. 의학적 기준은 의학적 진단과 검사 결과를 바탕으로 판단하는 것을 말한다. 그러나 이러한 방법은 영유아나 아동의 경우에는 문제행동을 의학적 기준으로 판단하기 쉽지 않다는 문제가 있다. 의학적 진단과 검사는 신체를 통해 이루어지므로 심리적 문제가 신체적 문제와 무관한 경우인 아동의 경우는 사용하기 어렵다.

셋째는 가치적 기준이다. 아동이 속한 사회 문화적 가치나 부모의 가치에 따른 기준을 말한다. 이 기준은 시대나 사회문화에 따라 달라질 수 있다는 점에서 주의를 기울여야 한다. 가치적 기준은 부모가 기대하는 기대행동과 자녀의 행동이 다를 때 쉽게 발견된다. 다시 말해서 부모나 성인, 사회에서 기대하는 행동이라고 해서 반드시 정당하고 옳은 행동이라고 말할 수 있는가 하는 문제에서 타당성의 의문을 제기할 수 있다.

넷째는 일상생활 기준이다. 이 기준은 아동이 일상적으로 하는 행동이나 태도를 관찰하여 문제를 판단하는 것을 말한다. 즉 아동의 평소 행동이나 태도, 발달의 경과를 살펴보고 평소와 다른 행동이 관찰되는가를 기준으로 한다(현정환, 2009). 이 기준은 아동과 생활을 같이 하거나 아동의 평소 행동을 잘 이해하고 있는 성인의 객관적이고 체계적인 관찰과 판단이 중요하다.

다섯째는 발달적 기준이다. 이 기준은 발달심리학에서 제공하는 연령별 발달 특성에 비추어 아동의 행동이나 문제를 판단하는 것을 말한다. 그러나 영유아나 아동의 경우에는 개인차가 있다는 점을 고려하고 기질에 따른 특성, 환경적 특성 등을 종합하여 판단하는 것이 중요하다.

|표 1-2|는 아동의 연령별 발달 특성과 이상행동을 제시한 것이다. 영아기의 발달 과제로는 양육자와 형성하는 애착, 신뢰감과 안정감 형성이 중요하며 신체적 성장이 급속하게 진행되는 시기인 만큼 건강과 영양이 중요한 시기이다. 양육과정에서 애착 형성에 문제가 생기면 이상행동으로 이어질 수 있다.

걸음마기는 자아가 형성되는 시기이므로 모국어의 발달이 빠르게 진행되는 시기이

며, 자기 주장, 떼쓰기, 양육자와의 힘겨루기가 나타난다. 이때 적절한 자기 통제감을 배우면 자율성을 기를 수 있다. 그러나 이 시기에 자기 통제감이나 자율성을 습득하지 못하면 심한 떼쓰기나 공격성, 적대적 반항 장애가 나타날 수 있다.

학령 전기에는 성역할을 배우고 또래 관계를 통한 협력과 놀이를 통한 다양한 활동이 아동의 공감능력 발달에 도움이 된다. 다양한 사회 활동과 또래 관계 경험을 통해 사회적 기술을 습득해야 하는 시기이다. 이 시기에 나타날 수 있는 이상행동으로는 분리불안으로 유아교육기관 등원을 거부하기도 하고, 대 · 소변 가리기에 문제로 유뇨증이나 유분증과 같은 증상이 나타날 수 있다.

학령기에 들어가면 타인에 대한 배려와 협력이 가능해지는 시기이므로 이타심과 단체행동을 습득한다. 또래와 호혜적인 관계를 형성하고 학교생활에서 성공 경험을 쌓아가는 것이 자신의 효능감과 자아존중감을 높일 수 있다. 학교생활 적응과 또래 관계에 문제를 보이면 다양한 장애가 나타날 수 있는 시기이다.

표 1-2 아동의 발달지표

구분	영아기(0~12개월)	걸음마기(1~3세)	학령 전기(4~6세)	학령기(7~12세)
사회 · 정서적 행동	• 눈 맞춤(1개월) • 사회적 미소 (2개월) • 엄마에 대한 변별 (6개월) • 호혜적 관계 형성–애착 (6~12개월) • 분리불안–타인불안(6~8개월) • 엄마나 타인의 눈치 살핌	• 자기 주장–부정적 태도 • 엄마와 힘겨룸 • 떼쓰기 • 공격행동 • 능동적인 탐색	• 아빠–엄마 관계 관찰 • 성에 대한 관심 • 성역할 모방 • 또래와 어울리며 협동 • 놀이공포–귀신, 괴물, 도깨비 • 다양한 활동으로 전통, 습관, 가치관 습득 • 공감력	• 이타심 • 질서의식 • 단체행동
발달 과제	• 애착 형성 • 기본적 신뢰감, 안정감 • 어머니가 안전기지 • 신체, 중추신경계 성숙	• 공격성, 충동의 통제 • 자율성 • 자기 주장–자아 통제 • 자아의 분리, 개별화	• 남녀의 성역할 학습 • 주도성–목적의식 • 사회적 역할 학습 • 전통, 문화적 가치관 습득	• 우정, 또래 관계 수립 • 생산성–근면성 • 효능감, 자존감 • 기초학습능력

구분		영아기(0~12개월)	걸음마기(1~3세)	학령 전기(4~6세)	학령기(7~12세)
필요한 환경 요소		• 충분한 영양 • 질병예방 • 충분한 신체접촉 • 애정에 찬 상호작용 • 민감한 양육 • 영아의 욕구에 반응 • 재미있고 풍부한 자극과 놀이	• 다양한 탐색놀이와 운동 • 풍부한 언어자극 • 일관성 있는 행동의 통제 • 욕구 충족의 지연, 포기 훈련 • 옳고 그름, 깨끗함과 더러움, 해야 할 일과 하지 말아야 할 일 가르침 • 자기 주장의 적절한 수용 • 적절한 대 · 소변 훈련	• 부모의 남녀 관계 모범 • 성차와 성에 대한 교육 및 가치관 형성 • 또래 관계 격려 • 다양한 사회 활동 경험 • 다양한 문화교육 활동 • 전통, 습관, 예절 교육	• 또래집단 활동 • 학교생활적응 • 선생님과의 긍정적 관계 • 지적 호기심 충족과 배움의 즐거움 경험 • 성공 경험을 통해 자신감, 효능감 경험 • 스포츠, 게임 등 다양한 신체 활동
이상행동		• 모성결핍증후군 • 아동학대, 방임 • 반응성 애착 장애 • 자폐장애	• 과잉보호, 과잉통제 • 이식증-반추 • 심한 떼쓰기, 공격성 • 적대적 반항 장애 • 발달지연 • 언어발달지연	• 분리불안증 • 유뇨증 • 유분증 • 악몽, 야경증 • 과잉운동증 • 공격성 • 자위행위	• 열등의식, 낮은 자존감, 분리불안, 과잉불안, 우울장애, 신체화장애 • 강박장애, 틱장애 • 품행장애, 반항장애, 주의력결핍 과잉운동장애 • 등교거부증
성격발달	프로이트	• 구강기	• 항문기	• 남근기	• 잠복기
	에릭슨	• 신뢰감 대 불신감	• 자율성 대 수치심	• 주도성 대 죄책감	• 근면성 대 열등감
인지발달		• 감각운동기	• 전개념기	• 직관적 사고기	• 구체적 조작기

| 출처 | 하승민 · 서지영 · 강현아 · 마주리 · 서혜전 · 장정백(2011). 아동상담. pp. 114-115.

아동은 성인과 달리 발달의 과정에 있다. 무엇보다 연령에 따라 발달의 차이가 크고 연령에 따른 특성을 나타낸다. 따라서 아동의 연령에 따른 발달적 특성을 알아두는 것은 아동상담을 위한 기초이다.

3) 아동 상담자의 자질

일반적으로 상담자[1)]의 자질에는 인간에 대한 긍정적인 태도와 이해능력, 자기 자신을 충분히 이해하고 사랑하는 능력, 문제를 파악하고 해석하는 능력, 각종 심리 검사의 사용과 해석에 따른 개인의 평가능력, 상담자로서의 성숙한 인격, 폭넓은 학문적 지식, 전문가로서의 책임감과 윤리의식 등이 필요하다.

미국 심리학회에서 제시한 상담가의 바람직한 자질은 다음과 같다(Garfield, 1995).

- 탁월한 능력
- 독창성과 자원의 풍부성
- 호기심
- 인간에 대한 관심
- 자신의 성격 특성에 대한 직관
- 동기에 대한 복잡성에 대한 민감성
- 인내력
- 근면성
- 책임감
- 재치
- 통합성과 자기 통제
- 윤리적 가치에 대한 인식
- 다양한 문화적 배경
- 심리학과 임상 분야에 대한 이해
- 다른 사람과 온정적이고 효과적인 관계를 맺는 능력

이러한 상담가의 기준을 살펴보면 전문가로서의 자질과 인간적인 자질로 구분할 수 있다. 전문적인 자질로는 상담의 능력, 독창적인 아이디어와 자원의 활용, 직관력, 동기를 파악하는 민감성, 심리학과 임상 분야에 이해가 있다. 인간적인 자질로는 원만한 대인 관계, 모나지 않은 원만한 성격, 인내력, 책임감, 자기 통제, 윤리의식 등이 거론된다.

이를 아동상담을 맡은 상담자에게 적용해보면 첫째, 전문가로서의 자질을 갖추어야 한다. 전문가로서 갖추어야 할 자질에는 아동발달에 대한 지식, 아동 및 부모행동에 대한 이해, 아동의 현재 상태에 대한 파악 등을 기초로 상담에 임해야 한다. 아동발달에 대한 전문적 지식은 꾸준히 관련 정보를 습득해야 한다. 아동의 연령에 따른 발달을 기초로 행동을 이해해야 하며 부모행동에 대한 정보를 파악할 수 있는 평가와 부모행동

1) 상담가나 상담사는 상담을 직업으로 하는 사람으로, 상담자는 상담을 하는 역할에 의미를 담고 있다. 본 서에서는 아동상담의 역할을 수행하는 교사를 의미하므로, 전문적인 직업을 지칭할 때를 제외하고 '상담자'로 통일하기로 한다.

이나 양육태도, 대화 방법 등에 관련된 평가 등을 활용한다. 아동의 행동이나 감정은 체계적인 관찰을 통해 파악하도록 한다.

둘째, 인간적인 자질이 필요하다. 아동상담을 하다보면 인간적인 차원의 문제가 드러나게 되어 아동 부적응행동을 문제로 상담을 하다보면 아동보다는 문제가 중심이 되기 쉽다. 상담에 임하는 상담자는 언제나 아동을 중심으로 진행되어야 한다.

마지막으로, 아동상담과정에서 수용적이고 공감적인 태도를 잃지 않아야 한다. 수용적이고 인간적인 태도는 좋은 본보기를 보여주어야 신뢰로운 관계를 유지할 수 있다. 어떠한 상황에서도 비판하거나 단정 짓는 태도를 보이는 것은 바람직하지 않다. 누구나 완벽할 수 없다는 사실을 이해하고 자신도 불완전한 존재라는 사실을 기억하면서 다른 사람을 부정적으로 평가하지 않도록 해야 한다.

무엇보다 상담자는 자신의 인격적 성숙을 위해 노력해야 한다. 정서적 안정성을 유지하여 다른 사람에게 신뢰롭고 편안한 분위기를 줄 수 있도록 노력해야 한다. 다음은 아동상담을 위한 상담자의 자세이다.

(1) 진실성, 정직성, 일치성

상담에 임하면서 아동을 대하려고 할 때에 중요한 것은 자신의 진실하고 정직한 마음과 태도이다. 아동을 진심으로 대하고 말과 표정을 일치함으로써 신뢰로운 분위기를 만들면 효과적인 상담으로 연결될 수 있다. 억지로 웃거나 관심 있는 척하는 행동은 의사소통에서 방해가 된다. 일반적으로 상담자는 내담자에게 어떤 해결을 해주어야 한다는 부담감을 가지는 경우가 많다. 이러한 부담감은 상담 결과나 상담 장면에서 나타내는 내담자의 반응에 지나치게 민감한 생각을 하게 되며 피곤에 휩싸이게 된다. 상담자가 해결사는 아니다. 따라서 부담감을 버리고 편한 마음으로 상담에 임하며 어떤 내담자의 반응이라도 긍정적으로 해석하는 것이 좋다.

(2) 공감적 이해

공감이란 나의 주관적인 해석이 아닌 상대방의 감정을 받아들이는 것이다. 자신이 경험하지 않은 일에 대해 공감하는 것은 쉽지 않지만 연습을 통해 향상될 수 있다. 상대방의 입장에서 생각하고 상대방의 감정을 이해하고 있다는 반응이 필요하다. 예를 들면, 비언어적 표현으로 가벼운 끄덕임, 눈 맞춤과 "음―.", "어머나―."와 같은 언어적 반응을 보이는 것으로 공감을 표현할 수 있다. 공감을 표현하는 적절한 언어로 반응을 보이는 것이 좋은데 예를 들면, "속상했겠다. 나라도 그랬을 것 같은데…."와 같은 말로 표현할 수 있다.

(3) 존중, 수용, 신뢰: 무조건적 수용

아동이 느끼는 여러 가지 감정, 생각, 문제, 가능성에 대한 존중이 필요하다. 때로는 아동의 의견이나 생각이 나와 같지 않더라도 한 개인의 감정이므로 받아들이고 수용해야 한다. 이에 대해 반대 의견을 거침없이 말한다면 의사소통에 문제가 생길 수 있기 때문에 조심해야 한다.

만약 아동과의 상담과정에서 비판적인 반응이나 지적을 하게 되면 상담에 임하는 아동은 방어적 태도를 보이면서 자신을 방어하려는 경향을 나타내게 된다. 사람은 누구나 자신을 조정하려 하거나 평가 받는다는 느낌을 받게 되면 자신을 보호하기 위해 방어를 하게 된다. 상담에서 이러한 방어성은 의사소통을 방해하는 데 결정적인 역할을 하게 된다.

상담에 임하는 상담자는 아동의 생각에 수용적인 반응을 보임으로써 개방적인 분위기를 형성해야 한다. "잘했어!", "좋은 생각이네."와 같은 판단이 포함된 말이나 비판은 피하며 종합적인 평가나 해결 방안은 객관적인 자료를 바탕으로 부모나 아동과 함께 내리는 것이 바람직한 방법이다.

아동상담은 대상이 아동임을 고려해서 주로 아동학 관련 전공(아동학, 아동복지, 아동상담, 교육학)자가 상담자로 일하고 있다. 청소년상담, 성인상담, 노인상담과 같이 연령으로 구분하여 상담을 나눌 때에 아동 상담자들이 선호하는 이론은 인본주의 이론으로 나타났다. 위에서 열거한 상담자의 역할이 주로 인본주의 아동상담에서 사용하는 방법이다. 또한 아동 상담자들이 다른 대상 상담자들에 비해 전문성을 발달시키지 못하고 있으며, 아동상담의 경우에는 가족 및 관련자와의 상담을 병행하는 비율이 높다고 보고하고 있다(이영신, 2004). 아동상담은 아동만을 대상으로 하기 보다는 부모나 형제와 같은 가족이 참여하는 것이 빈번하다. 이러한 이유는 아동의 경우에는 주변의 보살핌을 받는 대상이기 때문에 환경적 요인을 고려해서 진행하는 방식이 효과적이기 때문이다.

아동 상담자는 일반 상담자처럼 성숙한 인간, 개방성, 온정성, 사람에 대한 애정과 관심 등의 요건과 함께 아동의 대한 이해와 가족 및 환경을 고려한 체계적인 방식을 사용하는 것이 요구된다.

02 아동상담의 이해

상담은 '숙고하다(to reflect)', '고려하다(to consider)', '조언을 받거나 구하다(to take or to ask counsel)'의 의미를 담고 있다. 일반적으로 상담은 상담의 자격을 갖춘 상담가에 의해 진행되는 전문적이고 체계적인 과정이다. 상담을 위한 이론적 기초를 닦고 일련의 실습 기간을 거쳐 자격을 얻는 전문적인 과정이다. 따라서 상담은 아동의 연령에 따른 발달 정도, 현재의 적응 상태, 객관적인 검사자료 등을 바탕으로 진행되어야 한다. 여기에서는 일반적인 상담의 원리인 상담을 위한 준비와 상담 기법을 먼저 알아본 후에 아동상담의 특징을 살펴볼 것이다.

1) 아동상담의 기본 기법

아동상담을 하기 위해 먼저 상담의 기본원리를 살펴보아야 한다. 그리고 아동상담은 아동만을 대상으로 하기 보다는 부모상담이 병행된다는 점에서 부모상담의 고려사항을 살펴보기로 한다.

(1) 상담의 원리

상담을 하기 위해 해야 할 기본적인 원리는 다음과 같다.

첫째, 개별화의 원리이다. 아동의 문제나 부모 자신의 문제로 상담을 하게 될 경우에는 모든 대상자는 개별적이라는 사실을 기억해야 한다. 각각 처한 상황과 문제가 다르고 각각 가지고 있는 개인적 특성이 다르다는 것이다. 아동의 문제를 예로 보더라도 아동의 공격적 행동이 아동의 기질의 문제일 수도 있고 가정 환경의 영향일 수도 있다. 잘못된 강화의 문제일 수도 있으므로 동일하게 결론짓거나 결정할 수 없는 문제이다.

같은 연령이라도 개인차가 나타나기 마련이다. 따라서 개별적인 상황에 대한 충분한 이해를 바탕으로 아동이나 부모의 특성을 존중하면서 진행해야 한다.

둘째, 의도적 감정 표현의 원리이다. 수용적인 분위기를 조성하여 상담에서 오는 피로와 긴장감을 없애고 자신의 이야기와 감정을 자유롭게 표현할 수 있도록 한다. 상담을 진행하는 과정에서 서두르거나 재촉하지 않는 속도의 조절도 중요하다.

셋째, 수용의 원리이다. 상담을 통해서 부모와 아동에 대한 많은 정보를 얻을 수 있다. 아동과 부모의 관계, 아동과 부모의 장점이나 단점, 양육태도, 감정의 상태 등 상담을 통해 얻은 것에 대해 비판하거나 평가하기 보다는 있는 그대로 받아들여주는 것이 필요하다.

넷째, 비밀보장의 원리이다. 상담의 내용과 정보는 비밀이 보장되어야 한다. 자신의 감정과 같은 사적인 내용을 담고 있는 부모나 아동과의 상담 내용이 공개된다면 기본적인 신뢰가 유지될 수 없다. 상담자가 상담의 내용에 대해 다른 곳에 이야기하거나 공개되지 않도록 존중하는 것은 기본적인 윤리에 해당된다.

(2) 부모상담

아동상담의 경우에는 아동이 자발적으로 상담에 의뢰하기 보다는 부모나 교사에 의해 의뢰받는 경우가 대부분이다. 따라서 아동상담만 진행되는 것이 아니라 부모상담도 같이 병행하는 경우가 많다. 부모와의 상담은 흔히 부모나 교사와 같이 아동과 밀접한 성인이 아동의 현재 생활에 부적응이나 변화를 인지하거나, 부모가 가정생활이나 그 밖에 양육에 어려움을 겪게 되어 의뢰하는 경우가 있다. 상담자는 먼저 부모와의 상담을 통해 아동의 환경적 요인에 대해 가능한 한 충분한 자료를 수집하는 것이 필요하다. 가족 상황, 관찰일지, 아동의 특이사항, 환경상 특이점, 부모와의 관계, 양육태도 등 다양한 자료 수집은 성공적인 상담을 위한 필수 요소이다.

① 개별상담

개별상담은 1:1로 이루어지는 개인적인 상담을 말한다. 아동의 특별한 문제나 개인적인 도움을 필요로 할 때에 이루어지는 상담이다. 일반적으로 상담 현장에서 가장 많이 사용되는 상담이 개별상담이다. 개별상담을 통해 부모와 아동에 관한 폭넓은 정보를 수집하게 된다. 부모의 특성뿐만 아니라 아동의 특이사항 및 사적인 사례가 많기 때문에 일반적으로 개별상담을 진행한다.

개별상담의 장점은 개별적인 만남을 통해 부모의 요구를 파악하기가 쉽고 상호 신뢰감이나 친밀감 형성에 유리하다. 또한 개별적인 아동의 상황에 맞는 도움을 제공하는 데 용이한 것도 장점이다. 그러나 시간이 많이 걸리는 단점이 있다.

② 집단상담

집단상담은 개별상담과는 다르게 비슷한 집단을 형성해서 같은 문제를 함께 이야기 나누고 다른 사람의 반응과 조언을 듣게 된다. 개별상담이 단독으로 이루어지는 반면 집단상담은 다른 참여자들과 나누는 언어, 생각, 감정이 동일시되면서 문제를 해결해 가게 된다. 집단상담은 성장 중심 집단과 문제 중심 집단이 있다. 성장 중심 집단은 일반적인 문제나 발달적인 문제를 다룰 때에 적합하다. 예를 들면 아동의 자기 조절력 향상, 기본생활습관의 형성, 사회성 발달과 같은 문제를 다룬다. 반면, 문제 중심 집단은 현재 겪고 있는 문제 상황을 중심으로 집단을 형성한다. 초기 적응이 안 되는 아동을 중심으로 집단을 구성해서 가정에서의 양육과정, 엄마와 분리되었을 때에 보이는 양상 등을 서로 이야기하면서 해결점을 찾을 수 있다.

집단상담의 장점은 비슷한 상황의 다른 참여자들을 보면서 동일시가 더욱 쉽고 편안하게 이야기하는 과정에서 자신의 객관적인 문제를 인식하는 데 도움이 된다. 단점은 개별적인 접근이나 해결책의 제시가 어렵다는 점과 집단의 역동이 제대로 이루어지지 않을 때에는 효과를 보기 어렵다는 점을 들 수 있다.

상담이 시작되면 먼저 상담의 목표를 설정한다. 아동의 생활에서 나타난 적응상의 어려움을 교사나 부모 등 아동과 밀접한 연관이 있는 인적 요인과 협력하여 변화하도록 이끄는 구체적인 목표를 설정한다.

상담의 과정은 초기, 중기, 종결로 이루어진다.

초기과정에서는 상담의 분위기 조성, 부모와의 협력적 관계 형성, 부모와 아동에 대한 이해, 문제 파악, 상담의 목표 정하기 등이 포함된다. 상담 초기에는 무엇보다 신뢰롭고 협력적인 관계를 형성하기 위해 편안한 분위기를 조성하며 부모와 아동의 특성을 파악한다. 상담자는 객관적인 자료와 함께 부모의 도움을 받아가며 진행해 나간다. 상담과정에서 보이는 언어적 · 비언어적 단서를 통해 부모를 이해하도록 해야 한다. 현재 가지고 있는 문제를 이야기 나누고 '무엇이 문제인지? 언제 나타나는지?'를 이야기하면서 문제에 대한 탐색을 해나간다. 문제 탐색을 통해 목표를 설정한다.

상담 중기에는 문제에 원인이 될 수 있는 것들을 살펴보고 다양한 해결책을 알아본다. 이때도 상담의 기법에 충실하여 진행하도록 한다. 경청, 반영, 공감, 칭찬의 기법들을 활용하면서 부모가 자신의 이야기를 충분하게 하도록 하는 것이 좋다. 상담자가 판단하거나 결론 내리지 않도록 주의하면서 문제의 원인을 파악하고 해결책을 살핀다. 해결책을 제시할 때도 단정적인 어투로 말하기 보다는 다양한 원인 가운데 해결점을 부모가 찾을 수 있도록 유도한다.

상담의 종결 단계에서 상담자는 부모와 함께 상담의 목적이 달성되었는지 확인한다. 상담과정 전반에 대한 평가를 나눈 후 필요하면 다음에 추후 상담이 가능함을 알린다.

2) 아동상담의 특징

아동을 상담하기 위해서는 아동의 발달 특징을 먼저 살펴보아야 한다. 발달적으로 아직 미성숙하고 자신의 감정이나 생각을 언어로 표현하기에 한계가 있는 아동을 대상으로 상담을 하기 위해서는 성인상담과 다른 접근이 필요하다. 성인상담에서는 상담자보다는 내담자의 말을 많이 듣는 것이 좋으나 아동은 성인처럼 자신이 말을 많이 하지 못한다. 언어적 표현이 미숙한 아동은 딱딱한 테이블에 앉아 구조화된 방식의 상담보다는 놀이 가운데 자연스럽게 이루어지는 상담이 더 적절한 방법일 것이다.

지적인 발달에 있어서도 자기 중심성의 특성을 보인다. 따라서 자신의 생각을 자신을 중심으로 해서 전개하기 때문에 다른 사람의 느낌이나 생각을 제대로 듣기 어렵다. 더욱이 자신의 생각이나 행동에 대한 오류를 깨닫기 어렵다. 다른 사람의 생각이 나와 다를 수 있다는 사실을 이해하기 어려운 것은 아동의 특징이기도 하다.

아동은 인과 관계에 대한 파악이 어렵다. 행동의 원인과 결과를 이해하는 데 한계가 있어서 원인과 결과를 이해하는 것도 자신의 생각이나 믿음대로 판단한다. 자신의 잘못된 행동에 대한 지각보다는 비현실적인 원인과 결과를 추론하는 경우가 생긴다. 자신이 말을 듣지 않아 엄마가 아프다고 생각하거나 동생이 아픈 것이 자신이 미워한 탓이라고 믿는다.

아동상담에서 아동의 짧은 주의력도 고려해야 한다. 이야기가 길어지거나 상담의 시간이 길어지면 도중에 딴생각을 하게 되어 원래 하고 있던 이야기에서 벗어나 자신의 생각에 빠지기도 하고 이야기의 일부를 가지고 전혀 다른 이야기를 만들기도 한다.

이러한 발달적 특징은 아동상담에서 상담자가 고려해야 할 부분이다. 아동은 아직 스스로 자신의 문제나 어려움을 깨닫지 못한다. 아동은 자신의 문제에 대한 도움을 청하는 것도 어렵다. 상담에서 수동적인 태도를 보이기 쉬우며 상담의 과정이나 목적을 이해하는 데 어려움을 보이게 된다. 상담자는 아동의 발달에 대해 정확한 수준을 파악하고 수준에 맞게 어떤 목표를 가져야 할지, 어떻게 진행해야 할지를 신중하게 검토해야 한다. 진행 방법도 발달에 맞게 언어로 이루어지는 상담보다는 다양한 활동을 통해서 이루어지는 것이 효과적이다. 인형을 사용하거나 그림 그리기와 같은 활동을 통해 아동의 감정을 다루는 것이 필요하다.

아동은 자신의 부모와 가족 체계와 함께 고려되어야 한다. 성인처럼 독립적으로 생활하지 못하는 아동은 아동이 속한 여러 체제의 영향을 받게 된다. 따라서 성인상담과는 다르게 아동의 생활 전반을 고려하여 협력적인 상담을 하는 것이 중요하다. 예를 들어 아동의 행동은 부모의 양육태도와 같은 부모의 영향을 받게 된다. 가족 내의 환경도 아동의 행동에 영향을 주기 때문에 교육기관에서 관찰하는 것만으로 아동의 행동을 이해하고 파악하는 데 어려움이 있다. 따라서 부모와의 협력적인 관계를 통해 아동을 이해하고 문제에 접근하는 것이 필요하다. 또한 다양한 분야의 전문가의 도움도 받아야 한다. 아직 발달이 진행되고 있는 아동은 성인과 다르게 교사뿐 아니라 부모, 치료전문가, 소아과 의사 등의 도움을 받아 체계적이고 전문적으로 최적의 발달로 이끌어야 한다.

(1) 관찰

언어적 표현이 미숙한 아동의 경우에는 자신의 상황과 행동을 설명하는 데 한계가 있다. 아동상담의 경우에는 관찰이 매우 중요한 역할을 한다. 상담을 하면서 도중에 나타나는 아동의 행동과 표정을 통해 단서를 얻어야 하므로 민감한 관찰이 필요하다. 또한 아동상담의 경우에는 전형적인 방식보다는 놀이와 함께 진행되면서 아동의 놀이 시 보이는 아동의 행동을 통해 상태를 파악하기도 한다. 이때 자연스러운 놀이과정에 참여하면서 부모와의 관계, 아동의 행동 특성, 심리 상태를 알아차리기 위해 객관적인 관찰을 사용한다.

(2) 경청

상담에서 잘 들어만 주어도 절반은 성공이라고 말한다. 실제 이야기를 잘 들어주는 친구를 만나 이야기를 나누고 나면 후련해지는 느낌을 받게 된다. 이것이 경청의 효과이다. 흔히 잘 듣는 것이 잘 말하는 것보다 어렵다고 한다. 잘 듣는 일은 생각보다 훈련이 필요한 일이다. 경청은 말하는 사람의 몸의 자세, 손발의 제스처, 얼굴 표정, 목소리의 높낮이를 포함하여 언어로 표현하는 것까지 주의 깊게 듣는 것을 의미한다.

자세를 약간 앞으로 숙이고 눈을 맞추며 적당한 거리를 유지하며 듣는 것이 좋다. 전화를 받거나 다른 업무를 동시에 처리하며 이야기를 나누는 것은 좋지 않다. 만약 집중할 수 없는 상황이라면 잠시 중단하는 것이 바람직하다.

(3) 반영

반영은 상대방에게 신뢰감과 친밀감을 주는 방법으로 사용되는데 있는 그대로 받아들이고 그 감정을 읽어주는 방법이다. 유아들에게도 매우 효과적인 방법으로 유아교사들도 흔히 쓰는 방법이다. "엄마가 장난감 안 사줬어요. 정말 정말 미워요!"라고 말할 때 "장난감을 못 가져서 정말 속상했구나!" 혹은 "그 장난감이 정말 갖고 싶었구나." 하고 읽어주는 것을 말한다. 감정을 읽어주는 것은 존중받는다는 느낌과 자신의 이야기를 잘 들어주고 있다는 것을 전달한다. 이러한 느낌은 행동의 변화와도 밀접한 관련이 있다.

(4) 공감

감정이입이라고 불리는 방법이다. 상대방의 마음에 동일시하여 감정적인 교류를 나누는 공감은 훈련과 경험으로 증진되는 정교한 대인 관계 기술이다. "다시는 너랑 얘기 안 해!"라고 말하는 유아의 속마음을 "얘기를 하기 싫을 만큼 화가 났구나."라고 읽어주어야 한다.

공감은 민감성으로부터 기인한다. 상담자는 타인의 반응을 통해 민감하게 그 사람의 감정과 바라는 바를 읽어주어야 한다. 때로는 내담자가 보이는 불일치된 반응을 보면서 주된 감정을 읽어내야 하는 이러한 민감성은 꾸준한 연습을 필요로 한다. 공감은 감정적인 교류를 가능하게 함으로써 진정한 의사소통의 기반을 형성하게 된다.

(5) 질문하기

질문에는 요령이 필요하다. 상황에 맞게 적절하게 사용되는 질문은 유아를 교육할 때도 매우 중요한 교수법이지만 다른 사람과의 대화에서도 중요하다. 질문에는 몇 가지 피해야 하는 방법이 있다. 단답형의 폐쇄적 질문 예를 들어, "이거 만드니까 기분 좋지?" 보다는 "만들고 나니까 기분이 어때?"와 같은 개방형 질문이 좋다. 아동에게도 "유치원(어린이집)을 다니니까 좋아?"의 질문보다는 "유치원(어린이집)을 다니니까 ○○은 어때?"가 바람직한 질문이다. 이러한 질문은 보다 긴 대답을 하게 되고 이것은 부모와 아동을 파악하는 데 많은 정보를 제공하기 때문이다.

적절한 질문은 상담과정에서 중요한 정보를 파악하고 해결해가는 데 매우 효과적으로 사용될 수 있다. 효과적인 질문은 상담자의 의도나 모호한 용어를 파악하는 데 사용된다. 첫째로 모호한 용어나 상황 설명을 구체화할 때 사용한다. 예를 들어, 아동이 "친구들이 나를 싫어해요."라고 말할 때 "어떨 때 친구가 너를 싫어하니?", "어떨 때 친구들이 너를 싫어한다고 생각했어?"라고 구체화시킬 수 있다. 아동이 자신의 감정이나 행동을 잘 파악하지 못하는 경우에도 질문을 통해 명확히 알려줄 수 있다.

반면 두 가지를 동시에 질문하는 방법은 좋지 않다. "친구들이 뭐라고 해? 선생님은 뭐라셔?"와 같이 동시에 두 가지를 질문하는 경우는 무엇을 대답해야 할지 혼란스럽다. "왜요?"라는 질문도, 질책의 의미를 담고 있는 질문이라 피하는 것이 좋다. 이러한 질문보다는 질문은 구체적으로 명확하게 하여 많은 정보를 얻는데 사용되도록 하는 것이 좋다. 예를 들면 "○○는 적응을 잘 하나요?" 보다는 "새로운 장소에 갔을 때 ○○는 어떻게 할까요?"가 바람직하다.

(6) 칭찬의 활용

상대방과 좋은 관계를 유지하기 위해서는 상대의 장점, 긍정적인 평가를 찾는 것이 중요하다. 여러 가지 대화 중에 찾은 상대의 장점은 적극적으로 활용한다. 아동이나 부모에게 상담 도중에 찾은 장점과 긍정적인 면은 상담에서 적극적으로 활용하는 것이 좋다.

표 1-3 아동의 특성에 따른 상담의 적용

요인	아동의 특성	적용
언어적 요인	• 언어적 표현의 미숙	• 비구조적인 상담 방법과 놀이 방법을 적용하여 이때 나타나는 비언어적 반응을 관찰한다.
인지적 요인	• 자기 중심성 • 인과 관계에 대한 미발달 • 짧은 주의력	• 역할 바꾸기나 간접 경험을 할 수 있는 자료를 활용한다. 짧은 이야기나 동화 등을 활용할 수 있다.
동기적 요인	• 자신의 문제를 파악하고 해결하려는 수동적인 성향 및 태도	• 따뜻하고 안정된 관계를 만들어 신뢰감을 형성하는 상담 분위기를 조성한다.
상담의 과정	• 통합적인 발달과정에 있는 단계	• 통합적인 발달을 고려하여 다양한 활동을 통해 경험하고 느낄 수 있도록 구성한다.
환경적 요인	• 다양한 환경의 영향	• 아동은 성인과 달리 자신이 속한 환경의 영향을 받으며 성장한다. 부모, 형제, 교사 그 밖의 물리적 환경을 고려하는 체계적 접근이 필요하다.

| 출처 | 황현주 외(2011). 아동생활지도. p. 194.

3) 아동상담의 내용 및 과정

아동상담의 내용은 몇 가지로 구분될 수 있다(Thompson & Rudolph, 2000; 장선철, 2011 재인용).

첫째, 아동이 맺는 다른 사람과의 관계는 주로 부모, 형제, 친구, 교사 등과 맺게 되는데 이때 나타나는 사회적 문제가 다루어진다. 아동은 다양한 대인 관계를 경험하게 되는데 이러한 관계가 원만할 때 바람직한 발달이 이루어지며 적응적 행동으로 나타난다. 반면 대인 관계에 문제가 생길 경우에는 사회적 관계에서 부적응행동이 발생할 수 있다.

둘째, 자신의 감정 조절이나 욕구를 적절하게 해결하는 데 어려움을 갖는 정서적 문제가 포함된다. 아동이 자신의 감정 조절이 잘 안된다거나 자신의 욕구가 해결되지 않는 상황에서는 이러한 정서적 문제가 행동의 문제로 나타나게 된다. 이러한 정서적 문제를 해결하는 것은 일상생활에서 빈번하게 다루어지는 행동문제로 이어진다. 바람직한 정서의 조절과 적절한 욕구의 해결은 아동상담의 주요 과제이다.

셋째, 아동 자신의 능력이나 가치, 관심, 장 · 단점과 같은 자신의 정보를 학습하는 인지적 문제를 들 수 있다. 아동은 성장하면서 자신의 생각을 이해하고 자신의 가치나 평가를 하는 능력을 키우며 자신에 대한 정보를 학습할 필요가 있다. 이러한 자신의 대한 이해를 바탕으로 타인과의 관계나 주변 세계에 대한 이해능력도 발달해 간다. 반면 자신에 대한 이해가 되지 않고 자신의 가치를 낮게 평가하는 경우에는 부적응행동을 초래할 수 있다.

넷째, 아동 자신이 속한 사회와 환경에 대한 문제이다. 아동이 속한 사회에 대해 이해하고 자신이 포함되어 있는 환경을 알아가는 것은 적응적 행동을 돕는다. 유치원이나 어린이집에 대한 이해를 하는 것은 아동의 효과적인 사회생활을 유지하게 하며 자신이 속한 크고 작은 환경에 대한 정보는 적응적 행동을 돕는다.

다섯째, 아동이 사회를 살아가면서 익혀야 할 다양한 기술이 있다. 예를 들면 놀이 방법이나 친구 사귀기, 대화 방법, 자신의 생각을 말하는 기술 등에 대해 구체적인 방법을 학습해야 한다.

아동상담은 주로 이러한 내용을 다루게 된다. 상담자는 각각의 상황에 대해 일어날 수 있는 문제를 예방하거나 이러한 문제가 발생했을 경우에는 이에 대한 실질적인 도움을 제공하도록 상담을 진행해야 한다.

아동상담은 문제에 대한 직접적인 문제해결도 중요하지만 보다 근본적인 문제를 생각해야 한다. 아동상담은 아동이 자신의 문제를 자력으로 해결하고 효과적으로 적응할 수 있도록 안내하는 데 있다. 그때그때 발생한 당면한 문제에 대한 해결보다 내면의 힘을 길러주도록 안내하는 것이 중요하다. 내면의 힘은 자아 존중감, 자기 조절력, 사회성의 발달과 같은 발달을 길러주는 것이 상담의 가장 중요한 목표가 되어야 한다.

(1) 상담 초기: 상담 분위기 형성

앞서 제시한 아동상담 목표인 자아존중감이나 자기 조절력, 사회성과 같은 능력의 발달은 좋은 관계에서 비롯된다. 상담자와의 관계에서 신뢰감을 형성하고 대인 관계 기술을 익힌다. 앞서 살펴본 상담의 기법을 활용해서 아동과의 좋은 관계를 유지하는 것이 필요하다. 상담자는 아동에 대한 인격적인 존중과 선택의 기회를 주어서 부정적인 감정까지 수용하고 반영하는 분위기를 조성한다. 아동이 마음속으로 가지는 부정적인 감정을 쏟아내고 나면 행동의 변화를 가져올 수 있을 뿐 아니라 상담자와의 관계에서 치료적 관계로 발전될 수 있다. 아동상담의 경우는 성인을 대상으로 하는 상담처럼 구조적인 형태로 진행하는 것보다는 자연스러운 상황에서 편안하게 진행하는 것이 바람직하다. 편안한 환경과 신뢰로운 관계를 통해 상담에 대한 기대를 갖도록 해야 한다.

(2) 상담 중기: 문제에 대한 인식과 문제해결과정

아동이 가지고 있는 감정적인 문제를 경청과 공감의 자세로 수용하는 것이 필요하다.

경청을 통해 아동이 가지고 있는 감정을 진지하게 들어주고 반영을 통해 수용적인 반응을 나타내면 아동은 자신의 문제를 자연스럽게 이야기하게 된다. 아동상담에서 중요한 핵심은 감정은 비록 사회에서 허용되지 않는 부적절한 감정일지라도 수용하라는 점이다. 그러나 감정의 수용이 부적절한 행동의 용인과는 다르다. 즉, 부적절한 감정일지라도 그러한 마음을 이해 받게 되면 감정적 해소가 가능해지기 때문에 수용해야 하지만 아직 행동 조절, 적절한 행동의 규준을 알지 못하는 아동의 행동을 모두 수용하라는 것은 아니기 때문에 구분해야 한다. 먼저 감정에 대한 수용을 하고 행동에 대한 규준은 함께 이야기하며 알려줌으로써 사회적으로 용인되는 행동과 그렇지 않은 행동을 구분할 수 있도록 도와야 한다. 그러나 이러한 행동의 조절도 감정을 먼저 수용한 후 이루어져야 행동 조절에 대한 동기가 생기고 효과를 볼 수 있다.

상담의 과정 가운데 아동이 자신의 감정을 이해받고 수용되면 자신의 문제를 인식하게 되고 적절한 문제해결 방안을 모색할 수 있다. 이러한 과정을 통해 아동이 가지고 있는 문제를 명료화하고 그동안 그러한 문제로 인해 겪은 불편이나 그동안 그 문제를 해결하기 위해 노력해 왔던 일들을 알아본다. 이때 상담자는 아동의 문제를 인식하는 과정이나 해결 방안을 모색하는 데 올바른 판단을 할 수 있도록 도와주며 사회에서 인정하는 적절한 행동이 무엇인지 안내하도록 한다. 또한 아동의 문제가 아동 스스로의 변화뿐 아니라 환경의 변화 혹은 주변의 도움이 필요한 경우 환경을 개선하거나 주변의 도움을 유도하는 역할을 해야 한다.

(3) 상담의 종결: 상담의 평가 및 문제해결

아동이 자신이 인식한 문제를 적절한 방법으로 해결하고 적응적 행동을 하게 되면 상담은 종결된다. 문제가 해결되면 아동은 이전보다 자신감이 생기고 이후 다른 문제가 생겨도 적절한 해결 방법을 모색하는 것이 쉬워진다. 그동안의 상담과정에 대해 회상해 보고 변화된 것에 대해 평가하면서 상담을 종결한다.

사람은 누구나 존중받고 싶은 욕구를 가지고 있다. 나를 알아주기 바라고 내 마음을 이해받고 싶어하며 사랑받고 싶어한다. 아동의 이런 욕구를 이해하고 진정한 마음의 교류가 이루어지면 효과적인 상담을 이룰 수 있다.

생각해보기

1. 들어가기에서 아동 상담자에게 가장 우선되어야 할 특성을 체크해 보았습니다. 본 장을 학습하고 자신의 생각을 어떻게 바뀌었는지 토론해 봅시다.

2. 아동상담을 전문적으로 하는 기관은 어디가 있을지 조사해서 목록을 만들어 봅시다.

   예 시립아동복지센터
   동부아동상담소
   각 지역아동센터

Chapter 2

아동상담의 이론적 기초

1. 정신분석 이론
2. 행동주의 이론
3. 인지-정서-행동 이론
4. 인본주의 이론

학습주제 아동상담의 이론적 기초

학습목표

❶ 아동상담을 위한 이론적 기초를 탐색한다.
❷ 이론의 주요개념과 원리를 상담에 적용해본다.
❸ 이론별 아동상담의 기법을 알아본다.

학습요약

1. 정신분석 이론
1) 정신분석 이론
2) 정신분석 아동상담

2. 행동주의 이론
1) 행동주의 이론
2) 행동주의 아동상담

3. 인지-정서-행동 이론
1) 인지-정서-행동 이론
2) 인지-정서-행동 아동상담

4. 인본주의 이론
1) 인본주의 이론
2) 인본주의 아동상담

주요개념

정신분석 이론: 원초아, 자아, 초자아, 방어기제, 구강기, 항문기, 남근기, 잠복기, 생식기, 자유연상, 꿈의 해석, 전이, 놀이치료, 미술치료, 음악치료
행동주의 이론: 강화, 처벌, 관찰학습, 체계적 둔감법, 혐오적 조건 형성, 토큰강화, 자기 주장 훈련, 자기 관리 및 자기 지시행동
인지-정서-행동 이론: 합리적 신념, 비합리적 신념, 성격의 ABC 이론
인본주의 이론: 진실성, 무조건적 수용, 공감적 이해, 충분히 기능하는 인간, 자기, 이상적인 자기, 경청, 반영, 명료화, 직면, 자기 노출, 질문, 침묵

들어가기

아동이 보이는 문제는 주로 어디에서 발생된 것일까요?

1 어린 시절의 잘못된 양육과 경험
2 아동의 욕구의 미해결
3 아동의 잘못된 해석과 판단
4 잘못된 행동습관
5 현실과 불일치하는 왜곡된 자기상

다음은 각 이론이 주장하는 관점에 해당하기도 합니다. 자신이 가장 동의하는 것은 어느 것일까요? 본 장을 통해 이러한 주장의 차이를 알아보고 관점에 차이가 상담에 어떻게 적용될지 살펴보기로 합시다.

현대 사회에서 아동상담의 필요성은 더욱 부각되고 있다. 현대 사회의 아동의 문제는 아동의 심리적 측면, 발달적 측면, 행동적 측면, 관계적 측면 등 다양한 방면에서 나타나고 있다. 이러한 문제를 아동상담을 통해 돕고자 할 때 알아야 할 이론을 소개하기로 한다. 아동을 돕는 사람들이 아동의 바람직한 발달과 적응적인 삶을 위해 상담을 하고자 할 때 알아야 할 이론이다. 아동상담에 대한 관점에 따라 행동의 원인과 접근방식에 차이가 있다. 각 이론별로 이론가와 주요개념을 살펴본 후에 상담에 적용해 보기로 한다.

01 정신분석 이론

아동의 심리적 · 정서적 문제를 다루는 정신분석 이론은 성격발달, 행동과 심리적 관계 사이의 연관성을 강조한다. 아동을 이해할 때에 아동의 심리적 · 정서적 문제와 행동과의 관계를 이해하는 것은 중요하다. 또한 생의 초기에 이루어지는 바른 성격의 형성은 이후 적응적인 삶과 매우 연관이 높다고 할 수 있다.

1) 정신분석 이론

정신분석 이론에서 아동의 욕구와 성격 형성과의 관계를 연구한 프로이트(Freud, 1856~1939)는 정신과 의사로 많은 히스테리 환자들을 접하게 된다. 특히 현재 받는 고통의 원인이 대부분 과거의 경험이나 기억에 의해 비롯된다는 것을 발견하고 무의식이라는 개념을 제시하였다. 또한 생물학적인 욕구가 보편적 단계에 따라 나타나고 단계에 따라 나타나는 생물학적 욕구를 어떻게 다루는지가 성격발달에 영향을 준다는 이론적 틀을 형성하였다. 발달에 있어서 심리적 성장에 관심을 기울이며 많은 연구를 일으킨 프로이트의 공헌은 크다고 할 수 있다.

프로이트와 그의 딸 안나 프로이트

| 출처 | freudsigmund.blogspot.com

프로이트는 인간의 성격을 이루는 원초아(id), 자아(ego), 초자아(superego)의 세 가지 구성 요소를 제안하였다. 원초아는 인간의 생물학적 본능과 욕구를 의미하며 쾌락의 원리에 따른다. 영아는 일반적으로 원초아의 충동에 영향을 받게 되다가 자아가 발달하면서 이러한 충동을 현실적인 원리에 의해 조절한다. 남근기 시기 무렵 발달하는 초자아는 부모의 훈육과 가치관의 영향을 받아 양심과 도덕성의 기초를 이루게 된다. 생물학적 본능과 도덕적 양심의 조절을 하는 자아의 내적 힘이 커질수록 건강한 성격을 이룰 수 있다고 보았다. 프로이트 이론에서 빠질 수 없는 것은 방어기제이다. 방어기제(defense mechanism)로부터 우리를 향한 여러 위협들-불안, 죄책감, 갈등, 드러낼 수 없는 욕구-불안, 드러낼 수 없는 욕구 등-로부터 자신을 보호하기 위해 사용하는 인간의 심리이다. 자아는 원초아와 초자아 사이에서 한쪽이 너무 커질 때 조절하는 역할을 한다. 그러나 현실적으로 자아가 손상될 수 있는 불안한 상황이 닥치면 자아를 보호하기 위해 방어기제를 사용하게 된다. 방어기제는 심리적 손상이나 불안, 우울, 스트레스로 부터 우리의 자아를 지켜내기 위해 사용된다.

이러한 방어기제는 거의 자동적으로 이루어진다고 보았는데 특정 방어기제의 지나친 사용은 바람직하지 않다. 만일 아동이 승화와 같은 보다 성숙한 방어기제를 활용한다

표 2-1 방어기제의 종류

방어기제	특징
억압(repression) 및 억제(suppression)	• 현실적으로 받아들이기 힘든 생각이나 기억을 억눌러 고통으로부터 자신을 보호하려는 방어기제를 말한다. 억압은 거의 무의식적으로 일어나며 억제는 의식적 노력을 통해 무의식으로 밀어 넣는 것이다.
치환 (displacement)	• 자신의 생각이나 욕구를 해결하려고 할 때 힘든 대상에서 상대적으로 안전한 대상으로 바꾸는 것을 말한다. 아동의 입장에서 자신의 욕구나 충동을 해결해야 할 원래의 대상이 자신이 상대하기에 힘들다고 판단할 때 보다 쉬운 상대에게서 해결하려는 것이다.
투사 (projection)	• 자신의 욕구나 충동의 원인을 다른 사람의 탓으로 돌리는 것이다. 혹은 자신의 해결되지 않은 감정이나 욕구를 다른 사람에게 전가시켜 버리는 것이다.
동일시 (identification)	• 자신이 동경하는 모델을 자신의 것으로 내면화하는 역할 모델을 말한다. 아동의 경우는 부모의 동일시를 통해 성역할을 배우기도 하고 사춘기에 들어서면서 선망하는 연예인을 동일시하기도 한다.
반동 형성 (reaction formation)	• 자신을 위협하는 용납될 수 없는 충동에 반대되는 행동을 취한다. 공격하고 싶은 충동에 반대되는 행동 즉 친밀한 행동을 취하여 자신의 공격성에 대한 불안을 없애려고 하기도 한다.
합리화 (rationalization)	• 자신의 자아에 상처를 받을 상황에서 이유를 만들어 보호한다. 시험을 못 본 아동이 시험 범위를 잘못 알아서였다거나 시험문제가 정당하지 않았다고 이유를 만들기도 한다.
퇴행 (regression)	• 받아들이기 힘든 현재의 상황이나 불안, 스트레스를 피하기 위해 이러한 것들로부터 안전했던 시기로 되돌아 가는 것이다. 학교생활에 적응하기 힘든 아동이 어린 시기의 행동을 나타내기도 한다.
승화 (sublimation)	• 현실적으로 받아들여질 수 없는 성적 충동이나 공격성과 같은 욕구나 충동을 사회에서 인정하는 행동으로 전환하는 것이다. 따라서 승화는 성숙한 방어기제로 볼 수 있다.
보상 (compensation)	• 자신의 약점을 감추기 위해 자신의 강점을 발전시키는 것이다. 학업성적이 부진한 아동이 체육 활동에 전념하면서 자신의 약점을 보완하려고 한다거나 관심을 못 받는다고 생각한 아동이 부정적 행동으로 관심을 끌기도 한다.

면 아동의 심리적 발달에 도움이 될 수 있다.

또한 프로이트는 생물학적 본능이 시기별로 옮겨가게 되고 이것은 보편적인 발달 단계로 나타난다고 보았다. 각 단계에서 보이는 욕구가 적절하게 해결되는 것이 바람직한 성격 형성에 핵심이 된다. 각 발달 단계에서 박탈과 같은 불만족이 생기면 그 단계에 머무르는 고착이 일어나거나 보다 안전한 시기로 되돌아가려는 퇴행이 일어난다.

프로이트의 이론은 생애 초기에 이루어지는 양육이 성격발달에 결정적인 역할을 한다고 주장함으로써 바람직한 부모-자녀 관계의 중요성을 부각시키고 현대 애착 연구로 이어지는 공헌을 하게 된다.

표 2-2 프로이트의 심리성적 발달 단계

단계(연령)	특징	부모의 역할
구강기 (출생~1세)	• 리비도의 활동이 입에 집중되는 시기 • 빨기, 물기와 같은 활동을 통해 쾌감을 얻는 시기	• 구강 욕구가 불만족되지 않도록 주의 • 너무 일찍 혹은 갑작스런 수유 중단은 이후 의존적 성격을 만듦
항문기 (1~3세)	• 리비도가 항문에 집중되는 시기 • 자발적인 배변과 배뇨를 통해 본능을 해결할 수 있음	• 자율적이고 부드러운 분위기 조성 • 지나치게 엄격한 훈련은 지나치게 지저분하거나 혹은 소비적 성향을 만듦
남근기 (3~6세)	• 리비도의 활동이 생식기에 집중되는 시기 • 오이디푸스(남아), 엘렉트라(여아) 콤플렉스를 갖는 시기 • 동성의 부모의 성역할 학습 • 부모와의 동일시를 통해 초자아를 형성하는 시기	• 성기와 관련된 두려움을 해결하도록 도와줌 • 성적인 질문에 죄책감을 느끼지 않도록 대응 • 바람직한 성역할을 배울 수 있도록 하는 행동의 모델 • 적절한 훈육을 통해 초자아 형성을 도움
잠복기 (6~11세)	• 리비도의 활동이 휴식에 들어가는 시기 • 이러한 에너지는 생산적인 활동(학교생활)로 사용	• 학교생활과 또래 관계를 성공적으로 경험하도록 도움
생식기 (12세 이후)	• 사춘기에 접어들면서 성적 본능이 강해지는 시기 • 성적 본능을 사회에서 허용되는 다른 활동으로 전환하는 방법을 배워야 하는 시기	• 성적 본능에 대한 이해 • 승화와 같은 긍정적인 방어기제의 사용을 도움 • 결혼과 사랑에 대한 성숙한 태도와 생각을 갖도록 대화

| 출처 | 황현주 외(2011). 아동생활지도. p. 41.

특히 정신분석 이론에서는 아동이 가지는 내적 욕구의 해소를 위해 부모나 성인은 관심을 기울여야 하며 욕구가 해결되지 못할 때 부적응행동의 원인이 될 수 있음을 알려준다. 바람직한 훈육은 초자아발달로 이어지며 바른 행동의 기초를 형성한다. 프로이

트의 이론을 통해 우리는 아동이 부모와의 관계나 훈육을 통해 내면화, 동일시 등 중요한 가치관을 형성하게 된다는 사실을 알게 되었다. 우리가 기억하지 못하는 어린 시기의 부적절한 경험이 현재 갈등을 일으키는 원인이 될 수 있다는 사실을 알려주어 어린 아이들은 아무것도 모르는 존재로 여겨졌던 당시 많은 부모들에게 경각심을 일깨우는 계기가 되기도 하였다.

프로이트는 인간의 모든 성격적인 문제와 정신 장애가 무의식적인 갈등에 의해 야기되고, 이 갈등은 주로 유아기 때 부모와의 관계에서 나타난다고 보았다. 또한 병의 원인이 되는 갈등과 이로 인한 불안은 무의식에 숨어 있기 때문에 자기 자신조차도 알지 못한다. 우리는 자신도 의식하지 못하는 사이에 무의식의 사슬로 우리를 얽매고 있는 것이다.

그러나 이 숨겨진 기억이 의식 세계로 떠오르면 그 증상이 사라진다. 이러한 과정을 깨닫고 나의 무의식을 통찰할 수 있을 때 모든 문제는 해결이 된다. 바로 이것이 정신분석과정이다. 정신분석 이론에서는 무의식 세계에 있는 상처를 의식 세계로 끌어내어 자신의 문제를 통찰할 수 있을 때 이루어진다고 여기므로, 자신의 무의식적 갈등을 스스로 인식하고 의식 세계로 끌어 올리도록 돕는다.

2) 정신분석 아동상담

프로이트는 아동의 과거 경험으로부터 형성된 무의식의 문제나 성장과정에서 생긴 욕구의 불만족이 아동의 심리적 문제가 발생한다고 보았다. 이러한 관점에서 정신분석 이론에서 사용하는 상담 기법은 주로 자유연상, 꿈이나 실수를 통한 해석, 전이 등이 있다.

인간의 심리적 문제와 성격과의 관계에 대해 관심을 가지고 연구한 정신분석 이론의 공통적 아동상담의 기법은 다음과 같다.

(1) 자유연상

프로이트가 환자를 자유연상 기법으로 치료할 때 사용했던 의자로, 런던 프로이트 박물관에 보관되어 있다.

| 출처 | www.neoneocon.com

자유연상은 정신분석상담의 가장 핵심적인 기법이다. 내담자가 마음속에 떠오르는 모든 것을 말하도록 격려하고 그 가운데서 해결되지 않은 욕구나 문제를 찾아내는 방법이다. 우리가 의식하지 못하지만 무의식 가운데 자리하고 있는 내적 갈등이나 욕구를 이러한 방법으로 찾아간다. 따라서 자유연상은 어떠한 생각도 평가받는 것에 두려움이 없는 편안하고 자유로운 분위기를 만드는 것이 중요하다. 자유롭게 말하는 가운데서 멈추거나 주저하는 등의 반응을 단서로 상담자는 말하는 이의 내면의 욕구나 말 이면에 감추어진 의미를 파악할 수 있어야 한다.

(2) 꿈이나 실수에 대한 해석

정신분석에서는 꿈을 우리가 평소에 해결하지 못한 소망이나 욕구, 억압된 감정 등이 나타나는 무의식의 표현으로 보았다. 꿈을 꾸는 것은 일상에서 표현하거나 의식하지는 못했으나 내면에 가지고 있는 것들이 나타나는 것이므로 꿈을 해석함으로써 개인의 무의식을 해석한다. 그러나 꿈의 해석은 단순하게 이루어지지 않는다. 있는 그대로 현실적인 꿈을 꾸기도 하지만 꿈은 상징적인 형태로 나타나는 경우가 많기 때문에 꿈을 해석하는 것은 전문적인 작업이라고 할 수 있다.

실수도 무의식에 놓여 있는 충동이나 욕구가 반영된 것으로 보고 의미 있게 분석한다. 행동의 실수나 말의 실수 모두 단순한 것이 아니라 무의식의 반영이라고 보았다. 따라서 아동이 상담 중에 보이는 말의 실수나 행동을 놓치지 않고 분석에 반영하는 것이 정신분석상담의 기법이다.

(3) 전이

정신분석상담에서 전이는 내담자가 상담자를 자신의 중요한 타인으로 인식하고 대할 때를 말한다. 아동이 어린 시절 자신과 중요한 관계가 있던 다른 사람과 해결되지 못한 문제를 가지고 있을 때 그러한 문제나 관계를 상담자에게 적용할 수 있다. 따라서 아동은 상담과정에서 과거 좋지 않았던 관계의 형태로 상담자를 대하거나 저항하는 태도를 보인다. 이러한 아동의 상태를 분석하여 과거 중요 타인과의 해결되지 않는 문제를 찾아내는 기법이다.

(4) 그 밖의 상담 방법

정신분석 이론에서는 아동이 자신의 문제를 표현하기에 미숙하고 자신의 문제를 인지하는 데에도 한계가 있다는 점을 고려하여 놀이, 미술, 음악 같은 매체를 통해 아동의 내면을 탐색한다. 놀이치료에서는 아동의 놀이과정을 상담에 적용하여 상담자와의 관계를 촉진하며, 아동이 자신의 문제를 놀이를 통해서 표현할 수 있도록 한다. 또한 놀이는 그 자체로 치료효과를 지닐 수 있다는 점에서 아동상담에 유용하며 아동도 놀이는 현실과 분리된 안전한 상황이라고 생각하고 자신의 문제를 편안하게 표현하고 새로운 행동을 연습해 볼 수 있다.

미술치료는 아동의 생각이나 감정을 자연스러운 미술적 표현을 통해 알아보는 방법으로 미술재료와 미술적 매체를 활용하여 상담을 하는 것을 말한다. 미술의 표현을 통해서 아동의 감정과 심리를 읽기도 하고 미술 활동에 참여하면서 자신의 내적 욕구를 발산하는 기회가 되기도 한다. 상담자는 아동의 미술 표현의 과정, 형태, 내용에 대한 해석능력을 갖추어야 한다.

음악치료는 음악이라는 매개체를 활용하여 아동의 감정을 표출하고 치유적 기능을 제공하는 것을 말한다. 음악에 참여함으로써 아동은 자신의 해소되지 않은 감정을 표현하고 음악 활동을 통해 새로운 자신감과 창의적 에너지를 발산하도록 돕는다. 따라서 음악치료를 하기 위한 상담자는 음악적 흥미와 기초능력을 갖추어야 한다.

02 행동주의 이론

행동주의 이론은 자극에 따른 반응이라는 인간의 행동을 연구함으로써 행동의 형성과 행동 수정의 기법을 제공하였다. 정신분석 이론이 눈에 보이지 않는 무의식과 과거의 경험을 통해 현재의 부적응문제를 해결하려고 했다면 행동주의 이론은 철저한 행동 관찰과 행동 분석을 사용한 행동수정을 통해 인간의 부적응문제를 해결하고자 하였다.

1) 행동주의 이론

행동주의 이론은 20세기 초 왓슨(Watson, 1878~1958)에 의해 시작되었고 스키너(Skinner, 1904~1990)에 의해 정립되었다. 이후 반두라(Bandura, 1925~)는 사회인지 이론으로 확장하여 인간행동에 미치는 환경의 영향력을 강조하였다. 행동주의 이론은 아동상담에서 행동수정의 원리를 제공한다는 점에서 의의가 있다.

(1) 왓슨의 이론

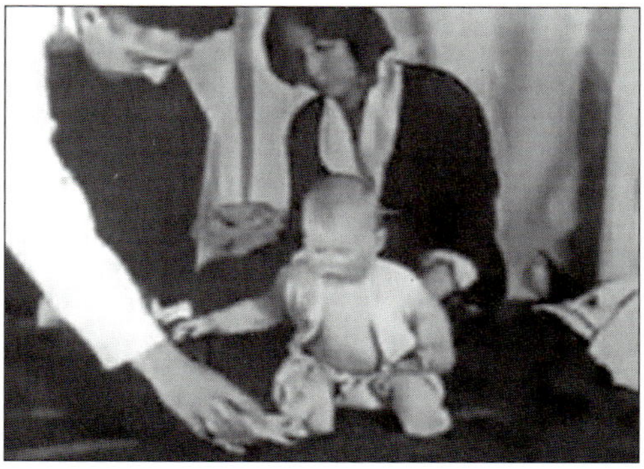

왓슨과 조교 레이너가 아기 알버트에게 공포에 대한 고전적 조건화 실험을 실시하고 있다.

| 출처 | www.ahp.apps01.yorku.ca

고전적 조건화로 알려진 왓슨의 연구는 파블로프의 실험에서 출발하였다. 종소리와 연합한 무조건 자극(먹이)이 무조건 반응(침)이 중성화된 자극 즉 먹이 없이 종소리만 들려줘도 조건화되어 침을 흘리는 학습 효과를 통해 아동에게 적용하였다.

왓슨은 유명한 '알버트 실험'을 통해 파블로프의 실험을 인간에게 적용했다. 11개월의 알버트에게 큰소리와 함께 쥐를 보여주는 것을 반복하자 알버트는 쥐를 보고 울며 놀라는 행동을 보였다. 앞서 파블로프의 실험처럼 알버트는 큰소리와 쥐를 연합하여 놀라는 반응을 형성하게 되었고 이후 쥐만 보아도 놀라며 무서워하는 반응을 보이게 된 것이다. 이를 통해 왓슨은 인간의 행동뿐 아니라 공포와 같은 정서도 조건 형성에 의해 학습된 것이라고 설명한다. 이러한 고전적 조건화 이론은 공포감이나 불안과 같은 심리적 문제를 해결하는 행동치료에 적용되고 있다.

(2) 스키너의 이론

스키너와 스키너의 실험비둘기

| 출처 | www.secularright.org

스키너는 조작적 조건화 실험을 통해 인간의 행동에 영향을 미치는 강화와 처벌의 효과를 제시하였다. 고전적 조건화에 이어 인간행동의 증가 혹은 감소를 조작할 수 있다는 생각이다. 고전적 조건화에 관심을 갖던 스키너는 인간행동이 칭찬, 인정, 음식물, 장난감 등과 같은 강화 요인을 통해 증가될 수도 있고 애정철회, 벌과 같은 처벌에 의해 감소할 수도 있다는 제안을 했다.

조작적 조건화 이론은 반복학습의 원리에 널리 적용되었다. 인간행동의 대부분이 환경적 요인에 의해 강화와 처벌원리로 학습된 것으로 보았다. 특히 새로운 행동을 조형하고자 할 때 우연히 나타난 행동으로부터 점진적으로 행동을 작은 단위로 나누어 구체적 행동을 조형하는 과정을 통해 조건 형성이 가능하다고 설명한다.

행동주의는 양육이나 교육을 담당하는 현장에 실제적인 기법을 제공한다. 아동의 공격적 행동에 대해 행동수정 기법을 사용하여 반복한다면 다른 이론의 적용보다 빠른 시간에 행동이 수정된다. 바람직하지 않은 행동의 수정과 바른 행동 형성에 대한 구체적인 방법을 소개하였다. 조작적 조건화 이론은 아동의 행동수정의 기법을 제공하고 있다.

(3) 반두라의 이론

후기 행동주의 이론은 사회인지 이론으로 알려진 반두라의 연구이다. 인간행동에 모방과 관찰의 중요성이 사회성 발달에 중요한 역할을 한다는 개념을 소개하였다. 사회적 관찰 학습의 중요성을 주장한 반두라는 지나치게 수동적인 입장을 보인 행동주의 이론에 대해 능동적인 인간의 역할을 강조하였다. 사회적 영향 중에 관찰 학습의 중요성을 언급하면서 대리 강화 즉 직접 경험하지 않고 타인의 행동 결과를 관찰함으로써 학습이 될 수 있음을 주장하였다. 모방과 모델링의 중요성과 함께 타인에 대한 개인의 판단이 학습에 적용된다는 점에서 사회학습 이론에서 사회인지 이론이라고 명칭을 변경하였다.

관찰 학습은 네 단계의 과정을 거친다. 우선 모방하고자 하는 행동에 주의를 기울여야 하고 그것을 마음 속에 그려 넣는다. 그것을 연습하는 과정을 거치는데 이렇게 학습한 행동을 강화 받으면 행동으로 나타난다고 설명한다.

특히 인간행동의 상호결정론의 개념을 제시하였다. 아동은 수동적으로 환경에 영향을 받는 것으로 알려졌으나 능동적인 아동은 타인의 행동과 환경 사이의 상호작용을 통해 발달한다는 점에서 왓슨과 스키너와는 다른 주장을 하고 있다. 아동은 행동을 하기에 앞서 모방을 할 대상을 선택하기도 하고 타인의 반응을 통해 자신의 기준을 만들어내기도 한다. 타인의 반응을 통해 자기 효능감이라는 개념을 형성하는데 이것은 행동을 하기에 앞서 자신의 능력과 성공에 대한 신념으로 행동 결과에 영향을 미친다고 설명한다.

행동이 외적 통제에서 내적 규제로 전환되는 데 필요한 자기 규제 개념을 강조하였다. 자기 규제는 내면화의 메커니즘이다. 즉, 자신의 개인적 기준을 말하는데 이 기준에 의해 행동을 긍정적 혹은 부정적으로 평가하게 된다. 자기 규제는 성인에 차별적 반응에 의해 습득된다. 어른들은 아동의 행동에 대해 차별적 반응을 보인다. 이러한 반응

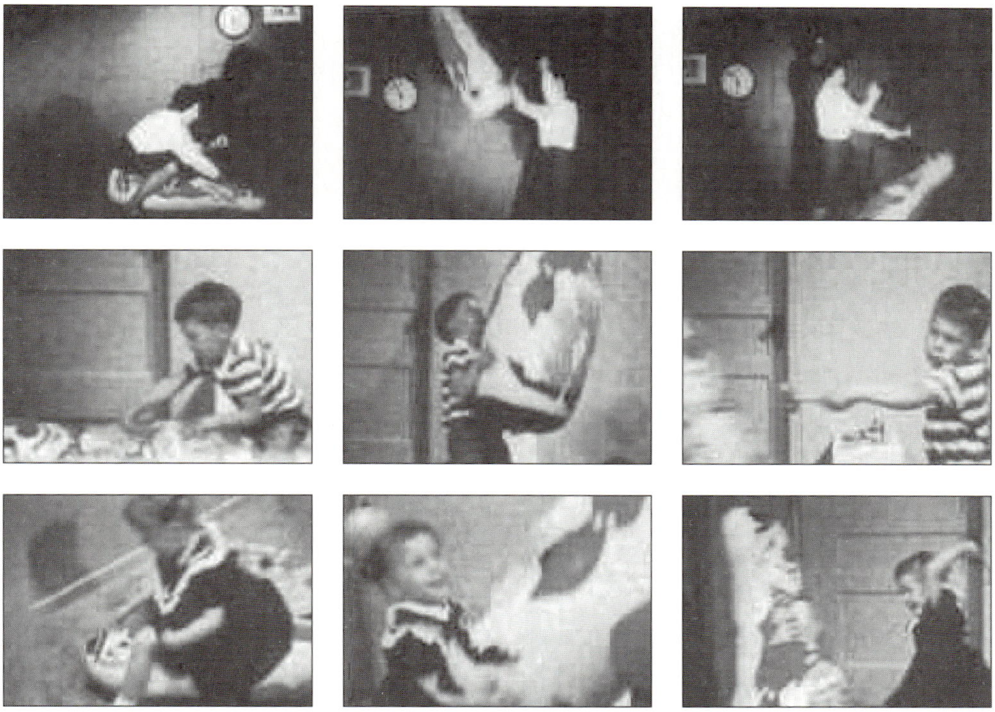

반두라의 보보인형 실험

| 출처 | www.psychology.geckos.sis.org.cn

을 통해 아동은 행동에 대해 개인적 기준을 만들게 된다는 것이다. 따라서 행동은 초기에 외적 기준에 의해 영향을 받지만 훈육과 모델링에 의해 내적 기준으로 연결되게 되는데 이 가운데에서 아동은 능동적인 자세로 정보를 선택하고 통합하고 판단하게 되는 인지과정을 거친다. 반두라의 이론은 자기 주장, 자기 지시 훈련과 같은 상담 방법으로 연결된다.

2) 행동주의 아동상담

행동주의 아동상담은 철저하게 과학적 방법의 원리를 적용한다. 행동은 정확한 데이터를 근거로 체계적으로 분석하며 그러한 결과를 바탕으로 상담이 진행된다. 행동주의 아동상담에서는 아동의 행동을 수정함으로써 사고나 감정의 변화를 시도한다는 점이 가장 큰 특징이다. 행동주의 상담에 적용되는 방법으로는 고전적 조건화 이론을 적용한 두려움과 공포감 같은 정서를 완화하기 위한 체계적 둔감법, 조작적 조건화 이론을 적용한 혐오적 조건 형성과 토큰강화와 같은 행동수정 기법, 사회학습 이론을 적용한 자기 주장 훈련 등을 들 수 있다.

(1) 체계적 둔감법

체계적 둔감법은 아동이 두려워하고 불안한 상황에 부딪히게 하여 실제 이러한 상황에서 둔감하게 만드는 방법이다. 이 방법은 아동이 두려워하는 상황이나 불안한 상황을 먼저 파악하고 난 후 가장 공포나 불안 수위가 가장 높은 것에서부터 낮은 것까지 순서를 정한다. 가장 낮은 단계부터 그 장면을 떠올리고 긴장을 푸는 이완을 연습한 후 점점 단계를 높여서 이완하는 훈련을 한다. 이러한 방법은 공포나 불안을 일으키는 상황에 대한 민감성을 줄이는 데 목적이 있다.

이러한 방법에서 좀 더 발전하여 상상이 아닌 현실에서 공포나 불안을 서서히 이겨내도록 노출하는 방법이 있다. 강아지에 대한 두려움이 있는 아동에게 성인과 함께 강아지에게 점차 거리를 좁히며 다가가도록 하는 방법이 예가 될 수 있다.

비슷한 예로 홍수법이 있는데 이 방법은 외상 후 스트레스와 같이 특정 경험 후 갖게 되는 강렬한 두려움에 대해 집중적으로 노출시킴으로써 극복하도록 하는 것이다. 이러한 방법들은 고전적 조건화 이론을 바탕으로 이루어지는 아동상담의 기법이다.

(2) 혐오적 조건 형성과 강화법

아동이 부정적인 행동을 할 때 혐오스러운 자극을 줌으로써 행동을 감소시키고 반대로 긍정적인 행동에 대한 강화로 토큰을 주는 방법을 사용한다. 행동주의에서는 아동과 상담자가 상담의 목표가 되는 바람직한 행동을 결정하고 바람직한 행동과 바람직하지 않은 문제행동에 대한 조작적 정의를 내린다. 행동에 대한 체계적인 관찰을 통해 얻어진 자료를 바탕으로 진행되는데 문제행동이 발생했을 경우에는 혐오적 자극을 통해 행동의 빈도를 낮추고 바람직한 행동에 대해 강화를 사용하여 행동을 수정해 나간다. 토큰강화는 점수나 스티커와 같은 일차적 강화가 아닌 대체물을 강화물로 사용한다. 토큰을 모으면 아동이 원하는 후속강화물로 교환할 수 있다. 아동에게 강화가 될 수 있는 후속강화물의 선정이 중요하다. 후속강화물은 휴식 시간이 될 수도 있고 갖고 싶은 물건일 수도 있다. 이러한 토큰강화는 아동에게 필요 없는 것이 강화물로 주어지는 대신 자신이 원하는 것을 획득하기 위해 만족을 지연하는 효과를 가져올 수 있기 때문에 행동수정에 자주 활용되는 기법이다.

(3) 자기 주장 훈련

자기 주장 훈련은 인지행동상담과도 연관이 있으나 행동주의 상담에서 사용되는 방법이다. 아동은 발달을 하면서 단계별 사회적 기술을 익혀 또래와 적절한 대인 관계를 유지해야 한다. 자기 주장은 이러한 대인 관계에 필요한 자기 표현의 방식을 가르치는 것이다. 주로 자신의 감정을 표현하는 데 어려움이 있거나 거절하는 것을 두려워하는 아동을 대상으로 타인의 권리를 해치지 않으면서 자신을 표현하는 방법을 익히도록 한다. 자기 주장 훈련의 방법은 나를 포함한 모든 사람은 자신을 표현할 권리가 있음을 알게 하고 다른 사람의 표현에 민감하게 반응하는 방식과 적절한 자기 표현의 방식을 상황에 맞게 지도하는 것이다. 따라서 개별적인 지도보다는 집단 형태의 지도를 통해 시연해보고 그에 따른 다양한 관점의 피드백을 주는 것이 보다 효과적이다.

(4) 자기 관리 및 자기 지시행동

자기 관리에는 자기 관찰, 자기 보상, 자기 계약, 자극통제가 해당되며, 자기 지시는 자신의 행동을 통제하거나 변화시키기 위한 행동 결정을 말한다(Corey, 2001). 먼저 자신이 변화하고 싶은 목표행동을 결정하여 그 목표를 위한 구체적 행동을 선택한다. 목표는 행동주의의 원리에 따라 관찰 가능하며 측정 가능한 목표로 한 가지만 선택하는 것이 중요하다. 목표달성을 위해 해야 할 행동과 줄여야 할 행동을 선택하여야 한다. 행동을 선택했으면 그러한 행동에 대한 자기 관찰일지를 작성한다. 자기행동에 대한 구체적 일지를 작성하면서 행동 전후의 환경과 단서 그리고 결과의 인과 관계를 파악하고 자신의 행동의 성취 여부를 분석한다. 마지막으로 이러한 분석 결과를 통해 자신의 변화를 가져올 실제적 행동계획을 수립하게 된다. 행동변화를 정착시키기 위해 자신에게 주는 자기 강화를 사용한다.

03 인지-정서-행동 이론

우리는 때로 객관적인 현실이 아닌 주관적인 해석과 판단으로 어려움을 느끼기도 한다. 우리의 생각을 바꾸면 모든 것이 편안해질 수 있을지 모른다. 실제로 우리의 생각은 감정과 행동에 영향을 미친다. 인지-정서-행동 이론은 아동의 사고를 변화시킴으로써 부정적 정서와 행동을 수정할 수 있다고 생각한다.

1) 인지-정서-행동 이론

인지-정서-행동 이론(REBT: Rational Emotive Behavior Therapy)은 엘리스(Ellis, 1913~2007)가 개발한 이론으로, 그는 인간의 신념(인지)을 합리적인 것과 비합리적인 것으로 구분하였다. 비합리적인 신념 체계를 가진 사람은 일어난 사건에 대해 비합리적으로 해석하기 때문에 바람직하지 못한 정서, 행동문제를 나타낸다. 따라서 엘리스는 비합리적 신념(인지)을 합리적 신념(인지)으로 수정한다면 인간은 건강한 성격발달을 이룰 수 있다고 생각하였다. 엘리스는 이러한 인지적 재구성을 합리적 정서 이론으로 사용하여 불렀지만, 최근에 인지-정서-행동 이론으로 더 많이 불리워지고 있다.

엘리스

| 출처 | http://psychology.about.com/b/2007/07/25/albert-ellis-1913-2007.htm

(1) 합리적 신념과 비합리적 신념

인지-정서-행동 이론에서는 우리의 잘못된 인성이나 행동적 문제의 원인이 어렸을

적 일어난 충격적인 사건 때문이 아니라, 그 사건을 바라보는 우리의 관점 때문이라고 생각한다. 우리의 생각이나 신념 체계가 일어난 사건을 어떻게 해석하는가에 따라 우리의 삶이 달라진다는 것이다. 합리적 신념은 우리로 하여금 객관적 현실에 근거하여 우리의 행동을 합리적으로 인식하도록 하기 때문에, 다른 사람과 불필요한 갈등을 피하고 편안한 감정을 느낄 수 있도록 하는 사고 체계이다. 반면에 비합리적 신념은 우리의 안정된 삶을 방해하고 우리를 괴롭히는 부정적인 사고 체계이다.

엘리스는 모든 인간은 자신에게 중요한 다른 사람에게 인정과 사랑을 받고 또한 다른 사람을 사랑하며, 친밀한 관계를 맺으며, 행복하게 살기를 원하는 욕구가 있다고 주장하였다. 그러나 이와 동시에 인간은 선천적으로 비효과적인 습관이나 바람직하지 못한 목표에 집착하고, 바람직한 습관을 위해 노력하거나, 자기 훈련을 하기 보다는 오히려 변명거리를 찾고 게으름을 피우는 선천적인 경향이 있다. 인간이 가지고 있는 이러한 부정적인 경향성은 선천적인 것으로 어려서부터 가정과 학교에서 학습된다. 또한 다른 사람들과의 잘못된 관계 속에서 비합리적인 신념이 학습되어지면서 인간은 정신병리적인 문제를 가지게 된다. 우리가 우울증에 빠지거나 다른 사람과 자신을 심하게 비난하는 정서적 문제행동을 가지게 된 이유는 처음에는 부모나 교사와 같이 주요한 타인으로부터 비합리적인 신념이 아동에게 전달되고, 아동은 자기 암시와 자기 반복의 과정을 통해 잘못된 비합리적 신념을 자신에게 반복적으로 주입하기 때문이다. 따라서 인간은 외부의 환경에 의해 조건 형성된 것이 아니라, 자기 자신이 스스로를 조건 형성한 것이다.

(2) 성격의 A-B-C 이론

우리 주변에는 실패가 와도 이를 이겨낼 수 있다는 긍정적인 사람을 가진 사람이 있는 반면, 한 번의 실패에도 극도로 좌절하고 무너져 버리는 사람도 있다. [그림 2-1]에 나타난 것과 같이 비합리적 신념 체계를 가진 사람은 시험을 망친 사건에 대해 자신을 쓸모없는 사람이라고 부정적 자기 언어를 보이고, 좌절과 우울 정서가 나타나 자기 파괴적인 행동을 한다. 그리고 이것이 지속적으로 반복되면서 부정적인 태도와 신념을 형성하고, 이것이 그 사람의 성격이 된다. 여기서 자기 언어란 특정 사건에 대한 개인의 인식, 즉 인지적 요소이다.

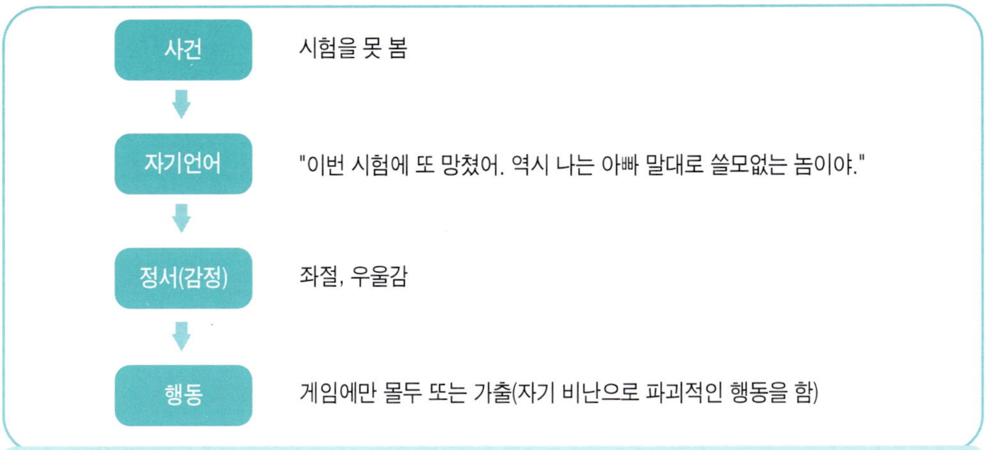

그림 2-1 성격 형성과정

| 출처 | 황현주 외(2013). 교사를 위한 아동정신건강. p. 55.

시험을 못 보았다는 동일한 사건에 대해 어떤 사람은 다음에 더 열심히 노력해야겠다는 자기 언어를 쓰는 반면에, 또 다른 사람은 쓸모없는 놈이라고 자신을 자책하는 자기 언어를 한다. 인간의 인지는 특정 사건에 대한 감정과 행동에 영향을 미치고 이것이 반복되어 성격이 형성된다. 이와 같이 엘리스는 인간을 나타내는 가장 중요한 요소인 인지와 정서, 행동이 서로 상호작용하는 과정에서 인지(신념)가 핵심이 되어 정서와 행동에 영향을 미친다고 주장한다. 따라서 엘리스의 이론을 인지-정서-행동이라고 하며, 아울러 성격의 ABC 이론이라고도 부른다. 이를 구체적으로 살펴보면 다음과 같다(| 그림 2-2 | 참조).

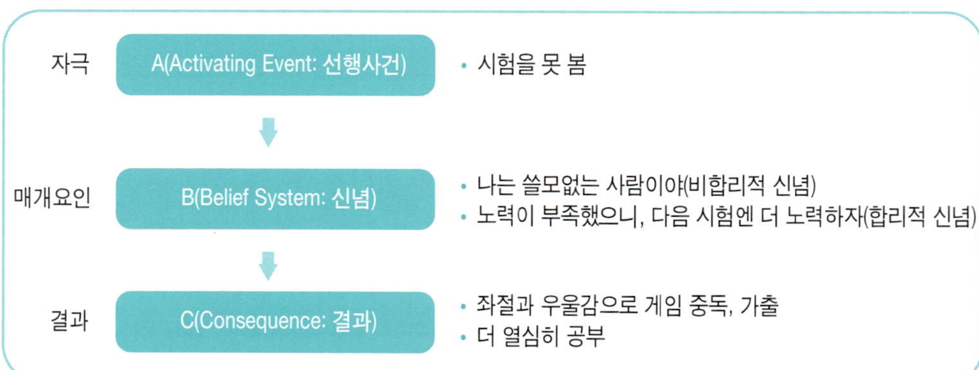

그림 2-2 성격의 ABC 모형

| 출처 | 황현주 외(2013). 교사를 위한 아동정신건강. p. 56.

인간의 인지 즉 신념 체계는 모든 정서와 긍정적 · 부정적 행동에 영향을 미치고, 이것이 반복되면서 성격으로 형성된다. 따라서 ABC 모형에서는 A(자극-선행사건)가 C(결과)를 일으킨 것이 아니라 B(매개 요인-합리적/비합리적 신념)가 C(결과)를 유발하였다. 엘리스는 인간의 잘못된 성격과 행동문제의 가장 큰 원인이 바로 비합리적 신념이라고 생각했다. 그리고 비합리적 신념 체계를 합리적인 신념 체계로 바꾸는 것이 행복하고 건강한 삶을 위해 가장 중요하다.

인지정서행동 이론의 목표는 문제를 일으킨 환경을 바꾸는 것이 아니다. 오히려 자신에게 고통과 어려움을 준 환경에 대한 자기 자신의 부정적인 시각을 긍정적인 시각으로 바꾼다. 따라서 C(결과)를 바꾸기 위해 A(선행사건, 외부 환경)를 변화하는 대신 B(신념, 인지 체계)를 바꾸도록 한다.

그렇기 때문에 인지정서행동 이론에서는 정신분석과 같이 내담자의 어렸을 적 과거 경험을 듣고 이를 분석하지 않는다. 또한 인본주의 이론과 같이 내담자를 있는 그대로 수용하지만, 내담자의 감정과 아픔에 깊이 공감하지 않는다. 대신 우리의 감정이나 행동이 인지(신념 체계)에 의해 어떻게 달라질 수 있는지, 내담자를 지배하고 있던 비합리적 신념과 자기 패배적 언어를 수정하도록 한다.

합리적 신념 체계는 자기 자신과 주변 사람을 행복하게 하지만, 비합리적 신념 체계는 자신과 주변 사람에게 고통을 준다. 특히 합리적 신념 체계는 경직되어 있지 않고 융통성이 있지만, 비합리적 신념 체계는 '반드시(must)' 와 같이 절대적이고 극단적이다. 따라서 인지정서행동 이론에서는 비합리적 신념 대신 합리적 신념을 형성하도록 하고, 사람들에게 자신과 타인을 비난하는 것을 멈출 수 있도록 숙제를 내주기도 한다.

인간은 누구나 다른 사람으로부터 인정받고 사랑받고 싶어 한다. 그러나 자신에 대한 다른 사람의 평가를 지나치게 의식하면 문제가 발생한다. 특히 자신이 좋아하는 사람에게 인정과 사랑을 받을 때에만 자신을 가치 있게 생각한다면, 다른 사람의 시선에 지나치게 민감하고 그 사람이 날 버릴까 늘 불안하고 우울하기 쉽다. 따라서 다른 사람들과 잘 지내는 것이 중요하지만, 그것이 중요하지 않다는 현실을 수용할 수 있을 때에 우리는 합리적 신념을 가지고 생활할 수 있다.

표 2-3 비합리적 신념 체계와 합리적 신념 체계의 예

비합리적 신념 체계	합리적 신념 체계
• 나는 주위의 모든 사람들로부터 항상 사랑과 인정을 받아야 한다.	• 다른 사람으로부터 사랑과 인정받기 보다는 내가 사랑하고 인정하는 것에 신경을 쓰는 것이 더 바람직하다.
• 아무도 나를 좋아하지 않는다. • 버림받을까봐 누군가를 진심으로 사랑하기 어렵다.	• 내가 나 자신을 사랑하고 존중할 때 다른 사람도 나를 존중한다.
• 인간의 불행은 외부 환경 때문이며, 내 힘으로는 이를 통제할 수 없다. • 내가 이렇게 된 것은 우리 부모님이 어렸을 때 나를 버리고 이혼하셨기 때문이다. • 내가 화내는 것은 상대방이 나를 화나게 만들기 때문이다.	• 과거를, 상대방을 바꿀 수는 없다. 그러나 나를 바꿀 수 있고 그리고 나 자신을 바꾸는 것이 가장 쉽다.

| 출처 | 황현주 외(2013). 교사를 위한 아동정신건강. p. 57.

2) 인지-정서-행동 아동상담

인지-정서-행동 이론의 상담에서는 아동의 문제를 사고의 재조직화를 통해 수정하고자 하였다. 아동이 가진 비합리적 신념(사고)을 합리적인 신념(사고)로 전환할 수 있도록 돕는 것이 상담의 목표이며 상담자의 역할이다. 상담자가 정신분석 이론과는 대조적으로 아동에게 비합리적 신념을 없애야 하는 필요성을 직접 알려야 한다는 점에서 능동적인 역할을 한다(Garfield, 1995).

(1) 인지적 접근

인지-정서-행동 이론의 상담에서 상담자는 아동을 괴롭히는 부정적인 정서와 행동의 원인이 되는 사고과정과 비합리적 신념에 대해 논박하고 합리적 신념과 비합리적 신념을 구별하도록 돕는다. 그동안 자기 스스로 조건화해왔던 자기 패배식 사고과정을 깨닫고 새로운 사고과정을 형성하도록 하는 데 있다.

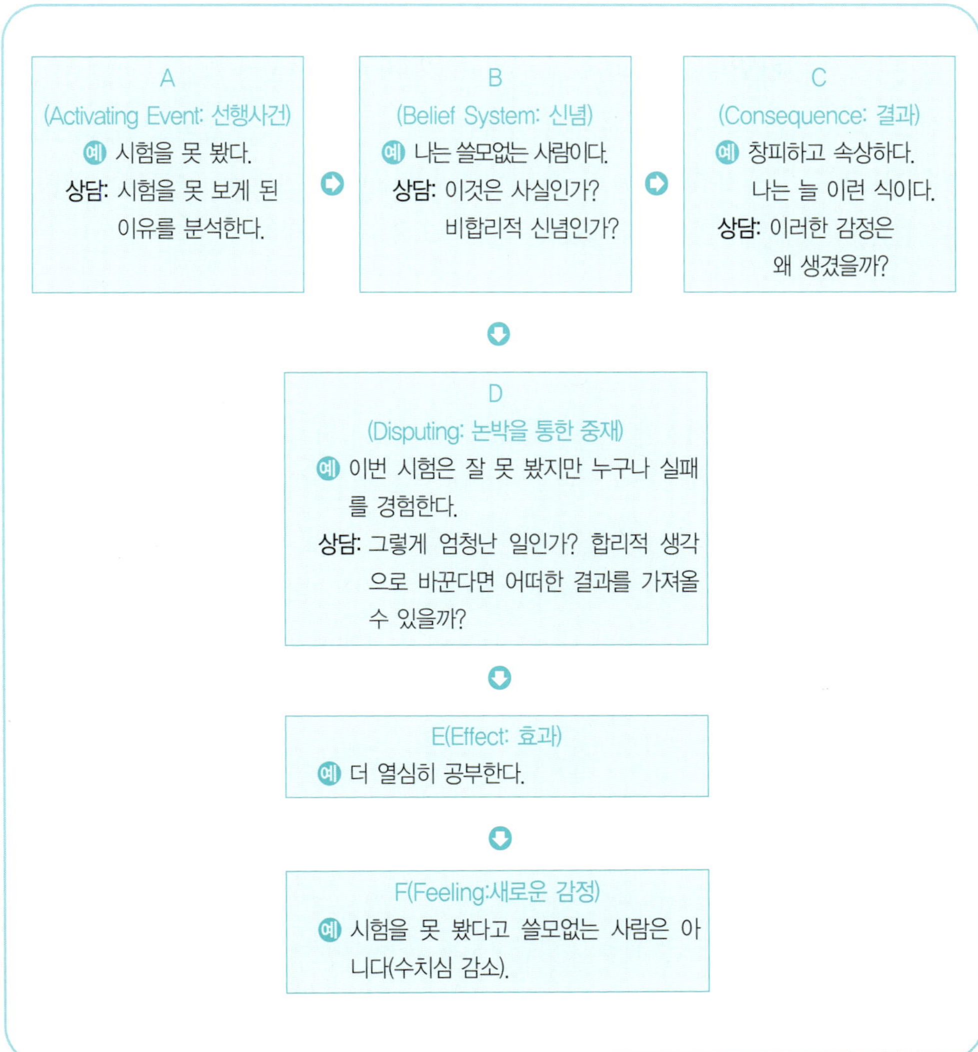

그림 2-3 인지-정서-행동 아동상담의 인지적 접근

| 출처 | Corey, G. (2001). Theory and Practice of Counseling and Psychotherapy. 조현춘 · 조현재 역(2003). 심리상담과 치료의 이론과 실제. p. 340. 참조.

아동이 부정적 감정과 행동을 일으키는 선행사건(A)을 통해 비합리적 신념(B)을 거치며 부정적인 결과(C)에 도달했다는 사실에 대해 잘못된 신념의 근거를 논박하는 것이 상담의 과정이다. 논박(D)의 과정에는 탐지, 반박, 변별의 과정을 거치게 된다. 예를 들어 시험에서 낮은 점수를 받자(A) 아동은 자신을 쓸모없고 형편없는 사람이라고(B)

생각하고 우울한 감정과 위축된 행동을 보였다(C). 이 과정에서 나타난 비합리적 신념이 무엇인지 찾아내고(탐지) 그러한 생각에 대해 논쟁하고 합리적 사고로 변환하는 것을 연습한다(반박). 이러한 과정을 통해 아동은 자신의 비합리적 신념과 합리적 신념에 대해 구별할 수 있게 된다(변별). 그 결과 비합리적 신념으로 나타난 결과와는 다른 새로운 결과(E)로 인해 긍정적인 감정(F)을 경험하도록 돕는 것이다.

(3) 정서적 접근

인지-정서-행동 이론에서는 아동의 비합리적 신념이 가져온 부정적인 감정에 대해서도 다룬다. 자신의 감정은 자연스러운 것이며 부정적인 감정일지라도 인정하는 것이 필요하다. 자신의 감정을 자연스럽게 표출하도록 하는 연습을 병행한다. 아동이 가장 스트레스를 받는 상황을 떠올리고 자신이 느끼는 감정을 적절하게 변화시키는 방식을 연습한다. 역할연기를 통해 상황에 대처하는 자신을 표현하고 자신의 비합리적 신념의 결과를 깨닫게 한다. 또는 상담자와 아동이 역할을 바꿔 표현하면서 새로운 기술을 배워나가도록 한다.

(4) 행동적 접근

행동적 접근에서는 아동의 행동을 변화하도록 하는 다양한 행동주의 방법들이 병행된다. 인간의 인지-정서-행동은 서로 연관되어 있으므로 행동주의에서 사용하는 체계적 둔감법, 조건 형성, 자기 주장 등의 기법을 사용하여 아동의 행동을 수정한다.

행동주의에서 사용하는 체계적인 분석 방법이 사용되어 아동이 가지고 있는 실생활의 문제를 직접 시연해보도록 하고 교정해간다. 만일 아동이 많은 사람 앞에 서는 것을 두려워한다면 사람들 앞에서 말하는 과제를 수행해야 한다. 이러한 행동적 접근방식은 아동이 새로운 행동을 일상생활에서 적용해봄으로써 자신의 신념을 확인해보는 기회를 제공한다.

04 인본주의 이론

어떤 문제에 부딪힌 사람에게 상담자가 치료에 개입하지 않아도 자신 스스로 문제를 해결할 수 있다는 관점으로, 전적으로 스스로 문제를 해결할 수 있도록 하는 몇 가지 기법을 제시하였다. 이러한 방법이 상담에서는 기본적인 틀로 적용되고 있다.

1) 인본주의 이론

칼 로저스

| 출처 | http://en.wikipedia.org/wiki/Carl_Rogers

인간을 긍정적이고 창조적이며 신뢰로운 존재로 본 인본주의 이론가 중에 로저스(Rogers, 1902~1987)는 인본주의 심리학의 대변자로 불리운다. 심리학과 상담 분야에서 그의 영향력은 매우 크다. 인간에 대한 무한한 믿음과 신뢰를 가지고 임상 분야에서 많은 공헌을 했다. 그의 기본 가정은 본질적으로 인간은 믿을 수 있는 신뢰로운 존재이므로 누가 도와주지 않아도 스스로 자신의 문제를 해결할 능력을 갖추고 있다는 것이다.

인간을 수동적이고 부정적으로 바라보던 그 당시 관점에서 벗어난 로저스의 인간관은 자유롭고 능동적이며 매우 선한 존재라는 것이다. 건설적이며 창조적이고 미래지향적인 인간은 자신이 가지고 있는 생각, 감정, 행동 그리고 신체 모두를 포함한 전체의 의미를 갖는다. 인간은 늘 좋은 방향으로 나아가려고 노력하며 그것이 행동의 동기가 된다고 믿었다.

인간은 자신이 경험하는 세계가 있고 그것에서 존재하게 된다. 자신이 속한 세계에서 경험하고 지각하는 것에 반응하게 되는데 이러한 주관적인 경험의 세계를 현상학적인 장이라 불렀다. 우리는 누구나 자신이 속해 있는 곳에서 많은 경험을 하게 되는데 매우 주관적이고 사적인 지각을 통해 받아들이고 반응하게 된다. 개인이 지각하고 반응하는 양식이 자기(self)와 잘 맞으면 적응할 수 있지만 일치하지 않을 때는 부적응하게 된다.

이러한 기본적인 관점에서 나온 상담의 기법은 진실성, 무조건적 수용, 공감적 이해의 세 가지이다. 로저스의 이론은 인간에 대한 긍정적인 부분을 부각시켰고 상담에서 필요한 중요한 기법을 소개하며 관계의 중요성을 강조하였다. 잘 들어주고 공감해 주는 것만으로도 인간은 자신의 감정을 드러낼 수 있고 그것은 행동 변화에도 영향을 줄 수 있다는 사실을 인식하는 데 도움이 되었다. 인본주의 이론은 인간에 대한 무한한 신뢰로 내담자가 자신에 문제와 현실에 대해 자각하고 스스로 해결할 수 있는 능력 있는 존재로 보았다. 자신만큼 자기를 잘 아는 사람은 없고 자신의 문제는 자신이 가장 잘 해결할 수 있다는 믿음이다. 상담자는 아동과 신뢰로운 관계를 형성함으로써 그 관계를 바탕으로 스스로의 문제를 잘 해결할 수 있도록 하는 것이다. 상담과정에서 아동은 스스로의 문제를 바라보는 통찰과 함께 심리적 성장을 경험하게 되고 그러한 경험은 앞으로의 다른 문제에도 긍정적인 영향을 줄 수 있다고 보았다. 이러한 로저스의 생각은 당시 상담에서 사용하던 조언, 제안, 방향 제시, 설득, 가르치기, 진단과 해석 등의 방법과 차이가 있다. 로저스는 이러한 방법에 이의를 제기하였고 실제 진단과 해석은 오용과 선입견을 제공한다고 믿었다(Corey, 2001).

그러나 어떤 일이든 들어만 주는 것으로 자신의 문제를 스스로 해결할 수 있다고 본 것은 무리가 있다. 특히 연령이 어린 아동의 경우에는 자신의 문제를 들어주는 과정으로만 해결하기는 어려울 것이다.

(1) 충분히 기능하는 인간

왜 어떤 사람은 어려운 여건 속에서도 잘 기능하는 반면에, 어떤 사람은 작은 일에도 넘어지며 기능하지 못하는가? 로저스는 충분히 기능하는 인간(the fully functioning people)이란 어떤 사람이며, 어떻게 해야 충분히 기능하는 사람이 되는지에 대해 살펴보았다. 먼저 충분히 기능하는 인간이란 어렵고 힘든 상황에서도 자아실현을 위해 적극적으로 극복해 나가는 사람이다. 다른 사람과의 관계에서도 방어적이 되거나 편협하지 않고, 자신에 대해서도 가식이나 꾸밈없이 개방할 수 있다. 충분히 기능하는 인간이 되기 위해서는 무조건적인 수용(unconditional positive regard)이 선행되어야 한다. 그러나 불행히도 대부분의 아이들은 어렸을 때부터 가정에서 조건적인 수용(conditional positive regard)을 경험한다. 그리고 이러한 조건적인 수용은 유치원이나 학교에서도 훈육이라는 이름으로 계속 이어진다.

표 2-4 조건적인 수용과 무조건적인 수용

구분	내용
조건적인 수용 (conditional positive regard)	• 네가 예쁘게 행동하면(착한 일을 하면), 나는 너를 사랑할거야. • 네가 나쁘게 행동하면(잘 못하면), 나는 너를 사랑하지 않을 거야. – 네가 1등을 하니, 너는 자랑스러운 내 아들이야(네가 공부를 못하면 너는 자랑스러운 아들이 아니다.). – 선생님 말을 잘 듣는 영수는 정말 착한 아이구나(선생님 말을 듣지 않으면 착한 아이가 아니다.).
무조건적인 수용 (unconditional positive regard)	• 아이의 행동과 관계없이 아이를 있는 그대로 인정하고 사랑한다. • 아이에 대한 사랑을 철회하지 않고, 아이의 잘못된 행동을 훈육한다. – 네가 1등을 해서 엄마도 무척 기쁘단다. 그러나 공부와 관계없이 너는 엄마의 자랑스러운 아들이야. – 엄마는 너를 사랑해. 그러나 화가 난다고 동생을 발로 때린 네 행동은 잘못되었어. 그리고 그 행동은 고쳐야 돼.

예를 들어 우리에게 형제나 자매가 있다면 어렸을 때 서로 다툰 경험들이 있을 것이다. 동생이 나를 화나게 해 내가 동생을 발로 차거나 물건을 던졌을 때, 만약 부모님께서 "그런 나쁜 행동을 하다니, 너는 정말 끔찍해."라고 소리 지르고 매로 때리셨으면 그것은 조건적인 수용이다. 반대로 공부를 잘하거나 부모님이 원하는 일을 해서 인정을 받는 것도 조건적인 수용이다. "네가 예쁘게 행동하면 나는 너를 사랑할거야.", "네가 잘 못하면 나는 너를 사랑하지 않을 거야."라는 메시지가 숨어 있기 때문이다.

결국 우리는 부모님의 사랑과 관심을 잃어버리지 않기 위해 나의 부정적인 감정과 행동을 숨기고 나 자신이 아닌 부모님(타인)이 좋아하는 일을 한다. 타인이 좋아하는 일을 했기 때문에 사랑받고, 싫어하는 일을 해서 사랑받지 못하는 조건적인 수용을 받으며 자란 사람은 성인이 되어서도 자신이 중요하게 여기는 타인에게 관심과 애정을 받기 위해 자신의 진짜 감정을 억누르거나 회피한다. 그 결과로 자신의 진짜 자기(real self)를 잃어버린다.

(2) 자기

로저스의 이론에서 가장 중요한 개념은 바로 자기(self)이다. '자기'란 내가 지각하는 나에 대한 개념으로, 인간에게는 '있는 그대로의 자기(self)'와 내가 바라는 '이상적인 자기(ideal self)'가 있다. 출생 시 자신에 대해 전혀 알지 못한 채 태어나지만, 성장해 가면서 주위 사람들과 상호작용하고 스스로 세상을 탐색하면서 자신이 누구인지 알게 된다. 따라서 영유아기와 초기 아동기에 주변 사람들의 평가는 자기를 형성하는 데 결정적인 영향을 미친다. 이와 같이 부모와 가까운 주변 사람들로부터 무조건적인 수용과 존중을 받은 아이는 긍정적인 자기 개념을 형성하고, 그렇지 못한 아이는 부정적인 자기 개념을 형성한다. 따라서 어린 시절에 특히 부모로부터 받는 무조건적인 수용과 존중은 자기발달의 핵심 요소이다.

또한 모든 인간에게는 성숙과 자기 실현의 욕구가 선천적으로 내재되어 있다. 그리고 인간에게는 자기 실현의 동기와 욕구뿐만 아니라 자기 실현을 위한 능력도 있다. 자기 실현이란 자신의 잠재력을 발휘하고 실현하는 과정으로, 바로 '진짜 자기(real self)'[1]가 되어가는 과정이기도 하다. 로저스는 마치 씨앗이 적절한 온도와 물을 줌으로써 꽃이 피고 열매를 맺듯, 인간도 존중과 신뢰의 풍토가 제공되면 누구나 보다 건강하고 성숙하게 자랄 수 있다고 생각하였다. 따라서 성인(부모, 교사)은 아동을 믿고 신뢰하여야 한다. 특히 무조건적인 수용과 존중은 아동으로 하여금 자신의 긍정적인 본성을 인식하게 하여, 스스로 자신의 성숙한 발달을 위해 나아가도록 촉진한다.

2) 인본주의 아동상담

로저스는 자기 실현을 이루지 못하도록 방해하는 것은 우리 주변의 외적인 환경(외적

---

1) 로저스의 'self'에 대해 학자들은 '자기' 또는 '자아'로 번역한다. 그러나 '자아'로 번역했을 경우에 프로이트의 'ego(자아)'와 혼동될 수 있어 본 저자들은 '자기'로 번역하였다.

인 실재, external reality)이 아니라, 그 환경에 대한 나 자신의 시각(주관적인 실재, subjective reality) 문제라고 생각하였다. 따라서 인본주의에서는 정신분석 이론에서와 같이 어렸을 때의 어려운 환경이나 인간 관계, 갈등 등과 같은 과거 이야기에 관심이 없다. 물론 상담과정에서 상담자는 내담자의 이야기를 충분히 들어주고 수용하며 공감하지만 '왜 그리고 어떻게(why and how)' 가 아니라 지금의 현실을 내담자 자신이 어떻게 인식하고 있는지, 즉 '지금 그리고 여기(here and now)' 에 초점을 둔다.

로저스 이론의 기초한 인본주의상담의 기초는 내담자를 중심으로 진행한다는 점이 주된 상담 특징이다. 즉, 아동에게 자신의 행동에 대해 보다 적극적이며 자율적인 결정을 하도록 이끄는 데 목적이 있다. 아동이 충분히 기능하는 사람으로서 자신이 자유롭게 학습하고 자신의 문제를 적극적으로 해결할 수 있도록 돕는 데 상담의 목적이 있다. 또한 자신이 내린 선택과 결정에 대해 자신감을 갖도록 함으로써 자신과 타인의 가치와 감정을 존중하도록 하는 것이다.

(1) 진실성

인본주의상담에서 상담자와 아동의 신뢰로운 관계는 매우 중요하다. 상담자는 꾸미지 않은 자연스런 모습으로 진솔하게 아동과 관계를 맺는다. 이러한 관계는 아동으로 하여금 숨김없이 말할 수 있는 분위기를 느끼게 하고 심리적 거리를 좁히게 해준다.

(2) 무조건적 수용

아동이 상담 중에 말하는 모든 것이 가치로우며 수용되는 분위기를 주는 것을 말한다. 이러한 분위기는 어떠한 부정적인 감정도 받아들여지며 아동 자신이 존중받고 있다고 느끼게 한다. 인본주의 상담에서는 상담과정에서 내담자인 아동이 중심이 되기 때문에 자신을 완전히 드러낼 수 있도록 하는 방법으로 활용된다.

(3) 공감적 이해

공감적 이해는 상담자가 아동의 말을 전적으로 귀 기울여 듣고 있음을 표현하는 것이다. 이러한 방법은 아동으로 하여금 중단하지 않고 자신의 이야기를 말할 수 있도록 도와준다. 또한 자신의 말과 감정이 가치롭다고 여기게 하여 자신의 결정과 선택에 대한 신뢰를 높이는 데도 도움을 줄 수 있다. 상담자는 아동의 감정에 민감하고 정확한 이해를 통해 자신과 친밀해질 수 있도록 도와주어야 한다(Corey, 2001).

(4) 대화의 기법

인본주의상담에서 대화의 기법은 중요하다. 상담시 필요한 대화 기법은 다음과 같이 요약될 수 있다.

첫째, 경청이다. 경청은 아동의 말을 잘 듣고 있다는 표시이며 이러한 반응은 아동이 대화에 적극적 참여를 돕는다. 경청의 방법은 목의 끄덕임이나 미소와 같은 비언어적 표현과 "그랬구나.", "음—." 같은 언어적 표현이 있다.

둘째, 반영이다. 반영은 아동의 생각이나 감정을 다시 표현해 주는 것이다. 반영을 통해 아동의 생각이 잘 전달되고 있음을 확인시켜 주고 이해받고 있음을 알려준다. 이러한 방법은 아동과 상담자의 신뢰로운 관계를 형성하는 데에도 도움이 된다.

셋째, 명료화이다. 아동은 자신의 생각이나 감정을 표현하는데 미숙하다. 대화과정에서 보이는 아동의 두서없는 말을 정리하여 아동의 생각을 요약해 준다.

넷째, 직면이다. 아동의 말과 행동, 혹은 감정이 일치하지 않을 때 이를 알려준다. 이러한 모순된 점을 지적해 줌으로써 아동에게 자신의 생각과 감정이 무엇인지를 알려줄 수 있다.

다섯째, 자기 노출이다. 아동이 상담과정에서 상담자와 신뢰롭고 편안한 분위기를 느낄 수 있도록 하는 적절한 자기 노출이 필요하다. 그러나 상담과 상관없는 내용이라든가 지나친 자기 노출은 피해야 한다.

여섯째, 적절한 질문이다. 질문은 우선 개방적 질문을 해야 한다. 개방적 질문은 아동의 생각과 감정을 충분히 파악하는데 필요하며 아동에게는 자신의 대해 탐색하는 데 도움을 준다.

마지막으로 침묵하기이다. 상담과정에서 침묵은 상담자와 아동 모두에게 어색한 시간이다. 아동이 상담과정에서 말을 잇지 못하고 멈추어 있는 침묵의 시간을 상담자가 잘라 자신이 말을 이어가는 것은 바람직하지 않다. 침묵하는 동안 기다려주고 계속 말할 수 있도록 격려하는 것이 필요하다.

(5) 자아존중감의 발달

자아존중감의 발달은 인본주의상담에서 가장 중요한 항목이다(Thompson & Rudolph, 2000). 따라서 인본주의 아동상담에서 아동 자신이 가치 있고 소중한 사람이라는 것을 깨닫고 삶에 적용하도록 조력한다. 이때 주로 사용하는 단어는 '특별한', '색다른' 이다. 아동은 상담을 통해 자신의 특별하고 색다른 면을 발견한다. 특히 우리는 누구나 자신을 도와야 한다는 점을 강조한다. 우리 모두는 자신이 소중하고 가치 있는 존재이기 때문에 매 순간 우리의 선택은 자신을 돕는 것이어야 한다. 또한 모든 사람들은 각각 특별하고 가치 있는 존재이므로 자신을 비롯한 타인을 해치지 않는 선택을 하도록 이끈다.

이상으로 아동상담의 이론과 아동상담의 방법을 이론별로 살펴보았다. 각 이론별로 관점과 상담 기법에는 차이가 있다. 그러나 우리가 생각해 보아야 할 것은 성인이 아닌 아동의 경우는 발달과정에 있으므로 통합적 발달을 고려해야 한다는 점이다. 아동에게 내면의 심리나 욕구, 바른 행동, 합리적 신념, 긍정적인 자아존중감 모두 중요하기 때문에 어느 하나도 포기할 수 없는 것들이다. 실제로 우리의 인지, 정서, 행동은 분리되지 않고 유기적으로 연결되어 있다. 아동도 그들의 사고, 정서, 행동이 통합적으로 연결되어 있기 때문에 어느 하나의 이론과 방법보다는 통합적인 방법을 사용하는 것이 필요할 것으로 보인다.

생각해보기

1 아동상담의 이론별 주요 관점의 차이를 비교해 봅시다.

2 아동의 문제를 이론별로 적용해 봅시다.

예 아동의 공격적 행동문제의 원인

정신분석 이론: 초자아의 미발달, 부모와의 관계, 욕구 충족의 불만

행동주의 이론: 부정적인 강화, 매체를 통한 공격성 관찰

인지-정서-행동 이론: 비합리적 신념에 대한 점검

인본주의 이론: 낮은 자아존중감

Chapter 3

아동 스트레스와 아동상담

1 아동 스트레스

2 스트레스 반응

3 아동의 위기사건과 상담

학습주제 아동 스트레스와 아동상담

학습목표

❶ 아동 스트레스의 개념과 특징을 탐색한다.
❷ 아동 스트레스 반응에 대해 이해한다.
❸ 아동이 경험하는 위기사건과 그에 따른 상담의 영향을 모색한다.

학습요약

1. 아동 스트레스
   1) 아동 스트레스의 개념
   2) 아동 스트레스의 특징

2. 스트레스 반응
   1) 스트레스의 증상
   2) 스트레스 반응에 영향을 미치는 요인

3. 아동의 위기사건과 상담
   1) 부모의 이혼과 아동상담
   2) 아동학대와 아동상담
   3) 본인이나 가족의 질병과 아동상담
   4) 가족의 사망과 아동상담

주요개념

스트레스, 스트레스 인자, 기질, 위기사건

들어가기

소변이 정상인의 2배 이상 배출되는 다뇨증으로 병원을 찾은 환자의 10명 중 2명은 9세 이하 어린이인 것으로 나타났다. 학업부담 등으로 어린이들이 정신적 스트레스가 가중되는 것이 원인이라는 분석이다.

| 출처 | 김명룡(2013. 5. 12.). '스트레스 받는 아이들' 일부 발췌. 머니투데이.

1 어린 시절의 스트레스 경험을 이야기해 봅시다.
2 스트레스를 받고 있는 아동이 보이는 행동은 무엇인지 이야기해 봅시다.

현대인의 생활을 묘사한다면 여러 단어들이 떠오르겠지만 '스트레스' 라는 단어는 많은 사람들 머리에 떠오르는 단어일 것이다. 우리가 편안함과 안락함을 느끼는 상태가 아닌 긴장감이 존재하는 상태가 될 때 우리는 스트레스를 받는다고 이야기한다. 아침에 머리 모양이 마음에 안 든다거나 피부 상태가 좋지 않아 화장이 자꾸 들뜨는 상황처럼 일상적으로 반복되는 일 가운데서도 스트레스는 발생한다. 출근 시간이 촉박한데 바로 앞에서 버스나 지하철을 놓쳤다거나 우산이 없는 상황에서 갑자기 쏟아지는 비를 맞으면서 짜증이 날 때도 스트레스 받는다는 말을 한다.

직장에 지각하여 상사에게 꾸지람을 듣거나, 정해진 기한에 일을 마무리하지 못한 경우에도 스트레스를 경험하게 되며, 갑자기 직장을 잃게 되는 경우처럼 힘든 일을 겪을 때에는 훨씬 높은 강도의 스트레스를 경험하게 된다. 하루하루 생활해 나가는 것이 다양한 스트레스의 연속이라고 할 수 있겠다.

성인들은 스트레스라는 말을 너무 빈번하고 자연스럽게 사용하지만 아동이 받는 스트레스에 대해서는 충분한 관심과 주의를 기울이지 못하고 있는 듯하다. 부모가 내가 원하지 않는 음식을 먹으라고 강요하거나 친구가 자신이 만든 블록 구조물을 부쉈을 때와 같이 일상적인 스트레스뿐 아니라 가정의 큰 변화를 겪으면서 본인이 감당하기 힘든 스트레스를 경험하게도 된다.

일반적으로 아동과 상호작용이 많은 대상이 부모인 동시에 아동에게 스트레스가 될 상황도 부모와의 관계에서 유발되는 경우가 많다. 어떤 부모는 자녀에게 벅찬 기대를 가지고 어린 아동에게 타인과의 경쟁을 부추기며 여러 학원을 전전하도록 하며 아동이 놀이터에서 노는 것보다 학원을 보내는 것이 중요하다고 여기는 부모들도 있다. 때로는 부모가 이루지 못한 꿈을 자녀에게 강요하기도 한다. 부모가 아동이 감당해야 하는 크고 작은 스트레스 상황들이 유발하고 있다는 것을 부모들이 제대로 인지하지 못하는 경우가 있다.

본 장에서는 아동의 스트레스에 관련된 기본적인 정보를 알아보고 여러 위기 상황에 놓여 커다란 스트레스를 경험하고 있는 아동을 상담을 통해 돕고자 한다.

01 아동 스트레스

아동을 둘러싼 가정, 어린이집, 유치원 같이 친숙한 환경 속에서도 다양한 스트레스가 발생한다. 가정에서 유아에게 허용되는 일과 허용되지 않는 일이 존재하며, 유아교육기관에서 유아는 기본적인 질서와 규칙을 따라야 한다. 자신의 욕구와 여러 규범 사이에서 아동들은 여러 형태의 갈등을 겪게 되고 스트레스를 경험하게 된다.

1) 아동 스트레스의 개념

아동의 스트레스를 보는 관점은 크게 세 가지로 나누어 볼 수 있다. 첫째는 스트레스를 반응으로 보는 입장으로 외적 · 내적 자극에 대해 아동이 적응을 하다 적응 자원이 고갈되면 심리적, 신체 · 생리적 불편함을 느끼는 것을 의미한다. 둘째는 스트레스를 자극으로 보는 입장으로 외적 환경요건과 내적 · 생리적 현상까지의 다양한 자극이 스트레스가 된다는 것이다. 셋째는 스트레스를 자극과 반응 사이의 역동적 상호 관계로 보는 입장으로 아동의 심리적 특징이 자극 요소가 되기도 하며 스트레스 대처능력이 환경의 일부분이 되는 동시에 환경에 영향을 미칠 수 있다는 견해이다(장연집, 2003).

스트레스는 개인의 내적 균형 상태를 무너뜨리는 스트레스 반응을 유발하는 외적 요구, 상황, 환경을 의미하는 스트레스 인자(stressor)에 대한 생리적 · 정서적 반응을 뜻한다. 스트레스는 사건 자체보다 사건에 대한 개인의 주관적 해석이 중요시된다. 동일한 사건을 경험하더라도 어떤 사람은 엄청난 스트레스를 경험하는 반면 다른 사람은 긴장감을 즐기기도 하는 것을 보게 된다. 스트레스에 대한 해석에 따른 반응은 각 사람마다 다를 수 있다(김희경 · 김옥숙 · 이숙희, 2011).

유치원이나 학교에서의 소풍이나 운동회를 기다리고 있거나, 자신이 원했던 자전거 선물을 받을 때의 아이는 평상시와는 다른 흥분감을 경험하게 될 것이다. 이러한 일들은 아동의 각성 수준을 높이는 자극이지만 유쾌한 감정을 유발하는 유익한 스트레스가 된다. 반면에 친구와의 다툼, 원하는 일이 마음대로 되지 않았을 때의 좌절감, 아끼던 물건을 잃어버리게 되는 등의 경험들은 유아에게 불유쾌한 자극을 제공하며 부정적인 감정과 연계되기 쉽다.

아동 스트레스는 정신과 신체 간의 흥분 상태를 가리키며, 내부의 균형을 깨뜨리는 요인에 대한 외적 · 내적 자극과 반응을 포함할 수 있다. 스트레스는 주로 해로운 자극과 반응으로 인식되지만, 긍정적으로 작용하는 유익한 스트레스를 함께 포함한다.

2) 아동 스트레스의 특징

아동은 정상적 발달 단계를 따라가며 다양한 스트레스원을 다룰 수 있는 경험을 습득하게 되며, 이러한 과정을 통하여 발전해나가고 자신을 둘러싼 내적 · 외적 변화를 극복해 나가는 것을 배우게 된다(이경화 외, 2010).

특히 어린 유아의 경우에 자신의 상황을 파악하거나 현실을 직시하는 능력이 부족한 특징을 지니고 있으며, 스트레스 요인을 파악하거나 도움을 요청할 수 있는 능력과 기술부족으로 적절한 대처 방법을 구하지 못하고 어려움을 겪는 일이 발생한다. 주위에서 어떤 사건들이 일어나고 있는지 판단하는 것이 어렵다는 것은 다가올 어려움이나 고통 등을 미리 예견하고 준비할 수 없음을 의미하며, 갑자기 닥친 일에 충격과 당혹감을 느끼기 쉽게 된다. 이러한 상황들은 아동이 스트레스를 받게 만들며 어른들이 짐작하는 것보다 큰 충격을 유아들은 경험하는 경우가 발생하게 된다.

스트레스는 아동의 면역 체계를 약화시켜 질병의 발생을 도우며, 심리적 이유로 생기는 신경과민, 위통, 두통 등의 문제를 수반하는 경우가 많이 발생한다. 아동이 부적절한 행동을 보이는 것이 스트레스를 받고 있다는 신호일 수 있으며, 스트레스의 정도가 심한 경우에는 아동은 지나친 행동을 보이거나 분노조절에 실패할 수 있고, 수면이나 주의집중에 곤란을 겪게 될 수도 있다(Hart, 1992).

스트레스를 받고 있는 아이

아동은 발달적 특성에 따라 성인의 스트레스와는 다른 특징을 지니게 된다. 영아는 스스로 살아갈 능력이 없으므로 전적으로 양육자에게 의지하여야 하고 양육자와 친밀한 관계를 형성하는 것은 생존의 필수요건이 된다. 이러한 양육자로부터 떨어져야 하는 상황은 영아에게 엄청난 스트레스 요인이 되며 이로 인하여 떨어지지 않으려고 하는 분리불안이 나타나게 된다. 걸음마기에는 스스로 할 수 있는 일들이 하나둘씩 생기고 성인에게 자신이 독립된 존재인 것을 알리기 위한 과정에서 갈등을 빚게 된다. 자신이 주장하는 대로 받아들여지지 않으면 심통을 내기도 하고 자신의 방식대로 되지 않는 상황에서 스트레스를 경험하게 된다. 유아가 가정뿐 아니라 유치원이나 어린이집에서 지내게 되는 시간이 증가하면서 선생님의 꾸중, 친구들과의 갈등, 기관의 규칙 등이 스트레스가 된다.

표 3-1 연령별 스트레스 이슈

구분	내용	
유아기 스트레스 이슈 (출생~5세)	• 자율성의 발견과 훈육에 대한 저항 • 공유하기 배우기 • 어둠에 대한 두려움 • 보육문제 • 분노발작	• 수줍음과 낯가림 • 대 · 소변 훈련 • 분리불안 • 파괴적인 행동(때리거나 깨물기)
아동 중기 스트레스 이슈 (5~7세)	• 학교 환경의 전이 • 자기 비판 • 자아존중감을 높이기 위한 지나친 과시 • 거부나 실패를 다루기 어려움 • 새로운 경쟁 이슈: 읽기, 쓰기, 셈하기 • 신체 활동의 축소-가만히 앉아 있어야 함	• 성취에 대한 기대 증가 • 자아인식 증대 • 성적인 문제에 대한 관심 증대 • 고집부리기, 복종하기를 거부함 • 부모의 사랑과 관심에 대한 질투

| 출처 | Hart, A. (1992). Stress and Your Child. W. Publishing Group. p. 62. 일부 발췌.

02 스트레스 반응

스트레스가 발생하면 아동의 행동적, 신체적, 정서적 반응을 통해 그 문제가 드러나게 된다. 아동이 보이는 반응적 특성은 현재 아이가 스트레스를 경험하고 있는지의 여부를 파악하는 열쇠로 작용할 수 있다.

1) 스트레스의 증상

(1) 스트레스에 대한 행동 증후

스트레스를 경험하는 아동은 이상행동을 통하여 자신이 불안한 상태임을 보여주고 성인에게 도움을 요청하고 있는 것이다. 유아의 바람직하지 않은 행동이 스트레스로 인하여 발생하였다는 점을 생각한다면 아동을 야단치는 행동은 불안을 더욱 가중시킬 뿐이다.

마음이 불안정한 아동이 보이는 행동의 특성은 지속적인 밤에 대한 두려움, 훔치는 행동, 등교 거부 등으로 나타난다. 스트레스로 인한 행동은 주변 환경의 영향인 경우가 대부분이다. 안전하다고 느끼지 못하는 아이는 엄마에게 매달리고, 엄마가 같이 있지 않으면 어린이집에 있으려 하지 않고, 엄마가 집 밖을 나가면 소리를 지르고 이러한 행동은 엄마가 창피함을 느끼게 만든다. 아동의 불안정한 행동은 어머니가 아이를 수용하고 지지하기 어렵게 만든다(Wolff, 1969).

아동의 부적절한 행동에 대한 질타나 핀잔보다 아동에게 편안함을 제공하고 아이의 마음을 수용해 줄 때에 이상행동은 해결될 수 있다.

(2) 스트레스에 대한 신체적 증후

스트레스로 인한 두통을 호소하는 아동

스트레스를 받게 되면 그 영향이 우리 신체의 고통이나 이상으로 드러나는 경우도 많이 발생한다. 스트레스 반응을 통해 아이의 심리 상태를 읽을 수 있도록 관심을 기울여야 하고 아이를 힘들게 하는 상황이 무엇인지 파악하고 도움을 주어야 신체적 고통도 사라질 수 있다.

아동은 자신이 겪고 있는 고통을 언어를 통해 설명하기에 충분한 능력을 아직 못 갖추게 되어 자신의 감정을 표출하는 데 어려움을 갖게 되기도 한다. 속에 앓고 있던 마음의 고통이 제대로 해소되지 못하여 신체적 증상으로 밖으로 드러나기도 한다.

여드름, 뾰루지 등의 피부문제, 소화불량, 가슴통증, 현기증, 두통, 잦은 천식, 근육경련, 목의 통증, 안면 경련, 배탈, 맥박수의 증가, 알레르기 반응 증가, 심장의 두근거림, 구토 등이 스트레스에 대한 반응으로 나타난다(Kuczen, 1987; 강영자 외 역, 2002 재인용).

(3) 스트레스에 대한 정서적 증후

신체와 마음은 실제적으로 함께 작동하고 있으며 정서적 영향은 신체적인 증상의 원인이나 결과로 발생한다. 스트레스와 연관된 중요한 정서적 증상은 우울증, 자아존중감의 문제, 분노와 불안감이다. 실패나 실망과 연관된 큰 스트레스를 받는 경우에는 자신에 대해 무가치하게 느껴지는 자아존중감의 문제가 발생하며 낮은 자아존중감은 더 많은 스트레스를 유발한다. 분노는 가족이나 친구들은 향한 공격으로 표출되기도 하며 이러한 반응은 주위 사람들에게 친절과 도움을 얻기 힘든 상황에 처하게 한다(Hart, 1992).

극심한 스트레스를 경험하는 아동은 구체적인 공포의 원인 없이 만성적으로 느끼는 불안을 경험하는 일이 발생하며 이를 '막연한 불안'이라고 한다. 아동은 안절부절못하고 초조해 하지만 무엇이 문제인지는 정확하게 파악하기 힘들다. 만성적인 스트레스가 쌓이게 되면 아동은 유치원이나 학교에 가는 것이 곤욕으로 느껴지며, 처음에 지녔던 흥분과 도전 의식은 불만과 불행의 감정으로 변화한다(Elkind, 1989; 김용미 역, 2001 재인용).

아동이 반복적인 스트레스 상황에 노출되게 되어 자신에 대하여 부정적인 감정을 지니게 되면 이후에 찾아올 스트레스에도 취약한 상태가 될 수 있다. 지속적으로 되풀이 되는 스트레스로 인해 아동이 항상 불안에 싸여 있지 않도록 미연에 조치를 취해야 하겠다.

2) 스트레스 반응에 영향을 미치는 요인

(1) 기질

순한 아이

기질은 아동이 태어날 때 가지고 있는 성격을 의미하며 엄밀히 말해 각 개인의 감정 측면을 뜻한다. 기질을 바탕으로 드러나는 감정과 의지의 표출을 성격이라고 한다. 임신 중 엄마의 스트레스와 알코올 섭취 등은 태내의 아이의 호르몬 및 신경전달 물질 계통에 영향을 주어 아이 두뇌발달에 저하를 초래한다. 그에 따른 결과로 아이는 불안정하고 위축된 성격을 보이거나 공격성이 높은 아이로 자라날 확률이 커지게 된다(손석한, 2008).

이러한 기질은 문제에 대처하는 능력에서 각각 다르게 나타난다. 어떤 아이는 작은 일에도 상처받고 힘들어 하는 경우가 있는가 하면 어떤 아이들은 같은 일에도 초연하고 쉽게 화를 내거나 슬퍼하지 않는 성향을 보인다. 스트레스를 피하려는 성향을 보이는 아이가 있는 반면에 상황에 맞서 문제를 해결하려는 성향을 보이는 아이도 있다.

스트레스를 피하지 않고 어려서부터 적극적으로 해결하려고 노력하는 사람은 스트레스를 해결하는 과정을 통해 스트레스 다루는 능력을 향상시키게 되며 스스로 해결하기 힘든 경우는 도움을 활용하여 문제를 풀어나가는 모습을 보인다. 문제에 직면하여 스트레스를 다루는 아동은 이후에 만나게 될 다른 스트레스 상황에서도 당당하게 맞서 이겨낼 수 있는 힘을 기르게 되며 한층 성장해 나갈 수 있게 된다.

(2) 경험

과거의 경험은 아동이 스트레스에 대처하는 능력을 결정짓는 요소가 된다. 엄마와 잠시 떨어져 있어도 다시 엄마가 돌아온다는 확신을 가지며, 엄마와 떨어져 본 경험이 있는 아동들은 유치원에서 엄마와 헤어질 때 분리불안을 심하게 경험하지 않을 것이다. 이에 반해 어머니와 떨어져 본 경험이 없는 아동들은 엄마가 가지 못하도록 붙잡고 울며 분리되는 것을 힘들어 하는 경향을 보일 수 있다.

이전에 겪은 경험은 아동이 비슷한 상황에 쉽게 적응할 수 있도록 돕는 밑천으로 사용되며 불안감이나 긴장감을 줄이는 역할을 할 수도 있다. 아동이 일상에서 흔히 경험하게 되는 작은 스트레스의 경우는 이전 경험이 문제를 해결하는 데 도움을 줄 수 있다. 하지만 가족의 죽음이나 이혼과 같이 아동이 감당하기에 큰 스트레스의 경우는 연속으로 큰 사건이 터지면 충격에서 벗어나기 쉽지 않다.

(3) 사회적 지지

불안과 두려움은 스트레스를 유발하는 중요한 요인이다. 아동이 불안정한 정서 상태에 놓이게 될 때 아이의 상황을 그대로 수용하고 대화를 통하여 그 긴장감을 풀어줄 수 있는 대상이 있다면 스트레스는 감소한다. 부모, 교사, 형제나 친구로부터 지지를 받게 되면 아동이 안정을 취하고 스트레스를 떨쳐버리는 데 수월하게 될 것이다.

아동을 지지해 주는 가족은 효율적인 의사소통을 하며, 스트레스 대처기술과 관련된 유능감의 발달을 통해 아동의 적응력에 기여하며, 아동을 발달적으로 부적합한 도전으로부터 지켜줌으로써 적응에 기여할 수 있다. 효율적인 가족 의사소통에 아동을 참여시켜 아동에게 발달적으로 부적합한 감정, 사회성, 성취도전에 대한 대처기술을 전수함으로써 아동을 지지해 준다(Wills, Blechman, & McNamara, 1996).

03 아동의 위기사건과 상담

아동에게 일상적으로 발생하는 소소한 스트레스 이외에 특정한 사건들은 아동에게 커다란 상처를 남기고 그 슬픔에서 벗어나가기 힘든 일들이 생긴다. 아동 스스로 그 어려움에서 벗어나기는 어려우며 아동의 치유를 위하여 의미 있는 성인들의 적극적인 도움이 요구된다.

1) 부모의 이혼과 아동상담

(1) 부모의 이혼

부부 간의 불화는 가정의 불안을 가져오며 아동에게 무서운 분위기를 느끼도록 한다. 부모의 싸움, 냉랭한 분위기, 비난하는 언어 등은 아이를 불안하게 만들며 부부 서로에 대한 불만으로 인하여 화가 그 자녀에게 향하게 된다. 부부는 두 사람의 문제로 싸우면서 때로는 아이에게 신경질을 내고 아이의 사소한 잘못에 격하게 화를 내는 등 자신들의 감정을 주체하지 못하고 아이에게 상처가 주는 말과 행동을 하게 된다. 아동의 행동에 대해 지적하는 부모의 불만은 아동이 자신감을 잃게 만들며, 부모가 이혼할 경우는 자신의 잘못으로 부모가 화가 나서 이혼하게 되었다는 잘못된 결론에 이를 수도 있다.

부부 관계의 갈등으로 인한 긴장감은 자녀에게 전가되어 아동을 가족의 희생양으로 만들기도 한다. 아동에게 문제아라는 낙인을 찍고 부부의 문제를 자녀의 문제로 만들어 가족의 관계를 유지하는 역기능을 가지기도 한다(김순혜, 2006).

부모가 이혼하는 경우는 아동의 양육권과 친권을 놓고 서로 갈등하는 문제가 발생하기도 한다. 양육권은 미성년인 자녀를 부모의 보호 하에서 양육하고 교양할 권리를 뜻하고, 친권은 자녀의 신분과 재산에 관한 사항을 결정할 수 있는 권리를 의미하는데 한쪽 부모가 양육권과 친권을 같이 가질 수 있으며 양육권과 친권을 분리하여 가지기도 한다. 부부가 이혼 후에 자녀를 양육하지 않는 사람은 자녀와 만날 수 있는 권리인 면접교섭권을 가질 수 있다. 자녀와의 면접교섭의 횟수, 일시, 장소는 부모의 협의로 미리 정해야 하지만, 협의가 이루어지지 않으면 법원에 심판이나 조정을 신청해야 한다. 알코올중독이나 폭력 등의 문제로 부모와의 만남이 자녀에게 악영향을 미친다고 법원이 판단할 경우에는 면접교섭권이 배제되거나 제한될 수 있다. 자녀와 관련된 법률적인 문제로 부모가 줄다리기를 하는 동안 아동은 긴장감과 당혹감을 경험하기 쉽다.

아동이 엄마와 사는 경우에 이혼은 경제적인 요인과 결부되는 경우가 많으며 특히 경제적인 자립을 하지 못하는 여성의 경우는 그 파장이 더 클 수밖에 없다. 가정을 유지하기 위해 어머니는 생활전선에 나서야 되며 아이와 함께 할 수 있는 시간이 줄어들 수밖에 없다. 가정의 소득감소는 이혼 전에 가능했던 소비 활동이 이혼 후에는 힘들다는 것을 의미하며 경제문제로 인한 스트레스를 야기하게 된다. 아버지의 경우에도 직장생활과 함께 가정살림을 병행해야 하며 이전에 본인이 신경 쓰지 않았던 세세한 부분까지 챙겨야 하는 부담을 안게 된다. 직장과 가정의 일을 병행하며 이혼 이전보다 많아진 일로 피로가 누적되기 쉽고 때로는 가정살림의 일부를 자녀가 담당하게 되어 자녀가 가정에서 지니는 책임이 증가하기도 한다.

부모의 불화와 이혼, 이혼 후의 달라진 삶이 아동에게는 충격과 고통으로 다가온다. 부모는 자신의 슬픔에서 벗어나 자녀의 슬픔을 헤아려야 하며 자녀가 변화된 환경 속에서 새로운 관계를 형성하고 적응해 나가도록 도와야 한다. 부모는 상황이 변화하였지만 자녀를 사랑하는 마음은 변함이 없다는 것을 확신시킴으로써 불안한 마음을 진정하고 안정감을 느끼도록 노력을 기울여야 한다.

(2) 아동상담

부모의 이혼과정에서 아동은 부모의 다툼을 목격하게 되고, 한쪽 편을 들어달라는 요청을 받기도 하며, 누구와 살지 결정하라는 요구를 받을 수 있다. 또한 이혼으로 인한 이사 등으로 이전에 형성했던 친밀한 관계를 더 이상 유지하지 못하는 등 갑자기 변화한 환경에 적응하느라 힘든 시간을 보내야 한다.

이혼 후에 아동이 새로운 생활에 적응해야 하는 과정에서 해결해야 하는 심리적 과제가 있다.

첫째, 이혼의 현실을 인정하는 것이다. 둘째, 부모 간의 갈등과 고통에서 헤어나 일상생활에 적응해야 한다. 셋째, 상실감을 극복해야 한다. 넷째, 분노와 자기 비판의 문제를 풀어야 한다. 다섯째, 이혼이 영속적이라는 것을 받아들여야 한다. 여섯째, 현실적으로 가능한 인간 관계에 대한 희망을 지녀야 한다(Wallerstein, 1989).

아동에게 관심과 사랑을 보이는 상담자

상담자는 이혼가정의 아동에게 아동의 발달 수준에 맞추어 이혼에 대해 솔직하게 이야기해야 하며, 이혼가정의 또래집단을 활용하여 서로의 생각과 감정을 나눌 수 있는 기회를 제공함으로써 아동의 행동문제, 정서문제를 줄일 수 있다. 아동이 안전하다고 느낄 수 있는 개별상담을 통하여 아동이 자신의 감정을 밖으로 꺼낼 수 있도록 한 후, 상황에 맞는 대처기술을 알려주도록 한다. 부모상담을 활용하여 부모와 자녀가 서로의 감정을 치유하도록 하며, 아동이 친숙한 환경에서 상황에 대처해 나가도록 도울 수 있다(김순혜, 2006).

이혼한 부모가 아동과 이혼에 대해 어떻게 이야기할지 배우는 과정은 중요하다. 아동의 인지 수준에 적합하게 이혼에 대하여 자유스럽게 이야기하고, 아이의 생활이 안정될 수 있도록 계획하고, 아이를 다른 한편 부모의 동태를 살피는 매개체로 사용하지 않는다. 또한 떠난 부모가 정기적 아이를 방문하여 아이가 양쪽 부모로부터 사랑받는다는 것을 확신하도록 하고, 부모가 아이의 미래에 대해 의논하며, 아동의 능력 이상으로 많은 책임을 부과하지 않도록 지도한다(염숙경, 2004).

상담자는 아동의 내면에 자리 잡고 있는 슬픔과 분노의 감정을 털어놓을 수 있도록 격려함으로써 아동이 이전과 달라진 가족 관계와 상황 속에서 겪는 혼란스러움으로부터 차츰 벗어날 수 있도록 격려한다. 부모상담을 통하여 부부는 더 이상 함께 하지 않지만 아이가 양쪽 부모 모두에게 사랑받고 있다는 확신을 가질 수 있도록 전화 통화나 방문을 허용하도록 하여 아동이 버려졌다는 감정에서 벗어나 부모 모두에게 사랑받고 있음을 알려주는 노력해야 한다.

2) 아동학대와 아동상담

(1) 아동학대

아동복지법에 따르면 '아동학대란 보호자를 포함하는 성인이 아동의 건강 또는 복지를 해치거나 정상적 발달을 저해할 수 있는 신체적, 정신적, 성적 폭력이나 가혹행위를 하는 것과 아동의 보호자가 아동을 유기하거나 방임하는 것' 을 말한다. 여기서 학대 행위란 '아동에게 가해진 행위로 인하여(우연한 것은 제외) 아동의 건강 혹은 복지를 해치거나 혹은 정상적인 발달을 저해할 수 있는 모든 신체적 · 정신적 상해, 성적 행위 및 방임을 포함한다(중앙아동보호전문기관, 2013).

2012년 발생한 아동학대행위자 중 가장 높은 비율은 부모(83.9%)로 나타났으며, 친 · 인척(6.8%)을 포함하면 아동의 부모 및 친 · 인척에 의한 학대가 전체의 90.7%를 차지하고 있다(중앙아동보호전문기관, 2013). 아동학대는 인간의 존엄성을 해치는 행동으로 학대를 당한 아동은 무서움, 고통, 불안 등을 경험하게 된다. 학대가 일어나는 가정에서는 정상적인 가족 관계를 기대할 수 없으며 가정이 편안함의 장소가 아니라 벗어나고 싶은 공포의 장소가 됨으로써 아이가 필요한 정서적, 물리적 지지를 제공할 수 없는 곳이 된다.

아동학대 결과는 아동의 심리적 자아기능 발달 손상으로 인해 적응에 어려움을 겪게 되고, 골절이나 타박상 등의 손상뿐 아니라 심한 경우에 사망까지 초래할 수 있는 심각한 일이다. 아동에게 학대의 결과가 바로 나타나지 않더라도 그 결과가 누적되어 나타날 수 있으며, 때로는 한 번의 학대가 정도에 따라 치명적 결과를 가지고 올 수도 있다(김춘경, 2006).

자녀를 학대한다는 것은 부모가 자녀의 존엄성을 인정하지 않는다는 것을 의미한다. 자녀를 자신의 소유물로 여기거나 무가치하게 여기기 때문에 학대가 발생할 수 있다. 신체적 학대와 함께 언어적 학대, 정서적 학대, 성적 학대, 방임 등으로 인하여 아이는 고통스러운 시간을 보내야 한다. 학대에 노출된 아동은 외적인 상처뿐 아니라 심리적 위축, 자신에 대한 무가치함을 느끼면서 불안과 공포를 느끼기 쉽다.

표 3-2 아동학대의 원인 중 부모 요인

구분	내용
부모의 미성숙	• 나이가 어리고 안정되지 못한 부모들은 아동의 행동이나 욕구를 이해하지 못하여 아동학대를 쉽게 행하고 건전한 가족 관계의 형성에도 어려움을 겪게 된다.
아동양육에 대한 지식 부족	• 다양한 아동발달에 대한 지식의 부족은 어떻게 아동을 키울 것인가를 잘 모르거나 건전한 가족 관계가 어떤 것인지 잘 알지 못하는 경우이다.
지나친 기대	• 부모들은 종종 자신의 자녀가 가진 능력 이상으로 부모의 기대 수준에 맞게 행동해 주기를 원하는데, 이처럼 높은 기대는 아동학대의 가능성을 높이는 원인이 된다.
잦은 가정의 위기	• 경제적 어려움, 실직, 잦은 병치레, 가정불화 등 가정 내 위기 요인으로 인해 부모들이 자녀를 학대하는 경우가 있다.
정서적 욕구 불만	• 부모들은 자신의 욕구가 충족되지 못하거나 스트레스를 받을 때 아동에게 그 불만을 터뜨리게 된다.
사회적 고립	• 아동양육의 부담을 도와줄 수 있는 친척이나 친구, 이웃이 주위에 아무도 없는 경우에 아동을 학대하기도 한다.
어릴 적 학대 받은 경험	• 아동을 학대하는 부모들 중 30~60% 정도는 자신들이 어릴 때 부모로부터 학대 받은 경험이 있다.
알코올중독 · 약물중독	• 알코올중독 · 약물중독에 빠진 부모들은 자신을 잘 통제하지 못하고 아동을 학대하기도 한다.
부모의 그릇된 아동관 및 양육관	• 아동을 소유물로 생각하며, 아동에 대한 권리의식에 대한 이해가 부족하다. 또한, 체벌과 훈육을 혼동한다. • 부모의 낮은 자아존중감, 낮은 감성, 의기소침 • 부모의 분노, 좌절 혹은 성적 욕구와 같은 충동과 감정 조절의 무능력 • 원치 않는 아동 • 부모의 불안, 우울증, 기타 정신질환

| 출처 | 중앙아동보호전문기관(2013, http://korea1391.org/new_index/)

※ 아동학대 신고전화(1577-1391 또는 129)

부모는 사회의 여러 위험으로 아동을 보호할 수 있도록 신경을 기울여야 하며 우선적으로 가정이 아동에게 안전을 제공하는 울타리의 역할을 제대로 수행해야 한다. 아동학대가 아동에게 미치는 영향에 대하여 부모가 먼저 인식하고 있어야 하며 아동은 보호받고 존중되어야 하는 존재라는 것을 잊지 않아야 한다.

(2) 아동상담

대부분의 학대는 자신의 부모나 친 · 인척 등 가까운 어른으로부터 발생하는 경우가 많다. 자신을 가장 많이 사랑하고 돌봐주어야 하는 대상이 자신에게 학대를 가할 때 아동은 두려움과 동시에 자신이 잘못을 저질렀다는 죄책감을 가질 수 있으며 자신을 학대하는 대상인 부모나 친 · 인척과 안정적인 관계를 형성하기 어렵다.

학대 아동이 상담자를 아동 자신을 돌봐주는 사람으로 신뢰할 수 있도록 하기 위해 상담자는 반복적으로 확신을 가지도록 해야 하며 언어적 · 비언어적 상호작용으로 아동이 자신의 외모와 자세에 긍정적인 생각을 가지도록 격려해야 한다. 성적 학대를 받은 아이들은 자신에게 문제가 있다고 생각하거나 자신이 성적으로 학대당한 사실을 부끄럽게 여겨 자신의 이야기를 잘 하지 않기 때문에 더 많은 관심과 이해가 필요하다. 아동에게 학대가 일어날 수 있는 상황에서 거절하는 방법, 학대가 일어날 수 있는 상황을 사전에 알아차리거나 상황을 극복할 수 있는 방법, 자신의 주장을 하는 방법을 연습하여 아동이 학대상황에 효과적으로 대처하도록 지도한다(Thompson, Rudolph, & Henderson, 2004).

상담자는 아동의 주장 훈련을 위해 대상 아동을 특성과 대인 관계 스타일을 파악하며, 아동이 문제 장면을 묘사, 변화를 위한 대본 작성, 주장적 신체 언어(예 몸을 꼿꼿이 하고 쳐다보는 것 등)를 개발하여 대본 연습, 여러 방법(예 듣는 법, 실현 가능한 타협점 도달하는 법, 속임수 피하는 법) 배우기, 실제로 해보기, 주장 훈련 결과 나누기의 훈련과정을 통하여 아동이 자신을 스스로 지켜나갈 수 있는 능력을 키울 수 있다(서울교육대학교 초등교육연구원 아동상담연구소 초등상담학회, 2008).

아동이 자신이 학대당한 사실을 말하기 꺼려하는 경우에 상담자는 아동이 편안한 분위기 속에서 자연스럽게 문제를 털어놓을 수 있도록 격려해야 한다. 학대당한 아동이 자신의 분노를 다른 가족이나 친구들에게 표출하지 않도록 놀이 등을 통해 부정적인 감정을 해소하도록 도와주어야 한다. 학대를 당한 아동, 특히 성적 학대를 당한 아동이 2차, 3차의 다른 고통을 당하지 않도록 사회적 제도 개선과 인식전환도 절실하다.

아동학대를 해결하기 위해 우선적으로 부모의 참여와 노력이 요구된다. 아동이 상담을 통해 일정 부분 치유가 되었다 하더라도 다시 문제의 근원지인 가정에 돌아가게 되면 학대는 재발할 확률이 크다. 아동 대상 상담뿐 아니라 부모와의 상담이 적극적으로 이루어져 부모가 자신의 행동을 객관적으로 바라볼 수 있도록 도와야 하며, 부모가 자신의 감정을 제어할 수 있는 방법 등을 모색해봄으로써 아동이 더 이상 피해의 대상이 되지 않도록 해야 한다.

3) 본인이나 가족의 질병과 아동상담

(1) 본인이나 가족의 질병과 입원

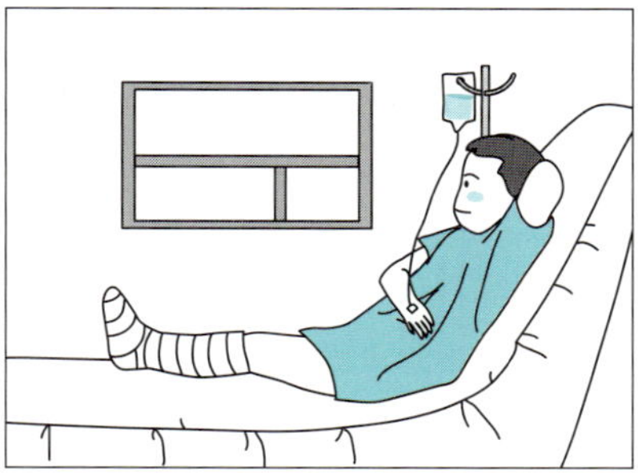

병원에 입원한 아동

아동이 질병에 걸리게 되거나 입원을 하면 이전에 가능했던 정상적인 생활이 일시적으로 또는 장기적으로 불가하게 되며, 신체의 움직임이 자유스럽지 않거나 심한 고통을 느끼게 되기도 한다. 유치원이나 학교에 가지 못하고 친구들과도 함께 지낼 수 없게 되며 입원의 경우는 가정을 떠나 의료진의 도움을 받으며 생활을 해야 한다. 다른 환자들과 병실을 공유하는 경우는 환자들과 새로운 관계를 형성하기도 하지만 다른 환자들의 고통과 때로는 죽음까지 목격하며 자신의 미래에 대한 불안과 공포에 놓일 수 있다. 혼자 병실을 사용하는 경우에는 자신이 만날 수 있는 대상이 극히 한정되어 있어 외로움을 느끼게 되기가 쉽다.

병으로 인해 침상에 눕거나 다른 사람의 돌봄을 요하게 되는 상황이 발생할 때 어떤 아동들은 먹는 것, 씻는 것, 대·소변보는 것을 스스로 하겠다고 주장하며 돌봐주는 사람에게 의지하려 하지 않아 돌보는 사람을 힘들게 하기도 한다. 반면에 어린 유아 중에는 이전에 형성된 습관의 흐트러지고 사회적 기술을 다시 배워야 하는 무력한 아기 상태로 돌아가는 경우도 생긴다. 간호를 받아야 하는 상황보다 아이를 더 화나게 만드는 것은 움직임에 제한을 받게 된다는 것이다(Freud, 1952).

심각한 병으로 병원에 입원한 아동은 많은 변화를 경험하게 된다. 몸을 움직이는 것이 힘겹게 느껴지고 식사, 투약, 운동 등이 일정하게 반복되는 생활을 하게 된다. 감염의 우려나 비밀유지를 이유로 다른 사람과의 만남이 통제됨으로써 자신의 질병과 더불어 사회적 고립을 겪게 된다(Krulik, 1983).

이러한 아동은 자신의 신체의 변화, 새로운 투약과 수술, 주변 사람들의 자신에 대한 태도 변화 등을 통하여 상황을 인지할 수 있다. 의사나 부모가 아동에게 질병의 경과와 앞으로 다가올 일들에 대하여 솔직하게 이야기해 주는 것이 아동의 불안과 초조함을 경감시켜주는 일이다.

아동이 치명적 질병에 걸렸을 때 의사들이 아이의 상태에 대해 이야기를 해주지 않더라도 많은 아이들이 자신의 치명적 상태에 대해서 느낄 수 있다. 치명적 질병을 앓는 아동은 어머니로부터 분리되는 불안, 정신적 외상(trauma)의 과정, 병원에서 다른 아이들의 죽음을 보며 겪게 되는 공포를 경험하게 된다. 이러한 불안은 연령에 따라 차이를 보이는데 분리 불안에 대한 공포는 0세에서 5세의 아이에게 가장 심하게 발생하였고, 정신적 외상과정에 5세에서 10세 아동이 가장 강하게 반응하였으며, 다른 아이의 죽음에 대한 반응은 10세 이상의 아동에서 강하게 나타났다(Natterson & Knudson, 1960).

아동이 아프거나 병원에 입원할 경우, 아픈 상황이 미치는 스트레스 정도는 보통 아동의 인지적, 정서적 발달 수준이 크게 좌우한다. 질병과 입원은 누구에게나 스트레스가 되는 상황이지만 스트레스를 다루는 정도는 차이가 나게 된다. 아동이 자신의 상황과 환경을 논리적으로 이해하고 받아들일 수 있는 경우는 스스로를 도울 수 있는 접근을 시도할 수 있게 되며, 정서적으로 불안과 스트레스를 직면하는 방법을 배운 아동은 자신에 대하여 긍정적으로 받아들일 수 있다. 더불어 부모와 아동의 질적 관계, 확대가족으로부터 받는 지원, 간호를 받는 환경 등도 역시 스트레스에 영향을 미친다(LaMontagne, 1987).

부모와 친밀한 관계를 형성하여 자녀가 처한 상황을 친절하게 설명하며 아동의 불안과 공포를 이해하고 받아주는 경우에는 아동이 부모에게 의지하며 정서적인 안정을 취하기가 쉬워진다. 아동이 병원에 왜 입원하고 있는지, 앞으로 자신에게 어떤 일들이 일어날지에 대하여 알지 못한다면 불안감은 가중될 것이고 신체적 고통과 더불어 정신적 스트레스를 심하게 겪게 된다.

조부모를 비롯한 친척들이 부모와 더불어 아동을 간호할 수 있는 여건이라면, 아동의 부모는 필요한 정신적, 육체적 지지를 얻게 되며 피로감을 나눌 수 있게 될 것이다. 부모가 에너지를 비축하여 자녀의 간호에 임할 수 있게 될 여건이 조성되면 아동에게 더 좋은 질적 상호작용을 제공해 줄 수 있게 된다.

아동의 가족이 질병에 걸렸거나 병원에 입원한 상황 또한 아동의 생활에 큰 영향을 미친다. 어머니나 아버지가 아픈 경우에는 아동은 가정에서의 정상적인 생활패턴에서 벗어나 다른 성인의 돌봄을 받게 되고 부모와 함께 할 수 있는 시간도 줄어들게 될 뿐 아니라 힘들어하는 부모를 보면서 불안과 걱정의 분위기를 감지하게 된다. 형제가 아프거나 입원한 경우에도 함께 놀고 시간을 공유하던 형제와 분리되는 일이 발생하고 부모의 신경이 다른 형제에게 집중되면서 제대로 돌봄을 받지 못하게 된다.

일반적으로 부모는 아픈 아이에게 이전과는 다른 태도로 대하게 된다. 아이를 보호하기 위해 상당히 민감해지기 쉬우며 이전에는 허용하지 않았던 것을 허용하기도 한다. 부모의 평소와는 다른 이러한 태도는 아픈 자녀에게는 잘못된 습관을 형성하게 되며, 다른 유아에게는 부모의 편애로 인하여 불만과 원망의 마음을 일으킬 수 있게 되어 가족 관계에 좋지 않은 영향을 미칠 수 있다.

가족 중에 아픈 사람이 있으면 아픈 아이로 인하여 안타까운 마음을 가지게 되며 관심이 집중되기 마련이다. 동시에 가족 구성원들이 힘들고 지치며 누적된 피로로 인하여 신경이 날카로워지기 쉽다. 이러한 상황 속에서 부모가 건강한 다른 자녀를 배려하며 돌보기에 현실적으로 많은 제약이 따를 수 있다. 하지만 분명한 것은 질병에 걸리거나 사고를 당하지 않은 건강한 자녀도 스트레스를 받고 있다는 사실이다. 아동의 마음을 읽어주고 스트레스를 완화시키려는 적극적인 노력이 요구된다.

표 3-3 병원에 입원하는 아이의 부모를 위한 조언과 자료

구분	내용
아이가 0~3세인 경우	• 가능하다면, 아이의 일상에 맞추어 의사 방문이나 절차를 계획하라. • 아이의 공갈젖꼭지, 우유병, 곰인형, 이불, 또는 아이에게 위안을 주는 물건을 가지고 가라. • 친구나 가족에게 도움을 요청하라. 당신이나 당신 친구 또는 가족이 항상 아이의 옆에 있도록 하라. 이렇게 하는 것은 당신이 짧은 휴식 시간이 필요할 때 특별히 도움이 된다. • 당신이 최대한 아이와 함께 있을 것임을 아이가 확신하도록 하라. • 의사에게 가거나 병원을 방문하는 내용의 이야기를 아이에게 읽어주도록 하라.
아이가 3~6세인 경우	• 병원방문 하루나 이틀 전에 아이를 준비시키기 시작한다. • 아이가 스스로 가방을 꾸리도록 하여 어떤 잠옷을 가지고 갈지, 어떤 필요한 물품을 가지고 갈지 선택하도록 허용한다. 짐을 쌀 때, 아이가 가장 좋아하는 장난감, 이불, 인형, 봉제 동물인형 등의 친숙한 물건을 포함하도록 한다. • 아이의 입원기간이 연장되는 경우는 아이에게 새 장난감(신선하고, 새로운 힘을 불어넣을 수 있는) 가져다주는 것이 도움이 될 수 있다. • 병원입원이나 의사 방문에 대한 이야기를 아이와 함께 읽는다. • 소꿉놀이용 의료 기구를 사용하여 아이와 함께 의사, 간호사 놀이를 미리 해보는 것은 재미있고 유익하다.

| 출처 | Vanderbilt Medical Center(2013, www.mc.vanderbilt.edu) 'When a Child is Hospitalized' Tips and Resources for Parents 중 일부 발췌.

(2) 아동상담

아동 자신이 아픈 경우는 육체적인 질병으로 고통을 받는 것도 힘들지만 다른 친구들처럼 뛰어놀 수 없는 것이 마음의 고통까지 불러일으킬 수 있다. 상담자는 아동이 현재의 건강 상태에서 가능한 놀이를 제시해 주고 내면에 쌓아 놓은 고민과 슬픔을 해소할 수 있도록 도와주어야 한다. 놀이를 하며 자연스럽게 아동의 질병이나 사고에 대하여 이야기할 수 있으며 아동이 걱정과 불안을 놀이를 통해 발산할 수 있도록 지원을 해주는 것이 필요하다.

아동에게 질병이나 사고가 자신의 잘못이 아니며 치료를 받는 것이 벌 받는 것이 아니라는 확신이 필요하며 부모는 아이에게 질병과 상태에 대해 명확한 설명해야 한다.

아동은 병원치료가 이루어지는 동안 바람개비를 불거나 책을 보는 등의 대응전략을 배움으로써 자신의 고통과 스트레스를 경감시키는 방법을 익힐 수 있다(Vanderbilt University Medical Center, 2013).

가족이 아프거나 병원에 입원한 경우는 아동은 집안의 우울한 분위기를 감지하며 자신과 함께 놀아줄 대상을 찾기 어렵게 되며, 자신이 즐겁게 노는 것에 대해 죄책감을 가질 수 있다. 상담자는 아동이 우울한 감정을 벗어버리고 유쾌한 감정을 가지는 것이 잘못이 아니라는 것을 알려줄 필요가 있으며 부모들에게도 가능한 범위 내에서 사회적 상호작용과 교류를 통하여 즐거움을 느낄 수 있는 기회를 가지도록 권유하는 것이 필요하다.

4) 가족의 사망과 아동상담

(1) 가족의 사망

아동이 슬픔과 아픔 없이 즐거움 속에서 자라기를 원하는 것이 부모의 바람이지만 실상 아동들은 다양한 형태로 죽음을 인식하게 된다. TV나 영화에서 사망을 접하기도 하고, 애정을 주었던 애완동물의 죽음을 경험하기도 한다. 교통사고나 재난 등으로 인한 사망을 목격할 수도 있고, 한 반에 있던 친구의 사망소식을 듣기도 한다. 여러 유형의 사망을 경험할 수 있다고 하지만 그 무엇과도 비교할 수 없이 아동에게 충격적이며 큰 영향을 미치는 것은 바로 가족의 사망이다.

부모가 치명적인 병으로 입원을 하거나 집에 누워있는 경우에 아동은 막연하지만 부모와의 이별을 예견할 수도 있다. 하지만 느닷없이 발생한 가족의 죽음은 그 슬픔을 맞이하고 극복할 준비할 시간도 없이 죽음을 대해야 한다. 교통사고로 인하여 하루아침에 부모를 잃는 일도 발생하고 집안에 강도가 침입하여 가족이 죽임을 당하는 일이 발생하기도 한다. 어떤 이유로 가족의 죽임이 발생하였던지 어른들은 아이에게 죽음의 상황을 아이 연령에 적합한 방식으로 간략하고 솔직하게 알려주어야 할 필요가 있다.

일부 아동은 부모의 사망을 아동 자신을 내버리고 가는 행위로 인식하는 경우도 있다. 아동은 자신이 부모의 죽음에 책임이 있으며 자신이 그 대가를 치러야 한다고 생각하며 걱정, 불안, 외로움을 느끼게 된다. 이러한 감정은 일상생활, 숙제, 식사, 수면, 자신감 등에 영향을 미치게 되며 정신적으로 큰 충격이 되기도 한다. 아이는 죄책감, 분노, 상실감과 포기 등의 감정으로 인해 혼란을 겪게 되지만 스스로 이러한 감정과 생각을 인정하기는 쉽지 않다. 만약 어른들이 죽음을 금기시하지 않고 솔직하게 죽음에 대해서 이야기한다면 아이의 고통과 상상은 완화될 수 있다(Zeligs, 1974).

가족이 갑작스럽거나 비극적으로 죽는 경우에는 아동은 심한 충격을 받아 혼란을 겪게 된다. 가족이 살해를 당하거나 사고로 사망하면 아동은 복수심을 가질 수 있으며, 가족이 자살한 경우는 자살한 가족에게 화가 날 수 있다. 어떤 아동은 자신이 화를 내거나 말을 듣지 않아 가족이 자살했다고 생각하며 죄책감에 빠질 수도 있다. 어른들은 죽음이 발생한 것이 아이의 잘못이 아니라는 안심을 시켜주어야 하며 아이가 사랑과 보살핌을 받게 된다는 확신을 심어주어야 한다(Woo & Wong, 2003).

부모 중 한 사람이 죽으면 남은 한 부모는 자신이 슬픔에 빠져 있기 때문에 자녀를 멀리하는 경우가 발생하기도 한다. 또한 남은 부모와 자녀 간 접촉이 줄어들기도 한다. 어머니가 가정을 위해 돈을 버는 역할을 해야 하는 경우는 자녀에게 사용할 수 있는 시간은 거의 없게 된다. 자녀와 즐기기 위해 나가거나 책을 읽어준다거나 게임을 같이 하는 것을 어렵게 된다. 자녀는 아버지를 잃었을 뿐 아니라 부분적으로 어머니도 잃게 되는 상황에 직면하게 된다. 아이들은 집안일을 돌보고, 자신을 스스로 돌보며, 어린 동생을 돌보는 책임감을 느끼게 된다(Wolff, 1969).

형제나 자매의 죽음도 부모의 죽음처럼 아동에게 큰 고통과 상처를 수반하게 된다. 아동은 자신도 죽을 수 있다는 불안감, 자신은 살아 남았다는 죄책감 등으로 혼란 속에서 괴로운 시간을 보낼 수 있다. 가족 중에 형제가 질병으로 인해 남은 시간이 얼마 남지 않은 경우, 형제와 마지막 시간을 함께 하도록 배려하며, 아동이 형제의 장례식 참여를 원한다면 그 의사를 존중하도록 한다.

형제 · 자매가 죽은 경우에는 남은 아동은 유뇨증, 두통, 나쁜 학교성적, 학교 공포증, 우울증, 심각한 불안과 지속적인 복통을 호소하는 것으로 나타났다. 발달 단계, 가족의 반응, 가족병력과 같은 요소뿐 아니라 아동이 죽은 형제 · 자매와 가졌던 기존 관계, 부모가 남은 아동에게 보이는 반응 등도 아동의 반응에 영향을 미친다(Binger, 1973).

부모가 죽은 자녀로 인하여 슬픔에 빠져 있다면 남아 있는 아동의 아픔을 감싸 안아 줄 수 없다. 남아 있는 가족이 서로를 위로하고 격려할 수 있도록 부모는 힘을 내야 하고 다시 정상적인 가정생활과 직장생활에 복귀하여 슬픔을 이겨내는 시간을 가져야 한다. 친척이나 이웃들의 온정어린 지지가 어려움을 당한 가정에 도움이 될 수 있다.

(2) 아동상담

가족의 죽음으로 인한 충격과 고통을 극복하기 위해서 아동을 위한 주위의 관심과 지지가 필요하다. 아동이 자신의 생각과 감정을 털어놓고 해소하도록 도와줘야 하며 아동의 슬픔을 위로하고 그 슬픔을 해소하도록 격려해주어야 한다.

가까운 사람의 죽음을 경험한 아동이 그 슬픔과 고통에서 벗어나도록 돕기 위해서 상담자는 부모들이 자녀를 이해하고 도움을 주도록 가르쳐야 한다. 상담자가 부모들에게 아동의 이야기를 경청하는 법, 죽음을 설명하는 법, 아이의 상처에 대해서 의사소통할 수 있는 놀이법을 가르쳐야 한다. 상담자는 슬픔을 대하는 아동의 발달상황에 대한 정보를 부모에게 제공하여야 하고 가족을 잃은 슬픈 상황에 있더라도 아동은 웃고 놀이해야 하는 존재라는 것을 부모에게 알려줄 필요가 있다(Krupnick, 1984).

아동에게 상담자는 슬픔은 오랜 시간이 소요되며 정해진 시간은 없다는 사실과 슬픔을 겪는 사람은 기분이 좋아지기도 하고 나빠지기도 하는 경험을 하게 된다는 것을 알려주는 것이 중요하다. 가까운 사람을 잃은 상실감은 놀이, 미술, 시, 춤 등의 방법으로 표출되어야 하며 어느 누구도 항상 슬플 수 없으며 특히 아동은 슬픔을 멈추고 친구들과 시간을 보내고 놀 수 있는 시간을 가져야 한다는 것을 배우게 되면 아동의 치유에 도움이 될 수 있다(Glass, 1991).

아동이 슬픔에 젖어 부정적인 생각과 고통에 집중하기보다 밝은 생각과 놀이 등의 즐거운 경험을 통하여 아픔이 치유 받을 수 있도록 상담자는 아동의 목소리에 귀를 기울여여 한다. 아동과의 적극적인 상호작용을 통해 기쁨의 요소를 찾아나가도록 도울 수 있으며, 부모가 아동을 지원하고 돌볼 수 있도록 부모의 협조를 얻어내는 것이 성공적인 상담을 위한 필수조건이라고 할 수 있다.

생각해보기

작은 세상

함께 나누는 기쁨과 슬픔
함께 느끼는 희망과 공포
이제야 비로소 우리는 알았네
작고 작은 이 세상
산이 높고 험해도
바다 넓고 깊어도
우리 사는 이 세상
아주 작고 작은 곳
함께 나누는 기쁨과 슬픔
함께 느끼는 희망과 공포
이제야 비로소 우리는 알았네
작고 작은 이 세상

작곡: 로버트 쉐만 / 작사: 김문환

| 출처 | 쥬니어 네이버(http://study.jr.naver.com/dongyo)

1. 현재 자신이 느끼는 스트레스가 있다면 무엇인가요?

2. 자신이 기쁨을 느끼는 순간은 언제인가요?

Part II

아동상담 방법

Chapter 4

아동상담의 놀이적 접근–놀이치료

1. 놀이치료의 이해
2. 놀이치료 환경 및 치료과정
3. 아동 중심 놀이치료
4. 모래놀이치료
5. 부모놀이치료

학습주제 아동상담의 놀이적 접근–놀이치료

학습목표

❶ 놀이치료를 통한 상담이 아동에게 미치는 영향을 알아본다.
❷ 놀이치료를 효과적으로 실시하는 방법을 모색한다.
❸ 놀이치료의 주요개념을 이해하고 상담에 적용할 수 있다.

학습요약

1. 놀이치료의 이해

1) 아동과 놀이
2) 놀이치료의 의의

2. 놀이치료 환경 및 치료과정

1) 놀이치료실
2) 놀잇감
3) 상담자(치료자)
4) 놀이치료의 과정
5) 치료적 제한 설정

3. 아동 중심 놀이치료

1) 아동 중심 놀이치료의 의의
2) 아동 중심 놀이치료 환경 구성 및 치료과정
3) 아동 중심 놀이치료의 효과

4. 모래놀이치료

1) 모래놀이치료의 의의
2) 모래놀이치료를 위한 환경 구성 및 치료과정
3) 모래놀이치료의 효과

5. 부모놀이치료

1) 부모놀이치료의 의의
2) 부모놀이치료를 위한 환경 구성 및 치료과정
3) 부모놀이치료의 효과

주요개념

놀이치료, 놀이치료실, 놀잇감, 상담자, 제한 설정, 아동 중심 놀이치료, 모래놀이치료, 부모놀이치료

들어가기

호이징가(Huizinga)의 핵심은 놀이가 허구적인 일상 바깥의 공간에 인간을 위치시키는 자유의 힘이라는 통찰에 있다. 정해진 것으로서의 세계와 결별하는 경험을 통해, 인간은 스스로에게 잠재되어 있는 본연의 능력을 회복하게 되는 것이다. 놀 수 있다는 것은 곧 자유로운 정신을 지니고 있다는 증거이며, 현실의 법규 밖에서 새로운 법칙을 만드는 행위를 통해 '놀이하는 인간'은 주어진 현실의 균열을 탐색할 힘을 획득한다.

| 출처 | 이강진(2013. 8. 30.). '놀이란 무엇인가' 일부 발췌. 경향신문.

1 자신이 좋아하는 놀이는 무엇인지 이야기해 봅시다.
2 놀이를 통하여 자신의 부정적 감정이 해소된 경험이 있는지 이야기해 봅시다.
3 자신이 해보고 싶은 놀이에는 무엇이 있는지 이야기해 봅시다.

세상을 살아가면서 우리에게 즐겁고 행복한 순간들이 많이 있지만 때로는 공포와 걱정을 하며 슬픈 순간들을 맞이하게 된다. 이러한 슬픔은 누구에게나 찾아올 수 있고 아동이라고 해서 예외는 아니다. 어른들 중에는 '아이들이 무슨 걱정이 있냐?'는 생각을 하여 아동의 걱정과 분노 등의 감정을 제대로 읽으려는 노력을 하지 않는 경우들이 있다. 하지만 어른들이 아동의 슬픔을 인식하지 못하거나 가볍게 넘겨버리는 사이 아동의 슬픔은 더 커지게 된다. 아동은 자신의 상황을 정확하게 인식하거나 언어를 이용하여 자신의 상황과 감정을 표현하기는 능력이 부족하여 필요한 도움을 요청하지 못하는 경우가 발생하기도 한다.

아동에게 놀이는 현실에서는 허용되지 않거나 불가능한 일들을 할 수 있는 수단으로 사용된다. 놀이 속에서 아동은 공주나 왕자가 될 수도 있고, 새처럼 하늘도 날을 수 있으며, 무시무시한 괴물을 물리쳐 이기거나, 위험에 처한 사람을 구출해낼 수도 있다. 아동의 놀이를 지켜보다 보면 아동이 무슨 생각을 하는지, 어떤 것에 관심이 있는지, 어떤 감정을 가지는지를 읽을 수 있는 경우가 있다. 놀이를 통해 아동은 내면의 세계를 밖으로 드러내는 경험을 하게 되며 자신만의 안전한 세계를 구축할 수 있고, 때로는 놀이 하는 과정에서 슬픔이 해소되는 경험을 한다. 현실에서는 표현할 수 없는 행동도 놀이를 통해 나타내는 과정을 통하여 아동의 억압된 마음과 미래에 대한 소망이 자연스럽게 표출된다.

일반적인 경우에는 아동의 내적 상처가 놀이를 하며 자연스럽게 치유될 수 있겠지만 어떤 경험은 아동 스스로 놀이를 통하여 치유하기에는 벅차다. 이러한 경우는 마음의 슬픔과 분노의 감정은 아동을 괴롭히고 힘들게 한다. 아동의 마음의 상처를 어른들이 이해하지 못하게 되는 경우에는 심각한 지경에 이를 수도 있다. 부모나 교사는 아동이 가진 마음의 아픔을 볼 수 있는 눈을 가져야 하며 적극적인 방법으로 아동이 지니는 여러 문제의 원인이 무엇인지 파악하고 그 해결을 찾기 위해 노력해야 할 것이다.

01 놀이치료의 이해

아동의 일상을 논할 때 놀이를 빼놓고 이야기할 수 없을 정도로 '놀이'란 아동에게 생활 자체이며 즐거움을 얻는 수단이기도 하다. 놀이에 몰입하고 있는 아동은 놀이 속에서 다양한 생각과 감정을 표출하는 과정을 통하여 긍정적 감정을 유지하거나 증가하는 경험 또는 부정적 감정을 덜어내는 경험을 할 수 있다. 이러한 경험은 아동의 아픔을 치료하는 역할을 할 수 있으며 아동이 현실에서 적응하고 어려움을 이겨내도록 도움을 줄 수 있다.

1) 아동과 놀이

아동에게 놀이는 자연스러운 활동으로 집에서, 유치원과 어린이집에서, 놀이터에서, 산에서, 어떤 장소가 되었든 아동이 있는 곳은 놀이의 장소로 변할 수 있다. 아동은 놀이를 통해 친구를 사귀며, 서로 의사소통하는 과정에서 지켜야 하는 규칙을 익히며 자신의 주장과 친구의 주장이 상충되는 경우에는 협상을 통하여 문제를 해결하는 기술을 익히게 된다.

놀이하는 과정에서 아동은 새로운 단어와 표현법을 배우게 되고, 새로운 지식을 습득하게 되며, 어려운 상황에서 여러 방법을 시도하며 해결책을 찾는 동안 여러 기술을 익히게 되고 성취감을 경험하게 된다.

놀이하는 아동

노래와 춤을 통해, 때로는 그림과 만들기를 통해 아동은 자신의 즐거운 감정 또는 화나거나 슬픈 감정을 표현하게 된다. 놀이는 많은 경우에 신체 활동을 수반하는데 뛰고, 오르기, 던지는 등의 활동을 하면서 아동은 에너지를 쏟아내는 과정 중에 나쁜 감정도 소진시킬 수 있다. 부모나 교사가 아동의 놀이에 관심을 가지고 지켜본다면 아동의 관심 분야, 언어적 · 인지적 · 신체적 발달 정도, 감정 상태 등을 파악하는 데 도움이 될 것이다.

놀이가 아동발달의 필수 불가결한 요소임에도 불구하고 현대 사회에서 아동은 충분한 놀이의 기회를 가지지 못하는 경우가 많은 듯하다. 아동에게 성과나 결과를 기대하는 요구가 높아지며 아동이 느끼는 압박과 스트레스는 증가하는데, 그 고통을 해소할 수 있는 놀이 시간은 오히려 감소하는 것을 보게 된다.

가정의 문제, 어린이집이나 유치원에서의 문제, 친구문제 등 아동이 성장하면서 직면하게 되는 다양한 문제 상황에서 아동이 놀이를 통해 자신의 생각과 감정을 밖으로 표출하는 것은 고통에서 벗어나도록 도와주는 통로가 되며, 자신을 위험으로부터 보호할 수 있는 보호막이 될 수 있다.

2) 놀이치료의 의의

아동에게 가장 친밀한 활동인 놀이는 아동이 자연스럽게 자신을 드러내고 문제를 해결해 나가도록 도와주는 과정으로 아동은 여러 상처들을 드러내고 무의식 속에 쌓여 있던 부정적인 감정을 끌어내고 쏟아내게 되고 아픔을 치료해 나아갈 수 있다.

놀이는 아동의 슬픔과 두려움을 덜어내도록 도움을 주는 역할을 할 수 있으며, 상담치료에서 놀이가 지니는 치료적 가치는 다음과 같다(김광웅, 1999).

- 놀이는 치료 관계를 형성하고 촉진한다.
- 놀이는 아동의 의사소통 수단이다.
- 놀이는 성취 경험과 자아존중감을 고양한다.
- 놀이는 감정해소 및 정신정화의 역할을 한다.
- 놀이는 가능성의 인식과 자아성장을 돕는다.
- 놀이는 삶의 즐거움과 희망을 제공한다.

놀이는 아동이 속에 지니고 있는 문제를 밖으로 끌어낼 수 있도록 도와주며 상처를 치유하는 역할을 한다. 아동은 놀이를 통해 자신의 문제를 다루게 되는 경험은 슬픔과 고통을 감소시키며 문제와 직면할 수 있도록 도울 수 있다.

놀이치료를 한 마디로 정의하기는 어렵지만 일반적으로 '놀이를 주 매체로 활용하여 아동이 가지고 있는 심리적 문제를 스스로 극복하고 최적의 발달을 이루도록 도와주는 치료상담의 한 형태' 라고 정의할 수 있다(김광웅 · 유미숙 · 유재령, 2008).

아동은 놀이치료에서 자신의 감정과 생각을 드러낼 수 있도록 허용되고 수용되는 경험을 함으로써 자신의 문제를 긍정적으로 풀어갈 수 있는 방법을 배워가게 된다.

02 놀이치료 환경 및 치료과정

성공적인 놀이치료를 위해서 아동이 편안하게 놀이할 수 있는 분위기를 제공하며 충분한 놀잇감을 가지고 자유롭게 자신을 표현할 수 있도록 보장이 되어야 한다. 놀이치료를 위해 유의해야 하는 환경 요소와 놀이치료의 과정을 살펴보고자 한다.

1) 놀이치료실

놀이치료실은 아동과 상담자가 만나 실제 놀이를 통한 상담이 이루어지는 공간이다. 아동이 안정감을 느끼며 놀이에 몰입할 수 있도록 배려하는 환경을 마련함으로써 아동의 놀이 활동을 도울 수 있다.

놀이실은 외부 소음으로부터 방해를 받지 않기 위해서 방음벽을 설치한다거나 완전히 독립된 공간을 사용하는 것도 생각해 볼 수 있지만 현실적으로 실천하기는 어려운 부분이 있다. 소음을 막기 위해 천장에 방음타일을 설치하는 것이 소음을 줄이는데 도움이 될 수 있다. 놀이실은 12×15피트(약 3.6×4.5m) 크기로 두세 명의 아동이 함께 놀기에 충분한 공간이면 된다. 아동이 혼자 놀이하는 것이 필요한 경우에 혼자 있을 수 있는 공간을 제공하는 것도 중요하다(Landreth, 1991).

놀이치료실의 창문도 고려사항으로 창문은 공간을 넓게 보이는 효과가 있지만 아동이 놀이에 집중하기 어렵게 만들 수 있다. 반대로 창문이 없는 방은 답답함을 느끼게 하고 위협을 줄 수 있으므로 창문에 블라인드를 설치하여 주의산만과 사생활 보호문제를 해결할 수 있다. 놀이치료실은 아동이 환영받는다는 느낌이 들도록 가구와 장비가 배치되어야 한다. 전 연령의 아동이 접근할 수 있도록 정리장과 선반을 비치하도록 하며 모든 놀잇감에 아동이 자유롭게 접근하도록 한다(김춘경, 2006).

일반적으로 놀이치료실에는 찬 물이 나오는 아동 규격의 싱크대, 치료실과 연결되는 아동 규격의 화장실, 캐비닛, 아동 규격의 계산대, 물건 보관을 위한 선반, 장난감을 위한 투명 플라스틱 상자, 아동규격의 책상과 의자, 치장을 위한 옷들, 다문화인형들, 의료품, 인형과 인형집, 인형집 관련 소품들, 블록, 장난감 동물, 장난감 군인과 군용품, 고무 다트를 사용한 다트 총과 과녁, 고무 칼, 작은 차, 트럭, 비행기, 도구를 구비한 모래상자, 핑거페인트와 다른 미술재료, 손인형과 무대, 빗자루와 걸레, 미술 도구를 위한 책상과 이젤이 구비되어 있다(Frost, Wortham, & Reifel, 2001).

놀이치료실

| 출처 | http://cpt.unt.edu/about-play-therapy/playrooms

아동은 놀이실에서 자유롭게 놀이를 할 수 있고 자신의 감정을 표출하도록 격려 받지만 안전을 위협하는 행동들은 허용될 수 없다. 아동과 상담자 모두에게 안전한 환경조성을 위한 최소한의 제한을 두는 것은 아동이 일관된 분위기 속에서 탐색할 수 있도록 격려하는 분위기를 조성할 수 있다.

2) 놀잇감

아동에게 놀이는 언어이며 놀잇감이 아동의 단어이며 놀이실은 놀이치료라는 목적을 지니고 아동의 놀이 범주에 맞게 놀잇감과 재료가 정리되어야 한다. 아동은 간단한 원재료를 가지고도 무엇이든 표상할 수 있는 능력을 지녔기에 놀이실의 놀잇감은 제조된 물건이거나 비싼 물건이 아니어도 좋다(Frost, Wortham, & Reifel, 2001).

놀잇감은 안전성, 견고성, 연령의 적합성 등을 고려하여 선택한다. 치료자는 놀잇감을 사려깊게 선정하여 효과적인 놀이치료를 실시할 수 있도록 준비한다.

놀잇감은 크게 3가지 종류로 구분할 수 있다(University of North Texas Center for Play Therapy, 2013). 실생활과 양육관련 놀잇감에는 인형가족, 인형집, 아기 젖병, 다양한 인형, 동물 가족, 차, 돈, 지폐, 금전등록기, 부엌 음식, 의료 도구, 전화기 등이 포함된다. 표출을 돕고, 공격적이고, 무서운 놀잇감은 오뚝이 모양의 펀치백, 장난감 군인, (진짜처럼 보이지 않는 색칠된 플라스틱)총, 무섭고 공격적인 손인형과 동물들(예 악어, 상어 등), 고무 칼, 거품 칼, 수갑 등이 해당된다. 창의적 표현과 감정 이완을 위한 놀잇

표 4-1 놀잇감의 상징적 의미

구분	내용
비행기	• 탈출, 도피, 거리감, 속도감, 찾기, 자유, 안전, 보호 등
동물(야생)	• 공격, 공포, 생존, 힘, 강함 등
동물(가축)	• 보호, 가족, 유대감, 연약함, 순종, 의존성 등
아기 젖병	• 퇴행, 양육, 구강기 욕구, 의존, 아기, 형제, 소변문제 등
공	• 상호작용, 관계, 신뢰, 경쟁, 확신 등
쌍안경	• 전망, 관계, 감시, 사냥, 발견, 찾기, 친교 등
담요	• 퇴행, 안전, 보호, 경계선 등
블록	• 방어, 경계선, 구성, 한계, 경직, 종결, 건축, 보호, 울타리 등
보트	• 지지, 무의식, 안정성/불안정성, 감정, 균형감각, 연약함, 안전 등
책	• 비밀, 과거, 미래, 현재, 정체성, 지식, 도피, 은유, 독서치료 등
상자	• 비밀, 은닉, 통제력, 그릇, 텅 빔, 경계, 확신, 선물, 자아, 내면, 존엄성 등
망가진 놀잇감	• 문제점, 자아, 정체성, 무력감, 실패, 변화 보상, 힘겨운 부상, 상실, 조절 등
카메라	• 증거, 확인, 일치, 과거, 진실, 변화, 증명, 기억, 지식 등
차	• 이동성, 힘, 도피, 갈등, 안전, 보호, 여행, 부모, 방어, 가족문제 등
칠판	• 환경, 세계, 창조, 정서적 표현, 통합, 창의성 등
점토	• 공격, 조절, 창조, 자아존중감, 변화, 표현, 접촉, 압력, 양육 등
복장	• 유대감, 의사소통, 익명성, 상상, 충동, 가장, 가해자 등
장갑	• 회피, 거리, 안전, 통제력 등
모자	• 정체성, 역할, 기대, 상상, 힘, 부정 등
마스크	• 유대감, 의사소통, 익명성, 상상, 충동, 가장, 가해자 등

| 출처 | 이숙희 · 고인숙(2007). 아동놀이치료. p. 384. 일부 발췌.

감으로는 모래, 물, 물감, 공예 재료, 찰흙, 악기, 요술지팡이, 제대로 갖추어 입는 옷 등이 사용된다.

아동이 가정에서 일어난 일을 묘사하기 위해서 실생활과 양육관련 놀잇감의 구비는 필수적이다. 아동은 인형집과 부엌세트와 같은 놀잇감을 통해 가족의 문제를 실연할 것이고 가족인형을 가지고 노는 모습을 통해 가족 구성원 사이의 문제를 보여줄 수 있다. 아동은 직접 말하기 어려운 내용을 전화기를 통해 상담자에게 이야기할 수 있다. 공격적이고 무서운 장난감을 가지고 아동은 공격적 감정을 표출할 수 있으며 자신을 위협하는 사람들과 두려움을 물리치고 위험에서 자신을 방어하는 모습을 상상할 수 있다. 창의적 표현과 감정이완을 위한 놀잇감은 자신의 감정을 드러내고 자아존중감을 높이는 데 도움을 줄 수 있다(김춘경, 2006).

놀잇감은 아동의 내면 세계를 외현화시키는 도구로 사용이 되므로 치료 목적으로 사용될 수 있는 다양한 놀잇감을 구비하여 아동이 놀이를 하면서 자신의 문제를 직면하고 해소할 수 있는 여건을 조성해야 한다.

놀잇감의 선택은 곧 상담자의 놀이치료에 대한 이해와 경험의 축적을 나타내는 준거가 되고 놀잇감의 선택은 놀이치료에서 중요한 부분을 차지한다. 치료를 목적으로 하는 놀잇감은 아동과 긍정적인 관계 형성을 도와야 하며, 다양한 감정의 표현을 돕고, 긍정적 자아상을 발달시킬 수 있으며, 자신을 이해하는데 도움이 되며, 자기 통제력을 기르는 데 도움이 되어야 한다(Landreth, 1991).

3) 상담자(치료자)

놀이치료에서 상담자는 아동이 놀이를 하는 동안 함께 하기에 아동이 상담자를 불편하게 여기거나 불안한 마음을 가지게 된다면 놀이에 집중하기 힘들며 자신의 생각과 감정을 밖으로 드러내기 어렵다. 상담자의 자질과 역할이 성공적인 놀이치료를 위한 중요한 요인으로 작용한다.

아동이 상담자에 대해 자신을 비난하거나 이해하지 못한다고 느끼면 아동은 마음을 닫아버리게 될 것이다. 상담자가 자신을 수용해주고, 도와주는 사람이라는 확신이 들 때, 아동은 자유롭게 놀이에 몰입할 수 있으며 내면의 이야기를 꺼내 놓을 수 있다. 상담자는 아동 스스로 자신의 문제와 직면하고 해결할 수 있도록 지지해 주어야 한다.

4) 놀이치료의 과정

아동이 놀이 치료에 참여하고 문제를 해결해 나가는 일은 지속적으로 이루어져야 한다. 놀이치료의 첫 번째 단계는 개방적이고 허용적인 분위기에서 아동이 자유롭게 자신의 행동과 감정을 탐색할 수 있도록 편안한 분위기를 조성하는 단계로 상담자는 아동의 감정에 초점을 맞추고 반응해준다. 두 번째 단계는 상담자와 아동 사이에 신뢰가 형성되었다고 여겨질 때 진행되며 상담자는 아동이 자신의 감정과 행동을 발산시킬 것으로 판단되는 장난감을 가지고 놀도록 격려한다. 아동이 장난감을 가지고 놀 때 가지는 느낌이나 행동을 주의 깊게 탐색한다. 세 번째 단계에서 상담자는 아동이 자신이 지니는 갈등의 내용과 직면하도록 도우며 상담자는 아동의 감정에 반응하고, 놀이행동을 명료화하며, 아동이 자신의 놀이에 대해 설명하도록 분위기를 조성한다(이재연 · 서영숙 · 이명조 외, 1993).

5) 치료적 제한 설정

놀이치료에서 제한설정을 하는 것은 아동과 상담자를 보호하고 아동의 자기 제한능력을 발전시키기 위한 것으로 최소한으로 행해지고 일관적으로 이루어져야 한다. 필요한 경우를 제외하고는 아동이 자신의 감정을 풀어낼 수 있도록 도와줄 수 있는 놀잇감과 재료를 제공하도록 한다. 아동이 안전한 범위 내에서 맘껏 던지고 밟고 차는 등의 행동을 할 수 있도록 허용된 물건을 제공하여 자신의 감정을 분출할 수 있도록 도와주는 것이 필요하다.

치료적 제한설정을 첫 만남부터 한다며 부정적 분위기를 조성하여 아동과 상담자의 관계 형성에 방해가 될 수 있다. 일반적으로 제한은 제한해야 하는 행동이 발생했을 때 하는 것이 좋다. 제한설정시에 치료자는 "문을 세게 차면 안 돼!"와 같은 조건적인 제한설정보다 "돼.", "안 돼."라고 확실하게 표현하는 전체적 제한설정을 하는 것이 아동에게 혼동을 일으키지 않을 수 있다. 제한설정 시에 상담자는 침착하고, 인내하며, 확고하며 단호한 태도를 보여야 하는데, 상담자가 단호하지 않으면 아동은 갈등이 생길 경우 상담자를 시험해보고 싶어 한다. 아동이 책임감 있게 반응할 것이라는 믿음을 가진 상담자는 침착하게 아동을 대할 수 있다(김광웅 · 유미숙 · 유재령, 2008).

놀이치료 중에 제한은 아동과 치료자에게 해롭거나 위험한 행동, 치료적 일상이나 과정을 방해하는 행동(예 자꾸 놀이실을 나가는 행동), 방이나 물건을 파괴하는 행동, 놀이실에서 놀잇감을 가지고 나가는 행동, 사회적으로 수용되지 않는 행동, 감정을 부적절하게 나타내는 행동 등에 대해 설정되어야 한다. 제한은 아동이 스스로 통제할 수 있도록 제시되는데, "벽에 그림을 그리지 마!"라고 말하는 대신 "벽에 그림을 그리고 싶구나. 하지만 벽에 그림을 그리는 것은 아니야. 책상 위의 종이에 그림을 그리렴." 하는 반응은 아동의 감정을 읽어주고, 벽에 그림을 그리지 말라는 의사를 알리며, 수용 가능한 대안을 제안한다(Sweeney & Landreth, 2003; 김은정 역, 2009 재인용).

놀이 제한은 아동이 스스로 결정하고 통제할 수 있는 능력을 촉진하여 자신의 타인의 안전을 보장할 수 있도록 도우며 사회적으로 수용 가능한 행동이 무엇인지 알려줌으로써 아동의 관계 형성에 도움을 제공할 수 있다.

03 아동 중심 놀이치료

아동 중심 놀이치료는 아동이 지닌 문제보다 아동 자체를 더 중요시하며, 아동을 인격적으로 대하여 문제를 풀어가고자 하는 놀이치료 방식이다. 상담자가 아동에게 지시하는 방식이 아닌 비지시적 방법으로 아동이 스스로 선택하고 놀이할 수 있도록 배려한다.

아동 스스로 긍정적 성장과 치료의 원천이 된다는 철학을 가지고 있으며 로저스가 창안한 내담자 중심치료를 액슬린(Axline)이 아동에게 적용하여 아동 중심 놀이치료가 탄생하였다(이숙 외, 2004).

1) 아동 중심 놀이치료의 의의

아동 중심 놀이치료의 이름과 같이 놀이치료의 중심에 아동이 위치한다. 아동은 상담자가 아동 자신을 존중하고 수용한다고 느끼는 경우, 자신의 가치에 대해 인식하기 시작하며 자신의 행동을 통제하는 힘이 스스로에게 있다는 것을 인정하기 시작한다. 자신의 문제를 객관적으로 직시할 수 있는 능력이 길러지며 아동은 문제해결을 위해 능동적인 태도를 취할 수 있다. 아동은 긍정적인 자아 개념을 발전시키고, 책임감을 지니고, 자기 주도적으로 발전해 갈 수 있다.

아동은 적응, 정신건강, 발달적 성장, 독립, 자율성, 자기 실현을 향하는 특성을 지닌다. 아동이 자기 실현을 하기 위해 성장기반이 요구되는데, 이것은 자신과 다른 사람에게 있는 그대로 수용되는 환경이다. 자기 실현 또는 성장을 향해가는 힘이 방해받게 되면 아동에게 저항, 마찰, 긴장이 발생하며, 이러한 것들이 아동의 정서적 문제를 야기한다. 아동이 수용을 받고 있다고 느끼면 정서적 문제 또한 해결될 수 있다(김광웅 외, 2008).

아동 중심 놀이치료는 아동이 자신의 문제를 적극적으로 해결할 수 있는 능력이 있음을 인정하고, 아동 스스로 놀이를 주도적으로 이끌어 가면서 아동이 놀이의 형태, 진행 방식, 내용 등을 정하여 자유롭게 놀이할 수 있도록 한다.

2) 아동 중심 놀이치료 환경 구성 및 치료과정

(1) 아동 중심 놀이치료실

아동 중심 놀이치료는 특수시설을 갖춘 놀이치료방에서 행해질 수 있지만 때로는 상담자가 여행 가방에 놀잇감을 넣어 가서 교실 한 구석이나 아이 방 구석에서 행해지기도 한다. 놀이치료실은 방음이 이루어지고, 냉수와 온수가 나오는 수돗물이 있어야 한다. 창문은 창살이나 커튼으로 보호가 되며, 벽과 마루는 점토, 물감, 물, 곤봉 등에도 견딜 수 있으며 청소가 쉬운 재료이어야 한다. 놀이치료실이 충분히 크다면 한쪽 끝에 약 10cm 정도 높이의 무대를 설치하고 내구성이 좋은 아동 크기의 살림놀이 도구를 구비하여 소꿉놀이뿐 아니라 극적 표현을 위한 무대로 활용할 수 있다(Axline, 1947; 서영숙 역, 1992 재인용).

(2) 놀잇감

놀잇감은 구성이 간단하고 다루기 쉬워야 한다. 아동 중심 놀이치료에 사용되는 놀잇감은 다음과 같다. 젖병, 가족인형, 가구가 설비된 인형집, 장난감 군인과 군용장비, 각종 동물 장난감, 식탁, 의자, 아기용 흔들침대, 인형침대, 난로, 장난감 접시, 냄비, 숟가락, 인형옷을 널 빨랫줄, 빨래집게 및 광주리를 포함한 살림집기 장난감, 디디인형(봉제인형), 큰 헝겊인형, 작은 인형, 꼭두각시, 크레용, 점토, 핑거페인팅, 모래, 물, 장난감권총, 나무울타리 세트, 나무회초리, 종이인형, 차, 비행기, 탁자, 화판, 핑거페인팅과 점토 작업을 위한 탁자, 장난감전화, 선반, 물동이, 작은 비, 걸레자루, 조각 천, 도화지, 핑거페인팅용 종이, 신문지, 싼 재단용종이, 여러 사진들(예 사람, 집, 동물 등), 빈 과일 바구니 등이 포함된다(Axline, 1947; 서영숙 역, 1992 재인용).

(3) 상담자

효과적인 아동 중심 놀이치료를 위해서 상담자와 아동 사이의 긍정적인 관계가 형성되어야 한다. 아동 중심 놀이치료에서 상담자와 아동 간의 상호작용의 기본원칙은 다음과 같다(Landreth, 2002).

- 상담자는 아동에게 관심을 가지며, 따뜻하며 보살펴주는 관계로 발전시킨다.
- 상담자는 아동의 무조건적인 수용을 경험하고 아동이 어떤 면에서는 다를 것이라는 기대를 하지 않는다.
- 상담자는 관계에서 아동이 안전감과 허용을 느끼도록 하며 아동이 충분히 자신을 자유로이 탐구하고 표현하도록 해준다.
- 상담자는 항상 아동의 감정에 민감하고 아동 스스로 자신의 감정을 이해하는 방법을 개발할 수 있도록 반영한다.
- 상담자는 책임감을 가지고 행동하는 아동의 능력을 깊이 신뢰하고 개인적인 문제를 해결하는 아동의 능력을 일관되게 존중하며, 아동이 그렇게 할 수 있도록 허용한다.
- 상담자는 아동의 내적 지시를 신뢰하여 모든 면에서 관계를 형성할 수 있도록 허용하고, 아동의 놀이나 대화를 지시하는 어떠한 강요도 하지 않는다.
- 상담자는 치료과정이 점진적으로 향상된다는 점을 인정하고 서두르지 않는다.
- 상담자는 아동이 개인적이고 적절한 관계를 책임감 있게 수용하도록 돕는 데에만 치료적 제한을 설정한다.

아동 중심 놀이치료에서 상담자는 관리자, 교사, 동료, 보모, 또는 부모의 대리자가 아니다. 상담자는 감정적으로 민감해야 하며, 아동이 말하고 행동하는 것을 감지해야 하며, 수용적인 반응을 보여야 한다. 아동 중심 놀이치료에서 중요한 것은 상담자의 지혜가 아니고 아동의 지혜이며, 상담자의 방향이 아닌 아동의 방향이며, 상담자의 해결책이 아닌 아동의 독창성인 것이다(Landreth, 1991).

아동을 상담자가 직접적으로 이끌거나 해결점을 제시해 주는 대신, 아동이 스스로 문제를 발견하고 도와주는 조력자의 역할을 한다. 비록 아동이 어른이 원하는 방법과 속도로 문제를 해결해나가지 못한다 할지라도 상담자는 아동의 능동적인 힘을 신뢰하기에 기다려주며 스스로 해결해나갈 수 있도록 도와준다.

(4) 아동 중심 놀이치료의 과정

아동 중심 놀이치료는 4가지 단계로 이루어진다. 준비 단계, 공격적 단계, 퇴행적 단계, 숙달 단계이다. 각각의 단계에서 아동 중심 놀이의 상담자는 치료과정을 통하여 방대한 자료를 개념화한다. 특정한 단계 동안 아동은 전형적인 행동을 나타내며, 특정한 주제와 이슈를 보이는 경향이 있다. 아동의 치료단계가 진행될수록 아동과 상담자와의 유대관계는 강화된다(Nording & Guerney, 1999).

① 준비 단계(Warm-up Stage)

치료과정의 첫 단계로 아동은 탐색하고, 놀이치료실로 향해 가고, 한계를 시험하고, 다른 환경과는 다른 놀이실에서 자신과 상담자의 역할을 이해한다. 놀이실에서 리더십 역할을 수행하며, 편안하고 유연한 자기표현능력을 기르며, 이후의 치료과정에서 필요한 신뢰와 안전감을 발달시키는 단계이다.

② 공격적 단계(Aggressive Stage)

일반적으로 '공격적' 단계의 아동은 활달하고, 많은 에너지를 요하는 활동에 참여하며, 대근육활동을 하며, 자기주장이 강한 언어를 사용하는 경향이 있다. 치료과정에서 '공격적' 치료의 기간은 아동마다 차이가 있다. 주요문제가 대립, 반항, 품행문제인 경우는 통제, 화, 분노, 슬픔의 이슈를 다루기 위해 연장된 시간이 요구된다.

③ 퇴행적 단계(Regressive Stage)

퇴행적 단계에서 아동은 연령퇴행을 보이기도 한다. 이러한 연령퇴행은 언어 소통시의 목소리 음조, 단어 선택, 단어의 발음에서 명백히 드러난다. 연령퇴행은 공공연한 행동, 어린아이처럼 행동하는 하는 것, 우유병이나 공갈젖꼭지를 입에 넣는 것, 담요를 꼭 껴안는 것, 아기처럼 말하고, 아기처럼 기는 등의 행동을 통해 분명해진다. 보통 아기처럼 기거나 아기같은 말투를 보이는 경우는 소수의 극적인 경우이며, 보통의 경우는 정도가 약한 형태의 연령퇴행이 '퇴행적' 단계에서 나타난다.

④ 숙달 단계(Mastery Stage)

대부분의 아동에게 숙달의 단계는 치료적 성과를 강화시키고 굳건하게 하는 단계이다. 아동은 대때로 혼자 또는 여럿이 역할놀이를 하고, 창의적이며 자신의 능력에 맞는 혼자놀이를 하며 시간을 보낸다. 이러한 놀이를 통해 아동은 자신의 능력을 보이고, 과거의 어려운 상황을 극복하는 능력을 보이며, 리더십과 자기통제능력을 발휘한다.

3) 아동 중심 놀이치료의 효과

기본적으르 아동 중심 놀이치료는 아동의 잠재력을 믿고 아동이 놀이를 선택하고 진행해나가도록 하는 방법을 취하고 있어, 아동이 여러 상황에서 스스로 헤쳐 나갈 수 있는 능력을 배양하게 된다. 이러한 능력은 아동이 직면하게 되는 다양한 환경과 상황에서 자발적이고 적극적인 태도를 갖고 문제를 풀어갈 수 있는 힘이 된다.

아동 중심 놀이치료를 통하여 사회적으로 위축되고 소극적 아동의 태도가 개선되었고, 정서적으로 우울하고 불안한 정도가 완화되었으며 사회적으로 미성숙하고 비사교적인 측면이 좋아졌으며, 공격성, 싸움, 반항행동 등이 완화되고, 주의집중력문제와 이에 수반한 문제가 개선되는 등 여러 긍정적 변화를 가져온 것을 아동의 어머니가 지각하였다(신숙재 · 한정원, 2000).

다문화 가정의 아동은 아동 중심 놀이치료에서의 또래와의 상호작용 경험을 통하여 자신감을 가지게 되었고, 적극적인 상호작용이 증가하게 되었다. 또한 언어적 표현이 증가하였으며, 부정적 언어의 사용이 감소하고, 또래에게 놀이를 제안하는 적극적 모습이 나타나 언어적 상호작용 증진에 긍정적 영향을 보이는 것으로 나타났다(선우현 · 김하정, 2009).

아동을 있는 그대로 수용하며 아동의 자유로운 표현을 허용하는 아동 중심 놀이치료를 통하여 아동은 자신을 소중히 여기며, 자신의 능력을 향상시키고자 노력하게 되며, 성공의 경험을 통하여 자신감을 지니게 된다.

04 모래놀이치료

모래는 아동이 접근하기 쉬운 친숙한 매체이다. 대부분의 놀이터에서 아동은 모래를 가지고 놀 수 있으며, 가족과 함께 바닷가에 가서 모래성을 쌓거나 모래 위에 그림을 그리는 놀이를 해본 경험을 가지고 있는 경우가 많을 것이다. 모래는 쉽게 쌓고 부술 수 있으며 여러 형태를 만들 수 있어 아동이 마음껏 내면의 생각과 감정을 풀어내기에 적합하다.

1) 모래놀이치료의 의의

아동이 과거에 겪은 슬픈 사건과 두려움 등으로 괴롭지만, 아동은 자신의 문제를 직면하기가 두려울 수 있다. 모래놀이치료는 아동이 불안감을 느끼지 않고 놀이에 몰두할 수 있는 장점을 지니며 언어를 사용하지 않고도 놀이를 진행할 수 있어 자아존중감이 낮은 유아, 낯을 가리거나 위축된 아동을 대상으로 치료하기에도 적합한 치료 방법이다.

모래놀이는 영국의 정신과 의사인 로웬펠드(Lowenfeld)가 아동의 내적 세계를 접근하기 위해 고안한 심리치료 방법이다. 로웬펠드는 어린 시절 경험, 부모의 이혼, 어머니의 죽음, 전쟁에서 군의관으로 일한 경험 등의 사건을 경험하며 아동의 내면을 이해하고, 대화를 하기 위해 비언어적인 도구가 효과적이라는 것을 깨달았다(홍은주 외, 2010).

모래상자 위에서 아동은 어떠한 제약도 받지 않고 자신만의 세계를 펼쳐갈 수 있다. 자신이 자유롭게 만들고, 부수고, 새로운 소품(피규어)을 추가하기도 하며, 실제로는 불가능한 일들을 마음껏 구현해낼 수 있는 힘을 지닌다. 이러한 경험을 통하여 아동은 자신에게 상황을 제어할 수 있는 능력이 있다는 것을 발견하게 되며 자아를 의식하게 된다.

모래놀이치료가 지니는 가치를 요약하면 다음과 같다(이정자, 2005).

- 아동 자신이 모래놀이과정에 자기 실현을 표현해 가는데, 치료가 깊어짐에 따라 상담자(치료자)는 아동과 더불어 그 개성화의 과정에 깊숙이 관여하게 된다.
- 모래놀이치료는 비언어적 의사소통을 할 수 있다. 모래상자 위의 여러 장난감을 놓고 표현하는 것은 언어로 나타낼 수 없는 생각을 이미지화하는 작품인 동시에 의식화시키는 작업이다.
- 모래는 독특한 운동감각적 성질을 지니고 있다. 아동은 모래의 감촉을 생생하게 체험할 수 있다.
- 모래상자는 아동의 내적 사고와 감정을 직접적으로 보여주는 세계를 창조하도록 한다.
- 모래상자는 아동의 저항을 극복하는 데 효과적이다. 억압된 문제를 드러내고 해소할 수 있는 안전한 공간을 제공한다.
- 모래는 아동의 치료적 퇴행을 용이하게 한다.

모래 위에서 자신의 무의식 속에서 존재했던 생각과 감정을 밖으로 표출하는 동안 아동은 편안함과 자유로움을 느끼게 된다. 상담자가 아동의 모래놀이에 드러난 표현에 반응해주고 수용해주는 경험과 아동이 자신만의 세계를 펼쳐가는 과정을 통해 아동은 스스로 치유하게 되며 자신을 긍정적으로 받아들일 수 있는 경험을 한다.

2) 모래놀이치료를 위한 환경 구성 및 치료과정

(1) 모래놀이치료실

모래놀이치료에서 모래상자는 아동의 내적 세계를 담아내고 창조하는 '보호된 자유공간'으로 아동이 자신의 놀이에 몰입할 수 있는 놀이터이다. 모래상자에서 아동은 자신의 무의식 중에 자신의 바람을 표현해내는 장소이다. 칼프는 19×28×3(inch)를 제안하였으며, 일본의 가와이 하야오는 57×72×7(cm)의 모래상자 크기를 추천하였다.

상자의 크기를 제한하는 것은 모래영역이 한 시야로 들어와야 아동이 집중하고 형상화하기 적당하다고 보았기 때문이다(전애영, 2012).

모래상자는 나무나 플라스틱 소재를 사용하며 상자의 안쪽은 모래를 팠을 때 물을 나타내도록 하기 위해 방수페인트로 파랗게 칠해져 있다. 이 크기는 한 눈에 모래상자가 들어오는 크기로 아동은 모래상자라는 안전한 공간에서 자신의 세계를 마음껏 표현할 수 있다.

모래놀이실

| 출처 | 서울 강서구 새싹어린이집(2013)

모래놀이실에는 기본적으로 마른 모래와 젖은 모래를 구비하며, 모래 위에 펼쳐질 내면의 세계를 표현하기 위해 사용될 각종 소품들(피규어)이 준비되어 있어야 한다. 모래놀이에 몰두하는 동안 아동은 자신의 내적 자아와 외적 자아의 통합을 경험할 수 있으며, 자신에게 존재하는 생각과 두려움을 발견할 수 있고, 새로운 관계 형성을 위한 힘을 갖게 된다(Kalff, 1980).

모래는 굵은 모래와 고운 모래를 사용할 수 있으며 깨끗이 씻어 사용하는 것이 원칙이다. 모래는 물과 함께 사용될 수 있으며, 물에 젖은 모래는 응집력을 지니게 되어 마른 모래와 다른 성질을 지니게 된다.

(2) 모래놀이치료실 소품

모래놀이실의 소품은 아동이 쉽게 접근할 수 있을 뿐 아니라 관심을 끌 수 있어야 한다. 질서정연하게 전시된 소품은 아동이 원하는 것을 즉각적으로 선택할 수 있도록 도와 모래놀이치료의 진행을 순조롭게 하지만 정리가 되지 않아 무질서한 경우는 아동이 놀이에 집중하기 어렵기 만들기 때문에 소품전시에 주의를 기울여야 한다.

모래놀이실에서 사용되는 소품은 아동이 다양한 표현을 할 수 있도록 많이 준비하는 것이 좋다. 기본적으로 갖추어야 할 모래놀이 소품(피규어)의 목록은 다음과 같다(Turner, 2005).

□ 사람: 아기, 어린이, 어른, 다양한 인종의 사람들, 가족, 이방인, 젊은 사람/노인,

모래놀이 소품(피규어)

| 출처 | 서울 강서구 새싹어린이집(2013)

여러 가지 일을 하고 있는 사람들, 경찰, 소방관, 구조원 등

- 집안 도구: 가구, 주방 도구, 음식 등
- 건축물: 집, 타워, 교회, 낡은 건물과 새 건물, 토속적 건축물과 외국 건축물 등
- 자동차/탈 것: 육 · 해 · 공 탈것, 구조대, 군용차, 무기, 현대 군인, 과거 군인, 무장 군인 등
- 동물: 육지동물, 바다동물, 조류, 야생동물, 가축
- 마술적 존재: 유니콘, 페가수스, 용, 원형적 말(순수한 흰 말, 파란 말)
- 마술가: 마술사, 요정, 마녀, 동화나 만화 등장인물, 영웅, 악인
- 고대창조물: 공룡
- 원형적 모형과 신화적 모형: 신화 속 등장인물이나 물건 등
- 사람: 왕, 여왕, 왕자, 공주
- 모양: 정육면체, 구, 원, 정사각형, 삼각형, 피라미드, 태양, 달, 별
- 보석: 유리마블, 구슬, 황금체인, 보물 상자, 선물

- 그림과 죽음 모형: 해골, 묘비, 관, 뼈, 괴물, 어둠과 무서운 모형
- 종교 및 영적 모형: 여러 가지 전통, 동 · 서양의 사람과 물건
- 기타: 불, 얼음, 풍차, 물레방아, 우물, 풍선, 깃발, 삽
- 자연물: 바위, 조개, 나무, 목재, 수풀, 꽃, 잡초, 과일, 식물
- 연결하는 모형과 나누는 모형: 담, 다리, 길, 교통표지, 전화기
- 건축재료: 타일, 스틱, 점토, 종이, 끈, 풀

(3) 상담자

모래상자 위에 아동이 몰입하여 자신만의 세상을 창조해 나갈 수 있도록 상담자는 편안한 분위기를 제공하고, 아동이 표현을 위해 필요한 소품들을 충분히 제공함으로써 아동이 자신의 감정과 생각을 자유롭게 매개체를 통해 드러낼 수 있도록 돕는 역할을 한다.

아동이 작품을 만드는 동안 상담자는 허용적 태도로 아동이 작품을 만들어 가는 과정을 관심 있게 보며 아동의 마음의 움직임을 느끼도록 한다. 모래상자에 사용된 소품의 상징적 의미를 파악하여 의식화하는 작업을 하여야 한다(유가효 외, 2010).

상담자는 아동의 표현을 따뜻한 관심을 가지고 수용해 주어야 한다. 아동의 모래 세계에 대해 판단하는 태도는 지양해야 하며, 아동이 비판받거나 평가받는다고 느끼지 않도록 세심한 주의를 기울인다. 상담자는 아동이 사용한 소품(피규어)가 나타내는 바를 파악하고 아동이 자아를 발견해가는 작업에 집중할 수 있도록 인내심을 가지고 돕는 역할을 한다.

(4) 모래놀이치료의 과정

모래놀이를 통한 심리치료의 첫 단계는 '도입 단계'로 아동이 치료실의 문을 열고 들어오는 중요한 순간으로 아동이 편안한 분위기 속에서 자리를 잡고 가벼운 대화와 놀이 소개가 이루어진다. 두 번째 단계는 '탐색 단계'로 아동이 소품을 탐색하고 선택하는 시간이다. 세 번째 단계는 '조형상징 표현'으로 아동이 모래놀이를 통해 형상화를 하는 시간으로 상담자는 아동의 태도나 표정, 작품에 대한 묘사를 관찰한다. 마지막 단

계는 '대화와 만남'으로 아동이 "다 했어요."라는 메시지를 보내면 무언의 대화인 모래세계를 보며 이야기를 나누고 아동의 내적 · 외적 현실과 관련된 대화를 나누는 시간을 가진다(전애영, 2012).

효과적인 모래놀이치료를 위해 상담자는 모래상자를 소개할 때에 모래를 움직여 바닥의 파란색을 보여준 후 아동이 모래를 충분히 만져볼 수 있게 하며 아동이 모래놀이를 하는 동안이나 마친 후에 사진을 찍거나 기록을 남긴다. 상담자는 아동이 모래작품을 하는 동안 아동의 흐름을 방해하지 않도록 하며 작품이 완성되면 아동이 충분한 시간동안 자신의 작품을 감상하도록 한다(Carey, 1990).

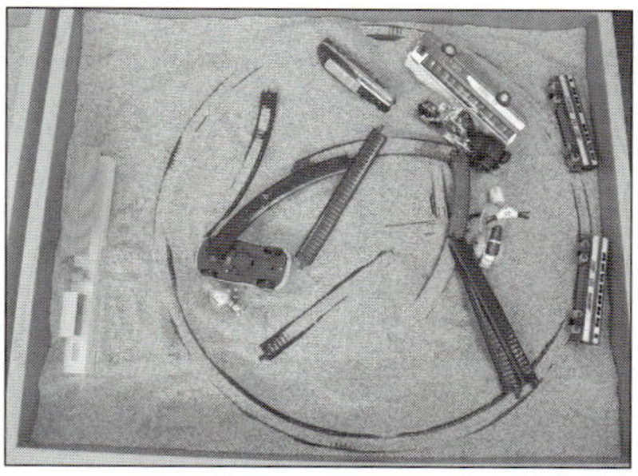

모래 세계

| 출처 서울 강서구 새싹어린이집(2009)

3) 모래놀이치료의 효과

'모래'라는 매체는 아동에게 편안함과 안전감을 제공함으로써 아동이 놀이를 하는 과정에서 자신의 문제와 대면할 수 있도록 하며, 여러 감정을 해소할 수 있도록 돕는다.

모래놀이치료는 아동의 긍정적 자아 개념 형성에 효과를 지니는 것으로 나타났다. 아동은 자신이 꾸민 모래상자에 만족감을 느끼고, 집단모래상자를 꾸미는 과정에서 새로운 도전을 하며 성공과 실패의 경험하며 친구들과 대화하며 긍정적 자아 개념을 형성해 나갔다. 집단모래놀이치료는 자기 주장을 잘 하지 못하던 아동의 자기 주장능력을 향상하였고, 문제 상황에서 효율적으로 대처할 수 있는 기술을 증진하였으며, 자신을 적절히 통제할 수 있는 기술이 향상되었다(유승은 · 박부진, 2011).

우울불안과 위축행동을 보이는 아동은 모래놀이치료를 통하여 자신의 생각, 감정, 느낌 등을 자유롭게 표현하였으며 자신에 대한 긍정적 태도를 지니게 되었다. 모래놀이 치료는 아동의 일상적 스트레스를 감소시키고, 스트레스 대처방식에 긍정적 변화를 가져왔으며, 언어적 의사 표현과 질문하기 등의 적극적 의사 표현능력이 향상되었다(박지연 · 이숙, 2008).

모래상자 위에서 아동은 자신의 세계를 마음껏 펼쳐가는 과정에서 자신을 억누르고 있는 문제들이 표현되어 나오고 상담자와 작품에 대하여 이야기하는 과정을 통해서 아동은 문제를 해결할 수 있는 방법들을 찾아가게 된다.

Tip 모래놀이의 심리치료적 요인

- 모래의 촉감은 정서를 안정시킨다.
- 모래(마른모래)의 촉감은 아이다움을 일으킨다.
- 모래상자에서의 경험은 내면의 상황과 현실 세계를 연결시킨다.
- 모래상자에서의 경험은 나를 새롭게 알게 한다.
- 모래상자에서의 경험은 모호했던 감정을 분명하게 한다.
- 모래상자를 하는 동안 치료자로부터 수용받는 느낌이다.
- 모래상자를 하는 동안 치료자로부터 지지받는 느낌이다.
- 모래상자를 하는 동안 치료자로부터 존중받는 느낌이다.
- 모래상자에서의 경험은 타인의 입장을 이해하게 한다.
- 모래상자에서의 경험은 나의 과거를 재연해 볼 수 있다.
- 모래상자에서의 경험은 나의 감정을 간접적으로 표현하게 한다.
- 모래상자에서의 경험은 나의 욕구를 간접적으로 표현하게 한다.
- 모래상자에서의 경험은 마음을 편안하게 한다.
- 모래상자에서의 경험은 긴장감을 감소시킨다.
- 모래상자는 내 문제에 직면하도록 돕는다.
- 모래상자는 나를 능동적으로 접근하게 한다.
- 모래상자는 치료자의 피드백을 받아들이도록 돕는다.
- 모래상자는 치료자가 나를 이해하도록 돕는다.
- 모래상자는 나의 감정을 치료자에게 표현하도록 돕는다.
- 모래상자는 나의 욕구를 치료자에게 표현하도록 돕는다.
- 상징물은 나의 생각을 활성화하도록 돕는다.
- 상징물은 이미지를 떠올리도록 돕는다.

| 출처 | 송영혜 · 김현주(2010). 모래상자 놀이의 심리치료적 요인 탐색. 놀이치료연구, 14. p. 30. 일부 발췌.

05 부모놀이치료

아동이 속한 사회 중 가장 친밀하고 중요한 사회가 가정이며, 부모는 자녀에게 가장 큰 영향력을 미치는 존재이다. 부모들은 자녀에게 좋은 환경을 마련해 주고, 자녀의 발달을 도와 자녀의 인생에 도움을 주고 싶다는 소망을 가지고 있을 것이다. 하지만 현실에서 바람직한 부모의 역할을 하지 못하고 아동의 문제를 어떻게 해결할지 몰라 힘들어하는 부모들을 심심치 않게 볼 수 있다.

1) 부모놀이치료의 의의

부모놀이치료는 아동의 문제가 부모의 잘못이 아니라 자녀를 어떻게 이해하는지 배우지 못해 발생한 것이라는 시각으로 시작되었다. 전문가들이 아동상담을 위해 사용하던 놀이치료법을 부모들을 위한 프로그램으로 활용하여 부모 스스로가 아동문제의 치유 및 예방을 위한 역할을 할 수 있도록 돕는 프로그램이 부모놀이치료이다(Jang, 2003).

부모놀이치료를 통하여 부모는 자신의 양육방식에 대하여 생각해보는 계기를 가지게 될 뿐 아니라 놀이를 통하여 자녀와의 의사소통능력을 향상해가면서 자녀가 지니는 문제를 개선해나가는 힘을 얻게 된다. 부모놀이치료는 아동만 치료에 참여하는 것이 아니라 부모가 치료에 동참함으로써 아동에 대한 적극적인 치료가 이루어질 수 있다.

부모놀이치료는 다음의 특성을 지니고 있어 치료에 효과적으로 사용될 수 있다(이희자 · 송지영, 2005).

① 자녀 양육에서 느끼는 부모들의 실패감을 지워줄 수 있다.
② 부모들이 아동을 위해 부담을 느끼지 않고 시간을 낼 수 있도록 한다.
③ 부모-자녀 놀이치료는 미래에 초점을 둔다.

④ 부모들은 훈련과정을 통하여 자신의 태도가 바뀌고 아동에 대한 긍정적 기대를 지니면서 부모 자신과 자녀의 삶이 변화한다.

⑤ 부모의 자긍심이 높아져 부모 자신이 능력 있는 사람임을 깨닫게 된다.

⑥ 부모놀이치료를 하는 동안 작은 일을 통하여 큰 변화를 경험함으로써 부모로서의 자신감을 가진다.

⑦ 부모 그룹에서 서로의 경험을 나누는 과정은 집단상담의 효과를 높인다.

부모놀이치료는 부모가 이혼한 아동, 학교 부적응아, 우울증 아동, 배설문제를 가진 아동에게 효과적으로 사용될 수 있으며, 부모놀이치료 기술을 지적으로 이해할 수 없거나, 자신의 문제가 해결되지 않은 부모, 아동을 학대한 부모에게 놀이치료 실시하는 것은 부적절하다(홍은주 외, 2010).

부모가 자녀와의 관계에서 필요한 기술을 익히고 아동의 마음을 읽어주려는 노력을 보이며 상담자의 역할을 한다면 부모역할에 대한 자신감이 생길 것이며 아동에게 긍정적인 영향을 미칠 수 있을 것이다.

2) 부모놀이치료를 위한 환경 구성 및 치료과정

(1) 놀이치료실

부모놀이치료실은 부모가 가정에 돌아가서도 아동과 자연스럽게 놀이할 수 있도록 연습하고 배우는 곳이다. 자녀와 놀이하는 방법, 상호작용하는 방법을 놀이치료실에서의 훈련을 통하여 익힌 후에 상담자의 코치나 도움 없이도 가정에서의 놀이가 가능하도록 준비하는 시간을 가진다.

일반적으로 놀이치료실은 13㎡ 정도의 아동이 안정감과 편안함을 느끼는 공간으로 아동이 쉽게 사용할 수 있도록 가구를 배치하고, 놀잇감을 구비하여야 한다. 놀이치료실 내의 관찰실에는 일방경과 비디오기기가 설치되어 있으며, 놀이치료실에서의 부모자녀간 상호작용을 녹화한 필름을 부모와 상담자가 함께 보면서 자문을 받고 자신의 행동을 관찰할 수 있다(김경희, 2002).

부모와 자녀와의 놀이가 어떻게 진행되는지, 자녀에게 어떻게 반응하는지 등의 모습을 객관적으로 바라볼 수 있는 시간을 통하여 부모는 한층 더 자녀를 이해하고 앞으로의 상호작용이 어떻게 변화해야 하는지 생각하는 기회를 지니게 된다.

아이와 상호작용하고 있는 엄마의 모습

(2) 놀잇감

부모의 놀이 훈련에서 사용하는 놀잇감은 컬러 찰흙, 크레용, 종이, 끝이 뭉뚝한 가위, 젖병, 고무 칼, 다트 총, 인형 가족, 장난감 군인, 차, 눈만 가리는 가면, 집짓기 놀잇감, 의사놀이 세트, 반창고, 놀이용 돈, 밧줄, 투명 테이프, 보보인형(두꺼운 캔버스로 만든 인형), 고리 던지기, 문과 창문을 낸 작은 카드보드 상자를 포함한다(Landreth, 1991).

부모놀이치료는 다양한 놀잇감을 제공하여 아동의 감정을 여러 방식으로 표출할 수 있도록 도우며, 책이나 전자 장난감 같이 특정한 놀이방식이 정해진 놀잇감은 사용하지 않도록 한다. 아동의 다양한 감정을 끌어내고 여러 주제를 이끌어 낼 수 있도록 격려하거나, 상상력을 불러 일으키는 놀잇감을 사용한다(Vanfleet, 1994).

부모가 아동들이 놀이에 사용하는 여러 장난감과 재료를 가지고 놀이하는 방법을 배움으로써 실제 상황에서 자녀와 자연스러운 놀이 활동이 가능해지며 자녀와의 상호작용도 활발히 일어나게 된다.

(3) 상담자

부모놀이치료는 부모가 자녀와의 다양한 놀이 상황에서 놀이 상대자의 역할을 할 수 있도록 연습하는 과정이다. 초기에 상담자는 부모에게 놀이치료와 양육기술 전반 사항을 가르치고 부모가 습득해야 하는 여러 기술을 교육한다. 부모놀이치료과정을 마친 후에 부모는 자녀와 가정에서 놀이를 하며 놀이치료에서 배운 기술을 적용해 볼 수 있다.

상담자는 교육자, 감독자, 지지자, 협력적 변화 대행자, 혹은 부모 서비스의 공동 제공자 등 다양한 역할을 한다. 상담자는 부모들을 통하여 작업하므로 부모를 효과적인 놀이치료사로 변화시키는 것이 필요하다. 상담자는 부모가 놀이치료를 정확하고 의미 있게 실행할 수 있도록 안내해야 한다. 부모가 배워야 할 기초적인 기술은 부모가 놀이의 틀을 짜는 구조화, 아동의 감정과 요구를 수용하는 공감기술, 아동 중심 상상놀이, 아동의 행동을 제한하는 제한 설정의 4가지 기술이다(유가효 외, 2010).

(4) 부모놀이치료의 과정

부모놀이치료의 훈련과정은 기본적으로 10주로 구성되어 있으며 그 과정은 다음과 같다(Landreth, 1991).

① 회기 1

부모는 자신을 소개하고, 가족을 묘사하며, 초점을 맞출 자녀의 특징을 설명한다. 훈련은 부모가 자녀에 대한 민감성과 공감적인 반응을 발달시키도록 돕는 데 주안점을 둔다. 상담자가 역할 놀이를 보여주며, 부모가 지니는 아이에 대한 분노, 행복, 슬픔, 놀라움 등의 감정을 명확히 하며, 반영적인 반응을 보이도록 과제를 내준다.

② 회기 2

과제를 검토하고, 공감적 반응에 대해 상세히 설명하며, 상담자는 아동과 놀이 시간에 어떻게 공감적 반응을 보였는지 부모에게 영상을 보여준다. 놀이치료실에서 부모는 놀잇감을 가지고 부모와 자녀의 역할놀이를 해보는 시간을 가지며, 주어지는 과제는 놀이 도구를 가지고 가정의 방해받지 않는 공간에서 아동과 놀이를 하는 것이다.

③ 회기 3

부모는 놀이치료의 기술을 배우며, 놀이실에서 역할놀이를 하며, 상담자와 자신의 자녀가 놀이하는 영상을 본다.

④ 회기 4

부모는 훈련을 실행하며 어려운 점을 보고하며 상담자는 제언을 한다. 부모가 겪었던 감정에 대해 주의집중을 한다.

⑤ 회기 5~9

부모들은 놀이 시간에 대하여 보고를 하고, 상담자는 제언과 지시를 한다. 부모와 자녀의 놀이치료 영상을 보고 부모와 상담자는 토의를 한다. 놀이 시간동안 주로 나타나는 부모의 반응에 대하여 쓰는 것이 과제로 주어진다.

⑥ 회기 10

부모는 놀이 시간에 대하여 보고하고, 자신들의 경험에 대한 평가를 함께 상담자와 나누는 것으로 마무리한다. 상담자는 초기에 부모가 아동을 어떻게 묘사했는지 이야기하고, 부모치료를 통한 진전을 평가한다.

부모가 부모놀이치료에 참여한다는 것은 아동의 문제를 인식하고 그 문제를 적극적으로 해결하기 위해 적극적으로 노력함을 의미하며, 아동이 가정에서 편안하고 즐거운 생활을 누릴 수 있는 기회를 가질 확률이 높아짐을 의미한다. 아동은 부모와의 놀이를 통하여 세상은 안전하고 행복한 곳이라는 것을 경험하게 될 것이다.

3) 부모놀이치료의 효과

놀이치료의 기술을 배운 부모는 자녀와 놀이를 통한 상호작용을 통하여 관계가 개선됨을 살펴볼 수 있다. 부모의 자신감이 향상되고 놀이를 통해 자녀와 적극적인 상호작용의 기회가 증가함으로써 부모 자신과 아동의 변화를 경험하게 된다.

부모놀이치료를 통하여 아버지는 자녀를 수용하는 공감능력이 향상되었으며, 자녀의 행동을 개입하거나 통제하기보다 자녀가 주도적으로 행동하도록 배려하는 자발성이 증진되었고, 아버지가 자녀의 행동에 관심을 지니고 참여하는 능력이 증진되었다(장미경 · 손금옥 · 서지영, 2007).

부모놀이치료는 가족 전체에 영향을 끼칠 수 있다. 부모놀이치료를 통하여 어머니와 아동의 상호작용능력이 긍정적으로 변화하였으며, 관심 아동과 형제간의 부정적 상호작용은 감소시키고, 긍정적인 상호작용을 증진시키는 효과를 가져왔다(이은하 · 정계숙, 2006).

아동이 지닌 여러 문제는 부모와의 놀이 경험을 통하여 개선될 수 있다. 어머니와의 놀이치료 경험을 한 부적응 아동은 또래 친구와의 놀이에서 긍정적인 관계 향상을 보여주었다. 아동은 신체적 자발성, 사회적 자발성, 인지적 자발성, 즐거움의 표현 및 유머감각 관련행동에 긍정적 변화를 보였다(정계숙 · 이은하, 2008).

일반적으로 아동의 여러 문제들은 가정과 관련된 부분이 많다. 아동이 상담자와의 치료를 통하여 상처 치유의 경험을 하고 호전될 수 있지만, 가정에서 계속 동일한 문제가 반복되어 발생한다면 치료의 효과를 높일 수 없다. 아동이 가정을 편안한 장소로 느끼며, 부모와의 놀이치료를 통하여 관계가 호전된다면 아동치료에서 긍정적인 효과를 기대할 수 있을 것이다.

생각해보기

1 표현력을 기르는 '큰 공 작은 공놀이'

엄마가 "큰 공!" 하고 이야기하며 양팔로 크게 동그라미를 만들면 아이도 "큰 공!" 하고 동그라미를 만들며 엄마의 동작을 따라한다. 또 엄마가 "작은 공!" 하고 이야기하며 작은 동그라미를 만들면 아이도 "작은 공!" 하고 이야기하며 엄마의 동작을 따라한다.

2 초스피드 '하이파이브 놀이'

'하이파이브 놀이'는 아이와 하이파이브를 할 때 엄마가 손을 살짝 피해 아이가 재미를 느끼도록 유도하면 된다.

3 아이의 스트레스를 풀어주는 '신문지 격파 놀이'

먼저 '신문지 격파 놀이'를 시작하기 전 아이의 호기심을 끌기 위해 신문지를 의인화시켜 "신문지가 ○○에게 날아왔네."라며 신문지를 아이에게 건네주자. 그 다음 엄마가 신문지를 양손에 잡고 "힘내라, 힘!" 외치며 아이가 손으로 신문지를 뚫을 수 있게 도와준다.

4 아이 근심 걱정을 날려주는 '풍선놀이'

엄마는 풍선을 준비한 뒤 "걱정거리를 풍선 안에 모두 불어넣자."고 유도한다. 그 다음 풍선 안에 아이의 걱정이 무엇인지 이야기를 나누고 "걱정아, 없어져라!"고 소리를 치며 발로 풍선을 밟아 터뜨린다. 풍선이 터지는 소리가 싫다면 풍선을 하늘로 날려 보내는 방법도 괜찮다.

5 사회성 발달을 돕는 '미꾸라지 잡기 놀이'

엄마와 아이 모두 왼손 엄지와 검지를 동그랗게 하여 미꾸라지 구멍을 만들고 오른손 검지는 쭉 펴서 미꾸라지를 만든다. 서로 마주본 다음 오른손 검지를 앞 사람의 미꾸라지 구멍에 쏙 넣어본다. 이때 제3자가 "하나, 둘, 셋!" 하고 이야기하면 자신의 손가락은 빼고 상대방 손가락은 재빠르게 잡으며 놀이를 하면 된다.

6 아이 마음을 읽는 '감정 주사위 놀이'

먼저 주사위 평면도에 화나는 표정, 웃는 표정, 우는 표정 등 다양한 표정의 얼굴을 6개 만들어 붙인다. 그 다음 주사위를 던질 수 있도록 하자. 엄마는 던져서 나온 표정을 보며 "왜 이 아이가 이런 표정을 짓고 있지?"라고 물어본다. 그러면 아이는 "친구와 싸워서 속상해서 그런가봐." 식으로 자신의 감정을 이입해 이야기하게 된다.

7 몸을 만지며 노는 '숨은 콩 찾기 놀이'

엄마가 콩을 양 손 중 한쪽 손에 숨긴다. 아이가 손을 선택하면 "짜잔~!" 하고 소리를 내며 콩을 보여준다. 엄마의 머리카락, 양말, 주머니 등에 콩을 숨기고 아이가 찾도록 할 수도 있다.

| 출처 | 정가영(2013. 5. 22.). '손쉽고 간편하고 기발한 유아놀이 7가지' 일부 발췌. 베이비뉴스.

※ 유아와 할 수 있는 여러 놀이 방법을 생각해 봅시다.

Chapter 5

아동상담의 미술적 접근–아동미술심리상담

1. 아동미술심리상담의 일반 이론
2. 진단에 기초한 아동미술심리상담
3. 치료에 기초한 아동미술심리상담

학습주제 아동상담의 미술적 접근–아동미술심리상담

학습목표

❶ 아동미술심리상담이란 무엇이며, 어떤 과정을 거치고, 상담자의 역할 및 고려해야 될 점에 대하여 알아본다.
❷ 아동미술심리상담이 아동의 진단에 어떤 기능을 하는지 알아보고 여러 가지 검사 방법에 대해 알아본다.
❸ 아동미술심리상담의 치료과정과 치료 기법에 대하여 알아보고 사례를 통하여 아동미술상담의 치료적 접근을 이해한다.

학습요약

1. 아동미술심리상담의 일반 이론
   1) 아동미술심리상담의 정의
   2) 아동미술심리상담의 과정
   3) 아동미술심리 상담자의 역할
   4) 아동미술심리상담의 고려할 점

2. 진단에 기초한 아동미술심리상담
   1) 인물화 검사 및 관련 검사
   2) 가족화 검사 및 관련 검사
   3) 아동미술심리상담 그림 검사의 실시과정 사례

3. 치료에 기초한 아동미술심리상담
   1) 치료적 아동미술심리상담 도구
   2) 아동미술심리상담 작품에 대한 윤리적 고려사항

주요개념

아동미술심리상담, 인물화 검사, 나무 그림 검사, 가족화, 학교 그림 검사, 콜라주, 난화, 조소 활동, 만다라

들어가기

1. 거울을 보고 나의 자화상을 간단히 펜으로 A4 용지에 그려 봅시다.
2. 나는 어떤 표정을 하고 있는지 친구에게 설명해 봅시다.
3. 왜 그런 표정이 나오게 되었는지 설명해 봅시다.
4. 친구에게 내가 그린 자화상이 내 마음의 느낌을 반영하고 있다는 것이 느껴지는지 물어 봅시다.

※ 정밀묘사로 그린 그림이 아니라도 내가 대략적으로 쓱쓱 그린 내 얼굴은 나의 현재 심리상태를 반영하고 있다는 것으로 볼 수 있습니다.

원시시대의 스페인 알타미라 동굴 벽화, 프랑스 라스코 동굴 벽화, 우리나라의 울주군 반구대 암각화 등에서 보는 것과 같이 미술은 인류의 역사 발전과 더불어 늘 함께 하여 왔다. 미술의 기능은 때로는 사실과 관련된 기록 작업으로서, 그 시대를 살아가는 사람들의 바람과 기원으로서, 아름다움을 추구하고자 하는 하나의 도구로서 사용되었다.

최근에는 정신분석에서 시작한 심리치료 분야에서 인류와 함께한 미술을 통하여 여러 가지 병리적인 부분을 치유하려는 시도들이 꾸준히 있었고, 상담이나 생활 지도, 재활 영역에서 시도되어 발전하여 왔다. 미술치료는 비언어적 의사소통 기법으로 그림, 조소, 디자인, 서예, 공예 등 미술의 전 영역을 활용하여 자기 상실, 왜곡, 방어, 억제 등의 상황에서 벗어나 자아를 들여다보고, 자아를 실현하여 개인의 내면 세계가 조화를 이루도록 도와주는 치료 영역이다. 눈으로 보이지 않는 정신 세계를 시각화 해주어 느낌이나 사고, 문제점을 보여주어 현대 사회에서 겪을 수 있는 소소한 문제들을 극복하는 데 도움을 준다. 폭력 등과 같이 인간의 언어나 행동은 사회적으로 인정되지 못하는 경우도 있지만, 미술 표현은 사회적, 윤리적 비난으로부터 안전하게 자신을 드러낼 수 있도록 해준다는 장점이 있다. 미술치료는 분명 인간의 내면 세계를 탐색하는 데 유용한 도구이지만, 사회를 너무 병리적으로 해석하려는 섣부른 시도들을 부추긴다는 논의들도 있어왔고, 미술치료의 대상을 환자나 내담자로 보지 않고 예술가로 보려는 시도도 있기 때문에 본 장에서는 '미술치료' 라는 용어보다는 미술심리상담이라는 용어를 사용하기로 하겠다(박현주, 2009; 이재연 외 역, 1993).

미술심리상담은 방법과 상담 대상에 따라서 구분될 수 있다. 아동, 청소년, 직장인, 주부, 발달 장애, 우울증, 각종 중독, 노인 등에 따라 조금씩 다른 접근을 해야 한다. 본 장에서는 아동상담이라는 주제에 맞게 아동미술심리상담이라는 틀에서 필요한 미술심리의 과정을 들여다보기로 한다.

01 아동미술심리상담의 일반 이론

아동은 미술로 표현할 때 솔직한 감정을 드러낸다. 성인의 경우는 사회적 상호작용의 폭이 넓어지면서 경험하는 인물들이 다양해지고 대인 관계 갈등 양상도 복잡해지며, 그에 따라 그림에 여러 가지 저항과 방어가 복합적으로 작용하게 된다. 아동은 그림을 그릴 때 비방어적이며 더 자발적으로 다가가므로 아동 자신의 태도나 소망, 감정, 생각, 관심 등을 보다 투명하게 드러내는 경향이 있다. 상담에 있어서 긍정적인 작용을 하는 아동미술심리상담의 이론 및 상담자의 역할에 대하여 간략하게 알아보고자 한다.

1) 아동미술심리상담의 정의

미술심리상담의 가장 유익한 점은 아동에게 매력적이고 즐거운 상담 분위기를 제공하는 것이다. 미술 활동은 분노, 적대감 등의 감정을 해소할 수 있는 정화의 기능을 가지며, 미술재료의 선택, 미술 활동 자체, 완성된 작품을 통해 아동의 성장과 성취감 및 만족감, 친밀감 등을 함께 느끼게 된다. 미술심리상담은 소극적이고 말이 없는 아동의 경우에 관계 형성에 도움이 되며 작품은 아동에 대한 보충적 자료가 되어 아동을 진단하는 데 도움이 된다. 또한 심각한 폭력 · 반항 등 심리적인 문제를 갖고 있는 아동들과 그림 그리기에 저항이나 혐오감을 갖고 있는 경우에도 이런 문제와 저항을 완화시키는 것으로 하나의 상담치료과정이 될 수도 있다(김태련, 1991).

상담과정에서 상담자는 아동의 그림이나 작품에 대하여 평가적인 견해를 갖지 않고 오직 아동의 표현을 있는 그대로 받아들이는 노력을 해야 한다. 일반적으로 '미술치료'라는 이름으로 그림 내용에 대해서도 지나치게 진단적인 해석을 가하려는 분위기가 있으나, 올바른 방법은 아니다. 바람직한 아동미술상담은 작품이 완성된 후 그 작품에 대해 이야기를 나눌 때에 마음의 흐름에 공감하면서 아동의 내면 세계를 파악하고자 하는 노력이 더 중요하다고 본다.

결론적으로 아동미술심리상담이란 자발적인 미술 활동을 통하여 아동들에게 심리적 · 정서적 갈등을 완화시켜 원만하고 창조적으로 성장할 수 있도록 하고, 타인과의 상호작용을 통하여 자신의 모습을 탐색하고 이해할 수 있으며, 올바른 성장을 도와주는 과정이라고 할 수 있다(조미영, 2011).

(1) 아동미술심리상담의 긍정적 측면

첫째, 인지발달을 도와준다. 주변을 둘러싼 환경적 정보를 사용하여 미술작품을 제작함으로써 다양한 사고를 할 수 있도록 해준다.

둘째, 객관적인 자신의 행동을 바라볼 수 있도록 해준다. 과거나 현재의 사건과 연관된 생각이나 감정, 미래에 대한 생각을 표현하여 직접 관찰하기 어려운 자기행동을 깨닫게 해준다.

셋째, 부정적인 감정을 승화시켜 준다. 미술 활동은 사회적으로 충분히 수용되고, 주변 사람들과 본인에게 해가 되지 않는 방향을 제공해 준다.

넷째, 적극적으로 자기를 주도하고 감정을 조절할 수 있도록 해준다. 미술심리상담은 절대적으로 아동이 중심이 되어 주도하는 활동이기 때문이다.

다섯째, 성취감과 만족감을 느낀다. 작품을 완성했을 때의 성취감을 통해 자신감 및 가치 있는 사람이라는 느낌을 줄 수 있다.

여섯째, 사회적으로 친밀감을 형성할 수 있도록 해준다. 활동을 통하여 언어가 아니더라도 내성적이고 말이 없는 아동과 친밀감을 형성할 수 있다.

일곱째, 무의식적인 내면 세계를 대면할 수 있도록 해준다. 직접적인 지적은 아동에게 상처가 될 수 있으나 미술 활동을 통하여 자신이 누구이며, 무엇을 원하고, 어떤 느낌을 갖고 있는지, 어떤 생각과 행동을 하는지 마음을 다치지 않고 알아볼 수 있다.

여덟째, 아동의 문제를 진단하는 데 도움을 준다. 현대 사회에서 소소히 일어나는 우울증이나 왕따, 학교 및 가정 폭력 등을 진단할 수 있는 보충적 자료가 되며, 언어에 한계가 있는 아동들에게 특히 유용한 도구가 된다(한국아동미술치료학회, 2013).

(2) 아동미술심리상담의 유의할 점

때때로 미술작업을 거부하거나 어떻게 작업을 해야 할지 모르는 아동을 만날 수도 있다. 강요는 진실된 상담과정을 이끌어내기 어렵기 때문에 아동의 자발적인 참여를 최우선으로 하여 흥미를 가질 수 있는 다양한 매체를 비치하여 두고, 활동 내용, 활동 시간, 그리기 도구, 느낌 나누기 등을 주도할 수 있는 기회를 준다.

2) 아동미술심리상담의 과정

(1) 환경

적당한 공간과 충분한 채광, 다양한 미술 도구가 있어야 하며 미술 활동을 바닥이나 벽에서도 할 수 있으므로 청소가 용이한 곳이 좋다. 또한 아동의 작품을 보관할 수 있는 시설이 필요하다.

(2) 미술심리상담 시간

일반적으로 주 1~2회 정도 실시하며 1회에 약 60~90분 정도 소요되지만, 특히 어린 연령의 아동은 연령과 개인차에 따라 만 2세는 약 5분, 만 3~4세는 약 10~15분, 만 5세 이상은 15분에서 30분 정도로 진행하며 주의집중 시간을 충분히 고려한다(조미영, 2011).

(3) 미술심리상담의 진행과정

미술심리상담의 진행과정은 도입-활동-토론의 순서로 진행된다. 도입 부분은 긴장 이완을 위한 호흡법이나 음악을 사용하기도 한다. 활동은 아동이 적극적인 작업에 들어간 단계이며 토론은 작품을 다시 살펴보는 과정으로 허용적인 태도로 작품이 이루어져 가는 것을 음미하고 그 내용을 수용하면서 아동의 마음을 느껴야 한다.

(4) 발달을 돕는 미술심리상담

발달미술심리상담은 상징화 능력이 형성된 내담자들을 대상으로 긍정적인 발달을 촉진시키기 위한 미술심리상담과정이다. 일반적인 아동의 경우에 0~12세의 발달을 기준으로 하여 3단계로 나누는데 그 과정을 살펴보면 다음과 같다(김태련, 1991; 최외선 외, 2007).

① 1단계(0~2세)

인지적 목표는 근육운동의 협응, 인간 관계의 기본적인 이해, 감각정보의 통합이며, 정서적 목표는 환경에 대한 긍정적인 태도와 신뢰감을 형성하는 것이다.

② 2단계(2~7세)

인지적 목표는 자신과 사물의 변별, 상징화능력의 발달, 감각 운동의 정교화이며, 정서적 목표는 자율성의 발달이다.

③ 3단계(7~12세)

인지적 목표는 조망능력의 발달, 유목화와 계열화의 획득, 선택조합능력의 함양이며, 정서적 목표는 자기 통제력의 신장 및 집단의식의 발달이다.

(5) 발달을 돕는 미술심리상담의 목표달성의 방법

첫째, 다양한 재료를 활용하여 즐겁고 성취감을 줄 수 있는 프로그램을 제공한다.

둘째, 형태와 디자인을 가르치기 보다는 내용과 의미 위주로 상담을 진행한다.

셋째, 지시보다는 스스로 하고자 하는 의지와 탐구를 강조한다.

넷째, 아동을 둘러싼 다양한 세계 중 다른 분야와 상호 정보를 교환하고 유기적인 관계를 가지면서 다각적 접근을 시도한다.

(6) 발달을 돕는 미술심리상담의 목표 설정

첫째, 전반적으로 발달이 지체된 경우는 인지, 정서 등 모든 발달을 목표로 한다.

둘째, 인지기능이 정상적인 정서 장애의 경우는 정서발달에 초점을 둔다.

셋째, 학습 장애와 같은 인지 기능 장애의 경우는 정서발달보다는 인지발달에 초점을 둔다.

3) 아동미술심리 상담자의 역할

미술심리 상담자는 일반적인 상담자들과 달리 다음의 세 가지 주요역할을 한다(조영숙 외, 2012; 최외선 외, 2007; 한국아동미술치료학회, 2013).

(1) 협력적 지지자의 역할

아동이 그림을 그릴 때 상담자가 옆에 있는 것은 치료적인 목적을 사용할 때 중요한 요소로 작용한다. 분명히 심리상담과정에서 연합과 협력적인 관계가 형성되기 때문에 상담자가 능동적으로 참여하는 것은 변화에 있어서 필수적이다. 상담자의 존재는 '안전한 장소'를 의미하며, 아동에게 도움을 주는 성인과 영유아 간의 긍정적인 대인 관계의 중요한 치료적 요소가 된다. 치료사는 아동의 경험을 돌보아주는 내면적인 요소로 참여함으로써, 아동이 그림 그리기를 통해서 스스로를 실험하고, 놀고, 표현할 수 있는 지지적이고 안전한 환경을 제공한다.

그림을 그리는 동안 상담자가 옆에 있어 주면, 아동이 어떻게 그림을 그리는지를 살펴볼 수 있고, 던지는 질문과 대화에 적절하게 응답해 가면서 개입할 수 있는 장점이 있다. 상담자는 그림을 그리는 작업의 한 부분이다.

(2) 시간 조절자(time manager)로서의 역할

그림 그리는 과정에서 또 다른 중요한 요소는 시간이다. 아동에게 그림 그릴 시간을 충분히 주고, 그림 그리는 것에 몰두할 수 있도록 해주어야 한다. 아동에게 그림 그릴 시간이 얼마나 있는지 알려주고, 미술작업이 끝날 즈음에 미리 알려주는 것이 중요하다. 작업은 때때로 미완성처럼 보일 수 있다. 아동은 물론 상담자 자신도 아동이 그림을 다 완성시키도록 재촉하고 싶어할 수도 있는데 가능한 한 그림을 그리는 동안에는 이러한 생각을 드러내지 않아야 한다.

(3) 대화자로서의 역할

아동이 그린 그림의 의미를 잘 이해하는 한 가지 방법은 아동이 그림을 그리는 동안 하는 이야기를 잘 듣는 것이다. 아동의 그림을 이해하기 위해서는 설명하는 것을 잘 들어야 한다.

- □ 과정 중심적 목적을 가진 대화자: 그림과 이야기를 통해서 아동이 자신의 생각, 감정, 사건, 시각 등을 외부로 표출하도록 돕는다.
- □ 평가 중심적 목적을 가진 대화자: 아동이 이미 경험한 사건과 환경에 대한 아동의 생각, 감정, 느낌 등을 잘 이해해서 겪은 경험들이 아동에게 최대한 이익이 되도록 협력한다.

그러나 상담과정 중에 별로 이야기하고 싶어하지 않는 아동과는 상호작용하지 않는 것이 좋다. 그림을 그리는 활동이 아동에게 적합한 것이라면 상담 관계에서 신뢰가 싹트고 안전하고 지지적인 환경이 되며, 그림을 그리는 과정 자체는 자연스럽게 언어적인 의사소통과 변화로 이어질 것이라고 생각하기 때문이다. 많은 아동들은 창조적인 활동이나 직접적인 개입으로 인해 편안함을 느낀다. 이럴 때 그림은 한편으로는 감추고 싶어했던 어떤 정보에 대해서 함께 공유하도록 이끌어 준다.

그림 그 자체는 아동에 대한 많은 정보를 담고 있기 때문에 다룰 수 있는 주제들은 다양하다. 그러나 아동과 그림에 대해서 이야기하는 방법을 아는 것은 중요하다. 상담자가 아동의 그림 작업과정이나 아동의 그림에 대한 정보를 얻는 데 사용할 수 있는 질문들은 다음과 같다.

첫째, 그림 그리는 과정 동안의 이야기이다.

상담자들은 아동이 그림을 그리는 동안 어떻게 대화를 해야 할지 모를 때가 있다. 표준화된 그림 검사의 경우에는 보통 대화를 하지 않지만 그림을 그리는 동안 아동이 이야기하는 것을 원하면 대화할 수도 있다. 몇몇 상담자들은 아동이 그림을 그리는 동안 말을 걸지 않거나 질문을 던지지 않은 것에 더 힘들어 하기도 한다.

Tip 아동이 대답을 하지 않는 이유들

- 아동은 여러 가지 이유로 인해서 대답을 하지 않는다.
- 상담자와의 관계에 있어서 신뢰가 막 쌓이려 하는 아동들은 언어적으로 표현하는 것이 어려울 때가 있다.
- 어떤 경우에는 상담자의 질문이 문제가 될 수 있다. 특히 상담 초기 단계에 있어서는 더욱 그렇다. 누군가에게 반응하고, 대화하고, 관계 맺는 것을 두려워하는 아동들은 상담 초기 단계에서는 별로 말을 하지 않는다.

둘째, 작업을 마친 그림에 대한 이야기이다.

그림에 대해서 아동과 이야기를 나누는 것은, 상담자로 하여금 아동이 그린 그림에 대한 이해를 높일 수 있을 뿐만 아니라, 아동에게 스스로를 표현할 기회를 주고 치료의 틀 안에서 창조적인 활동과정을 통해 아동이 성장할 수 있는 기회를 제공해 준다. 아동에게 '왜' 특정한 요소를 그렸는지 묻는 것은 비효과적이다. 오히려 상담자가 그림에서 눈에 띄는 것들을 간단히 이야기해 주는 것이 좀 더 효과적이다.

예 "나는 이 사람이 외롭게 혼자 떨어져 있는 것처럼 보이네."라고 말하면 보통 아동들은 자신에게는 중요한 것인데 상담자가 못 보고 지나친 모양이라고 생각하여 그림에 대한 세부묘사에 대해서 언어적 부가 정보를 준다.

그림 그리기 활동에 상담자가 직접적으로 참여하고 상호작용하는 것은 결국 상담자가 아동과 함께 하는 방식에 달려 있다. 아동이 그림을 완성시키고 난 후 상담자가 물어볼 수 있는 일반적인 질문들은 다음과 같다.

- 이 그림의 제목은 무엇이니?
- 그림에 대해서 이야기해 주렴. 혹은 그림 속에서는 어떤 일이 벌어지고 있니?
- 이 그림에 그려져 있는 사람들이나 동물들은 무슨 생각을 하고 있니?
- 이 그림에 그려진 사람과 동물은 다른 사람이나 동물에 대해서 어떻게 생각하고 있니? 만약 그들이 말할 수 있다면 서로에 대해서 무슨 말을 할 것 같니?
- 내가 이 작은 여자아이나 남자아이, 개, 고양이, 나무, 집 기타 등등에게 질문해도 되니?

위와 같은 질문들은 그림에 대한 이야기를 만들어 내는 데 도움이 된다. 대부분의 질문은 직접화법이라기보다는 간접화법이다. 많은 아동들이 자신의 그림에 대해 3인칭 화법으로 이야기를 만들어 내는 것에 별로 어려워하지 않고 3인칭 화법으로 이야기하는 것은 어느 정도 안정감과 거리감을 주며, 동시에 아동이 능숙하게 자신의 그림의 의미를 이야기할 수 있도록 해준다.

- 연극적 요소를 포함한 퍼펫, 가면, 인형 같은 소도구를 사용하는 것도 효과적이다. 퍼펫은 아동에게 거리감을 부여하며 자신의 가장 속 깊은 부분을 드러내는 것에 대해서도 어느 정도 안전감을 느낀다.
- 아동이 좋아하는 동극과 관련된 소도구, 혹은 소도구 없이 하는 연극이나 활동은

때때로 그림만 그리거나 이야기 나누기만 하는 것에 비해 더 알맞고 즐거울 수 있다. 움직임을 통해서 그림을 표현하는 것으로 소도구를 사용하여 아동이 그린 그림 속의 대상이 움직이거나 대화를 할 수 있다면 아동에게 앞으로 어떤 일이 일어날지에 대해서 물어볼 수도 있는 것이다.

- 녹음기도 유용하게 활용할 수 있다. 녹음은 아동이 말한 그대로를 들을 수 있다는 장점이 있다. 대부분의 아동들은 녹음기를 계속 되돌려가며 듣는 것을 좋아하기 때문에 이렇게 듣고 있는 동안에 상담자는 아동에게 설명을 요청하거나 질문을 할 수 있다.

셋째, 그림과 그리기 과정에 대한 이해와 관련된 이야기이다.

상담자에게는 그림을 그리는 과정과 그림 그 자체가 모두 중요하다. 또한 아동의 그림을 볼 때는 전후맥락(그림 그 자체에 드러나는 환경과 그림재료의 영향, 치료적인 관계의 영향)을 이해하는 것도 중요하다. 아동이 그림 그리는 작업을 어떻게 인식하고 있는지를 아는 것도 중요한데, 아동이 자연스럽게 그림을 그리는지, 그림 그리기를 숙제로 보고 있는지 등이다. 아동들은 자신이 그린 그림에 대해서 질문을 받으면 그 질문을 평가의 목적으로 인식할 수도 있다. 지시가 구체적이고 그림의 주제가 한정되어 있고, 미술 도구도 제한되어 있기에 일종의 검사로 의심할 수 있는 것이다. 미술에 대해 아동이 어떻게 인식하고 있는지를 이해하는 것은 상담자들이 상담에서 미술을 성공적으로 이용하는 데 있어 필수적이며, 아동의 창조적인 활동에 대한 존중감을 보여줌으로써 관계가 증진될 수 있다(한국아동미술치료학회, 2013; 이재연 외 역, 2006).

4) 아동미술심리상담의 고려할 점

아동미술심리상담에서 고려할 점은 다음과 같다(김동연 외, 2004; 정여주, 2003; 정현희, 2007).

(1) 아동이 그림을 그리는 과정에서 상담자가 관찰해야 할 사항

- □ 지시나 명령을 기다리는가, 충동적으로 그림을 그리거나 재료를 다루는가?
- □ 아동은 조용한가 집중하고 있는가, 침착하지 못한가 흥분하고 있는가, 활발한가 뒤로 물러나 있는가, 집중할 수 있는가 산만한가?
- □ 이러한 변화가 미술 활동 중에 특별한 개입이나 상호작용할 때 일어났는가?
- □ 아동은 지시를 따를 수 있는가, 간단한 지시에 따르지 못하거나 쉽게 좌절하는가?
- □ 자신만만하게 그림을 그리는가, 실수할 것을 지나치게 두려워하는가?
- □ 그림 그리는 데 있어서 아동은 얼마만큼 생각하는 데 도움이 필요한가?
- □ 그룹으로 그림을 그릴 때 아동은 다른 아동과 미술재료를 나눠 쓰거나 자기의 영역을 잘 지키는가?
- □ 치료 시간을 끝내는 데 어려움이 있는가, 요청에 의해서 그리던 그림을 멈추어야 할 때 어떻게 반응하는가? 자신이 그린 그림을 가지고 가는 것을 즐거워 하는가? 자신이 그린 그림을 치료사가 맡아줄 것을 특별히 요청하는가?

(2) 완성된 그림과 관련된 질문을 통하여 관찰할 사항

- □ 그림을 완성해놓고 자랑스러워 하는가, 자신이 그린 그림을 평가절하하는가?
- □ 그림에 독특하게 표현된 이미지가 나타나는가, 정형화된 이미지가 나타나는가?
- □ 그림에 대해서 물었을 때 아동은 어떻게 반응하는가?
- □ 그림에 그려진 이미지와 아동 자신을 연관시키는가, 연관시키지 않는가?
- □ 그림에 대해서 은유적으로 자신과 관련시켜서 이야기할 수 있는가, 아니면 그림에 대해서 이야기하거나 설명하는 것을 어려워 하는가?
- □ 그림이 아동의 연령에 비추어 볼 때 발달적으로 적합한가?

그림과 관련된 질문들에서 보면 앞서 언급한 질문들 외에도 그림의 특징들을 더 찾아낼 수 있을 것이다. 즉, 아동의 그림에서 나타나는 이미지들이 갖고 있는 여러 의미들을 개방적으로 바라보는 것이 중요하다. 그림 자체를 해석하는 데 주목하기 보다는 어떤 과정을 거쳐서 그림을 그리는지 상담자와 어떤 관계를 갖는지 자신이 그린 그림에 대해서 어떤 식으로 반응하는지를 살피는 것이 더 중요할 것이다.

(3) 미술 활동에 대한 저항

몇몇 아동들은 자연스럽고 즐겁게 그림을 그리며, 어떤 아동들은 그림이 즐거운 활동이라고 알고 있어도 상황에 따라 그림 그리기를 거부할 수 있다. 상담과정에서 아동이 그림 그리기를 거부하는 것에 대한 뚜렷한 대책은 없지만 왜 그림을 그리려 하지 않으며 왜 이런 일이 일어나는지에 대해 알 수 있는 중요한 요소들이 몇 가지 있다(한국아동미술치료학회, 2013; 조영숙 외, 2012; 황유경; 2005).

첫째, 주어진 미술 재료가 부실하면 그림 그리기를 거부할 수 있다. 그림을 그리는 데 필요한 질 좋은 미술 도구와 좋은 종이를 주는 것은 중요하다. 아동이 그림을 그리게 하려면 미술 도구들을 잘 갖춰서 시각적으로도 쓰고 싶다는 욕구가 일어나게 하여 아동이 미술 활동과 자기 표현을 하도록 격려해 주어야 한다.

둘째, 몇몇 아동들은 개인적인 걱정, 불신, 억압 등으로 인해서 그림 그리기를 거부하고, 그림 그리는 일 자체가 저항을 일으킬 수 있다. 상담이 안전하지 않다고 생각하는 아동에게는 그림 그리기가 위협적인 경험이 될 수도 있기 때문이다. 저항을 극복할 수 있는 몇 가지 방법이 있다. 아동에게 그림의 내용, 모양, 특징적인 것까지 다 정해주고 따라서 그리라고 하거나 기초적인 선 하나만 그려놓아도 아동은 거기에 상세하게 덧붙여서 그리거나 훨씬 더 잘 그린다.

셋째, 그리기 그 자체를 아주 싫어하는 아동들에게는 '만화 게임' 이라는 것을 하여 상담자가 아동이 원하는 것을 다 그려주는 만화가가 되는 방법도 있다. 어떤 아동들은 즉각적으로 만화 그리는 것에 흥미를 가지기도 하여 만화를 자기가 대신 그리겠다고 나서기도 한다. 아동과 상담자가 번갈아 가면서 만화를 완성시킬 수도 있다.

넷째, 다른 아동의 그림이나 간단한 이미지를 보여주는 것이 도움이 되는데 특히 아동이 자신의 미술적 능력에 대해서 불안해 할 때는 더욱 유용하다. 대부분의 아동들은 자신만의 그림을 그리거나 보여준 그림을 보다 개인적인 방식으로 변화시켜서 그리게 된다. 스토리 만들기 게임도 유용한데 2~3장의 그림카드를 집어서 자기 맘대로 배열하고 스토리를 꾸미는 것이다.

(4) 그림에 나타난 성적, 폭력적 내용에 대한 상담자의 반응

어떤 상담자들은 아동의 그림에서 뚜렷하게 성적이거나 폭력적인 내용이 담겨져 있는 것을 불편하게 여기거나 무서워한다. 말로 표현할 수 없는 성적 · 폭력적인 내용이 그림에 나타날 수 있다. 상담자들은 이러한 강력하고 압도적인 이미지들을 받아들이고 반응할 준비가 되어 있어야 한다(이재연 외 역, 2006).

예 성학대당한 아동이 성적인 내용이 담겨져 있는 그림들을 그릴 때 그 그림들 중 일부는 오히려 성에 대한 상담자의 과거 경험이나 정서를 건드릴 수 있다. 성적인 내용에 대한 상담자의 개인적인 반응이 아동과 그림에 대한 상호작용에 영향을 줄 수 있기 때문에 이런 형태의 그림에 어떻게 반응할지에 대해서는 충분히 사전에 생각해 두어야 한다. 아동과 상담자가 상호작용하는 것을 비디오로 찍어 함께 보는 것도 상담자의 인터뷰 기술이나 아동의 미술 활동에 대한 반응 등을 직접 볼 수 있어서 유용하다.

Tip 그림 해석 시 상담자가 기본적으로 고려할 사항

- 다른 사람들을 놀라게 하고 싶은가?
- 그들을 벌주고 싶어 하는가?
- 도움을 원하는가?
- 언제 그러한 이미지가 나타나는가?
- 대상이 누구인가? 등을 통하여 아동이 그린 폭력적인 이미지가 나타내는 의도를 이해하여야 한다.

상담 상황에서도 안전은 가장 중요한 문제이며 폭력적이고 잔인한 주제가 담긴 그림을 그리는 아동에게도 반드시 이 점은 알려주어야 한다.

상담자에게는 공격적이거나 혼란스러울지라도 폭력적인 그림은 중요한 반응을 내포하고 있으며, 몇몇 아동의 경우에는 좀 더 수용된 형태로 폭력적인 생각과 소망을 전이하는 하나의 방식이 되기도 한다.

상담자는 아동이 그림이나 작품을 자신의 시각에서만 반응을 보인다는 사실을 알아야 한다. 상담자는 반대로 아동의 그림을 상담자의 시각에서 보고 반응하는 오류를 범할 수 있다는 사실도 알아야 한다. 그림이나 적절한 질문을 통하여 미술 표현에 대한 아동의 이야기를 힌트로 아동을 더 잘 이해할 수 있을 것이다.

상담자는 아동이 그림을 통해서 스스로를 노출시키며 자신들의 내적인 경험을 자신에게 뿐만 아니라 상담자에게 열어 보인다는 점을 기억해 두어야 한다. 아동의 그림에는 아동의 생각, 느낌, 환상 등이 담겨 있는 반면, 그림을 그리는 과정과 그리는 활동은 상담자에게 아동과 상호작용하고 창조적인 활동을 함으로써 의미 있는 보상과 회복의 경험을 하게 해줄 것이다(김태련, 1991; 백중열, 2010; 이재연 외 역, 1993; 한국아동미술치료학회, 2010).

02 진단에 기초한 아동미술심리상담

아동은 독특한 발달 단계로 인하여 자신의 현재 상황이나 행동을 언어로 표현하는 데 한계가 있다. 11세 이하의 아동들에게 있어 그림은 그 한계를 극복하고 자신의 내면을 나타내주는 가장 자연스러운 표현수단이 된다. 그림에는 말로 표현하지 못하는 느낌과 생각, 공상, 갈등, 걱정, 자신을 둘러싼 세상에 대한 지각이 담겨 있기 때문이다. 이런 특성에 기초하여 아동의 과거와 현재를 보여주는 진단 도구로 미술심리상담이 유용하게 사용될 수 있다. 다양한 미술심리 검사도구가 있지만, 아동에게 적용될 수 있는 검사 도구를 기초로 하여 알아보기로 한다(조영숙 외, 2012; 김동연 · 최외선, 2002; 김태련, 1991; 박현주, 2009).

1) 인물화 검사 및 관련 검사

(1) 인물화 검사(DAP: Draw a Person test)

사람을 그려보도록 하고 사후 질문과정을 실시하여 자기상, 신체상, 이상적 자기, 성 정체감 등 성격구조에 대한 다양한 정보를 얻을 수 있다.

(2) 집-나무-사람 그림 검사(HTP: House-Tree-Person test)

집, 나무, 사람을 그려보도록 하고, 이 안에 사람 그림 검사를 포함하며 사람 그림에서 얻을 수 있는 정보 외에 부가적으로 성격 구조에 대한 정보를 얻을 수 있다. 특히 나무 그림은 무의식적인 수준의 성격 구조를 드러내 주는 것으로 알려져 있다.

(3) 색채화 검사(Chromatic or Color Drawings test)

HTP 개발자와 사용자들이 발전시킨 것으로 먼저 연필로 HTP를 수행한 뒤 크레용으로 다시 그려보도록 하는 검사이다. 유채색 그림이 무채색 그림보다 성격에 대하여 많은 것을 보여주며, 특정 색채가 과다하게 사용되었을 경우에 그 의미에 대해 특별히 주목할 필요가 있다고 하였다. 일반적으로 환경에 잘 적응하고 있는 아동일수록 사용하는 색채가 다양하며 반대로 경직되고 정서적으로 불안정한 아동일수록 제한된 색채만을 사용하는 경향이 있다. 그러나 특정한 색채가 지니는 의미를 기계적으로 해석하거나 색채의 사용에 대해 과도하게 추론을 하는 것은 위험하며 색채가 지니는 의미는 성별과 연령, 개인의 주관적인 경험에 따라 얼마든지 달라질 수 있다.

(4) 빗속의 사람 그림 검사(Person In The Rain)[1)]

빗속에 서 있는 사람을 그리도록 하는 검사로 그 사람이 현재 겪고 있는 스트레스의 양과 이를 방어기제의 와해나 퇴행 없이 얼마나 잘 다루고 있는가를 알아본다. 비는 스트레스를 나타내고, 비의 질은 그 사람이 느끼는 스트레스의 양을 나타내며, 스트레스에 대한 방어기제는 비에 대한 방어 즉, 우산이나 비옷, 혹은 나무로 상징되어 나타난다고 가정한다. 정신과 환자들에게는 비교적 높은 타당도가 있지만 일반인들에게는 해석의 타당도가 낮은 것으로 알려져 있다.

(5) 동물 그림 검사(Drawings of Animals test)

아동에게 자기가 원하는 어떤 동물이든 마음대로 그려보게 하는 것으로 보다 원초적인 자기를 파악할 수 있도록 개발되었다.

(6) 자화상 검사(Self Portrait test)

자화상을 그려보도록 하는 검사로서 자기 개념과 신체상에 대한 부가적인 정보를 제공하여 주고, 문제를 명료화하고 치료를 계획하는 데도 도움을 준다고 보고된 바 있다.

---

1) 학자에 따라 'Draw-a-Person-in-the-Rain test'로 영문표기를 할 수도 있다.

(7) 부가적인 사람 그림 검사(Additional Person test)

사람 그림이나 자화상을 그려보도록 한 뒤 그 외의 다른 사람을 부가적으로 그려보도록 하는 검사이다. 연구나 평가 목적에 따라 에스키모나 친구, 선생님 등 다양하게 변형시켜 실시할 수 있다. 주로 인물이 그려진 크기를 통해 중요한 타인의 존재나 자존감, 특정 인물에 대한 아동의 감정이나 생각 등을 알아보고자 하는 시도가 있었으나 경험적인 연구들을 통한 타당도 검증은 아직 이루어지지 않았다.

2) 가족화 검사 및 관련 검사

(1) 가족 그림 검사(DAF: Draw-a-Family)

자신의 가족을 그려보도록 한 뒤에 그림 속의 인물들과 자신이 그린 그림에 대해 자유롭게 설명해 보도록 하는 것이다. 아동의 갈등에 대한 중요한 정보를 제공해 주며 진단적으로 가장 중요한 가치를 갖는 점은 '그림의 전체적 형태' 라고 본다. 가족화는 아동의 심적 갈등이 생겨나게 된 초기의 원인, 아동이 가족 관계에 대해 지각하는 갈등의 해소 정도, 자기 개념 및 불안, 공상 세계에 대해 정보를 제공해 줄 수 있다.

(2) 동적 가족화 검사(KFD: Kinetic Family Drawing)

아동으로 하여금 자신의 가족을 모두 그리며 무언가를 하고 있는 내용을 그리도록 하는 검사이다. 운동성 가족화 검사의 해석은 정적인 인물 자체보다는 그림 내 인물의 행동이나 움직임에 초점을 두게 된다. 예를 들어, 가족 구성원들을 각각 구획화시켜 그린 그림이나 누군가가 누워 있는 그림은 단절되고 불안정한 가족 분위기를 반영해 주는 것으로 해석될 수 있다.

(3) 집단 그림 검사(DAG: Draw-a-Group)

집단의 구조와 그 안에서 아동의 적응을 평가하기 위하여 가족 이외의 다른 집단의 사람들을 그려보도록 하는 검사로 아동이 다른 사람들과 맺는 관계를 측정하는 수단으로 사용되어 왔다. 아동에게 함께 놀고 싶은 아이들과 운동장에서 무언가를 하고 있는 그림을 그려보도록 한 다음, 그림에서 무엇을 하고 있는지 써보도록 하는 것이 그 한 예가 될 수 있다.

(4) 동적 학교 그림 검사(KSD: Kinetic School Drawing)

KFD를 변형한 형태로 아동이 학교 상황에서 자신을 어떻게 지각하는지 알아보기 위하여 개발되었다. 아동에게 학교에서 아동 자신과 선생님, 친구 한명이 무언가를 하고 있는 그림을 그려보도록 한다. 그림을 해석할 때는 학교에서 자기 자신의 모습을 어떻게 그리는지, 선생님, 친구들에 대하여 아동이 어떤 행동을 하고 있는지가 중요한 요소로 고려된다. 아동의 학교적응과 또래관계 등에 대한 정보를 제공해 줄 수 있다.

3) 아동미술심리상담 그림 검사의 실시과정 사례

(1) 인물화(DAP: Draw a Person test) 검사의 실시과정

- 목 표: 자아상의 투사, 무의식 세계의 동기나 욕구 등 성격을 알아본다.
- 준비물: A4 용지 2장, 4B 연필, 지우개
- 실시 방법

1. 연필, 지우개를 주고 용지는 세로로 제시한다.
2. "사람을 그려주세요, 만화나 막대기 같은 사람이 아닌 사람의 전체 모습을 그려주세요."라고 지시한다.
3. 한 장의 그림이 완성되면 "먼저 그린 사람과 반대되는 성의 사람을 그려주세요."라고 지시한다.
4. 그림이 완성되면 일정한 사후질문(예 인물에 대한 생각, 인물의 성격, 배경, 신분 등)을 묻는다.

인물화 검사의 사례

- 7살이요.
- 학원 열심히 다니는, 공부도 하고, 놀기도 하고….
- 친구가 놀고 있는 것 같아요. 먼저 나가 있는 것 같아요. 만나기로 한 장소에!
- 기분: 좋아 보여요. 친구랑 노니까!
- 성격: 장난꾸러기인 것 같아요.
  - 공부를 잘해요.
  - 공부를 잘 하는데 좀 덜렁거려요.
- 덜렁대는 걸 고쳐서 공부를 잘할 것 같아요.

〈해석 기준의 순서〉 위치→크기→모습→그린 순서→머리→얼굴→눈→코→입→턱→귀→목→동체→팔과 다리→의복

※ 내담자의 원래 그림은 필압이 약해 매우 희미하였으나 자료 제공을 위해 진하게 인쇄되었으며, 그림은 내담자가 직접 A4 용지 위에 그렸다. 그림 위치, 필압, 대화 내용은 내담자의 상태를 간접적으로 설명하고 있다.

(2) 집-나무-사람(HTP: House-Tree-Person) 검사의 실시과정

목 표: 내담자의 상태와 성격, 가정에 대한 지각을 알아본다.

준비물: A4 용지 4장, HB 연필, 4B 연필(연필심이 너무 뾰족하지 않도록 함)

실시 방법

① "지금부터 그림을 그려 봅시다. 이것은 그림을 잘 그리고 못 그리는 것을 조사하는 것이 아니므로 즐거운 마음으로 그리십시오. 또한 이것은 사생을 하는 것이 아닙니다. 자기가 생각한대로 그리면 좋습니다."라고 말한다. "한

장의 종이에 하나씩 모두 4장의 그림을 그리십시오."라고 지시한 후 종이를 가로로 제시하면서 "이 종이 위에 집을 그리십시오."라고 말한다. 상담자가 질문하면 "당신이 생각한대로 그리십시오."라고만 대답해주고, 질문 내용은 기록해 둔다.

2 집 그림을 끝내면 다시 종이를 세로로 제시하면서, "이번에는 나무를 한 그루 그려 보십시오."라고 말한다.

3 나무 그림이 끝나면 역시 세로로 종이를 제시하면서 "이번에는 사람을 한 사람 그려 보십시오. 얼굴만이 아니고 전신을 그려 보십시오."라고 지시한다. 사람을 다 그리고 나면 그 그림이 남자인지 여자인지 질문하여 그림 아래에 기록한다.

4 세로로 종이를 제시하며 "그러면 이번에는 남자(혹은 여자)를 한 사람 그려 보십시오. 역시 얼굴만이 아니고 전신을 그려 보십시오."라고 이전에 그린 인물과 반대되는 성의 인물을 그리도록 지시한다.

나무 검사의 사례

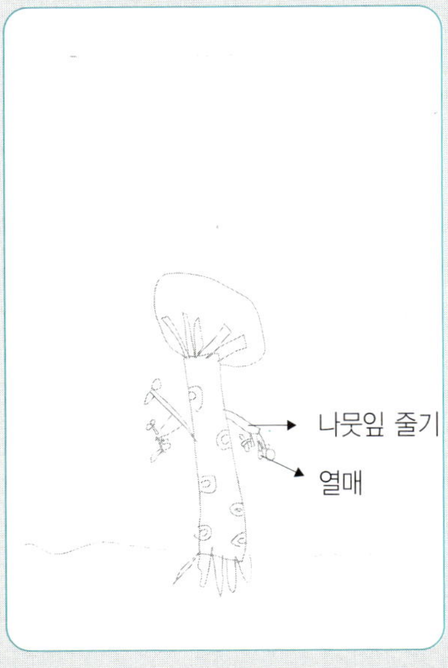

- 은행나무
- 50살!
- 좋아 보여요.
- 숲이요.
- 다른 나무도 많이 있어요.
- 은행나무라서 빨리 열매를 익게 하고 싶은 생각, 초록색이에요.
- 크고 굵어 보일 것 같아요.

〈상담과정으로의 적용〉

- 그림을 그릴 때 상담자는 그림 그리는 과정을 잘 관찰한다. 무엇부터 그리기 시작하는지, 그림을 그리는 시간은 어느 정도인지, 어느 부분에서 망설이는지 등 아동의 비언어적인 단서들을 잘 관찰하여 상담과정에서 이야기를 나눌 필요가 있다.
- 그림을 그리고 난 후 그림만 보고 해석 기준에 맞추어 진단하고 평가하는 것은 상당히 위험하다. 그러므로 그림을 다 그리고 나면 질문을 하는데, HTP 검사에서 그림 그린 후의 질문은 아동이 표현하는 독특한 의미와 문제를 파악하도록 해준다. 질문은 일정한 형식은 없으며 상담자의 필요에 따라 한다.

  예 이 그림에 대하여 당신이 느끼고 생각하는 것을 이야기해 보십시오.
  이 그림에 대하여 어떤 이야기를 만들어 보지 않겠습니까?
- 질문에 대한 대답에 대해서는 그 이유를 묻는 것이 바람직하며, 해석의 단서를 얻기 위해서 가능한 한 질문에 대한 답을 얻어내고, 아동이 사용한 용어를 그대로 적어두어야 한다.

※ 내담자의 원래 그림은 필압이 약해 매우 희미하였으나 자료 제공을 위해 진하게 인쇄되었으며, 그림은 내담자가 직접 A4 용지 위에 그렸다. 그림 위치, 필압, 대화 내용은 내담자의 상태를 간접적으로 설명하고 있다.

(3) 동적 가족화(KFD: Kinetic Family Drawing) 검사의 실시과정

목 표: 가족 내에서의 자기 자신과 다른 가족 구성원에 대한 지각을 파악한다.
가족 간의 상호작용과 역동성을 파악한다.

준비물: A4 용지, 4B 연필, 지우개

실시 방법

1. A4 용지, 연필, 지우개를 제시하고 다음과 같은 지시사항에 따라 그림을 그리게 한다.
   - 당신을 포함하여 당신 가족 모두가 무엇인가 하고 있는 그림을 그려보세요. 만화나 막대기 같은 사람이 아닌 완전한 사람을 그려주세요. 무엇이든 어떠한 행위를 하고 있는 사람을 그려야 합니다.
2. 시간제한은 하지 않아도 되지만 일반적으로 30분 정도 소요된다.
3. 그리는 도중 여러 가지 질문에 대해서는 “자유입니다. 그리고 싶은대로 그리

동적 가족화의 사례

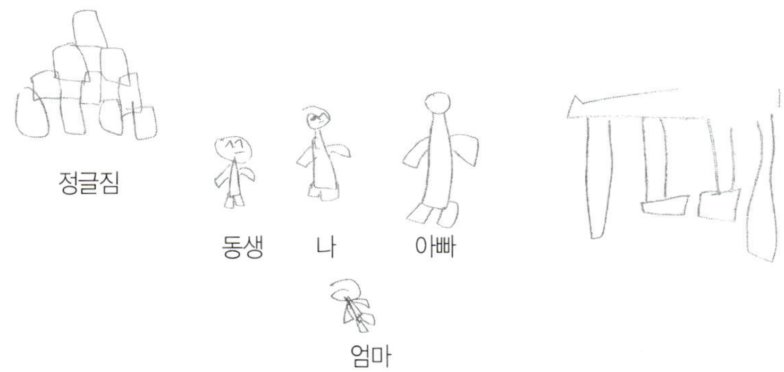

- 술래잡기요.
- 엄마, 아빠, 동생, 저요!
- 술래가 저요, 아니 동생이요, 아니 저예요.
- 기분: 좋아 보여요.
  빨리 도망쳐야 한다거나 재미있어서….
- 정글짐을 타고 재미있게 놀 것 같아요.

〈상담과정으로의 적용〉

그림의 전체성, 조화, 구성 등을 고려하여 가족 내에서 아동의 적응성과 사회성, 위치와 정서적 관계 등을 파악할 수 있고, 아동과의 질문과정을 통해 진단으로 그칠 수도 있지만, 더 깊은 상담과정으로 연결하여 아동과 상호작용을 할 수 있다.

※ 내담자의 원래 그림은 필압이 약해 매우 희미하였으나 자료 제공을 위해 진하게 인쇄되었으며, 그림은 내담자가 직접 A4 용지 위에 그렸다. 그림 위치, 필압, 대화 내용은 내담자의 상태를 간접적으로 설명하고 있다.

세요."라고 하고 어떠한 단서도 주지 않도록 한다.

4. 상담자는 아동이 그림을 그리는 동안 그림을 그리는 순서나 그리는 태도 등 과정을 잘 관찰한다.
5. 만약 가족 중 그리지 않은 사람이 있을 경우는 "○○는 없네, 그려볼까?" 제안하여 나중에 다시 그려 넣는 일이 없도록 한다.
6. 그림을 그린 후 상담자는 그린 순서, 인물의 나이, 하고 있는 행위, 생략한 사람, 가족 이외의 그린 사람이 있는지 물어 기재한다.
7. 아동의 그림을 보면서 그림을 그린 뒤의 느낌이나 자신이 생각하는 가족의 특성, 가족 간의 관계 등에 대해 이야기하도록 한다.

(4) 동적 학교 그림(KSD: Kinetic School Drawing) 검사의 실시과정

- 목 표: 학교 내에서의 친구, 교사와의 상호 관계 및 학업 성취도를 파악할 수 있다.
- 준비물: A4 용지, 4B 연필, 지우개
- 실시 방법

1. 상담자가 종이와 연필, 지우개를 준비하여 제시하고 지시사항에 따라 그림을 그리도록 한다.
   - 당신 자신을 포함하여 선생님과 한 명 이상의 친구가 학교에서 무엇인가 하고 있는 그림을 그려보세요. 만화나 막대기 같은 사람이 아닌 완전한 사람을 그려주세요. 모두가 무엇이든 하고 있는 그림을 그리도록 하세요. 당신 자신도 그리는 것을 잊어서는 안 됩니다.
2. 용지의 방향은 아동이 자유롭게 선택하도록 하며 시간제한은 하지 않아도 되지만, 30분 정도 소요된다.
3. 그리는 도중 여러 가지 질문에 대해서는 "자유입니다. 그리고 싶은대로 그리세요."라고 하고 어떠한 단서도 주지 않도록 한다.
4. 그림을 그린 후 그림을 그린 순서와 그림 속의 인물이 누구이며 그 사람이 무엇을 하고 있는지에 대해 질문을 하고 기록한다.
5. 그림을 보고 친구와의 관계, 교사와의 관계, 학교생활에 대해 질문을 하고 이야기를 나눈다.

동적 학교 그림 검사의 사례

- 선생님이랑 친구들이랑 다 같이 딱지 치고 있어요.
- 기분: 좋아보여요. 저는 안절부절하고 있어요. 저는 뒷면이면 잘 되는데, 지금 뒷면 나와서…. 그래서 이런 표정이에요.
- 좋은 생각, 저가 뒷면 나와서, 빨리 따야지!
- 아이템이 쌓여서 훨씬 더 재미있을 것 같아요.

〈상담과정으로의 적용〉

학생의 경우는 하루 일과 중 많은 시간을 학교에서 보내기 때문에 학교생활이나 교사와의 관계, 친구들과의 관계를 탐색하고, 상담을 통하여 학교생활에 적응하고 긍정적인 변화를 가져올 수 있도록 내담자와 대화를 나누어 대처 방법이나 해결 방안을 모색해보고 실천할 수 있도록 지도하는 것이 필요하다.
학교생활에서 어떤 부분이 어려운지 또는 즐거운지, 친구나 교사와의 관계 등이 원활하지 못할 경우는 어떤 요인이 작용을 하고 있는지, 관계개선을 하고 학교생활에 적응하기 위해서는 어떤 부분이 변해야 하는지, 그 같은 변화를 위해 자신이 할 수 있는 것은 무엇인지 등에 대해서도 이야기를 나누는 것이 좋다.

※ 내담자의 원래 그림은 필압이 약해 매우 희미하였으나 자료 제공을 위해 진하게 인쇄되었으며, 그림은 내담자가 직접 A4 용지 위에 그렸다. 그림 위치, 필압, 대화 내용은 내담자의 상태를 간접적으로 설명하고 있다.

(5) 그림 검사 진단보고서

정보수집과 심리, 교육, 진단 검사를 통해 모든 자료가 일단 해석되면, 평가자는 복잡하고 정교한 평가과정의 국면으로 들어간다. 즉 모든 유용한 자료에서 나온 결론을 토대로 잘 조직되고 구조화된 보고서를 작성하게 되며, 또한 대부분의 경우에 부모, 학교 담당자 및 아동이 문제를 극복하고 해결하도록 도와주는 전문가들에게 구두로 검사 결과를 전달하게 된다.

평가자가 명심해야 할 사항은 평가과정의 마지막 결과를 개입된 모든 사람들이 보고 싶고 듣고 싶어한다는 점과 아동의 강점과 약점을 결정하여 도와줄 요소를 모색해야만 된다는 점이다. 평가자의 역할은 그 아동에게 무엇이 잘못되었는가 혹은 어떤 약점이 통제되어야 하는 것을 단순히 결정하는 것보다는 전체 평가과정에서 아동의 강점에 염두에 두고 문제해결의 구체적인 방안을 제시해 주는 일이다(한국아동미술치료학회, 2013).

① 진단평가보고서 작성

전통적으로 진단평가보고서란 '자문가 혹은 전문가로서의 평가자가 의뢰된 개인이나 그 개인의 주변인물과의 면접, 그 개인에 대한 행동관찰, 다양한 생활 사적 정보 및 검사 결과를 종합하여 의뢰된 목적 혹은 문제에 대해 그 개인의 전체기능 및 그 개인에 독특한 측면들을 평이하면서도 분명하고 간결하게 기술한 평가의 최종 산물을 말한다.

내용은 의뢰된 내용과 의뢰자가 누구냐에 따라 달라질 수 있다.

- □ 기본적인 인적사항: 아동이름, 생년월일(나이), 별명, 주소, 전화번호, 유치원(학교), 평가자, 평가일 등
- □ 의뢰이유(방문 목적): 기관에 의뢰하게 된 이유나 찾아온 목적 및 평가의 이유를 기록
- □ 배경정보: 발달 및 생육사, 병력, 가족 관계, 학업 등
- □ 행동관찰: 평가시 또는 평가 전후의 언어적 · 비언어적 행동, 평가자와의 상호작용 등
- □ 실시한 검사: 구체적인 검사 이름

□ 검사 결과

- 검사별 접근: 각 검사의 아동의 수행 결과를 개별적으로 분석하여 서술
- 영역별 접근: 각 검사로부터 나온 모든 결과를 영역별로 분석하여 서술

□ 요약 및 제언(권고사항)

의뢰이유에 대한 대답, 진단, 치료, 교육 등 중재 방안, 가정 및 학교적응을 위한 방안, 문제해결을 위한 방안 등 중요한 것은 이런 평가과정을 통해 아동에 대해 정확히 이해하고 미래의 행동을 예견 통제하며 그 문제의 해결 방안을 찾고 어떻게 도와줄 것인가를 구체적으로 제시하여 주어야만 한다.

(6) 미술심리상담의 해석 기준

HTP 검사를 비롯한 심리진단의 해석은 성격의 여러 면을 밝혀 나가는 것을 말한다. 이 해석은 HTP 검사와 함께 실시한 다른 심리 검사들의 결과와 '그림을 그린 후의 질문' 등을 참작하는 동시에 아동과의 면접 외에 행동관찰과 검사 시의 태도 등으로부터 얻어지는 임상소견 등도 고려해야 한다. 즉, 그림만 가지고 성격의 단면을 맹신하여 추론하는 해석만을 해서는 안 된다는 것이다(박현주, 2009; 이재연 외 역, 2006).

① 평가는 다음과 같은 세 가지 차원에서 행한다.

첫째, 전체적 평가이다. 그림의 전체적인 인상을 중시하고, 조화가 이루어져 있는가, 구조는 잘 되어 있는가, 이상한 곳은 없는가에 주목하여 어떻게 그렸는가를 생각해 나가는 것이다. 아동의 적응 수준, 성숙도, 신체상의 혼란 정도, 자신과 외계에 대한 인지 방법 등이다. 아동이 그린 집 그림, 나무 그림, 인물화(남성상, 여성상)의 각각에 대한 평가뿐만 아니라 4개의 그림 전체가 조화를 이루고 있는가, 남성상과 여성상의 차이는 어떻게 나타나 있는가 등을 검토하여 전체적인 평가를 실시하는 것이 중요하다.

둘째, 형식적 분석이다. 집, 나무, 남성상, 여성상 등을 어떻게 그렸는가를 분석하는 것이 형식적 분석이다. 형식적 분석은 구조적 분석이라고도 하며 HTP 검사를 비롯한 모든 그림에 공통적으로 행한다. 예를 들어 어떤 부분부터 그려 나가는가 하는 그림을 그려 나간 순서, 종이 위의 어느 쪽에 그리는가 하는 위치, 크기, 필압, 선의 농담, 불연

속적인 선의 성질, 그림의 대칭성, 운동, 원근법, 음영, 생략, 강조, 지우기 등을 살펴보면서 이러한 것들을 통해서 성격의 단면을 읽어나가는 방법이다.

형식적 분석-소요 시간, 순서, 크기, 위치, 필압과 선의 농담, 스트로크, 지우기, 대칭성, 방향, 세부묘사, 생략과 왜곡, 절단, 그림자와 음영, 투시성, 원근법, 운동, 지면의 선, 기타 표시 등

셋째, 내용 분석이다. 내용 분석은 무엇을 그렸는가 하는 것을 다루는 것으로 집, 나무, 남자상, 여자상에 있어서 이상한 부분, 형식 분석의 사인 등을 참고로 하여 그림 가운데에 강조되어 있는 부분을 다룬다.

내용분석에 있어서는 명백하고 큰 특징을 먼저 다루며, '그림 그린 후의 질문' 을 아동에게 실시하고, 아동이 질문에 따라 연상하는 것을 묻는 것이 그림해석에 도움이 된다. 또한 그림 자체에 현저한 특징이 없는 경우에도 '그림 그린 후의 질문' 을 하여 아동의 성격을 이해하게 되는 경우가 많다.

② 그림의 해석은 일반적으로 다음과 같은 사례분석의 예시를 가진다.

첫째, 그림의 구조적 특징과 관련된 해석으로 다음과 같은 사례를 들 수 있다.

- 지우개의 사용: 지나치게 잦은 지우개의 사용은 심리적으로 과도한 불안, 강박적 특성, 우유부단함과 관련되며, 자주 지우개를 사용함에도 불구하고 그림의 질이 나아지지 않는 경우는 뇌에 기질적 문제가 있을 수 있다.
- 그림의 위치: 중앙에 그림이 위치하는 경우에는 가장 일반적이라고 할 수 있다. 그림이 좌측 혹은 우측에 극단적으로 위치한다거나 용지의 상단 혹은 하단에 집중하여 그리는 경우에 해석적 의미들이 부여되어 있으나, 이는 그림 검사 외의 검사결과에서 유사한 특징이 발견되는 경우에 한하여 해석의 여지가 있다. 단, 용지의 코너에 위치하는 경우는 회피 경향성으로 해석해 볼 수 있다.
- 필압: 과도하게 강한 필압으로 그려져 있는 경우는 긴장 수준이 높거나 공격적이고 행동화의 경향성이 높은 경우에 해당될 수 있고 자기 주장적이고 포부 수준이 높은 경우에도 강의 필압이 나타날 수 있다. 이와 반대로 필압이 지나치게 약한 경우는 우유부단하고, 유약하며, 불안정한 성격특성을 가진 경우들이 많으며 불안

하거나 에너지 수준이 낮은 경우에도 이러한 특징이 나타날 수 있다.

- 그림의 크기: 그림의 크기는 용지에 비례하여 결정하여야 하며 용지에 비해 과도하게 큰 그림은 자아 팽창적이고 과도한 자아상을 보이는 경우일 수 있으며 때로는 약하고 부적절한 자아상에 대한 과도한 보상으로 지나치게 큰 그림을 그리기도 한다. 그림의 크기가 지나치게 작은 경우는 대개 불안과 관련되며 억제되어 있고, 수줍음이 많으며, 회피적인 성향을 갖고 있거나 우울한 경우에 해당될 수 있다.
- 선과 음영: 선이 굵고 주저함이 없이 강한 경우는 안정적이고 일관되며 포부 수준이 높은 특성을 가질 수 있고, 스케치하듯 그린 선은 불안정하며 소심한 특징 혹은 완벽주의적이고 세심한 특성을 나타낼 수 있다. 음영의 경우는 진한 음영이 반복되어서 나타나면, 정서적인 적응상의 문제를 가질 수 있고, 불안과 관련된 특징을 보일 가능성이 높다.

둘째, 집 그림의 내용과 관련된 해석이다. 집 그림은 자아상이 상징적으로 투사된 것이며, 그 사람의 가정생활, 가족 관계를 반영하는 것으로 알려져 있다. 집은 피검자의 실제적인 물리적 특성을 반영하는 가정일 수도 있고, 과거 가정, 자신이 살고 싶은 가정 혹은 이 모든 것들이 결합되어 나타나기도 한다. 때로는 집 그림이 어머니를 상징하거나 어머니에 대한 느낌을 나타내기도 한다. 크고 거창한 집은 높은 포부 수준이나 과대한 야망을 나타내는 반면 작고 초라한 집은 보다 겸손한 생활방식을 나타내는 것일 수 있다.

대개 집 그림에는 하나의 문, 하나의 창문, 벽, 지붕, 굴뚝이 포함된다. 6세 이상의 아동에게서 이 중 어떤 부분이 생략되었다면 지적 기능에 문제가 있거나 심각한 정서적 문제가 있는 것은 아닌지를 검토해 보아야 한다.

- 문: 문은 집과 외부 세계를 연결하는 통로이다. 이 때문에 타인이 자신의 삶에 들어오도록 허용하는 것, 그리고 자신이 세상으로 나아가는 통로를 나타내며 세상과 자기 자신 간의 접근 가능성을 나타낸다. 따라서 문은 관계에 대한 욕구나 소망 정도, 친밀한 관계 형성에 대한 느끼는 불안감이나 두려움, 거부감, 양가감정 자신을 공개하는 것에 대한 불편감이나 긴장감, 친밀한 관계 형성에 필요한 공감 능력, 타인의 인정이나 애정의 의존적인 정도 및 이에 대한 욕구와 소망, 실제로

얼마나 현실과 세상과의 접촉이 되고 있는가, 얼마나 고립되고 위축되어 있는가 등을 나타낸다.

- 창문: 창문은 세상을 내다보고 또 세상과 타인이 집안을 들여다볼 수 있는 통로이다. 이 때문에 대인 관계와 관련된 아동의 주관적인 경험, 자기 혹은 자기 대상이 환경과 상호작용할 수 있는 능력에 대해 스스로 느끼는 감정들과 관련될 수 있다.
- 벽: 벽은 집이 견고히 서 있도록 지탱해주고, 외부와 내부를 분리시키며 외적인 환경에서 집의 내부를 보호해 주는 역할을 한다. 그러므로 집 그림에서 벽은 외적인 위협은 자아가 붕괴되는 것으로부터 자기 자신을 보호하는 역할, 즉 자아강도와 자아통제력을 나타낸다.
- 굴뚝: 굴뚝은 집에서 난로를 피웠을 때 연기가 나오는 곳이고 난로는 가족들과 함께 불을 쬐거나 요리를 하는 것과 같이 온정적인 일과 관련된다. 때문에 굴뚝은 가족 내의 관계와 분위기, 가족들 간의 애정 교류에 관한 정보를 제공해 줄 수 있고, 굴뚝의 연기 등은 이러한 애정 욕구, 애정 욕구와 관련된 좌절감이나 상실감, 우울감 등에 대해 시사해준다.
- 지붕: 지붕은 사람의 머리에 해당되는 부분이므로 내적인 공상생활, 자기 자신이 생각이나 관념, 기억과 같은 내적 인지과정과 관련되는 것으로 가정할 수 있다.

셋째, 나무 그림의 내용과 관련된 해석이다. 나무는 가장 공감적으로 나타나는 동일시 대상이다. 전반적인 임상적 특징은 집이나 사람 그림에 비해 중요한 의미를 지닐 수 있는데, 개인 내적 세계, 대인 관계, 환경적 적응을 나타내준다. 나무 그림에는 보통 줄기, 가지가 포함되며, 이들 가운데 어떤 요소가 생략되었다면 인지적 기능저하를 고려해 보아야 한다. 나무 그림은 대략 7세 이후에는 인지적 발달에 크게 영향을 받지 않는 것으로 알려져 있다.

- 나무기둥: 나무의 기둥은 나무를 지탱해 주는 기능을 하는 가장 기본적인 부분이며 상징적으로 그 아동의 성격구조가 얼마나 견고한지 즉 자기 혹은 내면화된 자기 대상의 힘을 나타내준다.
- 뿌리: 뿌리는 땅에 그 나무가 설 수 있도록 땅에 든든히 기반할 수 있도록 해주는

부분이다. 때문에 나무 그림에서의 뿌리는 상징적으로 그 사람이 내적으로 느끼는 자기 자신에 대한 안정감, 자기 자신의 근본적인 모습에 대한 이해와 관련될 수 있다.

- 가지: 나무의 가지는 나무가 양분을 흡수하여 성장하고 세상을 향해 뻗어 나가는 부분을 나타낸다. 따라서 나뭇가지는 아동이 환경에서 만족을 추구할 수 있는 자원과 다른 사람들에게 접촉하는 데 필요한 자원, 현재 상황에 대처할 수 있는 능력, 지금보다 나아질 수 있는 자원, 성취하고자 하는 소망과 이를 위해 노력하는 태도 등을 반영할 수 있다.

넷째, 사람 그림의 내용과 관련된 해석이다. 사람 그림도 '자아상'이 투사되어 나타나게 되며 보다 의식적인 수준에서 나타나는 자기 개념, 자기에 대해 가지고 있는 태도나 여러 가지 감정이 투사되어 나타난다.

- 머리: 사람 그림에서 머리는 상징적으로 아동의 인지적 능력, 즉 지적 능력 및 공상 활동에 대한 정보를 나타낼 수 있다.
- 얼굴: 얼굴의 면은 '세상과 직면하기'로 얼굴을 그리지 않은 경우는 세상에 대한 억제적이고 회피적인 태도를 갖게 되었음을 시사할 수 있다. 억압된 분노나 거부적인 태도를 반영하기도 한다. 옆 얼굴은 자신감이 부족하거나 자신의 외모가 창피하고 걱정이 되어 직접적인 사회적 접촉을 피하고 있을 가능성을 의심할 수 있다. 옆 얼굴과 정면이 혼란된 형태는 대부분 사고 장애나 신경학적인 장애를 시사한다.
- 눈: 눈은 '세상을 향한 창문'이다. 눈은 외부로부터 정보를 받을 뿐 아니라 그 사람의 태도나 기분을 드러내주는 역할을 한다. 집 그림에서의 창문처럼 눈은 아동이 다른 사람들과 어떻게 관계를 맺는지에 대한 정보를 제공해 줄 수 있다. 아동이 정서적 자극을 어떻게 받아들이고 어떻게 반응하는지, 어떻게 자신의 감정을 표현하며 이에 대해 스스로는 어떻게 느끼고 있는지를 파악할 수 있게 해주는 것이다.
- 귀: 눈과 마찬가지로 귀는 타인으로부터 정보를 받아들이는 통로가 되므로 귀를

어떻게 그렸는가를 통해 아동이 정서자극을 수용하고 이에 반응하는 방식에 대해 알 수 있다.

- 코: 코도 역시 후각이라는 통로를 통해 외부 세계의 정보를 받아들이는 동시에 얼굴의 중앙에 눈 다음으로 가장 눈에 띄기 쉬운 위치에 있다. 때문에 코를 어떻게 그렸는가는 역시 환경으로부터 정서적 자극을 어떻게 받아들이고 이에 반응하는지와 외모에 대한 관심의 여부나 정도를 알 수 있게 해준다.
- 입: 입은 세상과 직접 의사소통을 하게 하는 부분이며, 동시에 음식이라는 일차적인 중요한 양분을 받아들임으로써 사람을 살아갈 수 있게 해주는 기관이다. 그러므로 입을 어떻게 그리는가는 그 사람의 생존, 심리적인 충족 등과 관련된 여러 가지 정서적 이슈들에 대해 알 수 있게 해준다.

03 치료에 기초한 아동미술심리상담

아동미술심리상담은 진단으로서의 기능에만 머무르지 않고, 다양한 발달의 문제를 가진 아동들을 치료하는 기능을 할 수도 있다. 미술이라는 행위는 자신을 바라보고, 스스로 문제를 깨달아 인생의 전환점을 만들고자 하는 기능이 있기에 상담과정을 통하여 발전하고자 하는 아동을 도와줄 수 있다. 본 장에서는 여러 학자 및 상담자들이 아동심리상담에서 자주 사용하는 치료 기법을 간단히 소개하고, 실제 미술심리상담 사례를 통해 그 과정을 엿볼 수 있도록 다음과 같이 제시한다(김동연 · 이재연 · 홍은주, 2004; 조미영, 2011; 황유경; 2005).

1) 치료적 아동미술심리상담 도구

(1) 테두리법

아동에게 용지를 줄 때 용지에 테두리를 그어서 건네주면 조형 활동을 자극하고, 불안감 및 작업에 대한 공포감을 줄일 수 있어서 심리가 불안정한 아동에게 사용한다. 테두리를 그릴 때 자를 사용하지 않으며, 응용 기법으로는 도화지에 원을 그려주고 원 안에 그림을 그리거나 채색하게 하는 방법이 있다.

(2) 출발 그림 기법

처음 작업을 시작할 때 사용되는 기법으로 그림 그리는데 저항이나 공포, 수줍음 등이 있는 아동에게 잡지에서 얼굴을 오려 붙여주거나 그려주거나, 눈을 오려 붙여주어 그림을 완성하여 그림 그리기를 자극하는 기법이다.

(3) 난화 상호이야기 만들기법

난화를 제시하고 자신의 그림을 더하여 완성 한 후 질문을 하여 이야기를 꾸미게 하는 방법이다. 아동과 상담자가 서로 이야기를 교환하여 만들어 나가게 한다.

(4) 색채선택법

아동이 좋아하는 색을 선택하여 그림을 그리게 하는 방법으로 아동이 특별히 좋아하는 색을 고르는 방식이 자유를 의미하여 자유에 대한 책임을 강조하는 프로그램에서 주로 사용하는 기법이다.

(5) 자아감각 발달법

자아 개념이 부정적인 아동에게 긍정적인 자아상을 형성하기 위하여 사용되며 출발 그림으로 시작하여 이미지완성법, 손도장 · 발도장 찍기, 조소 활동, 동그라미 기법, 씨앗으로 얼굴 만들기, 가면 만들기, 실물 크기 자기 신체 본뜨기, 인체퍼즐 게임, 거울 보고 자기 그리기, 손 본뜨기 등이 세부 기법으로 사용된다.

(6) 갈겨 그리기법

아동에게 사인펜을 주어 손으로 직접 갈겨 그려서 선을 따라가게 한 후에 "어떻게 보이는가? 어디가 어떻게 되어 있는가?"라고 질문하고 이야기를 나눈 후 채색을 하는 기법이다. 활동적이지 않는 아동에게 운동감과 활동감을 느끼게 할 수 있다.

(7) 생활선 그리기

영아 시절부터 현재와 미래에 걸쳐 생의 주기를 선으로 표시해 보는 기법으로 연령 단계별로 높낮이, 선의 굵고 가는 정도로 표현하고, 과거-현재-미래에 대하여 이야기하면서 자신을 발견하고 바라볼 수 있도록 해준다.

(8) 역할교환법

한 장의 종이 또는 한 장의 종이를 여러 구획으로 나누어 아동과 상담자가 번갈아 가면서 그림그리기, 난화, 콜라주 등을 진행한다. 흥미유발 및 상담자와의 라포 형성, 작업에 대한 거부감 감소 등의 효과가 있다.

(9) 상호의존 역할놀이법

두 명씩 짝을 지어 서로의 역할을 바꾸어 본다. 그림을 그려가며 타인의 역할을 해봄으로써 경험했던 감정을 서로 이야기하고 교환한다. 친구 관계에 문제가 있는 아동이나, 학교폭력에 응용할 수 있다.

(10) 감정차트 만들기

한 장의 도화지 또는 한 장의 도화지에 구획을 한 후 최근의 감정을 그림으로 표현하거나 색종이 콜라주, 색깔 스펙트럼 등으로 표현해보도록 한다.

(11) 그림대화법

두 명씩 짝을 지어 비언어적인 그림을 통하여 의사소통을 하도록 하여 감정이해를 높이도록 한다. 사회성, 편안함, 집단이해 등에 효과가 있다.

(12) 만다라

'만다라' 라는 마음의 창을 통하여 원하는 것, 좋아하는 사람, 힘들었던 것을 떠올려서 과거를 그리거나 자유연상을 사용하거나 무의식적으로 떠오르는 어린 시절의 경험이나 기억을 그려본다. 기억과 감정을 통합하는 데 효과적이다.

(13) 삼자 관계 그리기

가족이나 제 삼자와의 관계를 알아보고 깨닫게 하기 위하여 사용된다.

(14) 우리 집 평면도 그리기

영유아 시절에 살았던 집의 평면도를 그려서 "가장 무서웠던 곳", "비밀장소", "누구와 함께 살았는가?"를 설명하여 과거를 회상하고 성격 형성에 영향을 미쳤던 사람이나 상황, 부적응행동 등에 대한 발견 및 결단을 하게 한다.

(15) 콜라주

그림에 저항이 있거나 표현력이 부족한 경우에 오리고 조합하고 붙이는 과정을 통하여 표현하고 싶은 것(예 행복, 부정적 감정 등)을 상징적으로 표현할 수 있고 자신의 모습을 재창조하며 내면 세계를 구성할 수 있다.

(16) 조소활동법

점토를 사용하여 인물상을 만들거나 자신의 느낌을 표현하는 비구상 작품을 만들게 한다. 손에 느껴지는 감촉을 통하여 원초적 충동성과 영유아기 초기 감정을 이끌어 낼 수 있으며 공격성 표출 및 내적 환상 세계를 경험하게 한다.

(17) 핑거페인팅

정서의 안정과 거부, 저항의 감소, 이완 등에 효과가 있으며 작업의 촉진, 스트레스 해소에도 도움이 된다.

2) 아동미술심리상담 작품에 대한 윤리적 고려사항

첫째, 상담 비밀유지와 작품 전시와의 관계이다. 비밀유지는 윤리적인 문제이기 때문에 모든 상담과정에서 드러난 정보로부터 아동을 보호할 책임이 있다. 또한 미술작품의 전시는 아동상담 프로그램의 중요한 구성 요소가 될 수 있으며, 아동의 정체감과 자신감을 유지시키고 강화하는 데 효과적인 방법이다. 그러나 아동의 생물학적 정보를 바꾼다 하여도 미술 표현이 갖는 독특성 때문에 미술작품 전시는 아동의 사적인 측면은 어느 정도 드러날 수밖에 없는 한계가 있다. 효과적인 상담을 위해 아동들의 작품을 전시할 경우에는 제한된 기본 원리를 바탕으로 이루어져야 한다.

둘째, 미술작품의 소유권문제이다. 아동이 자신의 미술 작품을 갖기를 원한다면 존중되어 아동이 소유해야 한다. 반면 아동의 심리적 안정에 손상을 입힐만한 미술 표현의 내용이 있거나 미술 표현이 법정에서 증거로 사용될 경우에 한하여 미술작품을 상담자가 소유해야 할 경우도 있다.

셋째, 미술상담 작품의 안전성 문제이다. 아동의 작품은 안전한 장소에 다른 사람에 의해 손상되거나 부적절하게 다루어지지 않도록 보관되어야 하며 미술 표현과정에서도 다른 그림으로부터 보호해야 한다(이재연 외 역, 1993; 한국아동미술치료학회, 2013).

생각해보기

1 동적 가족화를 그려보고, 스스로의 그림을 해석해 봅시다.

2 아동미술 상담자로서 아동의 그림을 대할 때 어떤 점에 특히 조심해야 할지 조별로 토론해 봅시다.

Chapter 6

아동행동 지도

1 적극적 경청

2 나 전달법

3 윈윈 전략

4 타임아웃

5 논리적 · 자연적 결과

6 아동의 자기행동 조절능력발달

7 행동제한

학습주제 아동행동 지도

학습목표

❶ 아동행동 지도의 일반적 원리를 탐색한다.
❷ 행동 지도의 일반적 원리를 적용할 수 있는 사례를 찾아보고 적용해본다.
❸ 잘못 적용된 현장 사례를 찾아보고, 바른 방법을 탐색해본다.

학습요약

1. 적극적 경청
   1) 적극적 경청의 내용 2) 적극적 경청의 적용 방법
   3) 적극적 경청의 장 · 단점
2. 나 전달법
   1) 나 전달법의 내용 2) 나 전달법의 적용 방법
   3) 나 전달법의 장 · 단점
3. 윈윈 전략
   1) 윈윈 전략의 내용 2) 윈윈 전략의 적용 방법
   3) 윈윈 전략의 장 · 단점
4. 타임아웃
   1) 타임아웃의 내용 2) 타임아웃의 적용 방법
   3) 타임아웃의 장 · 단점
5. 논리적 · 자연적 결과
   1) 논리적 · 자연적 결과 사용의 내용
   2) 논리적 · 자연적 결과 사용의 적용 방법
   3) 논리적 · 자연적 결과 사용의 장 · 단점
6. 아동의 자기행동 조절능력발달
   1) 자기행동 조절능력발달의 내용
   2) 자기행동 조절능력발달을 위한 적용 방법
   3) 자기행동 조절능력발달의 장 · 단점
7. 행동제한
   1) 행동제한 방법의 내용
   2) 행동제한 방법의 적용 방법
   3) 행동제한 방법의 장 · 단점

주요개념

적극적 경청, 나 전달법, 윈윈전략
타임아웃: 장 · 단점 및 적합한 장소, 다양한 기술들
논리적 · 자연적 결과 사용: 장점 및 적절한 사용 사례
자기행동 조절능력: 아동발달에 다른 행동 조절
행동제한: 규칙과 행동제한의 차이, 적절한 사용 사례

들어가기

저는 언니와 둘이서 자취를 합니다. 저는 그때그때 청소하는 성격인데 언니는 일에 몰두하면 설거지도 2~3일씩 쌓아놓고, 빨래도 하지 않으며, 정리 · 정돈을 미뤄놓았다 한꺼번에 하는 성격입니다. 집안에 바퀴벌레도 나오고, 쓰레기에서 냄새도 나고, 더 이상 참을 수 없습니다. 그렇다고 따로 살 경제적 여유는 되지 않습니다. 저는 어떻게 해야 할까요?

아동상담에 있어서 행동 지도 기법들은 실제적으로 문제들을 해결하는 데 좋은 도구가 된다. 약물치료나 인지치료 등을 해야 할 정도로 문제 상황의 정도가 심한 아동들도 있지만, 생활 속에서 충분히 일어날 수 있는(정신과의 치료를 받지 않아도 될 정도의) 일반적인 상황에서 부모와 아동, 교사를 도와주기 위한 기법들이 있다. 이런 기법들은 연령이 어린 저학년 아동이나 영유아들에게 더 효과적일 수 있다. 로저스(Roges), 아들러(Adler)의 등의 이론을 바탕으로 고든(Gordon)은 부모(교사)와 자녀(유아)가 양육 시 부딪치는 문제를 효율적으로 해결할 수 있도록 인간 관계와 감정교류를 기초로 하여 부모효율성 훈련(Parent Effectiveness Training)을 고안하였다. 또한, STEP 프로그램(효율적 부모 역할 수행을 위한 프로그램)에서 다루어지는 타임아웃과 행동제한 방법, 유아의 자기행동 조절발달과 논리적 · 자연적 결과 사용법도 상담자가 아동의 감정을 다치지 않고 효과적으로 문제 상황을 해결하도록 도와주는 데 유용한 방법들이다. 본 장에서는 이러한 아동행동 지도 방법의 원리와 실제를 살펴보고, 상담자와 교사가 적용할 수 있는 구체적인 상담 기법을 탐색해 보고자 한다.

01 적극적 경청

상담자들은 아동들의 감정이나 생각을 이해하고 있으며, 받아들여진다는 것을 표현해야 한다. 아동들은 자신의 생각과 감정을 직접적으로 표현할 때도 있지만, 발달 단계상 언어 표현 방법이 유창하지 못하여 아동의 본 마음을 잘 전달할 수 없을 때도 있다. 이때 성인은 적극적 경청을 통하여 아동의 마음을 파악해야 한다.

1) 적극적 경청의 내용

적극적 경청이란 아동이 표면적으로 이야기하는 내용을 잘 들어주는 것뿐 아니라, 좀 더 적극적인 반응을 통하여 아동이 표현하지 못하는 내용까지 이야기하도록 이끌어 주거나 파악하는 것을 말한다. 이런 적극적 경청은 다음의 두 가지 차원으로 실시한다.

첫째, 적극적으로 반응하여 아동의 말을 경청하고 있다는 것을 언어와 동작으로 표현해야 한다.

둘째, 유아가 전달하고 싶은 본 마음은 무엇인지 재해석하여 듣는 과정도 필요하다.

2) 적극적 경청의 적용 방법

① 아동이 느끼는 솔직한 감정을 긍정적인 감정과 부정적인 감정을 그대로 인정하고 공감해준다.

예 "네가 많이 속상했겠구나. 기분이 나쁘겠구나. 선생님이라도 그런 마음이 들 것 같다."

② 아동이 "왜?" 그 감정을 느꼈는지 묻기보다 "무엇을?", "어떻게?" 도와줄 것인가를 질문해본다.

예 "선생님이 어떻게 해줄까?", "선생님이 도와줄 방법을 이야기해 볼래?"

3) 적극적 경청의 장 · 단점

아동의 숨겨진 마음과 의도를 정확하게 파악하여 효율적이고도 공감적인 상담을 이끌어낼 수 있다. 그러나 라포가 형성되기 이전 초기 상담 단계에서 지나치게 소극적인 아동으로 하여금 오히려 대답을 더 회피하게 할 수도 있다.

연습문제 1

❶ 경수는 상담자에게 "선생님, 나는 성격이 소극적인가 봐요. 엄마에게 하고 싶은 말이 있는데 잘 못하겠어요."라고 말한다. 이 경우는 '경수가 상담자에게 하고 싶은 말은 무엇이었을까요?' 함께 토론해 봅시다. 그리고 상담자가 경수에게 보여주어야 할 행동과 말도 함께 토론해 봅시다.

❷ 두 명씩 짝을 지어 최근에 일어났던 중요한 사건에 대해 상대방에게 이야기합시다. 이야기할 때 나의 이야기를 들어주는 상대방의 태도를 적극적 경청에 비추어 평가해 봅시다.

※ 연습문제의 정답 예시는 pp. 197-198에 제시되어 있습니다.

02 나 전달법

문제 상황에서 우리는 대화 도중 상대의 감정을 의도하지 않았는데 더 상하게 하고 악화시키는 경우가 종종 있다. 이런 상황에서 나의 감정을 효율적으로 드러낼 수 있는 방법이 '나 전달법' 이다.

1) 나 전달법의 내용

'나 전달법' 에서 가장 핵심이 되는 사항은 문제의식을 갖고 있는 사람이 누구인가를 파악하는 것이다. 갈등을 일으키는 상황에서 성인이 문제의식을 갖고 있는 경우가 있고, 아동이 문제의식을 갖고 있는 경우가 있다. 문제의식을 갖고 있는 사람이 누구인가를 인식하는 것은 나 전달법을 정확하게 이야기할 수 있도록 하며, 결과적으로 성인과 유아 간의 갈등을 줄여줄 수 있다. 문제의식을 누가 갖고 있는가를 알아보려면 받아들일 수 있는 행동과 받아들일 수 없는 행동을 구별하는 것이 선행되는데 이를 구분하는 방법은 다음과 같다.

(1) 받아들일 수 없는 행동

- 성인이 화나거나, 불편하고 절대로 용납하기 싫은 행동이다.
- 그러나 아동에게는 문제되지 않는다.
- 그것을 문제라고 생각하는 사람은 결국 성인이다.
  - 예 식사 전 손을 씻지 않는 유아의 행동

(2) 받아들일 수 있는 행동

- 아동이 문제의 원인을 가져서 하기 싫은 경우이다.
- 성인은 아동이 반드시 그 행동을 해야 한다고 생각한다.
- 이 경우에는 하기 싫은 아동의 느낌과 하소연을 경청해 주어야 한다.

  예 손을 씻으라는 아동의 지시

문제의식을 갖고 있는 사람이 다른 시각으로 문제를 바라보는 것이 문제를 해결하는 방법이며, 이를 도와주는 것이 '나 전달법' 이다.

(3) 너 전달법

"너는 왜 이렇게 하지 않니?", "네가 이렇게 해야 한다.", "너 이렇게 해라." 상대방이나 아동의 행동을 비난하게 된다.

(4) 나 전달법

상대방의 행동에 대해 나는 이렇게 생각한다. 행동에 대한 성인이나 나의 느낌만 이야기하게 되어 듣는 사람이 편안하게 듣게 된다.

2) 나 전달법의 적용 방법

'나 전달법' 의 적용 방법은 다음과 같은 세 가지 요소를 갖고 있다.

① 받아들일 수 없는 행동을 간단히 서술한다.
② 받아들일 수 없는 행동에 대해 나의 감정을 말한다.
③ 그러한 감정을 갖게 된 이유를 설명한다.

예 1. 네가 식사 전에 손을 씻지 않아서
2. 나는 속상하고 화가 난다.
3. 왜냐하면 손을 안 씻고 점심을 먹으면 병균이 옮을까 염려되기 때문이다.

3) 나 전달법의 장 · 단점

아동의 생활 현장에서 나 전달법을 사용할 때 항상 이 세 가지 요소를 모두 사용해야 되는 것은 아니다. 그러나 나 전달법은 아동행동이 잘못되었다고 이야기하는 것이 아니라 그 행동의 결과로 성인의 입장이 어떻게 된다는 것에 초점을 맞추게 되어 성인과 아동 사이에 긍정적이고 편안한 관계로 이야기하며, 문제에 대해 아동의 자발적인 협조를 구할 수 있게 되는 효과가 있다.

연습문제 2 (나 전달법을 사용하는 예)

다음 연습문제를 통해 나 전달법의 올바른 사용법을 익혀 봅시다.

구분	나 전달법을 사용하는 예(좋은 예)	일반적 대화법 (나쁜 예)
부모님과 선생님의 질문에 "왜, 왜 하면 안 되는데, 꼭 엄마말대로 해야 한다는 법이 있어?"라고 짜증스럽게 반응하는 10세 아동		
정리 시간에 만들던 블록기차를 정리하지 않고 계속 더 만들고 있는 만 5세 유아		
실외놀이 시간 미끄럼틀을 계속 거꾸로 올라가는 만 4세 유아		
학교에 다니기 싫다고 말하는 8세 아동		
손 씻을 때 물에 비누를 계속 풀어놓는 행동을 즐기는 만 4세 유아		

※ 연습문제의 정답 예시는 pp. 197-198에 제시되어 있습니다.

03 윈윈 전략

적극적 경청과 나 전달법을 사용하면 성인과 아동과의 문제 상황 및 갈등은 많이 해결할 수 있다. 그럼에도 불구하고 계속되는 갈등상황과 문제들을 해결하기 위하여 윈윈 전략을 사용하는 것도 필요하다.

1) 윈윈 전략의 내용

과거에는 갈등이나 문제 상황에서 성인의 의견만이 옳다고 생각하여 강요하는 경우가 많았다. 그러나 성인이 일방적 권력을 갖고 문제를 해결하면 부정적인 감정이 남게 되거나, 아동의 자율적인 행동수정을 기대할 수 없게 된다. 윈윈 전략은 성인과 아동이 함께 문제를 해결하는 방법을 찾아 두 사람 모두 만족스러운 결과를 얻게 되는 것을 의미한다.

2) 윈윈 전략의 적용 방법

(1) 성인이 이기고, 유아가 지는 방법

교실 내에서 교사가 이기고, 유아가 지는 경우로 갈등을 해소하는 가장 비효과적이면서 가장 나중에 사용해야 하는 방법이다. 성인이 권력과 힘을 가지고 경고, 화, 위협 등으로 일방적으로 아동을 눌러 문제를 해결한다. 이럴 경우에 아동은 자신의 의견이 반영되지 않기 때문에 심리적으로 드러내지 않더라도 또 다른 안 좋은 기억과 갈등을 남기게 된다. 그럼에도 이 방법을 꼭 사용해야 하는 경우는 '안전'과 관련되거나 시간이 급박하여 일단 성인이 이겨서 문제를 해야 하는 상황이다. 이런 경우에는 아동도 그래야만 했던 상황을 수긍하게 될 것이다.

(2) 아동이 이기고, 성인이 지는 방법

아동이 이기고, 성인이 지는 경우도 비효과적 방법이다. 왜냐하면 아동의 요구는 해결되었으나 성인이 느끼는 문제는 해결되지 않았으므로 성인이 무력감을 느껴, 아동과 함께하는 일상생활을 힘들어 하고, 육아나 생활 지도, 상담에 회의를 느끼게 된다. 바람직하다고 생각하는 방향으로 아동의 행동변화가 전혀 없는 것도 문제가 된다.

(3) 윈윈 전략

어느 누구도 지지 않고, 갈등을 해소하는 방법으로, 성인의 권력이나 힘 사용하지 않고, 성인과 아동의 문제해결을 위한 협의과정이 들어가게 된다. 이 과정에서 서로의 상황과 의견 존중하고, 함께 수용할 수 있는 해결책을 모색하여 가장 민주적인 해결 방법이라고 할 수 있다.

예 "네가 만든 블록이 부서지는 것이 싫구나. 그럼 네가 만든 작품은 엄마가 피아노 위에 부서지지 않도록 잘 보관하고, 내일 오는 사촌동생들에게 보여주도록 할게. 이것만 빼고 남은 블록을 네가 정리할 수 있을까?"

3) 윈윈전략의 장 · 단점

이러한 윈윈 전략은 문제해결의 선택을 유아가 하도록 하여 좋은 감정을 유지하면서도 해결 방안을 찾고, 문제의 책임을 스스로 지도록 해준다. 또 성인 입장에서 불편했던 행동들도 변화되는 결과를 가져온다.

지금까지 살펴본 적극적 경청, 나 전달법, 무승부 전략 세 가지는 상황에 따라 따로 사용하는 것이 아니라 적절히 함께 사용하는 것이 가장 효과적이다. 이 세 가지 방법은 성인의 권위가 손상되지 않으면서도 아동의 자존감을 높이고, 문제해결력을 기르는 등 여러 발달영역에 도움을 준다.

연습문제 3

공부가 하기 싫고, 공부 이외에도 하고 싶은 일이 하나도 없다는 9세 아동에게 적극적 경청, 나 전달법, 무승부 전략을 사용하여 문제를 해결하여 보시오.

❶ 적극적 경청:

❷ 나 전달법:

❸ 무승부 전략:

※ 연습문제의 정답 예시는 pp. 197-198에 제시되어 있습니다.

04 타임아웃

타임아웃이란 아동이 즐겁게 하고 있는 활동이 다른 사람에게 피해를 주거나 물건을 파손하게 되어 그 활동에 대해 짧게 중단시키거나 잠시 격리시키는 것을 말한다. 생활 속에서 대다수의 성인들이 타임아웃을 빈번히 사용하고 있다. 그러나 현장에서 타임아웃을 정확하게 사용하는 사례는 매우 드물다. 그럼에도 타임아웃은 올바른 방법으로 사용하면 유용한 면이 있기에 장점과 단점을 살펴보기로 한다.

1) 타임아웃의 내용

(1) 타임아웃을 사용하기에 적합한 아동행동

올바른 타임아웃 사용을 위하여 클라크(Clark, 1989)는 사용 가능한 행동목록과 활동 중지가 적합하지 않은 행동목록을 다음 |표 6-1|과 같이 분류하였다.

|표 6-1|에서 살펴본 바와 같이 아동의 기질적으로 소심하거나 위축되거나 좌절했을 경우에는 타임아웃이 아닌 다른 방법을 사용하는 것이 좋다. 타임아웃이 부적합한 경우는 대부분 아동이 실제로 특정 행동을 함으로써 문제를 해결해야 하는 상황인데 타임아웃을 시키면 바람직한 행동을 하지 못하게 되는 특징이 있다는 것을 알 수 있다. 이러한 경우에는 모른 척 해보거나, 보상, 강화 등을 사용하는 것이 더 효과적일 수 있다. 타임아웃에 적합한 장소는 다음과 같다.

(2) 타임아웃에 적합한 장소

- 아동들에게 심심하고, 할 일이 없고, 흥미로운 물건이 없는 조용한 곳이다.
- 성인의 시야 안에는 있지만, 다른 친구나 사람, 동물이 방해하지 않는 곳이다.
- 아동에게 안전한 장소이다. 교실 밖 복도나 자료실, 화장실은 적합하지 않다.

표 6-1 클라크의 활동중지 사용이 적합한 행동과 부적합한 행동

활동중지 사용이 적합한 행동	활동중지 사용이 부적합한 행동
• 사람이나 동물 등 살아있는 것을 때리거나 꼬집고, 무는 등 공격적이고 폭력적인 모든 행동 • 교재 · 교구, 장난감, 물건 등을 던지고, 부수는 등 파손하는 행동 • 화가 나서 비명 지르거나, 큰소리로 우는 등의 행위 • 심하게 고자질 등을 상습적으로 하는 행위 • 욕하거나 흉보는 행위 • 공공질서나 규칙을 지키지 않는 행위(예 침 뱉기, 위험한 행동하기, 쓰레기 고의로 버리기) • 하지 말라는 경고 이후에도 큰소리로 불평하거나 자기 마음대로 행동하기 • 다른 사람이 싫어하는데도 별명을 고의적으로 부르기 • 특정 잘못 행위에 대해 멈추라는 경고에도 계속하기	• 기분이 토라졌을 때, 뾰루퉁할 때 • 흥분해 있거나, 심술나 있을 때 • 심부름을 잊거나 정리하지 못했을 때 • 옷가지나 장난감을 정리하지 못했을 때 • 피아노 연습이나 과제를 안 했을 때 • 과다하게 활동적인 행동을 취할 때 • 무서워하거나 쓸쓸해하며 혼자 있고 싶어 할 때 • 의존적이거나 소심하거나 수동적일 때

| 출처 | 지성애 · 홍혜경(2006). 영유아생활 지도. pp. 142-143. 재구성.

□ 필요할 때 몇 초 이내로 성인이 접근할 수 있는 곳이다.

(3) 타임아웃의 다양한 방법

성인들이 현장에서 활동중지를 적용할 때 한 가지 방법만 있는 것은 아니다. 때로는 갖고 놀던 놀잇감을 활동중지시키는 경우도 있고, 성인이 아닌 유아 스스로가 잠시 다른 곳으로 피해 감정 정리를 하는 것도 활동정리의 한 유형이다.

□ 두 명의 아동이 다툴 때 각각 다른 장소에 타임아웃 시킨다. 이런 방법은 성인이 잘잘못을 가릴 필요가 없고, 우연히 본 한 장면으로 인해 특정 아동만을 야단치거나 잘못 편을 들어주는 경우가 생기지 않아 비교적 공정하다. 또한 잠시 타임아웃으로 인해 자연스럽게 유아가 갈등을 멈추고 싸움을 지속할 이유를 잊어버리게

된다.

- 잘못된 방법으로 놀잇감을 사용하거나, 놀잇감으로 인한 친구와 다투는 경우는 장난감을 대신 타임아웃 시킨다. 예를 들면 장난감 기차를 던지거나, 기차로 인해 다투는 아동들에게 기차를 짧게 '생각하는 의자' 에 놓아두는 것이다. 타이머가 울리면 타임아웃 했던 이유에 대해 간단히 대화를 나누고, 해결 방법을 함께 찾는다.
- 폭발할 듯 흥분 상태에서 감정이 격앙되어 소리지르는 아동들에게는 상황의 중심에서 잠시 떨어져 타임아웃을 하는 자체만으로도 감정을 진정시키는 효과를 거둘 수 있다. 이 경우에 '벌' 을 받는 것이 아니라, 진정이 목적이므로 유아에게 감정이 안정되면 다시 활동을 시작할 수 있다는 것을 반드시 알려주어야 한다.

2) 타임아웃의 적용 방법

앞에서 살펴보았듯이 타임아웃은 성인과 아동에게 효율적으로 문제를 협상할 수 있게 해주지만, 행동 지도 시 성인들이 잘못 인지하여 올바르지 않은 타임아웃, 즉 '벌' 과 동일한 개념으로 오해하고 있는 경우도 많이 있다. 적절한 타임아웃의 방법은 다음과 같다.

① '생각하는 의자' 를 사용한다. 혹시 아동이 반항하더라도 위험하지 않은 안전한 장소이어야 한다.

② 아동에게 벽을 보고 서거나 앉아있게 하면 안 된다.

③ 타임아웃을 시행할 행동이 일어난 즉시 아동을 '생각하는 의자' 에 보내야 한다. 시간이 너무 흐르면 그 사이에 일어난 자신의 다른 행동과 혼합되어 내가 정말 잘못한 행동이 어떤 행동이었는지 아동이 판단할 수 없게 된다.

④ 휴대용 타이머를 사용하여 아동의 연령에 따라 1분씩 울리게 하고(5살이면 5분) 아

동과 성인이 모두 들을 수 있는 거리에 둔다.

⑤ 타이머가 울릴 때까지는 아동 옆을 떠나 관심을 두지 않지만, '생각하는 의자'는 아동의 안전을 위하여 성인의 시야 안에 꼭 두어야 한다. 그러나 관심을 아동에게 두어서는 안 된다.

⑥ 아동이 '생각하는 의자'에서 자존감이 상하거나 위축되지 않도록 한다.

예 "저기 있는 형은 생각을 못해서 저기 있는 거래요. 형답지 못하대요." 등의 말은 하지 않는다.

⑦ 타이머가 울린 후 아동에게 가서 왜 타임아웃이 되었는지 물어보고, 잘못된 행동에 대해 간단히 말한다. 이때 "잘못했어요.", "미안해."라는 말을 형식적으로 시키지 않는다. 간단히 "○○행동은 하면 안 된다."를 이야기해 준다.

⑧ 타임아웃이 끝난 후 다시 다른 활동을 시작할 수 있도록 이끌어 준다.

3) 타임아웃의 장 · 단점

① 아동의 흥분된 정서를 쉽게 진정시키고, 잘못된 행동에 대한 책임을 느끼게 한다.
② 성인이 쉽게 사용이 가능하고, 문제행동을 즉각적으로 멈추게 할 수 있다.
③ 성인이 감정적이 아닌 이성적 상태에서 합리적인 아동행동 지도를 할 수 있다.
④ 장기적으로 타임아웃이 되면 아동이 좋아하는 일들을 못하게 된다는 느낌을 가져 자신의 바르지 못한 행동을 참는 능력을 기를 수 있다.

아동들은 즐거운 활동에 몰입할 수 없는 타임아웃과 일명 '생각하는 의자'를 대부분 싫어한다. 그러므로 타임아웃은 성인이 바람직하지 않은 아동의 행동을 짧은 시간에 수정하는 데 가장 효과적일 수 있지만 다음과 같은 단점이 있다.

① 단기적으로 아동의 문제행동의 빈도는 잠시 줄어들 수 있지만, 장기적으로 성인이 가르치고자 하는 행동 모델은 보여줄 수 없다.

② 잘못 사용할 경우에 아동들은 자신의 어떤 행동이 타임아웃을 가져왔는지 잘 파악하지 못하고, 또래 관계에서 부끄러운 감정만 가질 수도 있다.

③ 가끔 특정 아동들은 성인의 관심을 끌기 위해 타임아웃을 악용한다.

④ 어떤 성인들은 합법적인 벌의 형태로 잘못 사용하기도 한다.

⑤ 아동의 모든 행동에 적용될 수는 없다.

05 논리적 · 자연적 결과

자연적 귀결이란 아동이 자신의 행동에 대한 자연적인 결과를 경험하도록 하는 것이다. 또한 논리적 귀결은 아동 자신이 한 행동에 대해 사회적 질서나 약속의 현실을 경험하도록 하는 것이다.

1) 논리적 · 자연적 결과 사용의 내용

'벌' 이나 '보상' 은 성인에게는 쉬운 방법이지만, 아동이 스스로 판단하고 스스로 행동하고 스스로 책임지는 것을 배우지 못하여 효과적인 결정을 하거나 규칙을 받아들이는 방법을 배울 수 없다. 또한 성인이 보고 있을 때의 행동과 성인이 없을 때의 행동이 달라지며, 일방적으로 지시만 할 경우에는 심한 저항이나 반항을 불러오는 단점이 있다.

이러한 처벌과 논리적 · 자연적 결과 사용의 주요 다른 점은 다음 그림 [그림 6-1]과 같다.

그림 6-1 벌과 논리적 · 자연적 결과 사용의 다른 점

다른 방법과 마찬가지로 논리적 · 자연적 결과를 사용할 때는 성인이 고려해야 할 부분이 있다.

2) 논리적 · 자연적 결과의 적용 방법

① 아동이 결과적으로 경험하는 것이 성인이 통제하거나 이기려는 수단이 아니며, '벌' 과 반드시 구분해야 한다.

예 "실외놀이가 끝났는데 네가 늦게 모였으니 혼자 남아 있어봐라."는 좋지 않다.

② 성인의 태도는 단호하면서도 친절한 태도를 둘 다를 갖추어야 한다. 단호하기만 하면, 스스로 하는 부분에 눈치를 보게 되고, 친절하기만 하면 성인의 권위가 떨어진다.

③ 아동 스스로 할 수 있는 것은 하게 하여 자기 존중과 책임감을 경험할 기회를 빼앗지 않도록 한다.

예 흘리고 먹는 아동으로 인해 성인의 업무가 많아지는 것이 싫어 옆에서 먹여주거나 도와주는 태도는 좋지 않다.

④ 성인이 일관성 있는 태도로 아동에게 기대하는 행동이 무엇인지 알게 한다. 성인의 기분에 따라 허용되는 것과 되지 않는 것이 다르면 안 된다.

⑤ 아동과 아동의 잘못된 행위는 반드시 구별해서 판단한다.

예 "얘가 시원찮아서 이것밖에 못하네."는 표현은 좋지 않다.

⑥ 행동 지도에 대한 소신이 있다면 타인의 의견에 흔들리지 말아야 한다.

예 바람 부는 날에 반팔을 입고 싶어하여 추위를 경험하게 할 때 지나가던 사람이 " 무슨 엄마가 저래."라고 할 때 흔들리지 말아야 한다.

⑦ 정리는 함께 하는 등 말은 적게 하고, 행동적 모범을 보여주어 아동과 함께 문제에 대한 책임을 공유하도록 한다.

예 "○○야, 9시에 잠자리에 들 시간이 될 거야. 2분 후에 정리할 준비하자."는 주의 깊게 한 번만 말하면 된다. 산만한 상황에서 너무 여러 번 이야기하면 아동이 성인의 지시에 반응하는 효과도 반감되고, 잔소리로 여긴다.

⑧ 선택이 가능하다는 것과 선택을 변경할 수 있음을 알려준다.

3) 논리적 · 자연적 결과 사용의 장 · 단점

① 아동의 행동이 성인이 아닌 아동 자신의 책임이며 자기 스스로 책임을 지도록 만들 수 있다.

예 한겨울, 빨간 여름 샌들을 신고 나갔을 때 발이 시려웠다.

② 아동이 어떤 행동이 적절한지에 대한 결정을 내릴 때에는 아동 스스로 선택이 가능하다.

예 내가 좋아하는 빨간 여름 샌들은 신을 수 없지만, 엄마가 원하는 털 장화 대신 양말 신고 분홍구두 신는 것을 선택할 수 있다.

③ 아동이 다른 사람의 지시를 따를 것을 일방적으로 강요받는 것이 아니라 아동 스스로 경험을 통해 자연과 사회의 원리를 체득하게 한다.

예 비오는 날 산책길에 물웅덩이에 들어가 첨벙첨벙 놀 때는 즐거웠는데 양말이 다 젖어버려 불편한 느낌이 들었다.

④ 자연적 귀결이 적용되기 어려운 경우는 논리적 귀결을 활용할 수 있다.

예 점심 시간 친구와 장난을 치다가 다른 친구에 비해 식사 시간이 너무 길어져 내가 좋아하는 자동차놀이를 조금밖에 할 수 없었다.

⑤ 너무 어린 영아들의 경우에는 사용하기가 어려운 단점이 있다.

예 이 방법 저 방법 다 싫다고 떼를 쓸 경우에는 논리적 선택 자체가 힘들다.

⑥ 안전과 관련된 긴급한 경우에는 사고로 이어질 우려가 있기 때문에 아동에게 선택권을 주어서는 안된다.

예 횡단보도를 그냥 건너는 선택의 결과에 대해 아동이 최종적인 책임을 질 수는 없다.

06 아동의 자기행동 조절능력발달

아동행동 지도의 또 다른 방법인 자기행동 조절은 아동이 하는 행동이 자발적으로 통제되며 조절되는 것을 말한다(지성애 · 홍애경, 2006). 이는 다른 방법과는 달리 성인의 노력과 기술로만 되는 것이 아니라 아동들의 인지적 사고발달이 선행되어야 가능한 부분이다. 초보적인 수준의 자기 통제력은 약 2세경이 지나야 하며, 대부분은 8세 이후 아동기에 완성되어 어떤 상황에 처했을 때 잠깐 물러서서 그 상황을 점검하고, 내가 어떻게 할지를 조절할 수 있을 때 자기행동 조절이 가능하다.

1) 자기행동 조절능력발달의 내용

성인은 아동이 빨리 성장하여 스스로 판단하고 행동할 수 있게 되기를 바란다. 특히 우리나라 사회에서는 '빠른 성장' 으로 조숙하게 보이는 아동을 많이 선호하게 되는 분위기가 있다. 그러나 다른 발달 영역에서와 마찬가지로 자기행동을 조절하기 시작하는 데는 개인차가 크고, 나와 함께 하는 아동들이 언제부터 그런 능력이 생길까 예측하는 것은 더더욱 불가능하다. 또한 아동들이 어느 한 부분에서 자기행동 조절능력이 보이기 시작한다고 하여 다른 영역에서도 항상 자기행동 조절이 가능한 것은 아니다. 특히 부모와 교사 입장에서는 인내심을 갖고 되도록 많은 상황에서 다음과 같은 활동을 연습할 수 있도록 꾸준히 지도해야 한다. 아동들에게 지도해야 할 자기행동 조절의 활동을 정리하면 다음과 같다.

(1) 자기행동 조절이란 무엇인지 인식하기

다른 사람과 언어로 감정을 나누는 과정을 통해 타인의 입장을 이해하고, 내가 해서는 안 되는 공격적 행동과 해야 하는 규칙을 받아들여 스스로 행동을 조절하는 시도를 한다.

(2) 나를 인식하고 긍정적인 자아상 가지기

성인과 또래와의 관계 속에서 '나'라는 존재에 대해 긍정적 태도를 느끼고, 내가 하는 행동과 활동에 대해 성취감을 느껴본다.

(3) 스스로 생각하여 행동하기

기본생활습관을 익히고, 친구와 함께 자발적으로 놀이나 활동을 선택하여 주도하는 경험을 해본다.

(4) 협력하기

유아교육기관, 가정, 그룹에서 함께 협력하여 게임, 심부름, 규칙지키기 등에 참여해 본다.

(5) 감정 나누기

다른 사람에게 도움을 청할 수 있고, 도와줄 수 있으며, 동정과 애정의 느낌을 공유해 본다.

(6) 협상하기

나와 다른 사람이 생각에 차이가 있을 수 있음을 알고, 내 생각을 표현하고, 때때로 다른 사람의 의견을 수용한다.

(7) 옳고 그름 판단하기

나와 다른 사람의 행동이 옳고 그름을 생각해보고, 사건의 원인과 결과를 또래와 함께 이야기해 본다.

위와 같은 활동 내용에 따라 아동의 발달에 적합한 자기행동 조절의 지도법을 다음과 같이 제시한다.

2) 자기행동 조절능력발달을 위한 적용 방법

① 성인은 아동에게 어느 것이 옳은 행동인지 그른 행동인지 구분하여 알려주어야 한다.

예 "여기를 좀 봐라. 네가 어떤 일을 하였니?", "이런 행동은 친구들에게 어떤 느낌을 줄까?", "이렇게 행동하는 것은 옳은 일이 아니다."

② 발달에 적합한 놀이 활동과 아동 수에 비례하여 충분한 놀잇감은 불필요한 갈등이 예방되어 자기행동 조절능력발달을 도와준다.

③ 영아들도 발달 단계에 적합한 방법으로 사회 · 정서적 행동을 통제하도록 가르칠 수 있다.

예 위험한 교구장에 자꾸 올라가려는 만 2세반 유아에게는 "올라가지마!"라는 말보다 '올라가면 다친다는 내용의 작은 그림'을 교구장에 붙여놓는 것이 훨씬 효과적이다.

④ 하루 생활과 일과운영을 아동이 예측 가능하도록 일관성 있게 운영한다.

⑤ 아동들이 행동에 제한이 따를 때 그 이유를 분명히 알도록 해야 한다. 그러나 꼭 모든 아동의 동의가 있어야만 규칙이 만들어지는 것은 아니다.

⑥ 평상시 성인과 아동 관계가 애정적이고, 상호존중되어야 한다. 그렇지 않으면 아

동의 자발적 협조를 얻기 힘들다.

3) 자기행동 조절능력발달의 장 · 단점

자기행동 조절능력발달은 아동의 사고발달이 선행되어야 사용할 수 있는 방법이기에 영아에게 적용하기 어렵다는 단점이 있다. 그러나 유아나 아동의 경우에는 인내심을 가지고 성인이 자기행동 조절을 할 수 있도록 행동 지도를 하면, 장기적으로 성인의 도움이나 간섭 없이도 스스로 판단하여 적절하게 행동할 수 있는 장점이 있다. 특히 아동의 경우는 스스로 판단하고, 스스로 선택하고, 스스로 책임지도록 하는 데 자기행동 조절능력발달은 반드시 필요하다.

07 행동제한

성인이 아동의 행동을 제한하고, 하지 못하게 해야 하는 경우도 있다. 행동제한 방법을 사용해야 하는 경우는 다음과 같다.

1) 행동제한 방법의 내용

행동제한이란 아동에게 거부감을 주지 않으면서 아동들의 안전, 권리, 책임감의 경계를 만들어 아동을 보호하는 것을 말한다. 아동들에게 경계를 만들어 주지 않고 마음껏 뛰어 놀라고 할 때 오히려 성인의 등 뒤로 숨어버리거나 활동 범위가 좁아지는 경우가 있는데 반대로 특정 공간을 제시해주면 오히려 그 공간 안에서 부모를 의식하며 탐색을 즐기는 경우를 예를 들 수 있겠다. 적절한 행동제한은 유아의 발달을 도와주며 다음과 같은 경우에 꼭 필요하다.

- 아동 개개인과 성인의 안전을 보호해야 하는 경우
  - 예 나무블록을 던져 친구가 다칠 우려가 있을 때
- 가정이나 지역사회의 공동시설, 교재 · 교구, 시설, 놀잇감, 자료 등이 파손될 우려가 있는 경우
  - 예 반에서 공동으로 가꾸는 화분의 흙을 퍼내는 경우
- 아동 자신이 한 행동에 대해 책임을 지기 어려운 경우
  - 예 가정에서 고가의 장난감이나 돈을 가져와 친구에게 선물로 주는 경우
- 친구 간 인권이 서로 존중받을 필요가 있는 경우
  - 예 특정 아동을 놀이 활동에 참여시키지 않거나 옆에 앉기 싫어하는 경우, 왕따나 학교폭력의 문제인 경우

Tip 규칙과 행동제한의 차이

행동제한 방법은 흔히 '규칙' 만들기와 같은 의미로 받아들여질 수 있다. 그러나 성인들이 과거에 경험한 학교 등의 단체생활을 떠올려보면 합리적으로 규칙을 만들어 반을 운영하는 경우도 있지만, 그러지 못하는 경우도 있었다는 것을 경험을 통해 나눌 수 있을 것이다. 이에 비추어 볼 때 아동들은 성인 위주로 만든 규칙에 대하여 다음과 같은 생각을 하게 된다고 유추해 볼 수 있다.

- 규칙은 상황에 관계없이 성인이 지키라고 하니까 지켜야 한다. 성인의 말이 무조건 옳기 때문에 규칙에 아동의 생각은 반영되지 않는다. 간혹 내가 규칙과 반대되는 행동을 하고 싶을 때는 옳고 그름에 상관없이 어른이 안 계실 때 시도해보면 된다.
  - 예 복도에서 뛰지 말라는 규칙은 위급한 상황에서도 꼭 지켜야 한다. 그렇지 않으면 벌을 받는다.

- 행동제한은 상황에 따라 융통성을 발휘할 수 있다. 성인의 말이 맞더라도 아동의 의견이 받아들여질 수 있고, 해보고 싶은 일은 성인과 의논하여 안전한 환경에서 해볼 수도 있다.
  - 예 복도에서 뛰지 말라는 규칙이 있더라도 불이 났거나, 친구가 아픈 등 특수한 상황에서는 교사에게 빨리 알리기 위해 뛸 수도 있다.

2) 행동제한 방법의 적용 방법

① 나-전달법 사용한다.

② 긍정적 상호작용으로 행동제한을 사용한다.

③ 직설적이고, 중립을 유지하면서도 단호한 목소리를 사용한다(너무 약한 목소리는 아동을 설득하기 어려움).

④ 시범행동을 보여준다.

3) 행동제한의 장 · 단점

행동제한은 일정한 범위와 울타리를 만들어 주어 범위 안에서는 충분한 자유를 누리고 오히려 행동의 범위가 확장될 수 있는 장점이 있다. 그러나 성인이 행동제한을 할 때 아동들이 모두 그 행동제한을 따르는 것은 아닐 수도 있다는 단점이 있다. 그런 경우에 또 다른 갈등이 일어나기 쉬운데 다음과 같은 경우를 생각하여 행동제한을 두는 것이 필요하다.

Tip 아동의 반응에 따른 적용 방법

- **행동제한 방법이 통한 경우:** 더 이상의 갈등이나 문제는 일어나지 않는다.
- **행동제한 방법을 따르지 않거나 안하겠다고 하는 경우:** 한 번 더 단호하게 행동제한에 대하여 이야기해 주어야 한다.
- **끝까지 행동제한을 거부하는 경우:** 왜 그 행동을 고집하는지 원인을 다시 생각해보면 아동의 입장에서 타당한 이유가 있는 경우가 많이 있다. 이런 경우는 성인이 아동의 생각을 받아들여 다른 방법을 시도해 보아야 한다.

연습문제 4

다음에 주어진 상황에서 적절한 행동제한 방법은 어떤 것인지 생각해보고, 행동제한과 다른 규칙은 어떤 것인지 토의해 봅시다.

구분	합리적인 행동제한의 좋은 예	부정적 의미의 규칙과 관련한 나쁜 예
〈안전을 위한 경우〉 물총놀이 시 물총을 친구들의 눈에 쏘는 9세 아동에게 행동제한 방법 사용하기		
〈파손금지를 위한 경우〉 레고 블록을 던지는 8세 아동에게 행동제한 방법 사용하기		
〈책임 있는 행동을 위한 경우〉 장난감 정리에 참여하지 않는 5세 유아에게 행동제한 방법 사용하기		
〈인권존중을 위한 경우〉 친구를 따돌리거나, 단체로 놀리는 등 언어폭력을 행하는 10세 아동에게 행동제한 방법 사용하기		

※ 연습문제의 정답 예시는 pp. 197-198에 제시되어 있습니다.

생각해보기

본 장에서 다루었던 적극적 경청, 나 전달법, 행동제한 방법, 타임아웃 등의 방법 중 상담자로서 아동에게 가장 즐겨쓰게 될 것 같은 방법과 그 이유를 나누어 봅시다.

연습문제 정답 예시

〈연습문제 1〉

1. 경수는 상담자에게 "선생님, 나는 성격이 소극적인가 봐요. 엄마에게 하고 싶은 말이 있는데 잘 못하겠어요."라고 말합니다. 이 경우는 '경수가 상담자에게 하고 싶은 말은 무엇이었을까요?' 함께 토론해 봅시다. 그리고 상담자가 경수에게 보여주어야 할 행동과 말도 함께 토론해 봅시다.

   예 경수야, 엄마에게 하고 싶은 말이 무엇이었는데 못했니?"

2. 두 명씩 짝을 지어 최근에 일어났던 중요한 사건에 대해 상대방에게 이야기합시다. 이야기할 때 나의 이야기를 들어주는 상대방의 태도를 적극적 경청에 비추어 평가해 봅시다.

   예 잘 듣고 있다는 행동을 보여주고, 적절한 질문을 했는지 평가한다.

〈연습문제 2〉 나 전달법을 사용하는 예

구분	나 전달법을 사용하는 예(좋은 예)	일반적 대화법 (나쁜 예)
부모님과 선생님의 질문에 "왜, 왜 하면 안 되는데, 꼭 엄마 말대로 해야 한다는 법이 있어?"라고 짜증스럽게 반응하는 10세 아동	네가 짜증스럽게 이야기하면 엄마도 화가 나. 네가 엄마를 무시하는 것 같아서 오해하게 되기 때문이야.	엄마한테 그게 무슨 말버릇이야?
정리 시간에 만들던 블록기차를 정리하지 않고 계속 더 만들고 있는 만 5세 유아	네가 계속 기차를 만들고 있어서 선생님이 곤란해. 다음 활동을 함께 해야 하기 때문이야.	이제 그만 만들자. 시간 다 되었잖아.
실외놀이 시간 미끄럼틀을 계속 거꾸로 올라가는 만 4세 유아	미끄럼틀을 계속 거꾸로 올라가면 제가 다칠 수 있어. 선생님이 걱정된다.	네가 다칠 것 같거든. 위험하다고 하지 말라고 했지.
학교에 다니기 싫다고 말하는 8세 아동	학교에 다니기 싫다고 하니 걱정되는구나. 무슨 일이 있나 싶어. 이야기해 줄 수 있니?	학교는 당연히 가야해. 말도 안 되는 소리 하지마.
손 씻을 때 물에 비누를 계속 풀어놓는 행동을 즐기는 만 4세 유아	계속 비누놀이하는 것을 멈췄으면 좋겠어. 비누와 물이 너무 낭비되어서 아까운 생각이 들어.	당장 장난 그만두지 못해.

〈연습문제 3〉

공부가 하기 싫고, 공부 이외에도 하고 싶은 일이 하나도 없다는 9세 아동에게 적극적 경청, 나 전달법, 무승부 전략을 사용하여 문제를 해결하여 봅시다.

- **적극적 경청:** 그렇구나. 너에게 공부가 스트레스가 되는구나.
- **나 전달법:** 네가 공부도 하기 싫고, 하고 싶은 것도 없다니 선생님이 걱정이 되네.
- **무승부 전략:** 하기 싫은 공부는 잠시 멈추고, 놀이도 좋으니 하고 싶은 것을 2~3가지 한번 찾아볼까?

〈연습문제 4〉

구분	합리적인 행동제한의 좋은 예	부정적 의미의 규칙과 관련한 나쁜 예
〈안전을 위한 경우〉 물총놀이 시 물총을 친구들의 눈에 쏘는 9세 아동에게 행동제한 방법 사용하기	사람에게 직접 쏘지 않으면 다른 곳에는 물총을 쏘아도 좋다.	친구 눈이 아프니 물총놀이는 더 이상 하지 못한다.
〈파손금지를 위한 경우〉 레고 블록을 던지는 8세 아동에게 행동제한 방법 사용하기	레고 블록을 던지는 대신 이 다트 게임을 던져볼까?	블록을 던졌으니 너는 더 이상 블록을 갖고 놀지 못한다.
〈책임 있는 행동을 위한 경우〉 장난감 정리에 참여하지 않는 5세 유아에게 행동제한 방법 사용하기	장난감을 정리하지 않으면 내일부터는 네가 원하는 장난감이 어디에 있는지 몰라 장난감을 갖고 놀 수가 없다.	정리를 안하면 벌을 받게 된다.
〈인권존중을 위한 경우〉 친구를 따돌리거나, 단체로 놀리는 등 언어폭력을 행하는 10세 아동에게 행동제한 방법 사용하기	저 친구를 따돌리는 이유가 있니? 계속 친구를 따돌린다면 너도 네가 좋아하는 친구를 잃어버리게 될 거야.	친구를 따돌리거나, 단체로 놀리는 등 언어폭력을 행하는 10세 아동에게 행동제한 방법 사용하기 친구를 따돌리면 안 된다. (억지로) 같이 놀아라.

Part III

아동상담의 실제

Chapter 7

아동의 기본생활습관 지도와 상담

1 식습관 지도

2 수면 지도

3 배변습관 지도

4 질서 지도

학습주제 아동의 기본생활습관 지도와 상담

학습목표

❶ 유아의 기본생활습관 지도의 중요성을 안다.
❷ 기본생활습관 형성을 위한 바람직한 지도 방법을 알고 실제에 적용해 본다.

학습요약

1. 식습관 지도
   1) 행동 특성 및 원인
   2) 지도법
2. 수면 지도
   1) 행동 특성 및 원인
   2) 지도법
3. 배변습관 지도
   1) 행동 특성 및 원인
   2) 지도법
4. 질서 지도
   1) 행동 특성 및 원인
   2) 지도법

주요개념

식습관 지도: 편식, 유아비만, 유아교육기관의 급 · 간식 지도
수면 지도: 수면 시간, 규칙적인 수면 습관, 몽유병, 야경증
배변습관 지도: 배변능력 발달과정, 유뇨증, 야뇨증, 유분증, 배변 실수, 배변 환경
질서 지도: 차례 지키기, 약속(규칙) 지키기, 나눠 쓰기, 제자리에 정리하기

들어가기

세 살 버릇이 여든 간다 ▶▶▶

습관이란 어릴 때부터 여러 가지 태도, 기능, 노력 등을 몸에 익혀 특정 행동양식이 고정되어 무의식적으로도 행동 패턴으로 나타나는 것을 의미합니다. 뿐만 아니라 성격 형성, 가치관 형성, 인격 형성의 바탕이 됩니다.

나의 생활행동패턴 중 어릴 때부터 습관화되어 이어져 오면서 좀처럼 바뀌지지 않는 행동이 있다면 무엇일까? 왜 바뀌지 않고 계속 나타나는 걸까요?

기본생활습관이란 유아가 그 사회가 가지고 있는 행동양식을 익혀가는 사회화의 첫 걸음으로 일정한 행동의 반복을 통해 주변 환경에 적응해 가면서 형성되는 행동 유형을 의미한다(신인숙 · 유연옥, 2003; 이원영 외, 1991). 유아가 환경에서 반복적으로 경험하고 학습하게 되는 습관화된 행동은 이 시기가 지나면 좀처럼 변하지 않는다.

특히 유아기에 습득한 기본생활습관은 청소년기와 성인기의 생활에까지 영향을 미치므로 유아기 기본생활습관이 더욱 강조되고 있다. 2013년 누리과정은 질서, 배려, 협력 등 기본생활습관과 바른 인성을 기르는 데 중점을 두고 구성방향을 제시하고 있다. 표준보육과정에서도 건강하고 안전한 생활습관의 기초를 마련하는 것에 기초하고 있다.

본 장에서는 유아가 일상생활을 영위해 나가는 데 기본적이고 필수적인 식습관, 수면, 배변습관, 질서 등으로 분류하여 행동 특성과 원인, 지도법을 살펴볼 것이다.

01 식습관 지도

유아기는 인생의 다른 어떤 시기보다 신체적 · 정신적으로 급속한 성장과 발달이 이루어지는 시기로 유아가 건강하게 잘 자라기 위해서는 적절한 영양소의 공급이 필요하다. 그럼에도 불구하고 이 시기 유아들은 식품에 대한 기호나 선행 경험으로 인해 편식, 식욕부진 등의 문제를 발생시키기 때문에 바람직한 식습관 형성을 위한 지도가 절실히 요구된다. 본 장에서는 유아기 식습관의 형성에 따른 주요문제가 되는 편식과 비만 지도와 함께 바람직한 식습관 형성에 기본이 되는 유아교육기관에서의 급 · 간식 시간 지도 방법을 알아볼 것이다.

유아기의 식습관은 편식과 비만에 영향을 미칠 수 있으므로 바람직한 식습관 지도가 필요하다

1) 행동 특성 및 원인

(1) 편식

편식이란 특정 식품만을 선호하고 다른 식품을 거부하는 것이 강해 영양의 불균형을 초래하고 발육과 성장, 건강에 장애를 일으키는 경우를 말한다. 즉, 특정한 식품을 먹지 않는 것이 아니라 한 식품군 전체를 먹지 않거나 음료나 과자에 대한 선호로 인해 식사에 영향을 미치고, 결국 영양 상태의 불균형을 가져오는 것이다.

편식의 주된 원인은 다음의 몇 가지로 살펴볼 수 있다.

□ 편식은 가정의 식사 환경에 그 원인이 있다. 유아는 부모의 편식, 다양하지 못한

식단 구성 등을 경험하고, 가족의 식생활을 모방하여 그 기호에 익숙해지면서 식태도와 식품의 기호에 영향을 받게 되어 편식을 하게 된다.

- 부모의 과잉보호나 강압적인 태도, 음식에 대한 지나친 간섭이 편식의 원인이 되기도 한다. 유아가 먹기 싫다고 하면 주지 않는다든지 혹은 지나치게 억지로 먹이게 되면 유아는 더 심하게 편식하게 된다.
- 부모나 교사 등 성인으로부터 관심과 주의를 끌기 위한 행동이 편식 습관으로 이어질 수도 있다. 유아의 먹기 싫다는 반응에 성인이 관심을 보이면 유아는 성인의 주의를 끌기 위해 음식투정을 하게 된다.
- 사회 · 경제적인 요인도 편식의 원인이 되는데 지역사회의 특성상 다양한 음식을 공급받기 어렵거나 경제적으로 어려워 식품에 대한 제한된 경험을 하게 되면 편식이 유발되기도 한다. 그러나 사회 · 경제적인 요인에 의한 편식은 환경의 변화에 의해 편식 태도가 개선될 수 있다.
- 이유기의 미각이나 촉각 경험이 편식의 원인이 되기도 한다. 이유기 영아는 여러 가지 음식 맛에 익숙하지 않고, 혀 근육의 발달도 미흡하여 음식을 쉽게 뱉어버리고는 한다. 특히 채소의 촉감을 싫어하여 뱉어버리는 영아들이 많은데 이 시기에 잘못된 식습관이 이후에 편식을 유발시키기도 한다. 따라서 양육자는 영아가 조금이라도 새로운 맛과 음식의 촉감을 경험할 수 있도록 도우면서, 인내심을 가지고 영아가 음식을 섭취할 수 있는 경험을 제공해야 한다.
- 생리적 · 심리적 요인도 편식의 원인이 될 수 있다. 맛과 냄새, 촉각에서 일반적으로 느끼는 음식과 느낌이 다르거나 향이 강한 특정 식품에 예민하게 반응할 수 있는데 이런 경우에는 먹는 것을 강요하면 불쾌한 경험으로 인해 심리적 위축감이 유발되어 편식을 가져오기도 한다.

(2) 비만

비만은 인간이 성장, 유지, 활동하는 데 필요한 열량보다 더 많은 열량을 섭취하여 과잉열량이 중성지방의 형태로 전환되어 피하지방조직에 많이 쌓여 있는 상태를 말한다

(신동주 외, 2005). 소아비만은 고혈압, 고지혈증, 지방간, 동맥경화, 관절염, 당뇨병 등 성인병을 조기에 발병시킬 수 있으며, 우울증, 불만족감, 열등감과 같은 사회 · 심리적인 문제를 유발시키고, 성인비만과도 높은 상관성을 가진다는데 그 심각성이 있다(박진성, 2009).

비만의 원인은 유전적 요인, 사회 · 경제적 요인, 심리적 원인, 운동부족, 부적절한 식습관, 영양지식의 부족, 생활 환경 등에 의해 복합적으로 발생할 수 있으나 가장 확실한 원인으로 보고되는 것은 식습관과 관련된다는 것이다(신동주 외, 2005).

일반적으로 비만한 유아들은 배가 고프지 않아도 주변에 있는 음식을 습관적으로 먹는 경향이 있다. 기름진 음식이나 당분이 많이 포함된 고열량식 음식을 선호한다. 특히 어린 영아들은 사탕, 단 음료, 소다수, 튀김, 피자 등 설탕, 소금, 포화지방이 첨가된 음식을 규칙적으로 섭취하게 되면 이러한 음식을 선호하게 되므로 음식물을 제공할 때 각별한 주의가 필요하다(Berk, 2005; 2007).

(3) 급 · 간식 시간

유아교육기관에서의 급 · 간식 시간은 유아에게 올바른 식사예절과 바른 식습관, 긍정적인 식태도 형성의 기회가 된다. 그러므로 교사는 급 · 간식 시간 유아들의 일반적인 행동 특성을 이해하여 지도방향을 정해야 한다. 급 · 간식 시간이 되면 유아들은 음식을 흘리며 먹거나 소란하게 떠드는 행동, 까다로운 입맛 때문에 자신이 선호하는 음식만을 먹으려는 행동, 같은 식품이라도 조리법에 따라 먹지 않으려는 행동 등 다양한 모습을 보인다. 또한 유아들은 먹는 속도와 양에 있어서도 개인차를 보인다. 장시간 식사하는 유아는 가정에서 식사 지도가 바르게 이루어지지 않는 경우가 많은데, 놀이를 하면서 식사를 하거나 음식을 억지로 먹이려는 성인의 태도가 식욕을 잃게 하는 원인이 되기도 한다.

2) 지도법

(1) 유아 편식 지도

유아의 편식을 예방하려면 다음의 원칙을 고려해야 한다.

- 음식을 강제로 먹이지 않는다. 유아가 먹지 않는 음식이 있더라도 필요한 영양소를 다른 식품을 통해 보충할 수 있으므로 음식을 강제로 먹이지 않도록 한다.
- 식사할 때에는 환경을 즐겁게 한다.
- 식사량을 적당히 하고 영양소의 균형을 맞춰 제공한다. 유아가 먹어야 할 양을 정해 놓고 분량만큼 먹어야 함을 강조하며 잔소리하기 보다는 유아 스스로 필요한 양만큼을 선택하여 먹도록 한다.
- 조리법을 다양하게 하여 유아의 관심을 끌 수 있도록 한다.
- 부모 및 가족의 편식을 먼저 수정하여 유아가 바람직한 식습관을 기르도록 한다.
- 특정 음식만을 거부한다면 음식에 대한 알레르기 반응이 없는지 면밀히 살펴보아야 한다.

(2) 유아 비만 예방

유아 비만은 일생에 영향을 미치므로 유아기에 예방이 무엇보다 중요하다. 유아 비만 예방을 위해 일상생활에서 지켜야 할 점은 다음과 같다.

- 신체적 활동을 격려한다. 특히 가족이 함께하는 운동은 즐거움을 느끼게 하고, 에너지 과잉을 막는데도 효과적이다.
- 지방, 설탕 성분이 많은 고열량식을 제한한다. 아울러 음식을 만들 때는 기름에 튀기거나 볶기 보다는 삶거나 찌는 등 열량을 낮게 하는 조리법으로 준비한다.
- 주스나 초코우유 같은 단 음료의 지나친 섭취를 제한하고, 적절한 양의 우유를 섭취하고, 목이 마를 때는 물을 마시도록 한다.
- 식이섬유가 많이 함유된 채소를 먹인다.

- 영유아는 하루 세끼 식사와 두 번의 간식을 통해 균형 있게 영양소를 섭취해야 하므로 양과 영양소의 균형을 미리 계획하고, 일정한 시간에 적절한 양의 음식을 먹도록 한다.
- 벌이나 보상, 달래기 위한 수단으로 음식을 이용하지 않는다.
- 음식을 먹는 것으로 스트레스를 풀지 않도록 한다. 감정과 스트레스를 다루는 수단으로 음식을 사용하지 않도록 한다.
- 성인의 식습관과 태도가 유아에게 영향을 미치므로 성인은 바람직한 식습관의 모범을 보이도록 한다.

(3) 급 · 간식 시간 지도

유아의 간식 및 식사 지도는 영양관리와 식생활 예절과 규칙, 식습관 형성뿐 아니라 먹는 것에 대한 즐거움을 느끼고, 음식에 대해 감사한 마음을 갖게 하는데도 중요한 영향을 미친다. 따라서 교사는 급 · 간식 지도를 위해 다음을 미리 인식하고 지도하도록 한다.

- 편안하고 즐거운 급 · 간식 시간이 될 수 있도록 환경을 조성한다. 이를 위해서는 식탁 색깔이나 환경을 매력적으로 꾸미고, 유아가 직접 식탁을 차릴 수 있는 기회를 제공하여 급 · 간식에 대해 기대를 갖도록 한다.
- 유아들이 음식에 관심을 가질 수 있도록 매력적으로 환경을 제공한다. 영양적으로 균형 잡힌 식단은 양질의 재료를 이용하여 조리하는 것을 기본으로 미각뿐 아니라 시각, 후각, 청각, 촉각을 즐겁게 경험할 수 있도록 조리하여 제공한다.
- 먹기 전에 손을 깨끗이 씻는 습관을 기르도록 한다.
- 식사 전 그 날의 메뉴에 대해 안내하여 골고루 먹을 수 있도록 격려한다.
- 여유 있게 시간을 배정하여 대화하면서 즐겁게 먹는 경험을 제공한다. 단지 목소리가 너무 커서 다른 사람에게 방해가 되거나 음식을 섭취하는데 문제가 있다면 다른 사람에게 방해가 되지 않는 낮은 목소리로 이야기하게 하고, 입 속의 음식물이 타인에게 보이거나 튀지 않게 주의하도록 한다.

- ☐ 식사가 끝난 후에는 먹은 자리를 깨끗이 정리할 수 있도록 약속을 정하여 실천하도록 한다.
- ☐ 모든 유아가 식사를 마칠 때까지 앉아 기다리지 않도록 책읽기와 같은 조용한 놀이를 준비하여 자연스럽게 전이가 이루어지도록 한다.
- ☐ 유아마다 선호하는 식품이 다를 수 있으므로 교사는 이에 대해 이해하고, 억지로 모든 음식을 먹도록 강요하지 않는다. 다양한 음식에 대한 경험이 부족하여 음식 먹는 것을 거부한다면 조금씩 맛을 볼 수 있도록 하고 점차 양을 늘려 나간다.
- ☐ 입맛이 까다로운 유아의 경우 음식에 대한 부담감을 가지고 있으므로 먹는 것을 지나치게 강요하지 않고 적은 양이라도 맛을 볼 수 있는 기회를 준다.
- ☐ 유아들은 소근육발달 및 신체조정능력이 부족하여 음식을 흘리며 먹는 경우가 많다. 그러나 잘못된 식습관으로 인해 음식을 흘릴 수도 있으므로 식사준비 상황을 면밀히 살펴본다. 예를 들어, 식탁에서 유아가 너무 멀리 떨어져 앉은 경우나 또래와 지나치게 붙어 앉은 경우도 음식을 흘릴 수 있으므로 위치를 조정해 준다. 또한 식도구 사용 시 유아들이 사용하기 쉬운 포크나 연습용 젓가락을 먼저 사용하게 하고, 충분한 연습 후에 젓가락을 사용하도록 한다.
- ☐ 음식을 지나치게 빨리 먹는 유아의 경우에는 천천히 꼭꼭 씹어 먹는 바른 모델을 보여준다. 또한 천천히 씹는 것이 영양분의 소화, 흡수를 도와 건강한 신체발달을 이루게 한다는 것을 알려준다.
- ☐ 식사를 오랫동안 하는 유아에게는 공복감을 느끼게 하여 식사에 관심을 갖고 즐겁게 먹는 방법을 경험하게 한다. 또한 음식을 먹은 후에 더 즐겁게 놀이할 수 있음을 알려주어 놀이에 기대감을 갖고 또래와 함께 속도를 맞추어 먹도록 한다.
- ☐ 음식의 양이 많으면 유아들은 심리적인 압박감을 느낀다. 따라서 음식은 먹을 수 있는 양만큼만 스스로 가져가게 하고, 더 먹고 싶을 때 더 가져갈 수 있도록 한다.
- ☐ 특정 음식에 알레르기가 있는 유아는 사전에 부모를 통해 정보를 얻고, 유아교육기관에서 제공하는 음식이 유아에게 적합한지 파악해 보아야 한다. 또한 특별한 식이요법이 필요한 경우에는 가정과 연계하여 적합한 음식을 제공하도록 한다.

02 수면 지도

수면은 영유아의 건강한 성장과 발달을 위해 가장 중요한 조건 중 하나로 신체적, 심리적으로 피로한 몸을 회복시키고 에너지를 재충전하는 기초가 된다. 따라서 잘 자고 일어난 유아는 활발히 놀이하며 학습도 더 잘 하게 되어 가족과 사회의 구성원으로서 긍정적인 영향을 발휘할 수 있게 된다. 반면 잠을 잘 못자는 유아는 본인뿐 아니라 가족의 수면을 방해하여 가족의 스트레스 원인이 될 수 있다.

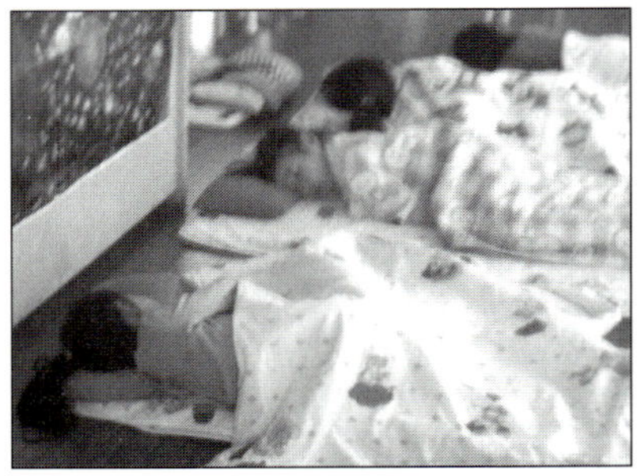

수면은 영유아의 건강한 성장과 발달에 기초가 된다

1) 행동 특성 및 원인

유아들은 흥미 있고 재미있는 일에 몰두하게 되면 피곤함을 잊고 노는 경우가 종종 있는데 이럴 때 수면이나 휴식하는 것을 거부하기도 한다. 그러나 부모나 교사 등 양육자는 영유아가 건강한 하루를 지낼 수 있도록 활발히 놀이한 후나 피곤해 할 때는 적절한 수면과 휴식을 취해야 함을 알리고, 편안한 환경에서 수면과 휴식이 이루어지도록 배려해 주어야 한다.

영유아는 개인차에 따라 수면이나 숙면하는 시간에 차이가 있으나 일반적으로 0~1세의 경우는 하루 낮잠 시간을 포함하여 16시간 이상, 2~3세 걸음마기 영아는 왕성한 신체 활동으로 하루 10~12시간 이상은 수면을 취해야 하며, 이 중 1~2시간은 낮잠을 자야 한다. 4~5세 유아에게도 수면은 최적의 성장을 위한 필수적인 사항인데 유아기에는 특별히 스트레스가 많거나 피곤하면 수면에 대한 요구가 증가된다. 취학 전 유아들은 놀이에 빠져 수면 시간을 거부하는 경향을 보이지만, 낮잠이나 휴식 시간을 제외하고 밤에만 8~12시간 정도 방해받지 않고 수면할 필요가 있다(신동주 외, 2005; 정미라 외, 2009).

건강한 유아는 쉽게 잠들고 깨지만 잠들기가 어려운 유아들도 있다. 이런 유아들이 잠들기가 어려운 이유는 다음의 몇 가지로 살펴볼 수 있다.

- 어두운 방에 혼자 남겨질 때의 불안함은 유아를 잠들기 어렵게 할 수 있다.
- 유아는 자신이 잠든 후 가족들이 자신을 제외하고 따로 재미있고 즐거운 시간을 가질까봐 염려하여 잠자기를 거부하기도 한다.
- 엄마나 아빠, 가족들의 관계에 심각한 문제가 있을 경우에 유아는 자신이 잘 때 엄마가 자신을 떼어놓고 어디로 도망갈 것이라는 불안함 때문에 잠들지 못하기도 한다.
- 빈번히 악몽을 꾸는 것이 잠자는 것을 어렵게 하기도 한다. 유아는 발달적으로 상상력과 활동성이 뛰어나며 현실과 환상에 대한 구별이 어려운 특징이 있으므로 3~6세의 절반 정도가 악몽을 경험하기도 한다.
- 몽유병(sleepwalker)과 야경증(sleep terrors)이 원인이 되기도 한다. 몽유병과 야경증은 유전의 영향이나 극심한 피로, 스트레스로 인해 유발되기도 한다. 몽유병 증상이 있을 때는 유아가 돌아다니다가 다칠 수 있으므로 조용히 잠을 깨우는 것이 좋다. 야경증은 밤에 자다가 갑자기 날카로운 비명을 지르며 깨어나면서 운동 및 자율신경의 항진 공포발작 상태를 보이는 증상으로 부모들을 당혹스럽게 하는 수면문제이다(http://ko.wikipedia.org). 이러한 유아기의 수면문제는 일반적으로 치료 없이 저절로 낫는다. 그러나 수면문제로 인해 밤 대신 낮에 잠을 자는 것은 일상생활에서 주의력의 문제와 학습 및 행동 장애의 원인이 될 수 있으므로 주의 깊은 관찰을 통해 의학과 심리학적 검사를 받도록 한다.

2) 지도법

유아교육기관은 다양한 프로그램으로 하루 일과가 운영되므로 모든 유아들이 같은 시간대에, 같은 양의 낮잠이나 휴식을 취해야 하는 것은 아니다. 종일제 프로그램을 실시하는 유아교육기관에서 낮잠 시간은 필수적이다. 반면 반일제 프로그램을 실시하는 유아교육기관에서는 정적인 활동을 하며 자연스럽게 휴식을 취하게 할 수 있다. 교육기관에서 낮잠과 휴식 시간이 원활히 이루어지기 위해서는 유아의 개별 상황을 고려하여 융통성 있게 시간을 운영하는 것이 필요하다. 이를 위해 힐데브란트(Hildebrand, 1985)의 '잠자는 시간을 행복하게 하게 할 수 있는 10가지 지침'을 제시하면 다음과 같다.

- 규칙적인 시간에 잠자리에 들도록 한다.
- 수면 시간은 교육기관의 활동의 종류와 낮잠의 양을 고려하여 결정한다.
- 잠자리에 들 시간임을 유아가 스스로 알도록 정규적이고 규칙적인 일련의 과정을 거친다. (예 이 닦기→씻기→옷 갈아입기)
- 잠자리에 들기 전에는 자극을 최소화한 활동으로 계획한다. (예 책 읽어 주기)
- 명암이나 조명의 정도는 유아가 선택하도록 한다. 불을 켜 놓은 채로 자기를 원한다면 그대로 하도록 한다.
- 유아가 편안하고 안정감을 느끼며 잠자리에 들 수 있도록 유아들만의 습관을 받아들인다. (예 원하는 이불 덮기, 자신이 애착을 느끼는 수건이나 인형 안고 자기)
- 유아가 잠들기까지는 30분 이상의 긴 시간이 소요될 수 있음을 이해한다.
- 유아에게 이불을 덮어주고 방을 나오기보다 유아가 긴장을 풀고 여유로워질 때까지 곁에서 토닥여주거나 자장가를 불러준다.
- 수면 중 소변 실수로 이부자리를 적시는 것에 대해 훈계를 하지 않는다.
- 유아가 잠자리에 들 시간이나 수면 중에는 주변의 소음을 가능한 줄인다.

한편 가정에서 유아들이 밤에 잘 자도록 돕기 위해서 다음의 방법으로 수면습관을 개선해 나갈 수 있다.

- 하루 평균 10~11시간을 잘 수 있도록 정규적인 취침 시간을 정한다. 너무 늦은 시간에 잠자리에 들면 아침 기상 시간에 맞춰 일어나야 하므로 충분한 수면을 취할 수 없어 낮에 졸거나 신경질적이며 예민한 반응을 보일 수 있다.

- 잠옷을 입혀 낮 시간과 심리적으로 분명히 구분할 수 있게 한다.
- 취침 전에는 TV 시청이나 컴퓨터 게임을 하지 않도록 한다.
- 잠자기 전에 따뜻한 목욕이나 가벼운 운동을 하는 것도 좋다.
- 유아가 잠자리에 들기 싫어할 때는 다정하지만 단호하게 반응한다.
- 유아가 졸려할 때를 민감하게 체크하여 졸려하는 그때 바로 잠을 재우도록 한다.
- 잠자는 시간이나 장소를 일정하게 정해준다.
- 가정 또는 학교로부터 받는 환경적인 스트레스나 심리적인 문제가 수면을 방해하는 원인이 된다면 담임교사, 의사 등 관련 전문가들이 상의하여 원인을 제거한다.
- 잠을 자고 있는 자녀에게 할 말이 있다거나 귀엽다는 이유로 억지로 잠을 깨우지 않는다.

03 배변습관 지도

영아들은 일반적으로 배변 지도를 통해 부모로부터 강력하고 엄격한 통제를 받게 된다. 배변 지도는 만 2세 전후에 이루어지는 것이 바람직한데, 만 2세경 배변 훈련을 시작하면 대체로 4개월 안에 배변 지도가 이루어진다. 반면 너무 일찍 배변 훈련을 시작한 경우에는 도리어 배변습관을 기르는 데 어려움을 유발시켜 더 오랜 시간이 걸릴 수 있다.

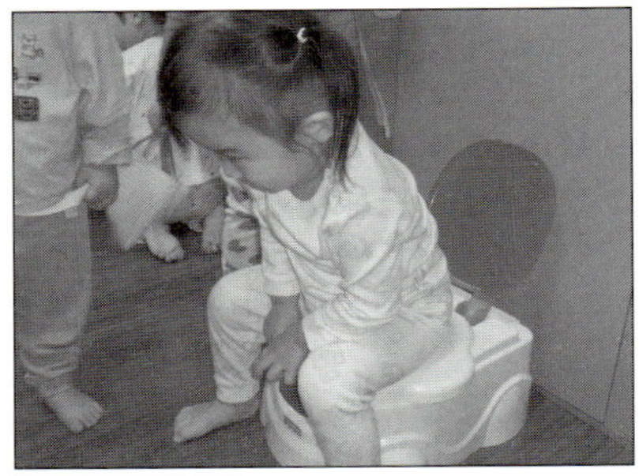

배변훈련은 영아가 신체적 · 심리적으로 준비가 되었을 때 시작하는 것이 바람직하다

1) 행동 특성 및 원인

배변학습은 방광과 괄약근의 힘을 적절한 타이밍에 맞춰 조절하는 과정에서 실수와 불안을 겪으며 정서적인 갈등 상황을 겪는 과정으로 배설을 통제할 수 있는 근육과 신경의 성숙이 이루어진 후에 가능하다(Miller, 2005). 따라서 영아가 신체적으로나 심리적으로 준비가 되었을 때에 배변습관을 키우는 것이 바람직하다.

일반적으로 영아들은 배변에 대한 감각을 인식하고 언어나 몸짓으로 배변 의사를 표현할 수 있는 능력이 가능해지는 15개월경에 대변을, 20개월경에 소변을 가릴 수 있게 된다. 이를 구체적으로 살펴보면 영아들은 다음과 같은 배변능력 발달과정을 거친다(정미라 외, 2009).

- 15개월: 젖은 기저귀나 옷을 가리키거나 만지며 불편함을 표현한다.
- 18~24개월: 대 · 소변과 관련된 간단한 용어를 이해하여 사용할 수 있다.
- 30~36개월: 용변 의사를 표현하고 화장실에 가고 싶음을 말할 수 있다.
- 36개월 이상: 소변을 잠깐 동안 참을 수 있다.

영아에게 배변 지도를 실시할 때는 무엇보다 영아를 돌보는 양육자의 역할이 중요하다. 양육자가 강제적으로 배변 지도를 하거나 낯선 상황에서 배변을 하게 하면 영아는 불안감이 증가되어 배변 지도 자체를 거부할 수도 있다(노희연, 2008).

배변습관이 안정적으로 이루어진 유아에게서 나타나는 대표적인 부적응행동에는 유뇨증(enuresis)과 유분증(encopresis)이 있다. 유뇨증은 낮과 밤에 옷이나 침구에 반복적으로 소변을 배설하는 것이다. 적절한 진단을 위해서는 적어도 3개월 동안의 관찰이 필요한데 주 2회의 소변 실수나 기능상 고통을 일으키는 경우는 유뇨증에 해당된다(김영옥 외, 2009). 유뇨증은 일반적으로 밤에 나타나는 야뇨증을 일컫는데 전체 유아의 약 5% 정도는 5세 이후에도 이불에 소변 실수를 하지만 성숙과 함께 후유증 없이 거의 호전된다. 다만 약 1%는 성인기까지 계속되기도 한다. 소변을 잘 가리던 유아가 갑자기 유뇨 증세를 보이는 이차성 유뇨증의 가장 흔한 원인은 동생의 출생, 가족의 사망, 부모의 이혼, 가정불화, 성 학대, 따돌림 등 스트레스나 갑작스런 환경의 변화가 주요 원인이 될 수 있다(http://www.vitaminmd.co.kr).

반면 유분증은 기질적으로 병리가 없음에도 부적절한 장소에서 반복적으로 대변을 보는 증상을 말한다. 유분증의 경우에는 만 5세 이후에 약 1% 정도 나타나고, 남아에게서 더 많이 보이는데 유뇨증에 비해 심리적 요인이 비중이 높다. 이차성 유분증은 유뇨증과 마찬가지로 스트레스가 주요 원인이 되며 의도적으로 이런 행동을 보인다면 퇴행적인 행동임을 고려해 볼 수 있다(김영옥 외, 2009; http://ko.wikipedia.org).

유아들이 소변 실수를 하는 또 다른 이유는 유아기가 방광염이나 신장염에 걸리기 쉬운 시기이기 때문이다. 이럴 경우에는 열이 나거나 고통을 호소하고, 안절부절못하는 행동을 보이므로 유아의 행동을 주의 깊게 살펴봐야 한다(김광웅, 2009). 또한 장에 변이 많이 찬 경우에는 방광을 눌러 화장실 가는 횟수가 잦아지거나 소변 실수를 할 수 있는데 이때는 병원에서 세밀한 검사와 진료를 받는 것이 바람직하다.

2) 지도법

배변 지도는 영아 스스로 배변 지도에 대해 받아들이고 수행할 수 있는 준비가 되어 있는지, 영아가 배변 의도를 표현하는 것이 적절히 이루어질 수 있는지 세심하게 관찰하고 파악한 후에 실시해야 한다.

영유아가 안정적으로 배변습관을 기르기 위해서는 교사 및 양육자의 노력이 무엇보다 중요하므로 배변 지도를 위해 다음의 지침을 고려할 필요가 있다.

- 배변 지도의 시기, 구체적인 지도지침에 대해 가정과 유아교육기관이 지속적으로 대화하고 협력하여 일관성 있게 배변 지도를 한다.
- 영아의 발달 단계 및 건강과 정서 상태를 고려하여 배변 지도를 한다.
- 배변 훈련에는 영아들 간에 개인차가 있음을 알고, 지나치게 서두르거나 강요하지 않는다.
- 영아의 배변 실수에 대해 지나치게 엄격하거나 민감하게 반응하지 않고 이해해 준다. 배변 실수를 하지 않도록 지나치게 강요할 때에 걸음마기 영아의 정서적 안녕에 부정적인 영향을 미칠 수 있으므로 특별히 주의한다.
- 양육자는 영아의 표정을 살펴 배변 의사를 파악하고 적절히 반응해 준다.
- 영아의 배변 반응과 노력에 적절히 칭찬과 격려를 한다.
- 배변 훈련 시기가 되면 영아가 배변에 흥미를 가지고, 즐거운 배변 훈련을 할 수 있도록 놀이를 통해 접근해 나간다. (예 아기변기에 인형 앉혀 응가 놀이하기, 모형 동물 입에 응가 모형 넣고 엉덩이로 빠져나오게 하는 놀이, 응가 모형 잡기, 변기 물 내리는 소리 들어보기 등)
- 일과 중 규칙적인 식사와 충분한 수분 섭취로 배변이 원활히 이루어질 수 있도록 한다.
- 규칙적인 일과(예 기상 후, 간식 및 식사 후, 취침 전 등)에 맞춰 효과적으로 배변 지도를 한다. 단, 고정된 일정에 지나치게 따르도록 하는 것은 유아의 자율성과 독립심 고취에 방해가 되므로 개인적인 신체기능을 고려한다.
- 대 · 소변을 볼 때까지 변기에 너무 오래 앉아 있도록 강요하지 않는다.
- 유아가 특별히 긴장을 하거나 개인적으로 특별한 사건을 경험하여 배변 실수를 했다면 유아가 안정감을 느낄 수 있게 설명하고 누구나 배변 실수를 할 수 있음을 이해시켜 준다.

- 영아의 배변 실수가 계속되면 배변 훈련을 중단하여 배변 훈련으로 인한 스트레스를 줄여준다.
- 유아는 반복적인 배변 실수에 좌절감과 수치심을 느껴 배변 의지를 잃을 수 있다. 꽉 끼거나 작은 단추가 많은 옷, 위와 아래가 달라붙은 옷 등 복잡한 형태의 옷은 벗는데 많은 시간이 소요되어 배변 실수를 유발할 수 있다. 따라서 유아가 스스로 쉽게 입고 벗을 수 있는 옷을 입혀 배변 실수를 줄이도록 한다.
- 유아가 안정감을 느낄 수 있는 환경을 마련한다. 즉 이동식 아기변기, 유아용 변기깔개, 유아용 변기, 다리받침 등을 마련하여 안정되고 즐거운 분위기에서 배변을 할 수 있도록 한다.
- 용변 후에는 반드시 손을 씻어야 함을 알도록 손 씻기 교육을 한다.

04 질서 지도

질서를 지키는 것은 사회를 유지시키는데 기본이 되는 것으로 공동체 생활에 반드시 필요하다. 이에 본 절에서는 누리과정과 표준보육과정에 제시하고 있는 질서 지도의 내용 중에 차례 지키기, 약속이나 규칙 지키기, 자신과 남의 물건 구별하고, 함께 나눠 쓰기, 물건 제자리에 정리하기 등에 대해 살펴보고자 한다.

질서 지도는 유아의 규칙이해능력에 맞춰 실시해야 한다

1) 행동 특성 및 원인

유아는 언어와 인지가 발달함에 따라 일상생활에서의 안전, 예절, 질서뿐만 아니라 사소한 생활과 관련된 규칙을 따를 수 있게 된다. 따라서 유아의 규칙이해에 대한 능력에 맞춰 규칙을 서서히 증가시켜 나가야 한다(Berk, 2005; 2007). 유아는 집단생활에서 협력을 경험함으로써 자기 중심적 사고를 벗어나 사회적, 인지적인 성장이 가능해진다(교육과학기술부, 2008).

초기 유아들은 정해진 규칙을 일관적으로 따를 수 있는 능력이 미흡한 특징을 가지므로 규칙에 대해 정확히 알 수 있도록 지도해야 한다. 대체로 영유아가 규칙 및 질서를 지키기 위해 노력하는 것은 이에 대한 정확한 의미를 알고 지키기 보다는 성인에게 칭찬을 받기 위해 행동하는 경우가 많다. 특히 유아들은 성인의 행동을 모방하는 경향이 있으므로 질서교육을 위해서는 부모들의 바람직한 모델이 필요하다.

질서 중 특별히 물건을 제자리에 정리하는 것에 어려움이 있는 것은 가정에서 정리정돈에 대한 교육이 제대로 이루어지지 않은 것이 주요 원인이 된다(김재은, 1995). 영유아들이 물건을 제자리에 정돈하지 못하는 이유를 정리해보면 다음과 같다.

- 나이가 어린 영아들은 한 가지 놀잇감에 집중하지 못하고 이것저것 놀잇감을 꺼내 놀기를 좋아한다. 이럴 경우에는 많은 놀잇감을 스스로 정리하지 못하게 된다.
- 정리 · 정돈하는 것에 별로 신경을 쓰지 않거나 중요하게 생각하지 않는 유아는 정리하는 것을 잊어버려 정리하지 않는 행동을 보인다. 이런 행동은 사회성이나 인지발달과 관련된 것으로 유아를 면밀히 관찰한 후에 적절한 반응을 취할 필요가 있다.
- 지저분하다는 것을 느끼지만 누군가가 치울 것이라고 생각하고 치우지 않는 경우도 있다. 이런 행동을 보이는 유아는 주로 자신이 정리하고 싶은 것만 정리한다거나 항상 누군가가 정리를 대신 해주었기 때문에 정리하는 것을 귀찮아하는 특성을 보인다.

2) 지도법

(1) 차례 지키기

- 차례를 지켜야 할 상황에 대해 경험을 통해 알아본다. 예를 들면 이야기 나누는 시간에 다른 사람이 이야기를 하고 있으면 기다렸다 이야기를 하고, 물 먹는 곳, 손 씻는 곳, 화장실, 계단 등에서 차례를 지키며 줄을 서야 함을 알도록 한다.
- 차례를 지키지 않았을 때에 경험한 느낌을 이야기하며 차례를 지켜야 하는 이유에 대해 알도록 한다.
- 질서를 지키면 혼란이 없이 안전하고 즐겁게 생활할 수 있음을 알고, 질서를 지키지 않았을 때의 불편함을 이야기하며 질서의 중요성을 알도록 한다.
- 놀이와 하루 일과의 경험을 통해 차례를 지키는 경험을 하도록 한다.

(2) 약속이나 규칙 지키기

□ 다른 사람과의 약속이 왜 필요한지, 정해진 약속을 왜 지켜야 하는지 알아보며 약속의 중요성을 깨닫도록 한다.

□ 유아가 유아교육기관에서 생활할 때 필요한 규칙을 스스로 정하고 지켜보도록 한다.

- 계단, 복도, 교실 등에서 걸어다니기
- 놀잇감 안전하게 사용하기
- 실외놀이터에서 안전하게 놀이하기
- 일상생활에서 함께 사용하는 물건 아껴 쓰기: 전기 스위치 끄기, 수돗물 꼭 잠그기, 사인펜이나 풀 사용 후 뚜껑 닫기, 종이 아껴 쓰기
- 다른 사람이 이야기하고 있을 때 주의 깊게 들으며 경청하기

□ 공공장소의 의미를 이해하고, 공공장소에서 지켜야 할 규칙을 상황에 따라 구체적으로 알아보고 지켜보도록 한다.

- 화장실을 사용한 뒤에는 물을 꼭 내리고 깨끗이 사용하기
- 전시관, 미술관, 극장 등에서는 다른 사람들에게 방해되지 않게 조용히 이야기하고 걸어다니기
- 놀이공원이나 놀이터의 시설물과 놀이 기구 이용하여 정해진 규칙을 지켜 안전하고 소중하게 사용하기
- 엘리베이터를 이용할 때는 사람들이 내린 후 타고, 안에서는 뛰거나 큰소리를 지르지 않으며 깨끗이 사용하기
- 교통기관을 이용할 때는 차례를 지켜 타고 내리며, 큰 소리로 이야기하거나 의자 위에 신발 신고 올라가지 않기
- 교통법규(예 신호등 지키기, 건널목 이용하기, 손들고 길 건너기 등)를 지켜 안전하게 길을 건너기
- 쓰레기, 침, 껌 등을 아무데나 버리거나 뱉지 않고 정해진 곳에 버리기

□ 유아가 정해진 약속과 규칙을 지키는 습관을 형성하려면 무엇보다 생활 전반에 걸쳐 지속적으로 습관을 지도해 나가는 것이 중요하므로 일상생활에서 경험을 통

해 자연스럽게 형성하도록 한다.

(3) 자신과 남의 물건 구별하고, 함께 나눠 쓰기

- 나에게 소중한 것이 다른 사람에게도 소중함을 알도록 한다.
- 내 물건을 나의 개인장과 가방에 넣어 정리하는 습관을 기른다.
- 친구가 가지고 있는 물건이 필요할 때는 "빌려줄래?", " 가져가도 되니?"라고 물어보고 친구의 반응을 확인한 후에 행동하도록 한다.
- 다른 사람이 도움을 주었을 때 "고마워!", " 감사합니다!"라고 이야기해 보도록 한다.
- 내가 도움이 필요할 때 친구에게 도움을 청하고, 친구와 도움을 주고받는 경험을 통해 남을 돕는 즐거움과 만족감을 느끼도록 한다.

(4) 물건 제자리에 정리하기

- 너무 많은 양을 한꺼번에 정리하기보다는 개수나 종류를 정해 제한해 주고 정리하였을 때에 격려해 준다.
- 정리를 하지 않을 때에는 잔소리보다 함께 정리하며 칭찬해 주어 정리하고자 하는 의욕을 북돋아 준다.
- 물건을 제자리를 알려줄 수 있는 밑그림이나 정리함을 정해주어 정리하는 것이 즐거운 놀이가 될 수 있도록 한다.
- 친구들과 놀이한 것을 함께 정리하며 그룹의 일원으로서의 기쁨을 느끼도록 한다.
- 제자리에 정리하는 습관은 가정과 유아교육기관에서 일관성 있게 교육될 때에 습관화될 수 있으므로 부모와 밀접한 관계를 가지고 협력하여 지도한다.

생각해보기

1 이 책에서 제시한 기본생활습관(예 식습관 지도, 수면 지도, 배변습관 지도, 질서 지도) 이외에 아동에게 필요한 기본생활습관의 주제에 대해 제시하고 원인과 지도 방법에 대해 모색해 봅시다(예 차례 지키기, 약속 지키기, 나눠 쓰기, 정리하기 등).

2 아동의 기본생활습관 지도를 위해서는 부모를 비롯한 성인이 바람직한 모델을 보여주는 것이 중요합니다. 자신의 기본생활습관에 대해 반성적으로 사고해 보며 잘하고 있는 부분과 개선할 점에 대해 기록해 봅시다.

Chapter 8

정서적 부적응 지도와 상담

1 분리불안

2 등원거부

3 초기 적응불안

4 우는 행동

5 화내는 행동

6 손가락 빨기와 손톱을 물어뜯는 행동

7 말하지 않는 행동

학습주제 정서적 부적응 지도와 상담

학습목표

❶ 유아의 정서적 부적응행동의 특성과 원인을 안다.

❷ 정서적 부적응행동의 원인에 따른 지도와 상담 방법에 대해 이해한다.

학습요약

1. 분리불안
   1) 행동 특성 및 원인 2) 지도법
2. 등원거부
   1) 행동 특성 및 원인 2) 지도법
3. 초기 적응불안
   1) 행동 특성 및 원인 2) 지도법
4. 우는 행동
   1) 행동 특성 및 원인 2) 지도법
5. 화내는 행동
   1) 행동 특성 및 원인 2) 지도법
6. 손가락 빨기와 손톱을 물어뜯는 행동
   1) 행동 특성 및 원인 2) 지도법
7. 말하지 않는 행동
   1) 행동 특성 및 원인 2) 지도법

주요개념

분리불안: 안정애착, 불안정애착, 애착의 강도, 친숙 정도

등원거부: 분리불안, 또래 관계의 불안함, 교사와의 따뜻한 관계, 교사-부모 간의 긴밀한 관계

초기 적응불안: 초기 적응 프로그램, 인정과 사랑

우는 행동: 욕구 불만, 욕구 관철, 자기 방어, 의뢰심, 습관적 울음

화내는 행동: 의사소통능력의 부족, 모방, 불만족, 자기 통제력, 언어적 표현

손가락 빨기와 손톱을 물어뜯는 행동: 무료함, 긴장 완화, 불안감, 긴장

말하지 않는 행동: 위축, 언어발달의 미숙, 강압적 태도, 관심 끌기

들어가기

토의해 보세요.

1 성인과 영유아들은 각각 어떨 때 정서적으로 불안함을 경험하게 될까요?
2 성인과 유아들은 정서적으로 불안함을 느낄 때 어떤 행동이나 반응을 보일까요? 그 행동의 특징이 무엇인지 생각해 봅시다.
3 타인이 정서적으로 불안정할 때 나타나는 행동과 반응에 대해 나는 어떻게 느끼나요? 타인의 행동을 보며 나를 돌아보는 시간을 가져 봅시다.

인간이 건전한 인격을 가지고 성장, 발달하는 데 필요한 기본적인 요소 중에 하나는 정서적 안정감이다. 최근 양육자와 영유아의 바람직한 양육 경험과 애착 형성이 영유아의 두뇌 시냅스 형성에 영향을 주어 정서에 긍정적인 영향을 미친다는 연구 결과(정미라 외, 2011)는 영유아기의 애착 형성이 정서적 안정감에 얼마나 중요한 영향을 미치는지를 증명해 준다.

유아는 정서적으로 안정되지 못할 때에 정서적 부적응행동을 보인다. 정서적 부적응행동이란 타인과의 관계나 사회의 질서 규범에 조화를 이루지 못하고 자신에게도 바람직하지 못한 상태로 행동하는 것을 말한다. 따라서 지적인 수준과 감각적 능력, 건강적 요인에는 아무런 문제가 없으나 개인적 요인과 환경적 요인과의 부적절한 관계로 인하여 갈등을 일으켜 일상적인 생활이나 대인 관계에서 어려움을 겪게 된다(서현아 · 강경희, 2006; 최정미 · 이숙, 2005). 이러한 정서적 적응행동이 개선되지 않고 반복될 경우에 부적응행동은 성격 구조 속에 자리 잡게 되고 고정되어 예기치 못한 문제를 발생시키게 된다.

이에 본 장에서는 유아교육기관에서 쉽게 나타나는 정서적 부적응행동 중 분리불안과 등원거부, 초기 적응불안, 우는 행동, 화내는 행동, 손가락을 빨거나 물어뜯는 행동, 말하지 않는 행동 등의 특징과 원인, 지도 방법에 대해 살펴보고자 한다.

01 분리불안

유아에게 분리란 일상적인 경험 중에서 집, 사람, 물건, 환경과 상황 등 친숙한 것들로부터 떨어지는 것을 의미한다. 분리불안의 가장 큰 원인은 어머니와의 불안정한 애착으로 양육자와의 애착이 안정적이지 않으면 분리과정 중 낯선 것에 대해 불안함과 심리적인 충격을 경험하게 된다.

양육자와의 불안정한 애착은 분리불안의 가장 큰 요인이 된다

1) 행동 특성 및 원인

영아가 애착 대상자와 분리될 때에 보채고 우는 불안 반응은 6~8개월에 나타나서 14~18개월에 절정에 이르고, 2세경이 되면 사라진다(김영옥 외, 2009). 특별히 걸음마기 영아들은 개인의 기질이나 경험에 따라 부모를 비롯한 양육자와 분리되는 것을 불안해하여 분리가 이루어질 때 옷을 잡고 매달려 울거나 숨어버리기도 한다. 또한 인형, 이불, 수건, 옷 등 자신이 좋아하는 물건을 꼭 잡고 놓지 않으려는 모습을 보이기도 한다.

이 밖에 집에 가고 싶다고 운다거나 보호자가 옆에 있어도 표정으로 분리에 대한 두려움과 그리움을 표현하기도 한다. 특히 분리에 대한 불안함이 있는 유아를 양육자로부터 억지로 떼어놓을 경우에 유아는 더 불안해하는 모습을 보이게 된다.

유아의 분리불안은 대체로 다음의 두 가지가 가장 큰 원인이 된다.

- 양육자로부터 물리적, 신체적으로 떨어지는 것에 대한 두려움 때문이다. 이러한 분리불안의 특성은 유아의 성숙 정도와 분리 이전의 애착 정도의 유형과 애착의 강도, 사람과 환경과의 친숙 정도 및 분리기간 등의 요인에 의해 결정된다.
- 불안이나 신경증으로 인한 두려움 때문에 분리불안이 나타난다. 예를 들면 자신

이 유치원에 가고 없을 때 엄마가 죽을지도 모른다는 상상이나 자신이 사고를 당하거나 유괴될지도 모른다는 강박적 관념과 신경증적 불안감이 원인이 되기도 한다(유효순, 1995).

2) 지도법

일반적으로 양육자와 건강하고 안정된 애착을 맺은 유아는 양육자와 안정적인 분리가 가능하다. 따라서 분리로 인한 불안감을 줄이기 위해서는 다음과 같은 방법으로 지도할 수 있다.

- 분리가 이루어지기 전에 주양육자와 안정된 관계를 형성해 둔다. 분리불안은 유아가 부모와 좋은 느낌의 경험이 형성되어 안심이 될 때에 해결된다.
- 부모는 유아와 헤어질 때에는 꼭 인사를 하고 도망가듯 사라지지 않는다.
- 유아교육기관에 다니기 시작하며 분리를 경험하게 될 경우에는 유아가 혼자 지낼 수 있다고 판단될 때까지 부모가 유아교육기관 내에 함께 머물며 분리 시간을 조절해 나간다.
- 유아를 부모와 억지로 떼어놓으면 유아는 더 불안해하므로 갑자기 유아와 양육자를 분리시키지 않고, 분리 시간을 단계적으로 늘려 나가도록 한다.
- 부모는 유아가 안정감을 느끼며 하루 일과에 적응하도록 데리러 오기로 약속한 시간을 지키도록 한다.
- 분리 후 다시 만났을 때에는 유아가 화난 척하거나 무관심한 행동을 보여도 부모는 상심하지 말고 유아의 마음을 이해하며 꼭 안아준다.
- 분리 후 다시 만났을 때 부모와 유아는 즐거운 시간을 갖는다.
- 분리 후 다시 만났을 때는 스킨십을 나눌 수 있는 특별한 시간을 갖는다. 예를 들어 함께 가는 차 안에서 손을 꼭 잡아주기, 함께 목욕하기, 그림책을 읽어주기, 분리되었을 때의 일과에 대해 편안하게 대화하기 등을 시도하여 유아가 점차 분리에 대해 편안하게 이해하고 받아들이게 한다.

02 등원거부

등원거부는 유치원이나 어린이집에 가는 것을 싫어하는 것을 말한다. 등원거부의 이유가 눈에 보이는 명확한 것이라면 그 문제의 원인을 제거하여 등원하도록 도울 수 있으나 그렇지 않을 경우는 유아를 자세히 관찰하여 교사와 학부모가 긴밀한 상호 관계 속에서 상황에 대한 정보를 수집하는 등 다면적인 파악을 필요로 한다.

유아가 등원을 거부할 경우에는 교사와 가정은 긴밀한 관계 속에서 다양한 정보를 수집해야 한다

1) 행동 특성 및 원인

등원을 거부하는 유아들이나 아동기에 등교를 거부하는 아동의 특징은 두통, 복통, 인후통, 고열, 메스꺼움 등의 신체적 증상과 느리고 꼼지락거리는 모습을 보인다. 이런 행동 특성은 또래와 어울려 지내는 것을 싫은 것이 원인이다. 신경증적인 증상은 아니지만 지나치게 두통을 호소하는 경우는 전문가와의 상담이 필요하다(김재은, 1995). 등원거부 유아의 일반적인 행동 특성 및 원인은 다음과 같다.

- 양육자와 분리되는 것에 불안감이 있는 경우에 등원을 거부한다.
- 친구에게 놀림을 받았거나 또래 관계에 문제가 있는 경우에는 갈등에 대한 심리적 부담감으로 등원을 거부한다.
- 이사로 인해 유아교육기관에서 새로운 친구들과 지내야 하는 경우에는 심리적인 부담감으로 등원을 거부하기도 한다.
- 유아교육기관에서 갑자기 집단의 인원수가 늘어난 경우에도 등원을 거부한다.

- 가정에서 주로 성인과 관계를 맺으며 사회적인 갈등이 없이 양육되었던 유아는 유아교육기관에서 또래와의 사회적 관계와 갈등에 부담감을 느껴 등원을 거부하기도 한다.
- 교사에게 꾸중을 들었을 경우에는 교사가 친구들만 예뻐하고 자기를 싫어한다고 생각하기도 하며 등원을 거부한다.
- 유아교육기관에서의 놀이에 흥미가 없을 경우에 등원을 거부한다. 이런 경우는 지나친 학업 중심의 프로그램이 진행되거나 연령과 발달에 적합한 다양한 놀이가 이루어지지 않는 것이 원인이 되어 등원을 거부한다.
- 친구들과 노는 것보다 자신이 좋아하는 놀잇감(예 로봇, 게임기, 카드 등)을 가지고 놀이하는 것을 선호하는 유아들은 등원을 거부한다. 또한 자신이 유아교육기관에 가고 없을 때 자신의 놀잇감을 다른 사람이 만져 망가뜨리거나 없앨까봐 두려워하며 유아교육기관에 가는 것을 싫어하기도 한다.

2) 지도법

등원거부 유아 지도의 기본이 되는 것은 등원거부로 나타나는 행동들 이면의 문제가 무엇인지를 구체적인 관찰과 상담을 통해 파악해 보는 것이다. 이를 위한 구체적인 지도 방법은 다음과 같다.

- 교사와 부모가 긴밀히 상호작용을 하여 문제의 원인을 찾아 적절한 대응 방법을 찾는다.
- 분리불안으로 인해 등원을 거부한다면 주양육자와 안정적인 애착을 형성하는 것을 우선으로 한다.
- 등원 초기에는 갑자기 양육자와 분리되면 등원을 거부할 수 있으므로 초기 적응 프로그램을 실시하여 새로운 환경에 안정적으로 적응하도록 한다.
- 유아교육기관이 또래와 함께 지내는 즐겁고 행복한 곳임을 알 수 있도록 초기 오리엔테이션을 통해 또래와 친숙하게 지낼 수 있는 기회를 제공한다.

- 또래 관계에 부담감이 있어 등원을 거부한다면 관찰과 면담을 통해 또래 관계의 문제점을 파악하여 그 원인을 제거하고, 극복할 수 있는 방안을 찾는 것이 효과적이다.
- 교사와의 관계 때문에 등원을 거부한다면 교사가 유아에게 따뜻한 어투로 이야기하고, 몸짓, 표정, 신체적 접촉을 통해 관심과 사랑을 느낄 수 있도록 한다.
- 목표 달성이나 결과에 대한 부담감이 등원거부의 원인이라면 유아의 발달 수준과 개별차의 특성을 파악하여 적절한 활동을 경험하게 하고, 결과나 성공 여부에 대해 강조하지 않는다. 이런 유아들 중에는 완벽주의적인 성향을 가진 유아들이 있으므로 실수한 것이 잘못이 아니며 누구나 실수할 수 있음을 알려주어 과정을 즐길 수 있도록 배려한다.

03 초기 적응불안

최근 사회 변화에 따른 특징에 따라 어린 영아들이 보육기관과 그 밖의 다양한 가정 밖의 환경에서 양육되는 것이 보편화되고 있다. 이러한 현실 속에서 영아들은 낯선 타인 및 새로운 환경과 관계를 맺는 가운데 공포와 불안감을 함께 경험하면서 점차 적응해 나가게 된다.

영유아가 초기불안을 극복하고 적응하는 데는 충분한 시간이 필요하다

1) 행동 특성 및 원인

초기 적응은 연령에 따라서 불안을 느끼는 정도나 반응에 차이가 있으나 대다수의 영유아들은 불안을 극복하고 새로운 환경에 적응할 때까지 충분한 시간을 필요로 한다. 영유아가 적응을 한다는 것은 물리적인 환경, 또래, 교사를 비롯해 하루일과, 규칙 등이 모두 포함된다(구수연, 2004).

유아교육기관의 초기 적응기간 동안 어린 영아는 아침마다 큰소리로 울고 뒹굴며 부모에게 매달리는 행동을 보이며, 유아의 경우에는 여러 가지 이유를 들어 유아교육기관의 등원을 거부하는 행동을 보인다. 이와 같은 초기 적응 불안은 유아 자신에 대한 만족감, 긍정적 자아 개념, 대인 관계뿐 아니라 낯선 사람과 상황에서의 과잉행동, 불안, 위축행동과도 관련성이 있다(서소정, 2009). 따라서 영유아가 유아교육기관에 초기 적응하는 과정에서 보이는 행동 특성을 파악하는 것이 매우 중요하다. 일반적으로 초기 적응 시기에 보이는 행동 특성은 다음과 같다.

- 유아교육기관으로 들어가지 않으려고 한다.
- 유아교육기관의 현관에 들어서도 울음을 그치지 않고 계속 운다.

- 신체적 증상이 없음에도 불구하고 아프다고 한다.
- 또래 친구들과 어울리지 않고 시무룩하다.
- 교사와 상호작용을 하지 않으며 반응이 없다.
- 유아교육기관에서 낮잠을 자지 않으려고 한다.
- 유아교육기관에서 제공하는 간식이나 식사를 거부한다.
- 울음이 잦고 자주 칭얼댄다.
- 밤에 울면서 깬다.
- 갑자기 젖병을 다시 찾거나 손가락을 빤다.
- 대 · 소변을 잘 가렸으나 어느 순간 대 · 소변을 가리지 못한다.

2) 지도법

영유아가 유아교육기관에 안정적으로 적응하기 위해서는 약 한 주간 정도의 적응 프로그램을 실시하는 것이 필요한데 이를 위해 교사와 부모는 다음의 방법을 고려해야 한다.

- 적응 프로그램 기간을 설정할 때는 영유아의 개별적인 성향 및 기질, 연령, 영유아의 이전 경험, 학부모의 직장 상황 등을 고려하여 적응 프로그램의 기간을 조절할 수 있다.
- 학기 초 적응 기간에 유아교육기관에 안정적으로 적응하기 위해서는 무엇보다 부모의 태도가 중요하다. 부모는 유아가 유아교육기관의 새로운 환경과 교사에 익숙해지고 신뢰감을 가질 수 있도록 인내심을 가지고 유아교육기관과 협력해야 한다.
- 0세나 만 1세의 영아들은 태어나서 처음으로 경험하는 집단생활이므로 환경과 일과에 적응하는 것뿐만 아니라 애착의 대상이 부모에서 교사로 확장, 전이되는 과정을 거치므로 초기적응과정이 점진적으로 실시되어야 한다. 즉, 영아와 안정적인 애착을 갖고 있는 부모나 양육자가 함께 유아교육기관에 머물며 점차 분리 횟수와 시간을 늘려나가야 한다.

- 적응기간에는 단축 수업을 실시하며 수업 시간을 점차 늘려나간다. 예를 들어 첫 하루, 이틀은 자유놀이 중심으로 1~2시간 정도 머물러 있다가 귀가하고 점차 간식, 점심, 낮잠, 오후 자유놀이 시간 등으로 늘려 나가면서 낯선 환경에 대한 불안감을 줄여 적응할 수 있도록 한다.
- 부모가 빨리 유아를 떼어내려고 할수록 유아는 더 부모에게 집착하므로 분리를 서두르지 말고, 유아가 마음의 준비를 할 수 있도록 적응기간 동안의 일과에 대해 차분히 이야기해 준다.
- 유아가 유치원이나 어린이집에 도착했을 때에는 반갑게 이름을 부르며 안아주거나 손을 잡아준다. 교사의 이런 행동은 유아로 하여금 인정과 사랑을 받고 있음을 느끼게 하는 것으로 안정적 적응을 도울 수 있다.

04 우는 행동

영유아에게 울음이란 일반적으로 자신의 느낌이나 불편함을 전달하고자 하는 욕구 표현의 수단이다. 출생 초기 갓난아기는 울음으로 자신을 표현하지만 점차 자신의 감정을 조절하는 법을 배우고, 언어로 자신의 의사를 전달하게 되면 울음으로 의사소통을 하려는 횟수가 줄어들게 된다. 유아기에는 아프거나 화날 때, 무섭거나 공포감을 느낄 때, 좌절할 때, 슬플 때 등 다양한 상황에서 감정 표현의 수단으로 울음을 사용한다.

영유아에게 울음은 자신의 요구나 감정을 표현하려는 수단으로 사용된다

1) 행동 특성 및 원인

영유아의 울음 중 문제가 되는 것은 공포나 화, 좌절, 슬픔 등을 느껴서 우는 것이 아니라 교사나 부모 등 성인에게 주목을 받고 싶어 지나칠 정도로 우는 것이다(김광웅, 2009). 우는 유아들은 일반적으로 자신의 요구나 불만을 말로 표현하지 않고 울음으로 표현하려고 한다. 자신의 의지가 강한 유아들은 자신의 생각을 관철시키기 위해 울음을 사용하고, 반대로 타인에 대한 의존감이 강한 유아들도 울음을 도움 요청의 수단으로 이용한다. 일반적으로 유아들이 우는 원인은 다음과 같다.

- 영아의 경우는 정서나 감정을 긍정적으로 표현하는 것이 미흡해서 운다.
- 불안하고 무서울 경우에도 운다.
- 자신의 요구를 관철시키기 위해서 운다.
- 주목을 끌려고 할 때에 운다.

- 책임을 회피하거나 자기 방어를 위해서 운다.
- 의뢰심이 강한 경우에도 운다.

2) 지도법

- 영유아가 울 때는 영유아의 상태와 욕구를 먼저 살핀다.
- 슬프거나 괴롭힘을 당해 속상하고 분할 때, 놀랐을 때, 아파서 우는 경우에는 위로가 필요하다.
- 책임을 회피하려고 울거나 자기 방어를 위해 우는 경우에는 무시한다.
- 성인의 관심을 끌거나 자신의 요구를 관철시키기 위해서 습관적으로 울 때는 위로하지 않고 잠시 그대로 두었다가 잠시 후에 우는 이유를 설명해 보도록 한다. 그러나 오랜 시간 우는 것을 그대로 방치해 두거나 놀리듯 조롱하는 말투를 사용한다면 우는 행동을 계속할 수 있으므로 주의한다.
- 순간적으로 울 때는 우는 것이 문제해결책이 되지 않음을 알리고, 일관적인 태도로 반응한다. 울면 요구를 들어주지 않는다고 이야기하고서도 일관성 없이 상황에 따라 다른 반응을 보이는 것은 우는 행동을 지도하는데 전혀 도움이 되지 않는다.
- 울음을 멈추고 감정을 언어로 표현할 때에 격려해 준다.
- 발달이 늦거나 언어적 표현이 미흡하여 울음으로 감정을 표현하는 경우에는 영유아가 느끼는 감정을 언어로 표현해 주며 속상함을 이해해 준다.
- 지속적으로 울음을 반복한다면 부모와 긴밀한 관계를 유지하며 가정에서의 상황을 파악한다.
- 교사가 영유아와 긍정적인 관계를 형성하여 안정적인 애착 관계를 형성한다. 분리불안이 심해 병적인 공포감을 가지고 우는 증상을 보인다면 전문가와 상담을 한다.

05 화내는 행동

출생 초기의 영아는 배고픔이나 아픔 등 신체적인 고통이나 욕구 불만을 울음으로 표현하지만 점차 자신이 느끼는 좌절감을 분노로 표현한다. 감정 조절이나 의사 표현이 유창하지 않은 영아들이 자신의 감정을 어느 정도의 화나 분노로 표현하는 것은 정상적인 모습이다. 그러나 어릴 때 자주 화를 내는 행동이 이후에 쉽게 화를 내며 감정 조절을 어렵게 할 수 있으므로 영아기부터 화내는 행동에 대한 바람직한 지도가 필요하다.

영유아기는 자신의 감정조절이나 의사 표현이 유창하지 않아 분노하기도 한다

1) 행동 특성 및 원인

4~6개월의 영아는 화가 나면 성난 목소리로 소리를 지르고, 2세 정도가 되면 분노가 최고조에 달한다. 따라서 성인이 자신의 분노에 무관심하거나 사랑과 관심으로 수용하지 않을 경우에는 공격성을 보이기도 한다(김영옥 외, 2009). 이렇게 영아들이 분노의 감정을 표출할 때 부모나 양육자가 상황에 맞게 영아에게 적절히 반응한다면 영아는 즐거운 정서를 표현하고 화를 쉽게 풀 수 있다. 그러나 영아가 심하게 화를 낼 때까지 그대로 둔다면 영아는 심각한 스트레스 상태에 도달하게 되고, 영아의 감정을 진정시키고 달래는 것은 더 어렵게 된다(유효순, 1995; Berk, 2005; 2007).

영유아가 화를 내는 이유는 다음과 같이 생각해 볼 수 있다.

- 자신이 원하는 것을 하지 못할 때에 화를 낸다.

- 발달적 특성상 자신의 감정과 생각을 언어로 표현하는데 어려움이 있으므로 의사소통이 원활하지 못할 때에 화를 낸다.
- 자율성과 주도성이 성장하는 영아기에는 자신이 스스로 하고자 하는 기회를 제한할 경우에 화를 낸다.
- 유아가 화를 냈을 때 성인이 자신에게 관심을 보이며 자신이 요구한 것을 들어준다면 유아는 더 자주 화를 내기도 한다.
- 부모나 양육자가 자주 화를 낸다면 유아도 모방을 통해 자주 화를 낸다.

2) 지도법

- 교사나 양육자는 유아가 화나는 감정을 사회, 정서, 언어적으로 적절히 표현하는데 제한이 있음을 이해한다.
- 초기 영아는 양육자의 감정 표현 방법을 모방하기도 하므로 분노의 감정을 모방하지 않도록 하고, 부정적인 감정은 자제하도록 격려한다.
- 부모나 양육자가 상황에 따라 적절히 영아가 만족하도록 반응하면 즐거운 정서를 표현하고 화를 쉽게 풀 수 있다.
- 유아는 자신이 자율적인 활동이나 행동을 할 수 있는 기회가 주어지면 화를 적게 내는 경향이 있다. 그러므로 스스로 선택하고 독립심을 표현할 수 있는 기회를 제공하고 격려한다.
- 습관적으로 화를 낸다면 화를 낼만한 상황을 주의 깊게 살피고 화를 내려고 할 때 즉각적인 조치를 취한다. 관찰을 통해 언제, 어떤 상황에서, 어떤 방법으로 화를 내는지, 화를 내는 빈도, 지속 시간 등을 파악하여 화가 날만한 상황을 미리 제거할 수 있다. 예를 들어 피곤한 상황에서 화내는 빈도가 높다면 적절한 휴식을 통해 컨디션을 조절하도록 한다.
- 화를 낼만한 상황에서도 화를 내지 않고 적절한 행동을 했을 때는 즉시 관심을 보이며 칭찬해 준다.

- 자신이 느끼는 감정을 알고 언어로 표현할 수 있도록 격려한다. 이때 화내지 않고 말이나 행동으로 표현하면 유아를 수용해 줄 수 있음을 알려준다.
- 유아가 분노를 다스릴 수 있는 자기 통제력을 기르도록 가르친다. 유아는 분노의 감정을 조절하기 위해서 자신의 감정을 조절하는데 도움을 주는 정서 조절능력과 다른 사람의 관점을 수용하는 능력이 필수적으로 요구된다(Fields & Fields, 2006; 이희영 외 역, 2011 재인용). 그러므로 유아가 분노하였을 때 교사는 유아가 조용하고 편안하게 머무를 수 있는 곳을 제안하여 유아 스스로 분노를 다스릴 수 있는 기회를 제공한다.
- 유아와 눈을 맞추고 유아가 그 상황에서 느꼈을 감정을 인식시켜 준다.
  - ㅇㅇ야, 자동차를 만들고 싶은데 친구들이 바퀴를 모두 가지고 있어 네가 만들 수 있는 바퀴가 없어 화났지?, 계속 바깥놀이를 하고 싶은데 들어갈 시간이 되어 속상하지?
- 유아가 바람직하지 않는 상황에서 화를 낸다면 이에 대한 규제와 제한이 반드시 필요하다. 유아가 화내는 행동을 했을 때 이에 상응하는 규제와 제한이 왜 필요한지 그 이유를 분명히 알고 공유하는 것이 중요하다. 그러나 반드시 유아의 동의에 따라 규칙이나 제한을 정해야 하는 것은 아니다.
- 화내는 유아가 또래 유아들에게 난폭하고 신경질적인 유아라는 선입견을 갖게 한다면 또 다른 사회, 정서적인 문제가 발생될 수 있다. 따라서 화내는 유아와 개별적으로 이야기를 나눈다. 단, 화를 낸 행동이 다른 사람에게 미친 영향을 강조하여 다른 사람이 느낀 감정과 기분을 알도록 돕는다.
- 정해진 규칙과 제한은 가정과 유아교육기관에서 일관적으로 지켜지도록 한다.

06 손가락 빨기와 손톱을 물어뜯는 행동

많은 영유아들이 심리적인 안정감을 느끼기 위해 반사적으로 손가락을 빠는 행동을 자주 보인다. 특히 긴장될 때에 손가락을 더 많이 빠는 모습을 보이는 것은 이러한 이유 때문이다. 한편 손톱 물어뜯기는 유아들에게 많이 나타나는 부적응행동 중의 하나로 좀처럼 사라지지 않는 행동이다.

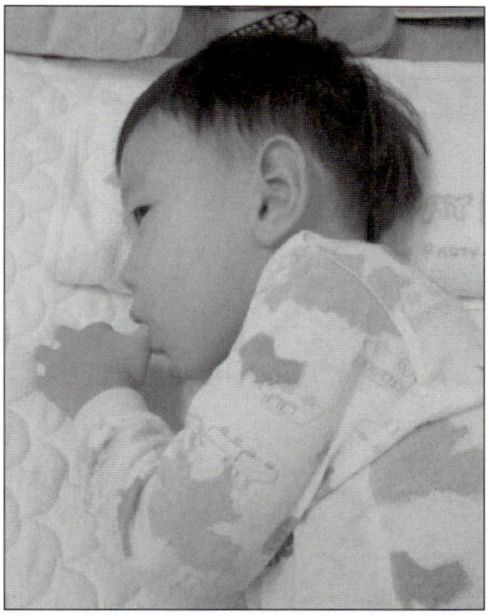

손가락을 빠는 행동은 심리적 안정감을 느끼기 위한 반사적 행동이다

1) 행동 특성 및 원인

(1) 손가락 빨기

손가락을 빠는 행동은 보통 젖을 먹는 3~4개월경 시작되며 7개월 정도가 되면 강해져 18개월경에 가장 심하게 나타내다가 2세경에 다소 약화되는 모습을 보인다. 그러나 어떤 유아는 이 시기와 상관없이 태어나기 전 태내에서부터 손가락을 빨기도 하고, 또 어떤 유아는 하루 종일 손가락을 빠는 행동을 보이기도 한다.

손가락을 빠는 행동이 장기간 지속될 때 나타나는 가장 큰 문제는 치아발육과 고른 치열에 좋지 않은 영향을 미친다는 것이다. 영아기부터 반복되어 온 손가락을 빠는 습관은 단기간에 고쳐지지 않으며, 고치려고 했을 때 쉽게 고쳐지지 않는 특징을 가진다. 또 다른 문제는 손가락 빠는 것에만 몰두하여 또래와 놀이를 지속하지 못하는 것이다. 이런 유아는 수유기 때 경험한 쾌감을 맛보기 위해 손가락을 빠는 것인데 아기가 되는 기분에 몰두하며 도리어 퇴행행동을 보이기도 한다(김재은, 1995).

(2) 손톱 물어뜯기

손톱을 물어뜯는 유아들은 심한 경우에 손톱 주변의 살갗이나 발톱까지 물어뜯기도 한다. 이런 유아들의 손톱은 깎아줄 필요가 없을 정도로 짧으며 손가락 끝 껍질이 벗겨져 붉게 부어 오른 모습을 보인다. 또한 연필이나 나무젓가락 등 어떤 물건이든 이에 닿으면 물어뜯기도 한다. 유아들은 무심코 손톱을 물어뜯기도 하지만 극도의 불안이나 흥분 상태에서 손톱을 물어뜯는 증상을 보이기도 한다.

손톱을 물어뜯는 행동은 유아뿐 아니라 청소년기와 성인기에 이르기까지 나타나는 증상으로 신경질적인 증상이나 불안감, 긴장 등을 해소하기 위해 나타난다. 그러나 손톱을 물어뜯는 행동은 오히려 긴장감을 더 증가시킨다(김재은, 1995).

2) 지도법

(1) 손가락 빨기

- 손가락을 빠는 행동의 시작은 피곤하거나 배가 고프거나 좌절감을 느꼈을 때이다. 따라서 피로를 느낄 때 낮잠을 자게 하고, 시간에 맞춰 간식을 주고, 관심을 쏟아 무료함을 느끼지 않게 하여 손가락 빠는 행동을 사전에 예방하는 것이 필요하다.
- 부모나 교사가 유아의 손가락 빠는 것에 너무 집중하여 지적하면 유아의 불안감은 가중되어 또 다른 문제를 발생시킬 수 있다. 따라서 손가락 빠는 행동에 예민하게 반응하지 않도록 한다.
- 유아가 손가락 빨기 전 후에 보이는 행동 특성과 심리 상태를 파악하여 지도한다. 예를 들어 유아가 또래와 어울려 놀지 못해 손가락을 빤다면 또래와 함께 놀이할 수 있는 기회를 제공하여 자연스럽게 손가락 빠는 행동이 사라지게 한다.
- 손가락 빠는 것에 대안이 될 수 있는 활동을 준비하여 제공한다. 유아의 긴장완화를 위해 점토, 모래, 물, 물감 등 손을 이용한 놀이나 손가락을 활용하여 조작놀이를 할 수 있는 기회를 자주 제공한다.

(2) 손톱 물어뜯기

- 손톱을 물어뜯는 행동을 지도하는 기본 방법은 유아의 긴장을 풀어주는 것이다. 예를 들어 무언가를 실수 없이 완벽하게 수행해야 하는 것 때문에 긴장한다면 누구나 실수할 수 있음을 알려주고 높은 목표 수준을 낮춰주는 것이 필요하다. 거친 행동으로 괴롭히는 또래가 긴장의 원인이라면 함께 있으면 마음이 안정될 수 있는 또래와 함께 놀이하게 하거나 교사나 부모가 함께 있다는 것을 알려주어 안심하도록 도울 수 있다.
- 단순히 습관적으로 손톱을 물어뜯는다면 손가락이나 손톱의 모양이 변형될 수 있으며 위생상의 문제도 발생될 수 있음을 알려준다.
- 손톱을 입에 넣지 않도록 매니큐어를 발라 주거나 손에 다른 물건을 주어 손톱을 무는 것을 대체할 수 있는 행동을 유도한다.

07 말하지 않는 행동

영유아기는 자신의 감정이나 생각을 타인에게 전달하는 의사소통에 대해 학습하는 시기이다. 영아 초기에 몸짓이나 얼굴 표정으로 표현하던 것은 언어와 사회적 기술이 발달하면서 점차 의사소통을 할 수 있는 사회적 언어를 사용하는 것으로 바뀌게 된다. 그러나 유아들 중에는 여러 가지 이유로 타인에게 침묵으로 일관하며 언어적 반응을 보이지 않는 경우가 있는데 이럴 경우에는 교사가 지도를 하거나 또래와 사회 관계 형성에 어려움을 유발시키기도 한다.

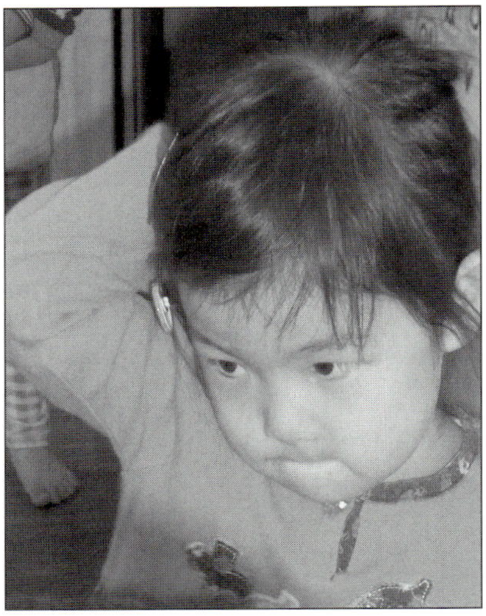

유아들 중에는 말을 듣고 이해할 수 있는데도 특정한 상황, 사람, 장소에서 말을 하지 않는 경우도 있다

1) 행동 특성 및 원인

말하지 않는 유아들 중에는 가족들과는 활발히 이야기하고 친구들과도 이야기를 잘 나누지만 유독 교사와 말을 하지 않는 경우도 있고, 가족 이외의 타인과 전혀 말을 하지 않는 유아도 있다. 이들은 말을 하지 않는 대신 몸짓이나, 고개나 머리를 끄덕이거나 가로젓는 행동을 보인다. 또한 특정 상황에 대해 두려움이나 불안을 보이며 사회적으로 위축된 행동을 보이기도 한다.

말하지 않는 유아의 원인을 살펴보면 다음과 같이 정리해 볼 수 있다.

- 유아교육기관에 처음 왔을 때 놀림이나 무안을 당한 경우에는 위축되어 말을 하지 않을 수 있다.
- 양육자와 강한 애착과 정신적 유대 관계가 형성되어 있는 상황에서 갑자기 분리

되었을 때에 말을 하지 않을 수 있다.

- 특별한 언어적 습관이나 미숙한 언어 표현으로 인해 무안을 당했을 때에도 말하는 것에 자신감을 잃고 말하지 않을 수 있다.
- 타인이 자신에게 주목하는 것이 부담스러워 말하지 않을 수 있다.
- 갑자기 발생한 사건에 충격을 받아 별안간 말을 하지 않을 수 있다.
- 성인의 강압적인 태도 때문에 말을 하지 않을 수 있다.
- 타인의 관심을 끌고 자신에게 주목하게 하기 위해 말하지 않는 경우도 있다.
- 말할 필요를 느끼지 않아 말을 하지 않기도 한다.

2) 지도법

- 유아교육기관에서만 말을 하지 않는다면 교사와 또래 관계를 파악하여 유아교육기관을 즐겁고 편안한 곳으로 인식하게 하고, 교사와 유아가 개별적으로 친밀감을 갖도록 한다. 예를 들어 말로 표현하기 어렵다면 교사나 또래와 편지를 이용해 마음을 표현할 수 있다. 또한 심부름을 할 수 있는 기회를 제공하여 말로 부탁할 수 있는 기회를 가져보도록 한다.
- 유아에게 말을 하게 하기 위해서 교사가 성급하게 강제적으로 말을 하게 하는 것은 오히려 유아를 위축되게 할 수 있으므로 교사가 여유를 갖는 것이 중요하다.
- 지금 말하지 않아도 좋으니 언제든지 말하고 싶을 때 말해도 괜찮다는 반응을 보여주어 심리적으로 안정감을 갖도록 한다.
- 유아가 질문에 답을 하지 않아도 교사가 끊임없이 유아의 마음을 이해하고 있음을 이야기해 주며 눈 맞춤을 하고 고개를 끄덕이는 등 긍정적인 몸짓을 반복적으로 보여주어 유아가 교사에게 친밀감을 갖도록 돕는다.
- 자신에게 주목하는 것이 부담스러워 말하지 않는 행동을 한다면 교사, 또래, 주변인과 친밀감과 편안함을 갖도록 한다. 특히 교사는 인내심을 가지고 기다려주고, 조금이라도 자신의 생각을 말로 표현하려고 할 때 경청하고 격려해 준다.
- 유아가 즐기는 놀이나 활동(예 실외놀이, 산책, 견학 등의 야외 활동)이 말을 하게 하

는 계기가 될 수 있으므로 이런 상황에서 교사는 유아를 민감하게 살펴서 생각이 나 느낌을 말로 표현할 수 있도록 적절히 활용한다.

- 유아가 자신에게 관심을 집중시키려고 말하지 않을 경우에는 관심을 보이지 않는다. 그러나 유아가 말로 자신의 감정과 생각을 표현했을 때는 "네가 말로 네 생각을 이야기해 주니까 선생님이 너를 더 잘 도와줄 수 있었어."라고 반응을 보여 말로 표현할 때 적절히 도와줄 수 있음을 알려준다.
- 또래 유아들이 말하지 않는 유아가 독특하거나 별난 유아라는 선입견을 갖지 않도록 대 · 소집단보다는 개별 상황에서 말을 하도록 유도한다.
- 어떤 충격으로 인해 유아가 말을 하지 않는다면 부모와 밀접한 상호 관계 속에서 유아의 마음을 이해해 주는 것이 우선되어야 하며 전문가와 함께 치료하는 것이 효과적이다.

생각해보기

1. 주변에서 정서적 부적응행동(예 분리불안, 등원거부, 초기 적응불안, 우는 행동, 화내는 행동, 손가락 빨기와 손톱을 물어뜯는 행동, 말하지 않는 행동)을 하는 유아들의 모습을 관찰하여 각 행동 특성과 원인을 분석해 봅시다.

2. 아동의 정서적인 행동을 이해하기 위해서는 자신을 제대로 이해하는 것이 우선되어야 합니다. 하루 동안 자신이 어떤 감정을 느꼈는지 감정일지를 써보며 자신의 감정을 인식하고 자기감정을 객관적으로 바라보며 조절하는 습관을 길러 봅시다.

Chapter 9

사회적 부적응 지도와 상담

1. 공격적 행동
2. 과잉행동
3. 거짓말하는 행동
4. 도벽(훔치는 행동)
5. 고자질하는 행동
6. 반항하는 행동

학습주제 사회적 부적응 지도와 상담

학습목표

❶ 유아의 사회적 부적응행동의 특성과 원인을 안다.
❷ 사회적 부적응행동의 원인에 따른 실제적인 지도 방법을 이해한다.

학습요약

1. 공격적 행동
   1) 행동 특성 및 원인　　2) 지도법
2. 과잉행동
   1) 행동 특성 및 원인　　2) 지도법
3. 거짓말하는 행동
   1) 행동 특성 및 원인　　2) 지도법
4. 도벽(훔치는 행동)
   1) 행동 특성 및 원인　　2) 지도법
5. 고자질하는 행동
   1) 행동 특성 및 원인　　2) 지도법
6. 반항하는 행동
   1) 행동 특성 및 원인　　2) 지도법

주요개념

공격적 행동: 타인이나 사물에 대해 난폭하거나 상처를 입히며 파괴하는 행동
과잉행동: 주의가 산만하고 과다한 활동과 충동성으로 끊임없이 움직이는 행동
거짓말: 사실이 아닌 것을 사실인 것으로 표현하는 것
도벽: 남의 물건을 습관적으로 훔치는 행동
고자질: 타인의 잘못이나 허물, 비밀을 타인에게 이르는 행동
반항하는 행동: 권위적인 사람에게 보이는 거부적 · 적대적 · 도전적 행동

들어가기

어린이집 수업 시간에 돌아다니기는 기본! 이유 없이 친구들을 툭툭 때리고 다니기! 훈육에 들어가면 대성통곡과 함께 온 몸으로 반항하기! 모든 사람의 두 손 두 발을 들게 한 최강 악동 건호가 떴다. 그런데 집에서 건호 모습은 좀 다르다? 바로 무섭고 엄한 엄마 때문! 엄마 앞에서와 어린이집에서 모습이 180도 다른 건호….

| 출처 | SBS 우리 아이가 달라졌어요, 373회(2013. 4. 26.). 최강 악동 건호.

1 건호를 보는 교사도, 엄마도 모두 한숨만 나오는데 건호가 이렇게 행동하는 이유가 무엇인지, 어떻게 해결해야 할 수 있을지 생각해 봅시다.

유아기는 자신과 가족, 또래와의 상호작용을 통해 사회적 관계를 이해하고 사회적 기술을 습득하는 시기이다. 사회에 적응하는 능력은 또래 상호작용 기술과 사회적 이해 및 지식에 영향을 받는데 사회적 행동의 발달은 신체적 능력, 지적 이해 수준, 정서적 발달, 언어적 발달과 통합적으로 연관되어 있다. 또한 이 시기의 사회성 발달은 학령기 이후의 또래 관계 및 사회 적응과 관련되고, 나아가 사회 · 정서적 문제에 영향을 미친다. 유아기에 타인과 잘 지내는 것은 사회적으로 받아들일 수 있는 방법적인 측면에서 욕구와 감정을 조절하는 정서를 다루는 것을 의미한다(Santrock, 2006; 곽금주 외 역, 2007). 즉, 자아 중심적인 상태를 넘어서 다른 사람의 욕구나 감정, 권리를 인식하게 될 때 친사회적 행동을 보이게 된다. 그러나 지속적으로 강화되는 자기 중심적인 욕구와 자기 조절 기술의 부족은 공격적이고, 과잉된 행동, 거짓말, 도벽 등 사회적으로 부정적인 반응을 이끌어 내어 원만한 사회적 관계를 형성하는 것을 방해한다.

이에 본 장에서는 인간의 삶에 중요한 영향을 미치는 유아기 사회적 부적응행동 중 공격적 행동, 주의가 산만하고 주의집중에 어려움이 있는 과잉행동, 거짓말하는 행동, 도벽, 고자질, 반항하는 행동 등의 특징과 원인, 지도 방법에 대해 살펴보고자 한다.

01 공격적 행동

어린 시기에는 언어발달이 미흡하여 자신이 하고 싶은 것, 갖고 싶은 것을 표현하거나 자신의 욕구를 해결하기 위해 공격적 행동을 자주 보이게 된다. 자신의 공격적인 행동이 바람직하지 않다는 것을 알고 있음에도 계속적으로 타인이나 물건을 상해하는 것을 목적으로 화를 내며 때리고, 밀고, 물고, 꼬집고, 할퀴고, 파괴하는 난폭한 행동을 보이기도 한다.

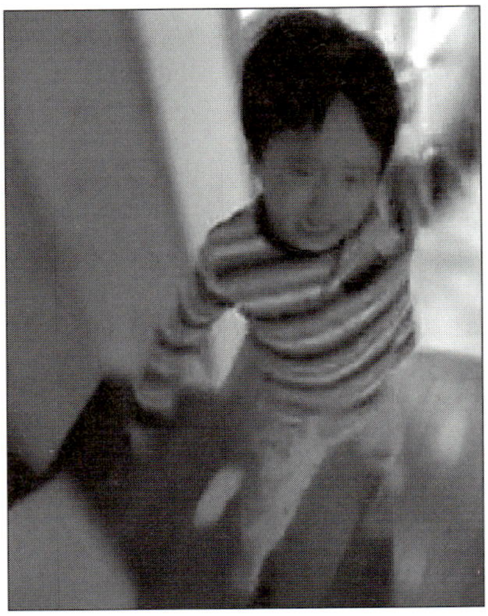

공격성은 사회적 · 언어적 미성숙에 의해 나타날 수 있다

1) 행동 특성 및 원인

아동들은 점차 언어, 인지능력이 발달해 나가면서 소리를 지르거나 공격적 행동으로 자신의 의사를 표현하기보다는 사회적으로 이해될 수 있는 방법으로 자신을 표현하는 방법을 배우게 된다. 특히 적대적 공격은 타인을 공격하여 상대의 자아 존중감을 파괴할 수 있다(지성애 · 홍혜경, 2010). 따라서 공격적 행동의 일반적인 특성을 파악하여 적절히 지도하는 것이 필요하다. 공격적인 아동이 보이는 특성은 다음과 같다.

- 심술을 부리거나 소란을 피워 또래와의 활동을 방해한다.
- 이유 없이 트집을 잡아 싸움을 건다.
- 다른 친구들을 괴롭히며 놀리는 행동을 하여 분위기를 망치기도 한다.
- 물건을 집어 던지거나 큰 소리를 지른다.
- 부모나 교사에게도 반항을 하며 상처가 되는 말이나 욕도 서슴없이 사용한다.
- 가위나 연필을 가지고 상대방을 찌르려는 행동을 보이기도 한다.

그런데 공격적인 행동을 하지 않아도 공격적인 아이로 오해를 받는 경우가 있다. 예를 들어 몸집이 큰 아동은 행동반경도 크고, 접촉이 있을 때는 타인에게 힘을 가하는 것으로 느껴져 공격적이고 난폭한 아동으로 평가받기도 한다. 따라서 공격적인 행동은 주의 깊은 관찰을 통해 그 원인을 정확히 파악하는 것이 필요하다. 일반적으로 아동에게서 공격성이 나타나는 원인은 다음과 같다.

- 기본적으로 공격적인 행동은 마음에 누적된 불만이 원인이 될 수 있다.
- 언어적 표현이 미숙하여 자신의 감정이나 요구가 정확히 표현되지 않을 때 자신의 요구를 관철시키기 위해 공격적인 행동을 보이기도 한다.
- 사회적 미성숙과 자기 중심적 사고의 특징에 의해 타인의 욕구나 감정에 대한 이해가 부족하여 공격적인 행동을 보이기도 한다.
- 자기 방어의 수단으로 공격성을 보일 수 있다.
- 지나친 에너지 과잉으로 인해 공격성이 나타나기도 한다.
- 모방에 의해 공격성이 나타날 수도 있다. 예를 들어 부모나 형제 관계, 또래 관계에서 신체적, 언어적 공격을 경험한 경우에는 자신보다 힘이 약한 친구나 동물, 인형, 놀잇감, 사물 등에게 공격을 가하기도 한다.
- 자신의 존재감을 알리고 주목받고 싶어 공격적인 행동을 보이기도 한다.
- 동생이 태어나 자신의 존재감이 위협받는다고 느낄 때도 공격적 행동이 나타날 수 있다.
- 자신이 힘이 세고 강하다는 것을 자랑하기 위해 공격성을 보이기도 한다.
- 아동이 환경에서 경험하는 두려움과 불안, 혼란스러움도 공격성의 원인일 수 있다.
- 부모가 무조건 아동이 요구하고 원하는 것을 수용할 경우에는 또래 관계에서 경험하는 좌절로 인해 공격성이 유발되기도 한다.

2) 지도법

아동은 자신이 가진 공격성을 적절히 발산하고 심리적인 조절을 할 때 분별력 있는 행동을 하게 된다. 공격성 지도를 할 때 무엇보다 주의해야 할 것은 공격성에 대해 무조건 혼내고 벌을 주는 것이 아니라 아동의 마음을 이해하여 접근하는 것이 필요하다. 따라서 공격적인 행동을 하는 아동을 지도할 때 기본이 되는 것은 공격적 행동을 하는 이유가 무엇인지 구체적인 관찰과 상담을 통해 파악해 보는 것이다. 이를 토대로 구체적인 지도 방법을 살펴보면 다음과 같다.

- 반응적이고 애정 어린 환경에서 보살피며 정서적으로 반응해 주는 것은 공격적 행동 지도에 기본이 된다.
- 언어적, 사회적 미성숙에 의한 공격성이라면 행동에 대해 설명해 준다. 또한 다른 사람을 방해하거나 아프게 했을 때 타인의 느낌과 감정이 어떨지 지속적으로 설명하여 이해를 돕는다.
- 관찰을 통해 공격성이 나타나는 시기, 장소, 대상, 상황 등을 파악한 뒤 공격성이 나타날 수 있는 물리적 · 인적 환경을 제거하여 공격성을 감소시킬 수 있다.
- 마음에 누적된 불만이나 과잉에너지가 공격성의 원인이 된다면 감정을 해소하며 공격성을 발산할 수 있는 배출구를 마련해 준다.
    - 실외에서 뛰어놀기, 모래와 진흙에서 맘껏 뒹굴며 놀이하기, 물에서 첨벙거리며 놀이하기, 신문지 찢기 등
- 자신의 감정을 이해하지 못하여 공격성을 보일 때는 감정에 대해 구체적인 설명을 통해 아동이 자신의 감정을 인식하도록 한다. 또한 사전에 정기적인 토의와 같은 활동을 통해 타인과의 관계를 경험하고, 정서적 경험의 폭을 넓혀가도록 돕는다(Gestwicki, 2007; 임부연 외 역, 2008).
- 힘세고, 강한 아동이 약한 아동에게 공격적인 행동을 보인다면 약하고 위축된 아동에게는 강한 아동에게 맞서서 대처할 수 있도록 자신의 감정을 말로 표현할 수 있는 방법을 알려준다.
    - "나를 괴롭히지 마!"라고 명확히 자신의 생각 말하기, 공격적인 행동에 일일이 반응하며 울거나 약한 모습을 보이기보다 무시하기, 성인이나 도움을 줄 수 있는 자원 알고 도움 청하기 등
- 성인이 바람직한 모델링을 보여준다. 아동은 성인의 파괴적인 행동, 조절되지 않

는 짜증스러운 어투와 반응을 모방할 수 있다.

- 공격성을 보이는 아동이나 피해를 입는 아동에게 유사한 상황을 사례 자료나 그림책을 활용하여 토의 및 역할놀이를 해봄으로써 상대방의 입장을 이해하고 감정을 경험해 볼 수 있는 기회를 제공한다.
- 성인은 아동의 공격적 행동을 평가하기 전에 아동의 정서적 반응을 이해하고 적극적인 경청을 하며 수용적인 태도를 보인다. 이럴 경우에 아동은 심리적으로 안정을 찾고 점차 감정에 대처하는 단계(자신의 감정 알기 → 감정에 대해 대화하기 → 감정에 대처하기)를 이해하게 된다(강옥려, 1992).
- 자신이 행한 공격성의 결과에 대해 진심으로 느끼지 않는 감정을 표현하도록 강요하지 않는다.
  - 무심하게 "미안해."라고 말하는 것
- 원하는 것을 얻기 위해 공격성을 사용하는 것은 바람직하지 않음을 깨달을 수 있도록 긍정적인 해결 방법에 대해 이야기 나눈다.
- 공격적인 행동을 보이는 아동을 또래 앞에서 자주 지적하지 않는다. 공격적 행동에 대한 잦은 지적은 또래에게 부정적인 이미지를 강화하여 집단에 적응을 더 어렵게 한다. 따라서 공격적인 행동을 하는 아동이 지닌 장점을 부각시켜 교사나 또래에게 인정받고 있음을 경험하도록 한다. 또한 긍정적인 자기 이미지를 형성하여 타인과 바람직한 관계를 형성할 수 있는 방법을 찾아보도록 한다.
- 공격적인 행동을 제거하기 위해 또래와 분리시켜 혼자 놀게 하기 보다는 또래와 함께 놀이할 수 있는 기회를 제공한다. 이러한 기회는 또래와 긍정적인 상호 관계를 경험하게 하여 함께 노는 것이 즐겁고 행복한 일임을 깨달아 자신의 행동과 감정을 조절할 수 있는 사회적 기술을 발달시키게 한다.
- 공격적 행동이 지나치게 심하여 부모나 주변인들이 다룰 수 없는 상황이라면 전문가의 도움을 받는 것이 필요하다.

02 과잉행동

요즘 유치원이나 어린이집, 학교에서 주의가 산만하고 과다한 활동을 보이며 주의집중과 충동조절에 어려움이 있어 부주의하게 행동하는 아동을 흔히 발견할 수 있다. 특히 영유아기에 나타나는 과잉행동은 발달의 미성숙에 의해 나타나는 산만함이나 과잉행동으로 치부해버리는 경우가 많은데 이런 경우에는 이후의 행동문제로 이어지기도 한다. 과잉행동, 주의력결핍의 문제를 조기에 발견하면 증상이 지속되지 않도록 방지할 가능성이 높아지므로 조기 발견과 대처가 중요하다.

과잉행동 아동의 지도는 가정과 교육기관의 연계가 필요하다

1) 행동 특성 및 원인

과잉행동은 어릴 때 많이 발생되며 성장하면서 점점 감소하는 경우가 많은데 특히 여아보다는 남아에게서 더 많이 발견된다. 최근에는 안절부절 못하며 지나치게 산만하게 움직이는 주의력결핍과잉행동 장애(ADHD)를 가진 아동이 점차 늘어나고 있는 추세이다. ADHD인 경우는 학습 장애, 의사소통 장애, 운동조절 장애를 동반하는 경우가 많아(권석만, 2003) 교사의 지시를 따르지 못하게 되고 문제아로 지목되어 집단에서 거부당하거나 소외당하기도 한다. 주의력이 결핍되어 있거나 과잉행동으로 과잉운동성이나 충동성을 보이는 아동의 일반적인 특징은 다음과 같다.

- 잠시도 가만히 앉아 있지 못하고 손발을 꼼지락거리며 쉴 새 없이 움직인다.
- 한자리에 가만히 앉아 있어야 할 상황에서 이곳저곳 돌아다니고 뛰어다니거나,

지나치게 높은 곳을 오르는 행동을 보인다.

- 말을 지나치게 많이 하며 질문이 끝나기도 전에 끼어들어 대답한다.
- 자신의 순서를 지키지 못한다.
- 놀이나 재미있는 일에도 집중하여 참여하기가 어렵다.
- 공부, 일 등의 일상생활에서 집중을 하지 못하고, 과제 활동을 싫어하거나 꺼려한다.
- 부주의하여 실수를 많이 한다.
- 지시사항을 따르지 못한다.
- 일상적으로 해야 할 일이나 필요한 물건들을 자주 잃어버린다.
- 외부의 자극에 쉽게 산만해진다.
- 차례를 기다리는데 어려움이 있다.
- 다른 사람의 대화나 놀이에 끼어들어 방해한다.

특히 주의력결핍이나 과잉행동은 복합적인 요인에 의해 발생되는 것으로 파악되는데 일반적인 원인은 다음과 같다.

- 집중력의 결핍은 내적인 불안이 원인이 될 수 있다. 이러한 내적인 불안은 아동이 놀이나 작업을 하는 과정에서 끊임없이 방해를 받을 때 나타나는데 예를 들면 아동이 어떤 과제에 해결 방안을 찾으려고 시도할 때 부모나 교사가 계속 간섭하고, 가르쳐 주려고 하는 지시에 의해 유발될 수 있다.
- 아동에게 주어진 과제가 아동이 발달적, 연령적 수준에 맞지 않게 너무 어렵거나 지루한 경우에 흥미와 관심을 잃어 주의집중이 어려워진다.
- 환경적 요인에 의해 산만해지고 주의력도 결핍될 수 있다. 예를 들어 소음이 있는 환경이나 그림, 컴퓨터, TV, 창문이 있는 경우에는 아동의 관심이 분산되어 산만함을 보일 수 있다(Thompson et al., 2007; 김택호 외 역, 2012).
- 외부에서 한꺼번에 과다한 자극이 주어질 경우에는 산만해져서 과잉행동을 보이기도 한다.
- 일관성 없는 교육으로 인해 주의력이 결핍되거나 과잉행동이 나타날 수도 있다.

예를 들어 부모와 교사 혹은 가정 내에서도 금지와 허용의 기준이 다르고, 엄격함과 관대함이 달라 일관성이 없을 경우에는 아동은 자신의 행동에 대한 성인의 기준을 짐작할 수 없어 불확실과 혼란의 상황에서 주의집중을 하기가 어렵다(Trapmann et al., 1984; 김영희 역, 1992).

- 가족력이 원인이 되어 형제, 자매나 부모가 과잉행동을 보일 때도 흔히 나타난다. 즉, 부모가 우울증, 알코올 중독인 경우에 자녀는 과잉행동이나 주의력이 결핍된 행동을 보인다.
- 어려서 부모로부터 심한 신체적, 감정적인 학대를 받은 경우에도 과잉행동이나 주의력결핍 행동이 나타난다.
- 산모의 건강이 좋지 않거나 어린 나이의 임신, 임신중독증, 난산일 경우에 태아에게 뇌손상이 유발된 것도 원인이 될 수 있다.
- 최근 뇌 과학 연구와 함께 중추신경계의 신경전달물질의 이상으로 뇌 안에서 주의집중력을 조절하는 도파민, 노르에피네프린 등과 같은 신경전달물질의 불균형이 원인으로 제기되기도 한다.
- 음식물의 의한 알레르기가 과잉행동 증상의 원인이 될 수 있다. 즉, 아동이 알레르기를 유발시키는 음식을 먹었거나 적절한 양의 음식을 섭취하지 못한 경우는 과잉행동이 나타날 수 있다(지성애 · 홍혜경, 2010).

2) 지도법

최근 들어 산만함을 보이는 아동이 급격히 늘어나며 주의력결핍과잉행동 장애(ADHD)로 판단되는 경우가 많다. 과잉행동을 보이는 아동이 ADHD인지를 파악하기 위해서는 부모와 교사를 포함한 다양한 주변 사람들의 정보와 소아청소년 정신과 전문의의 소견을 종합하여 최종 진단하는 중요하다. 과잉행동 아동의 지도를 위해서는 가족과 교육기관에서의 학습태도, 가족과 교우 관계, 생활태도나 감정 등을 관찰할 수 있는 협력 체계를 갖추는 것이 기본이 되어야 한다. 과잉행동 아동을 지도하기 위한 방법을 정리해 보면 다음과 같다.

- 과잉행동의 원인이 내적 불안이라면 아동이 심리적으로 안정할 수 있는 환경을 마련해 준다. 즉, 아동이 심리적으로 안정하지 못하는 원인이 무엇인지 파악하여 원인을 제거하거나 감소시키도록 한다.
- 성인이 일관성 있고 명확한 교육적 태도를 보여주어 아동이 심리적으로 평정을 얻도록 한다. 교육기관과 가정이 연계하여 아동과의 상호작용에 일관성을 유지할 때 아동은 자신이 해야 할 적절한 행동을 더 쉽게 이해하고 안정적으로 수용하게 된다.
- 아동의 행동상의 문제점들을 나열하고 이 중 특히 문제가 되는 행동들의 빈도를 파악하여 정적, 부적 강화 방법을 적절히 사용한다.
- 부모의 심한 신체적, 감정적인 체벌이 원인이라면 부모의 체벌행동의 문제점을 알리고 삼가하도록 한다. 또한 부모가 자녀와 친밀한 신체적 접촉과 대화를 통해 아동 스스로 자신이 보호받고 있다는 느낌을 갖도록 하는 것이 중요하다.
- ADHD는 부모의 잘못에 의해 발병되는 것은 아니지만 부모는 자녀의 과잉행동으로 인해 양육에 대해 고민하고 좌절하는 경우가 많다. 그러므로 부모들이 이러한 문제점들을 이해할 수 있도록 부모-자녀의 관계를 개선할 수 있는 가족지원이 함께 이루어져야 한다.
- 과잉행동을 보이는 아동은 항상 산만하기 때문에 가정과 주변에서 산만함을 유발시킬 수 있는 요인을 제거해 주는 것이 필요하다.
  - 주변 환경을 시끄럽지 않게 조용히 유지시키기, 은은한 색깔로 방 꾸미기, 놀잇감이나 환경 정리하기 등
- 집단 활동 시간을 줄이고 흥미를 가질 수 있는 시청각 자료나 게임 활동 등으로 주의를 집중시킨다.
- 너무 많고 다양한 놀잇감을 한꺼번에 제공하는 것은 과잉행동을 유발시킬 수 있다. 따라서 초기에는 한두 가지 놀잇감을 가지고 놀게 하고, 점차 안정되면 그 개수를 늘려나간다.
- 친구들이 한꺼번에 여러 명이 있으면 산만해지는 경향이 있으므로 한두 명을 불러서 놀게 하고 차츰 그룹을 확대시켜 준다.

- 아동이 지켜야 할 규칙이 있다면 명확하고 확실한 지침을, 한 번에 한 가지만 제시하여 아동이 쉽게 이해하고 수행할 수 있도록 한다.
- 부모나 교사가 제어할 수 없는 지나친 과잉행동과 산만한 행동이 나타날 경우는 신속히 전문가의 진료를 받고, 약물치료도 병행하도록 한다. 그러나 약물치료는 피곤함, 무기력 등 약물의 부작용이 올 수 있기 때문에 전문가와의 상담이 반드시 필요하다.

이밖에 주의력결핍과잉행동 장애(ADHD)를 가진 아동은 2~3년 정도의 장기적인 치료와 지도를 필요로 하는데 행동 특성상 사회적 상호작용능력이 부족하고 타인의 마음을 읽지 못하는 등 심리적 문제를 동반한다. 따라서 충동성을 감소시키고 자기 조절능력을 향상시킬 수 있는 인지행동치료나 기초적인 학습능력 향상과 사회적 적응기술을 향상시키기 위해 학습치료, 사회성 집단치료, 약물치료 등 다양한 치료가 필요에 맞게 병행되어야 한다.

03 거짓말하는 행동

성인들은 아동이 거짓말을 할 때 왜 거짓말을 하는지를 생각하기보다는 분노하며 나쁜 행동임을 강하게 비판하는 경향이 있다. 그러나 아동들은 현실 세계와는 달리 공상이나 상상의 세계에서 사고하기 때문에 가끔 현실과 공상을 구분할 능력이 부족하여 거짓말을 하는 특징을 보인다. 이런 경우는 아동이 인지적, 도덕적, 사회적으로 성장하면서 거짓말하는 행동이 사라지거나 통제되어지지만 욕구 충족이나 심리적인 문제로 인한 거짓말이라면 원인을 정확히 파악하여 지도해 나가는 것이 필요하다.

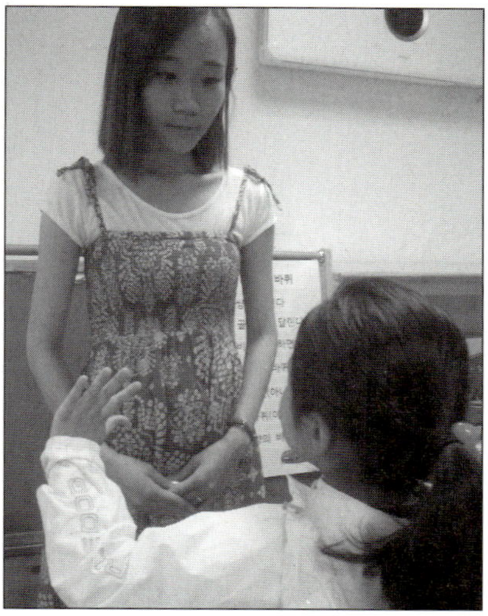

거짓말은 사회적 대인 관계의 신뢰에 문제를 가져올 수 있다

1) 행동 특성 및 원인

아동이 성장과 발달을 하여 공상과 현실을 구분할 수 있으며 거짓말이 잘못된 행동임을 인식하면서도 지속적으로 거짓말을 한다면 아동에게 스트레스나 걱정이 많음을 의미한다. 지속적인 거짓말은 사회적 대인 관계의 신뢰에 문제를 가져와 사회성 발달에 부정적인 영향을 미치는 원인이 되기 때문에 주의가 필요하다(황현주 외, 2011). 아동의 거짓말을 지도하기 위해서는 거짓말을 하는 원인과 발달적 특성을 파악하는 것이 우선되어야 한다. 아동기에 거짓말하는 행동이 나타나는 원인을 살펴보면 다음과 같다.

- 꿈과 현실을 확실히 구분하지 못하는 것은 영유아기의 발달적 특징 중의 하나이다. 즉, '꿈의 실제론' 이 원인이 되어 사실이 아닌 것을 사실인 것처럼 표현하여 거짓말을 하기도 한다.

- "나 어제 트리케라톱스를 타고 놀았다. 내가 티라노사우루스를 뿔로 공격에서 이겼어."

- 잘못한 것에 대한 책임의 두려움으로 책임을 회피하기 위해 거짓말을 하기도 한다.
  - "친구나 동생을 때려 울리고서도 "내가 하지 않았어요.", " 왜 우는지 몰라요.", "(지나가는 친구를 가르치며) 재가 그랬어요." 하며 관련 없는 대상 지목하기 등
- 자신을 과시하기 위해서 사실과 다르게 부풀린 과시적인 거짓말을 하기도 한다.
  - "우리 집에 로봇 장난감 100개 있다.", "난 힘이 세서 블록이 100개 있는 바구니도 한 손으로 들 수 있다."
- 타인 특히 애정과 관심의 대상이 되는 부모나 교사로 부터 사랑받지 못하고 있다고 느낄 때 성인의 주의를 끌어 자신의 요구를 만족시키는 수단으로 거짓말을 한다.
  - 새로 태어난 동생에게만 관심을 보이는 부모에게 "머리도 아프고, 배도 아파요."라고 말하기, 금방 물 먹고 왔는데 또 다시 교사에게 "목말라요. 물 먹고 싶어요."라고 말하는 것
- 잘못이나 실수에 대해 지나치게 가혹한 처벌이 뒤따를 경우에는 이에 대한 두려움으로 거짓말을 하기도 한다.
- 또래 집단에 포함되지 못하거나 이들로부터 제외될 것이라는 두려움이 거짓말을 유발시킬 수 있다.
- 습관적인 거짓말은 부적절감, 불안전함, 어린 시절 부모나 다른 사람들로부터 받은 압력이 원인이 된다(Thompson et al., 2007; 김택호 외 역, 2012). 이런 아동은 자기의 주변 상황에 대한 불신으로 신뢰감이 결여되어 지속적인 관계를 맺지 못하고, 자신의 잘못을 이해하여 도와주려는 사람이 주변에 있다고 믿지 않는다(강옥려, 1992).
- 부모의 잘못된 본보기가 거짓말을 유발시킬 수 있다. 예를 들어 부모는 자녀에게 거짓말을 하지 말라고 이야기하면서도 정작 부모 자신은 자녀와의 약속을 잊어버린다든지, 별 일 아닌 듯 "다음에 해줄게."라고 넘어가 버린다면 아동은 거짓말의 심각성을 깨닫지 못하고 모방하여 편리에 따라 거짓말을 하게 된다. 또한 성인이

자신의 이익이나 난처한 상황을 모면하기 위해 거짓말을 하는 것도 아동이 거짓말을 습관화하는 원인이 될 수 있다.

- 세금을 적게 내려고 수입을 속이는 것, 집에 있는데도 외출할 거라고 이야기하는 것, 늦게 출발해서 약속 시간에 늦었는데도 교통체증으로 늦었다고 이야기하는 것 등

2) 지도법

아동이 거짓말을 한다면 무엇보다 거짓말의 동기에 대한 이해에 기초하여 지도 방법을 모색해야 한다. 즉 발달상 상상과 현실의 이해의 부족에 의한 거짓말인지, 관심과 사랑을 받고 싶어하는 것인지, 자신이 원하는 것을 얻고자 하는 거짓말인지, 습관적인 거짓말인지 등 아동이 거짓말을 통해 전달하고자 하는 것이 무엇인지 파악하여 적절한 대처를 하는 것이 중요하다. 이를 위해 교사와 부모는 다음의 방법을 고려해야 한다.

- 발달과정 중에 나타나는 특성으로 현실과 상상의 혼동이나 상상력에 의한 거짓말이라면 걱정하지 말고 아동과 함께 유머를 즐기며 여유롭게 넘어가면 된다. 이런 상황에서도 거짓말이라고 심각하게 질책하며 과장된 반응을 보인다면 아동은 불필요한 죄책감을 경험하게 된다(김재은, 1995).

- 부모나 교사의 일관성 있고 책임 있는 행동은 거짓말을 지도하는 가장 효과적인 방법이라 볼 수 있다. 아동은 부모나 교사의 말을 전적으로 신뢰하며 기다리기 때문에 약속이 지켜지지 않으면 신뢰나 책임에 대한 바람직한 가치를 형성하는데 어려움을 겪게 된다. 따라서 부모나 교사에게는 아동과의 약속을 지키는 책임감 있는 행동이 필요하다.

- 책임을 회피하거나 좋지 않은 의도와 목적을 가지고 하는 거짓말을 한다면 '거짓말은 나쁜 행동'이라는 것을 가르치고 자신의 행동에 대해 책임을 지는 것을 배워갈 수 있도록 지도하는 것이 필요하다. 예를 들어 부모님의 노트북에 물을 쏟아놓고 처벌을 면하기 위해 모르는 일이라고 거짓말을 한다면 다른 사람과의 관계에서 책임감과 신뢰가 얼마나 중요한지 인식시켜 주어야 한다.

- 실수에 대한 두려움으로 거짓말을 한 경우라면 부모나 교사가 실수에 대해 잔소리나 지적이나 훈계를 하기보다는 아동이 실수에 대해 느끼는 두려움을 공감하고 이해해 주려는 노력이 필요하다. 또한 누구나 실수할 수 있으며 실수에 대해 처벌하지 않을 것이라고 약속하고 일관성 있게 지켜나가야 한다.
- 어떤 목적을 달성하기 위한 거짓말이라면 이에 대한 대처가 필요하다. 예를 들어 게임에서 이기고 싶어 규칙을 무시하고, 약속을 지키지 않았음에도 규칙을 지켰다고 우기거나 타인의 핑계를 댄다면 이기고 지는 것보다 정직한 것이 더 중요한 가치를 지닌다는 것을 알려준다.
- 허풍이나 과시에 의한 거짓말은 심리적인 요인과 관련된다. 허풍을 떠는 것은 심리적으로 인정받지 못했거나 용납되지 못한다고 느끼기 때문에 나타나는 것이다(Trapmann et al., 1984; 김영희 역, 1992). 즉, 마음을 만족시키는 수단으로 거짓말을 한다면 외부적으로 드러난 결과에 집착하기 보다는 아동이 진정으로 요구하는 것이 무엇인지 파악하여 만족감을 갖도록 지도한다. 예를 들어 부모님과 놀이공원에 가지 않았으나 친구들에게 놀이공원에서 즐거웠다는 이야기를 한다면 부모님과 함께 시간을 보내고 싶고, 친구들처럼 놀이공원에 가서 놀고 싶어 한다는 것을 이해하여 함께 할 수 있는 시간을 마련해 줄 수 있다.
- 자신이 곤경에 처해 있거나 난처한 상황에서의 거짓말(예 오줌을 싸 놓고 이불이 젖어 있다고 하는 것), 인정이나 용납 받지 못한다고 느낄 때 나타나는 거짓말(예 먹기 싫은 반찬이 있을 때 배가 아프다고 하거나 음식을 먹으면 알레르기가 나타나 밥을 못 먹겠다고 하는 것)이라면 아동의 거짓말 속에서 아이의 욕구가 무엇인지를 이해하려는 노력이 필요하다. 우선 아동이 어떤 상황에서 거짓말을 하는지 구체적으로 파악해야 한다. 즉 언제, 누구에 대해, 어떤 내용으로 거짓말을 하는지 알아본 뒤 해결책을 모색해야 한다.
- 부적절한 행동 규정이나 또래집단과의 갈등에 의한 거짓말이라면 아동과의 이야기를 통해 문제해결 방법을 함께 찾아보는 것이 효과적이다.
- 거짓말한 것에 대해 나쁜 아이라고 낙인이 찍히고 싶지 않아 지속적으로 거짓말을 한 경우라면 표면에 나타난 거짓말보다 아이의 진짜 마음을 이해하려는 노력

이 요구된다. 이러한 아동의 행동은 부모나 교사를 전적으로 신뢰하지 못하여 자신의 거짓말을 이해해 주지 않을 거라는 두려움이 내포되어 있는 것이다. 다른 한편으로는 어른들을 실망시키지 않고 인정받기 위한 노력이라고 볼 수도 있다. 따라서 부모와 교사는 인내심을 가지고 지속적으로 아동과 신뢰로운 관계를 형성해 나가는 것이 중요하다.

04 도벽(훔치는 행동)

훔치는 행동은 습관화되어 다른 문제 행동과 연관되어 사회적 부적응으로 이어지기 쉽다

도벽은 남의 물건을 훔치는 행동이 습관화된 것을 일컫는다. 일반적으로 도덕성 발달이 미흡한 아동에게서 나타나는 훔치는 행동은 단순히 갖고 싶다는 욕망과 호기심에 의한 것으로 별다른 죄의식 없이 남의 물건을 가져오게 된다. 그러나 연령이 높아질수록 도벽은 누적된 불만의 표시로 발생되고, 반복을 통해 습관화되면서 기회에 따라 우발적으로 발생되고 다른 문제행동을 동반하게 된다(강옥려, 1992). 무엇보다 도벽에 대한 낙인은 또래 관계에서 따돌림의 대상이 될 수 있으며, 학업의 중단과 사회적 부적응으로 이어지기 때문에 문제가 심각하다.

1) 행동 특성 및 원인

초기 아동기의 유아들 중에는 유치원이나 어린이집에서 가지고 놀던 작은 자동차나 블록, 미술놀이 소품 등에 관심을 보이며 집으로 가져가는 경우가 있다. 이런 경우는 또래와 함께 나눠 쓰는 것이 싫고 자신이 더 많이 갖고 싶은 욕심에 의해 시작될 수 있다. 그런데 이러한 행동이 지속적으로 계속되면 훔치는 행동이 습관화되거나 신경증적인 도벽으로 이어질 수 있다. 훔치는 행동은 일반적으로 호기심에 의해서 시작되며 자신의 의지와 욕구 사이의 갈등이 약해지면서 습관화되기 쉽다. 훔치는 행동은 다음과 같은 다양한 원인을 통해 나타난다.

- 자신의 것과 남의 것을 구분하지 못하여 훔치는 행동을 보일 수 있다. 따라서 눈

앞에 가지고 싶은 것을 소유하고자 한다. 이 경우는 인지적으로나 사회적으로 미성숙한 영유아에게서 주로 나타난다.

- 자신의 물건과 다른 사람의 물건을 구분할 수는 있지만 남의 물건을 가져가는 행동이 나쁘다고 생각하지 않아 갖고 싶은 물건이 있으면 숨겨 놓거나 몰래 가져가는 행동을 보이기도 한다.
- 자신에 행동에 대한 충동 제어나 통제력이 부족하여 무의식적인 습관에 의해 훔치는 행동이 나타난다.
- 갖고 싶거나 필요한 물건을 구입할 돈이 없어 훔치기도 한다.
- 물건 자체가 아닌 자신의 다른 목표를 충족하기 위한 방안으로 훔치는 행동을 하기도 한다. 예를 들어 자신이 좋아하는 사람의 호감을 사기 위해서, 혹은 또래 집단의 구성원이 되고 싶어서 부모님의 시계나 액세서리, 립스틱 등을 가져가 호감의 대상에게 주기도 한다.
- 1차적인 욕구나 필요를 충족하기 위함이 아닌 다른 부족한 것을 채우기 위해 도벽이 나타나기도 한다. 예를 들어 양육자로부터 충분한 사랑과 인정을 받는다는 느낌을 받지 못한 것에 대해 불만족을 해소하고 대리 충족으로 부족함을 보상받기 위해 훔치는 행동이 나타날 수 있다.
- 또래 집단에서 소외된 아동의 경우에는 외로움, 허무함, 열등감, 부족함을 충족시키려는 심리에 의해 도벽이 나타나기도 한다.
- 어렸을 때의 충격적인 경험도 훔치는 행동의 원인이 될 수 있다.
- 자신에게 필요 없는 물건이지만 질투나 갈등의 대상을 공격하거나 곤경에 빠뜨리기 위해 물건을 훔치기도 한다. 이런 경우에는 훔쳐온 물건을 심하게 훼손하거나 아무데나 버리기도 한다.
- 부모의 무관심이나 부당한 대우에 대한 반발심으로 훔치는 행동을 하며 쾌감을 느끼기도 한다. 이런 경우에는 부모에게 애정을 요구하며 보상받고자 하는 심리가 작용된 것이기도 하다.
- 잘못된 모델에 의해 소유 개념과 도덕성 발달이 적절히 이루어지지 못한 것이 원

인이 되기도 한다. 이런 경우는 부모의 행동을 모방하여 나타나는데 유아기에 부모가 남의 집이나 회사, 공공기관 등에서 물건을 몰래 가져오는 행동을 보면서 이런 행동이 잘못된 행동이라고 느끼지 못해 생긴 것이다. 즉, 다른 사람의 물건을 가져오는 것에 대해 죄의식을 느끼지 못해 도벽의 악순환이 반복될 수 있다.

- 또래에 대한 모방이 원인일 수 있다. 아동기는 또래 관계 형성이 중요한 시기인 만큼 또래와 공유될 수 있는 공통점을 갖고, 그 집단에 인정받기 위해 훔치는 행동을 할 수 있다.

2) 지도법

도벽은 발달 단계에 따라 동기가 다르기 때문에 행위 그 자체보다 동기가 무엇인지 파악하는 것이 중요하다. 도벽을 지도할 때 성인들은 흔히 비꼬거나 모욕을 주는 방법을 사용하기도 하는데 이런 방법은 보다 나은 행동을 가르치는 데 아무런 도움이 되지 못한다(Fields et al., 2006; 이희영 · 허승희 역, 2011). 잘못된 행동에 대한 보복적인 방법을 사용하기 보다는 부모와의 상담을 통해 도벽의 근본적인 원인이 무엇인지 파악하여 원인에 따라 적절한 문제해결 방법을 찾아보아야 한다.

- 소유에 대한 개념이 발달하지 못했거나 남의 물건을 가져가는 것이 잘못된 행동임을 알지 못하는 경우라면 내 것과 타인의 것에 대해 구별할 수 있는 능력을 키울 수 있도록 지도한다. 주인의 허락 없이 타인의 물건에 손을 대거나 가져가는 것을 훔치는 것이라는 것을 명확히 알려주고 훔치는 것은 좋지 않은 행동임을 단호하게 전달한다. 또한 자신의 물건이 아닌 것은 주인의 허락 없이 가질 수 없다는 것을 반복적으로 설명해주는 것이 필요하다.
- 아동이 내 것과 타인의 것을 구별할 수 있도록 자신의 물건에 특별한 표시(예 이름, 색깔이나 모양 스티커 부착 등)를 해준다.
- 훔친 행위가 발견되면 아동은 나쁜 아이로 낙인찍혀 정서적으로 더 불안정해지고 훔치는 행동이 강화될 수 있다. 따라서 성인의 입장에서 힐난하고 심문하듯 아동을 대하거나 가혹한 벌로 위협하지 말고, 아동과 정서적으로 공감하며 원인을 파

악한 뒤 문제를 해결해 나가는 것이 바람직하다.

- 먹고 싶은 것이나 갖고 싶은 것을 훔치는 것이라면 아동이 생활 속에서 필요한 물건은 정당한 단계를 거쳐 얻을 수 있다는 배울 수 있는 기회를 제공한다.
- 아동이 애정 결핍이나 방치, 심리적 위축에 대한 보상으로 훔치는 행동을 했다면 훔친 행동에 앞서 아동의 기분과 정서 상태를 파악하여 심리적인 안정감을 가질 수 있도록 진실된 관심과 사랑으로 돌보는 것이 우선되어야 한다.
- 용돈이 부족하여 훔치는 행동을 한다면 아동이 필요한 물건을 구입하는데 요구되는 적절한 용돈의 기준을 의논하여 계획성을 가지고 구입할 수 있도록 지도한다.
- 친구를 모방하여 훔치는 행동을 한 것이라면 친구의 행동이 무엇이 잘못되었는지 이야기하고 친구도 지도 대상으로 삼아 각각의 가정이 협력하여 지도해 나간다. 계속적으로 친구와 함께 도벽을 한다면 그 친구와 접촉하지 않도록 조치를 취한다.
- 아동의 도벽에 대해 성인의 입장에서 잘못을 지적하기 보다는 아동 스스로 도벽의 문제가 무엇인지 깨닫고 자신의 행동이 어떻게 잘못하였는지 이야기할 수 있는 기회를 제공한다. 이와 함께 피해자의 입장에서 느끼는 감정에 대해 이야기 나눈 뒤 부모나 교사가 함께 피해를 입은 사람에게 보상하여 자신의 행동에 대해 책임감을 느끼도록 한다.
- 습관화된 도벽이라면 전문가의 도움을 받아 부모와 함께 체계적이고 지속적인 치료와 상담을 받을 수 있도록 한다.
- 도벽이 있는 아동의 지도를 위해서는 무엇보다 가족의 생활습관과 태도가 중요하다. 부모의 물질(돈) 중심의 사고는 아동으로 하여금 돈을 획득하기 위해 도벽을 일삼게 하여 제2, 제3의 피해를 유발시키고 인생에서 돌이킬 수 없는 피해를 입게 된다.
- 아동의 훔치는 행동을 유혹하는 환경을 제거하는 것이 필요하다. 예를 들어 부모가 지갑이나 돈을 아무데나 놓아두면 어린 아동은 자기 조절력이 부족하여 도벽에 대한 자극으로 그 물건에 손을 대게 된다.

05 고자질하는 행동

고자질이란 친구의 잘못이나 실수 등의 허물이나 비밀을 부모나 교사를 비롯한 타인에게 이르는 행동을 일컫는다. 유아기에는 발달적으로 선악에 대한 기준이 명확하지 않은데 성인으로부터 인정받고, 칭찬받고 싶어서 고자질하는 행동을 보이기도 한다. 그러나 계속되는 고자질은 원만한 또래 관계에 문제를 야기할 수 있으므로 반복되는 고자질 행동에 대한 바람직한 지도가 필요하다.

고자질은 또래 관계에 문제를 야기시킬 수 있다

1) 행동 특성 및 원인

고자질하는 아동은 "선생님, ㅇㅇ가 ~해요."라는 말을 반복적으로 하며 교사와 또래 옆에 붙어 있다. 자신의 놀이나 과제에 집중하기 보다는 다른 사람들을 감시하느라 바쁘다 보니 자연히 또래와 어울려 놀이하지 못하고 사회적 관계 형성에도 어려움이 있게 된다. 고자질하는 아동의 행동은 다음과 같은 특성을 보인다.

- 유아교육기관이나 학교, 가정에서 친구나 형제 · 자매의 작은 실수나 잘못된 행동을 발견하게 되면 곧바로 교사나 부모 등 성인에게 이른다.
- 자신과 관련된 것뿐 아니라 관련 없는 것도 이른다.
- 자신의 일에 집중하기 보다는 친구가 하는 것을 쳐다본다.
- 친구에게 잔소리를 하거나 지시적이며 혼내듯이 말한다.
- 친구에 대해 험담하며 자주 헐뜯는다.
- 친구의 행동에 대해 옳고 그름, 선악으로 엄격히 판단하는 말을 자주 사용한다.

- 친구를 고자질하며 자신은 그렇게 행동하지 않았음을 강조한다.
- 또래 관계가 원만하지 못하다.
- 매사에 불만족하고 불평하는 경우가 많다.
- 또래의 실수나 잘못된 행동에 대해 직접 문제를 해결하기 보다는 성인의 힘을 빌려 문제를 해결하고자 한다.
- 고자질을 하는 아동은 가정을 비롯한 양육 환경에서 엄격한 금지와 통제를 경험한 경우가 많다.

아동기의 고자질은 다음의 몇 가지 원인에 의해 나타난다.

- 가정에서 지나친 간섭, 규제, 통제와 함께 해야 할 것과 하지 말아야 할 행동의 기준을 강요받을 경우에는 놀이나 또래 관계에서 아동을 무기력하게 하고 고자질을 하게 한다.
- 또래와 어울려 놀이하고 싶지만 또래 집단에 어울리지 못하는 경우에는 성인의 힘을 빌리고자 고자질을 한다.
- 친구들에 비해 자신에게만 제한되거나 금지된 상황이 많아 함께 놀이할 수 없을 경우에는 이에 대한 불만과 심술로 고자질을 한다.
- 자신이 또래 친구들보다 수준이 높고 우월하다고 생각하여 자기 우월감을 느끼는 방편으로 친구의 사소한 행동도 지적하는 행동을 보인다.
- 자신이 잘못하지 않은 행동에 대해 칭찬 받기 위해 친구의 잘못을 고자질을 하기도 한다.
- 부모나 교사의 주의를 끌고자 고자질을 하기도 한다.

2) 지도법

아동이 고자질을 할 때 교사나 부모가 관심과 동정을 보여주면서 고자질의 대상이 되는 아동이나 상황을 비난하게 되면 고자질한 아동은 자기 만족감과 우월감을 강화 받아 고자질이 습관화될 수 있다(황현주 외, 2011). 따라서 고자질로 인해 아동의 또래 관계에 지속적인 문제가 유발되지 않도록 적절한 지도가 필요하다.

- 친구의 행동에 대해 지적하고 판단할 경우는 친구가 느끼는 감정이 어떨지 생각해 보는 기회를 갖도록 한다. 상황극을 통해 고자질하는 아동과 고자질 당하는 아동이 서로 반대의 역할을 경험하며 자신과 상대방이 느끼는 감정을 이해하도록 돕는다.
- 친구의 잘못된 행동에 대해 친구에게 이야기하기 보다는 부모나 교사에게 고자질하며 성인의 힘을 빌리려는 아동은 친구에게 직접 이야기하여 또래 관계가 개선될 수 있도록 지도한다.
- 부모나 교사가 아동의 고자질에 긍정적인 반응을 보일 경우는 아동의 고자질은 더 강화될 수 있다. 따라서 부모나 교사는 고자질하는 행동에 객관적으로 대처하고, 사소한 고자질이 반복될 경우에는 무관심한 태도를 보인다.
- 습관적인 고자질로 인하여 또래와 사회적 관계를 형성하는 데 어려움이 있는 아동이라면 가족상담을 통해 습관적인 고자질 행동의 근본 원인이 무엇인지 찾아보고 가정과 연계하여 지도한다.
- 가정에서의 지나친 규율과 억압에 의해 자신이 행동하는 것을 조심스러워 하고 또래와 어울리지 못하여 성인에게 고자질을 한다면 교사는 아동이 스스로 발견하지 못한 능력과 장점을 발견하여 격려해 주어 위축되고 억압된 감정에서 해방감을 느끼고 자신감을 갖도록 돕는다.
- 고자질하는 아동은 또래나 형제, 자매의 장점을 칭찬하는 것을 어려워 할 수 있다. 이럴 경우에는 고자질하는 아동이 다른 사람의 장점과 능력을 발견하여 칭찬해 볼 수 있는 기회를 제공하고, 잘못을 지적하는 것보다 칭찬해 주는 것이 행복한 일임을 느껴보도록 지도한다.
- 자신에게 주어진 제약으로 인해 또래가 놀이하는 것에 불안을 품고 고자질을 한다면 환경에 도전해 볼 수 있는 기회를 제공한다. 예를 들어 부모로부터 옷에 물감을 묻히지 않도록 강요받았던 아동에게는 "친구들과 물감 묻힌 공을 벽에 던지는 놀이는 손이 좀 더러워지지만 즐거운 놀이란다. 비누로 깨끗이 씻으면 다 지워

지고, 앞치마를 입으면 옷에는 거의 묻지 않을거야."라고 이야기하여 놀이에 대해 기대를 가지고 또래와 긍정적으로 놀이를 시도해 보도록 한다. 또한 부모와의 상담을 통해 지나친 규제보다는 자율적으로 사고하고 행동할 수 있는 있는 기회를 제공할 것을 권유한다.

- 부모는 자녀에게 다른 사람을 험담하지 말라고 가르치면서도 다른 사람을 험담하거나 소문에 대해 말하는 것을 자녀에게 보여주었을 수도 있다. 이럴 경우에는 아동은 부모의 행동을 무의식적으로 모방하여 행동할 수 있으므로 부모는 자녀 앞에서 남의 잘못에 대해 험담하지 않도록 주의한다.
- 교사가 아동의 잘못이나 실수에 대해 옳고 그름을 판단하며 지시적으로 말하는 경우 아동들은 교사의 어투나 행동을 모방하여 행동할 수 있다. 따라서 교사의 판단과 비판이 아동에게 부정적인 영향을 끼치지 않도록 지나친 지시를 하지 않고 아동 스스로 문제를 발견하여 해결 방법을 모색해 보도록 한다.

아동들은 성인에게 도움을 요청해야 하는 상황에서도 스스로 해결하려고 하여 더 큰 문제를 유발시키는 경우가 있다. 예컨대 친구가 다쳐서 피를 흘리는 상황이나 자신이 다친 상황에서 교사에게 도움을 청하지 않고 스스로 친구를 돕거나 자신의 상황을 해결하려고 한다는 것이다. 따라서 아동이 고자질을 하지 말고 스스로 해결해야 할 상황과 성인의 도움을 받아 해결해야 할 것이 무엇인지 구분하고 이해하도록 알려준다.

06 반항하는 행동

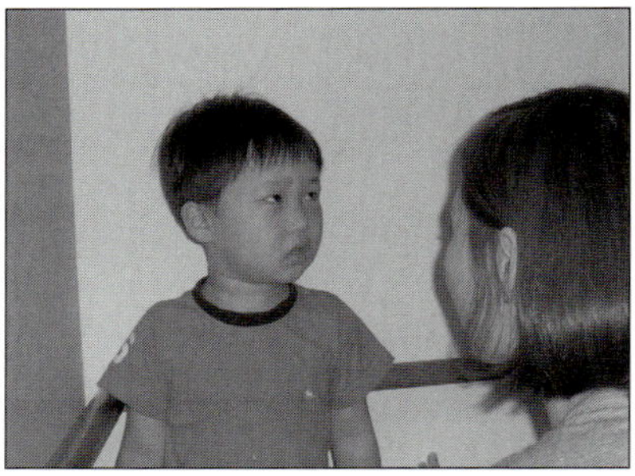
영유아기의 반항은 초기에 관심을 갖고 지도해 나가는 것이 중요하다

반항은 권위적인 인물에 대해 거부적, 적대적, 도전적 행동을 보이며 분노와 적개심을 나타내는 것을 일컫는다. 지나친 적개심과 반항은 이후 반항성 행동 장애(ODD: Oppositional Defiant Disorder)와 품행 장애(CD: Conduct Disorder)로 이어질 수 있으므로 주의가 필요하다. 적대적 반항 장애(ODD: Oppositional Defiant Disorder)는 빠르게는 3세경부터 시작된다. 일반적으로 8세 이전에 시작되고 만성적인 경우는 또래 관계에도 어려움을 발생시킬 수 있다. 특히 반항의 문제가 부모의 무기력함과 양육에 대한 자신감 상실로 이어져 가족 구성원 전체에게 부정적인 영향을 미친다는 데 심각성이 있다(김진호 · 이병래 · 김덕희, 2009).

1) 행동 특성 및 원인

만 2~4세경 영유아들은 자아의 발달이 이루어지면서 떼쓰고 고집을 피우면서 부모나 교사의 도움을 거절하고 자기 뜻대로 하고자 하여 반항하는 행동을 보일 때가 있다. 부모들은 자신의 뜻을 따라주지 않은 영아를 보며 화를 내기도 하고, 일관적이지 않은 반응 때문에 혼란을 느끼기도 하지만 영유아들은 자기 스스로 시도하고 성취한 것을 행복해 한다. 이런 반항은 영유아의 발달의 과정을 이해하여 그들의 마음을 이해해 주면 어느 정도 시간이 지나면 다시 안정을 되찾게 된다. 그러나 성인과의 관계에서 발생되는 반항적 행동이 강화되고 지속될 경우는 사회 관계에 어려움이 유발되고, 학업 성취에도 지장을 초래하기 때문에 초기에 관심을 가지고 지도해 나가는 것이 중요하다. 이에 본 절에서는 적대적으로 반항하는 아동의 특징을 중심으로 살펴보고자 한다. 적대적인 반항행동을 보이는 아동에게 나타나는 특징은 다음과 같다.

- 화를 잘 내고 분개한다.
- 매우 비판적이다.
- 다른 사람에게 쉽게 짜증을 내고 놀리는 행동을 한다.
- 의도적으로 다른 사람을 짜증나게 한다.
- 과도한 말싸움을 많이 한다.
- 어른의 요구나 규칙을 무시하고 거부하는 태도를 보이며 적대감을 보인다.
- 자신에게 해로운 행동일지라도 성인의 지시에 반대하며 승복하지 않는다.
- 타인이 자신에게 지나친 요구를 한다고 생각하는 경향이 있다.
- 자신의 실수나 잘못을 다른 사람의 탓으로 돌린다.
- 우울감과 열등감이 있다.
- 참을성이 적다.
- 지속될 경우는 품행 장애와 성격 장애로 이어질 수 있다.

반항하는 행동의 원인은 명확히 밝혀지지 않고 있으며 어느 한 가지 원인에 의한 직접적인 영향보다 가족 관계나 환경적 요인, 유전적 요인, 사회적 요인 등 다양한 원인이 복합적으로 작용하여 유발될 수 있다. 적대적으로 반항하는 행동을 유발하는 원인을 살펴보면 다음과 같다.

- 영유아 시기에는 발달적 특징에 의해 고집을 피우며 떼쓰며 반항하는 행동을 보인다. 이 시기에는 순응적인 아동도 갑자기 반항적인 행동을 보이며 "아니야.", "싫어.", "안 해."라고 거부하며 자신의 뜻대로 하고자 한다.
- 부모의 양육태도가 지나치게 엄격하고 교훈적으로 자녀의 행동을 조절하고자 하는 것이 반항적 행동의 원인이 될 수 있다.
- 부모의 일관성 없는 양육태도로 인해 혼란스러운 환경을 경험한 아동은 적절한 행동을 배우지 못하여 반항적인 행동을 보이기도 한다.
- 어린 시절 양육자가 자주 교체되어 안정적인 애착을 형성하지 못한 경우에 반항

적 행동을 보일 수 있다.

- 자신이 사랑받고 있지 않으며 존중받지 못한다고 느낄 때 반항적 행동을 보이는 경향이 있다.
- 아동의 발달 수준이나 능력, 관심사를 고려하지 않은 성인 중심의 지시를 할 경우에 반항적 행동이 나타날 수 있다.
- 교육기관에서의 부적응적인 생활습관, 수동적이고 공격적인 행동, 학업의 문제로 이어지는 생활습관 및 태도가 또래, 가정, 이웃 관계에서의 비난으로 이어져 낮은 자아존중감과 사회적 고립을 경험하여 반항성 행동을 유발시킬 수 있다.
- 대중매체의 영향으로 모방에 의한 반항적 행동이 나타날 수 있다.
- 이혼이나 재혼, 양육자의 변화 등의 가족구조 변화와 가족 내의 스트레스, 부모의 범죄 성향과 부모의 정신적 질환 등 가족 환경에 의해 반항적인 행동이 유발될 수 있다.
- 가정불화가 있는 가정의 아동은 가족 관계에서 오는 스트레스로 인해 반항적 행동을 보이기도 한다.
- 부모 가운데 한쪽 부모가 반항 장애 또는 기분 장애, 품행 장애, 주의력결핍과잉행동 장애, 사회적 성격 장애, 약물남용, 물질 관련 장애를 겪었던 경험이 있었을 경우에는 그렇지 않은 경우에 비해 적대적으로 반항하는 행동의 발생률이 높다.
- 신경학적 측면에서 세로토닌의 이상이나 성호르몬의 이상, 전두엽 활성화의 문제가 원인이 되기도 한다.

2) 지도법

반항하는 행동을 보이는 아동의 특성상 처벌적인 훈육은 행동 개선에 도움이 되지 않고 도리어 증상을 악화시킬 수 있다. 반항하는 행동을 지도하는데 기본이 되는 것은 아동과 성인 간의 신뢰감과 이런 행동을 보이는 아동에 대한 존중과 민감성이다. 반항성 장애가 조기에 발병한 경우는 경과도 좋지 않고 성인기가 되어 인격 장애로 이어질 가능성이 높기 때문에 예방 프로그램을 적용하는 것이 중요하다. 따라서 반항적 행동을 보이는 경우는 아동 개인과 가족의 발달 및 가족력, 지역사회의 차원에서 환경적 요소 등을 고려하여 부모 및 가족의 교육과 치료, 사회와 학교에서의 협조 등이 포괄적으로 이루어져야 한다. 반항하는 행동을 하는 아동의 지도 방법을 살펴보면 다음과 같다.

- 자아 개념이 발달하는 영유아기에 나타나는 반항이라면 애정과 관심으로 정서 상태를 헤아려주고 배려해 주어야 한다. 이때 아동의 고집을 꺾기 위하여 권위적이고 강압적인 태도를 취한다면 아동의 반항적인 태도는 더 강화되고 습관화되어 이후 적대적인 반항 장애로 이어지기 쉽다.
- 반항적인 행동을 보이는 아동을 효율적으로 지도하기 위해서는 일관적이고 명확한 규칙을 설정하는 것이 기본이 되어야 한다.
- 아동의 관심이나 능력에 적합하지 않은 것을 요구하여 반항하는 경우라면 아동의 신체적, 인지적, 사회 · 정서적인 발달 상태를 고려하여 수행할 수 있는 과제를 제공한다.
- 반항적인 아동을 대할 때는 공감과 수용을 기본 원칙으로 접근하여 아동이 성인으로부터 일관적이고 헌신적인 지지를 받고 있다는 것을 느끼도록 한다(Thompson et al., 2007; 김택호 외 역, 2012).
- 반항하는 행동을 보이는 환경적 자극이나 시간, 사람 등의 특성을 찾아보고 환경을 재조직하여 아동이 반항하는 행동을 줄여가도록 한다.
- 아동이 행동을 개선하고 분노를 조절하여 효과적으로 대처할 수 있는 갈등 해결 기술을 익히도록 한다. 반항하는 행동을 하는 아동은 다양한 상황에서 성인으로부터 늘 혼나고 체벌로 이어지는 과정을 경험하게 된다. 이러한 상황은 반항적 행동을 하는 아동에게 당황감과 수치심을 갖게 하여 분노가 폭발하고 더 심한 반항적 행동을 하게 된다. 따라서 충돌이 없을 때 아동과 함께 부정적 행동의 결과에 대해서 이야기를 나누어 문제를 개선해 나갈 수 있는 방법을 모색하고 실천할 수 있는 기회를 제공한다.
- 아동이 자신의 행동을 스스로 볼 수 있는 기회를 제공해 준다. 이러한 경험은 반항하는 행동을 효율적으로 조절하고 통제하여 갈등상황에서 바람직한 문제해결

전략을 사용하도록 돕는다.

- 사회적 관계 형성을 위해 지도가 필요하다. 반항적 행동을 하는 아동에게 가장 큰 문제는 바람직한 사회적 관계 형성에 어려움이 있다는 것이다. 따라서 자신의 행동이 부적절한 이유를 알도록 하고, 교사가 규칙 준수에 대해 긍정적인 강화와 피드백을 제공하여 또래나 사회에서 문제아로 낙인찍히지 않도록 도움을 제공해야 한다.
- 반항적 행동을 하는 아동은 자신이 주도권을 갖고 싶어하는 특성이 있으므로 긍정적인 선택을 할 수 있는 기회를 가능한 많이 제공한다.
- 반항적 행동에는 부모 및 가족과의 관계가 중요한 영향을 미치므로 부모와 가족을 대상으로 교육과 훈련을 제공한다. 반항적인 행동을 하는 아동의 부모는 자녀의 반항적인 행동으로 인해 잦은 충돌과 갈등을 경험하는데 부모의 부정적인 감정 표현은 자녀의 반항과 공격적 행동의 모델이 될 수 있다. 따라서 부모의 바람직한 양육태도와 대처 방법에 대한 교육이 필요하다.
- 아동의 반항적인 행동의 지도를 위해서는 부모상담 및 가족치료가 병행되는 것이 효과적이다. 반항하는 행동을 보이는 아동의 가정은 가족 관계에서 갈등과 고통을 겪고 있는 경우가 많다. 부모는 양육에 대한 자신감을 상실하여 무기력한 모습을 보이며 자녀가 반항하는 것에 대해 회피하려는 경향이 있는데 이를 해결하기 위해서는 부모와 가족을 위한 지원이 필요하다.
- 반항적 행동을 보이는 아동이 과잉행동주의력결핍 장애나 불안 장애를 동반할 경우 정신건강 전문가의 진단 하에 항우울제, 항경련제 등의 약물 치료를 받도록 한다.

생각해보기

1. 사회적 부적응행동(예 공격성, 과잉행동, 거짓말, 도벽, 고자질, 반항하는 행동 등)에 따른 에피소드를 만들고, 각 행동 특성과 원인에 따라 상담과정을 역할극으로 표현하며 지도 방법을 모색해 봅시다.

2. 주변의 유치원이나 어린이집에서 사회적 부적응행동을 보이는 아동이 있다면 부적응행동의 상황, 원인, 지도 방법에 따른 아동의 반응을 기술하고, 지도 방법의 적절성을 평가해 봅시다.

Chapter 10

아동심리 검사(1): 객관적 검사

1 심리 검사에 대한 이론적 기초

2 객관적 검사

학습주제 아동심리 검사(1): 객관적 검사

학습목표

❶ 심리 검사의 이론적 기초를 이해한다.

❷ 웩슬러 유아용 지능 검사(K-WPPSI)와 아동행동 평정 척도(K-CBCL)의 세부 구성 요인을 이해하고, 이들 검사 결과에 대한 판독능력을 기른다.

학습요약

1. 심리 검사에 대한 이론적 기초
   1) 심리 검사의 개념
   2) 아동심리 검사의 필요성
   3) 아동심리 검사의 종류

2. 객관적 검사
   1) 웩슬러 유아용 지능 검사(WPPSI)
   2) 아동행동 평정 척도(CBCL)

주요개념

심리 검사, 유아용 지능 검사(WPPSI), 아동행동 평정 척도(CBCL)

들어가기

심리 검사(psychological testing)란 지능, 성격, 태도 등 개인의 능력이나 심적인 특성 및 장애를 측정하기 위해 만들어진 다양한 심리학적인 검사법입니다.

1. 애니어그램, MBTI(성격유형 검사), MMT(다면적 인성 검사), 지능 검사, 다중지능 검사, 창의성 검사, 우울증 검사, 홀랜드 직업적성 검사 중 내가 받은 심리 검사에는 어떤 것이 있는지 생각해 봅시다.
2. 심리 검사를 받고 어떤 점이 좋았는지 이야기 나누어 봅시다.

인간은 본질적으로 생물학적 존재이며 심리사회적 존재이기에 행복한 삶을 영위하기 위해서는 신체적 건강과 심리적 안정의 요소는 기본적으로 확보되어야 한다. 태어나서 생을 마감할 때까지 이러한 두 가지 요소의 온전성을 확인하기 위해 다양한 종류의 검사를 받는다. 갓 출생한 신생아는 아프가(Apgar) 검사를 통해 기본적인 생물학적 기능 수행의 온전성을 평가받는다. 이후 성장하면서 정상적인 신체발달에 대한 확인을 넘어서서 인지 및 정서발달, 문제해결능력, 성격 등에 대한 평가를 통해 심리사회적 존재로서의 건강함을 확인받게 된다.

신체적 · 심리사회적 측면에서의 온전성을 평가하기 위해 대표적으로 사용되는 도구로 행동관찰, 면접법, 사례연구, 심리 검사 등이 있다. 체계적이고 종합적인 심리 평가가 되기 위해서는 위 네 가지 측정 도구를 모두 사용하는 것이 이상적이다. 특히 유아교육과 보육기관의 교사는 근접해서 아동을 관찰하고 면접할 수 있는 환경에 있기 때문에 아동의 정신건강에 대한 주요한 정보수집의 최적의 인적 자원이라 할 수 있다. 그러나 교사가 관찰 및 면접을 통해 아동의 장애나 특정 부적응문제를 가진 아동 혹은 장애성향이 높은 아동을 발견하고 보호자에게 이를 전달하게 될 때에 여러 어려움을 겪을 수 있다. 부모들의 경우는 내 자녀에 대해 객관적이기 보다는 주관적인 태도를 취하기 쉽고 특히 내 자녀의 문제점을 겸허히 수용하고 직면할 수 있는 경우는 많지 않다. 따라서 관찰 및 면접 결과와 더불어 보다 객관화된 정보를 제공할 필요가 있다. 이는 심리 검사를 통해 가능하다. 부모들이 내 자녀가 또래의 다른 아이들에 비해 얼마나 동떨어진 발달궤적을 그리고 있는지를 객관적인 심리 검사를 통해 파악할 수 있어야 한다. 이를 통해 전문가의 치료개입의 필요성을 인식할 수 있게 된다.

따라서 본 장에서는 심리 검사에 대한 이론적 기초와 유아교육 및 보육기관 현장에서 영유아를 대상으로 사용할 수 있는 대표적인 심리 검사 도구들을 살펴보고자 한다.

01 심리 검사에 대한 이론적 기초

최근 증가하고 있는 유아 및 아동기의 문제행동에서 조기진단과 조기개입은 무엇보다 중요하다. 조기진단을 위해서는 무엇보다 객관적인 자료가 필요하고 이 자료는 바로 심리 검사를 통해 제공된다. 따라서 교사는 심리 평가에서 가장 기본적인 과정인 심리 검사를 통해 유아와 아동 개인의 행동이나 성격을 이해하고, 문제를 효과적으로 도울 수 있다.

1) 심리 검사의 개념

인간은 모두 자신만의 고유한 특성을 지니고 있다. 심리 검사란 인간의 성격, 지능, 적성과 같은 개인의 다양한 심리적 특성들을 파악하기 위해 도구들을 이용하여 인간의 특성을 양적, 질적으로 측정하고 평가하는 일련의 절차이다(최정윤, 2002). 즉, 심리 검사는 개인의 내적이며 심리적인 과정을 타당하게 '측정(measurement)' 하는 방법이다.

그러나 유아의 몸무게와 키는 눈으로 관찰 가능하여 직접 측정할 수 있지만, 유아의 성격, 지능과 같은 심리적 속성은 직접적인 측정이 불가능하다. 따라서 인간이 지니고 있는 내적이며 심리적인 과정은 '검사(test)' 라는 도구를 사용하여 측정한다.

즉, 유아심리 검사란 유아가 가지고 있는 심리적 특성과 능력, 장애를 수량화하여, 유아 개인의 심리적 수행능력을 예측하기 위해 실시하는 측정 방법이다. 인간의 심리적 특성을 알아내기 위해 검사라는 말을 처음 사용한 사람은 미국의 카텔이다(이순형 외, 2008 재인용). 그는 금속 제련기에서 광석을 용해시켜 금속의 양을 밝혀내듯이 인간의 정신능력도 측정할 수 있다는 의미에서 정신 검사(mental test)라는 용어를 사용했으며, 이후 인간의 정신능력이나 행동 경향을 측정하는 방법으로 심리 검사가 사용되었다(이순형 외, 2008).

그러나 검사 도구를 사용하여 인간을 측정하기 시작한 것은 1900년대부터이다. 1904년 프랑스 교육부의 부탁을 받고 정상아와 정신지체아를 구별할 수 있는 지능 검사 방법을 개발한 비네(Binet)는 인간의 정신능력을 측정의 개념으로 연구한 선구자이다. 당시 프랑스는 정규학급에서 수업을 따라가지 못하는 학생을 선별하여 특별반을 구성하기 위해 지능 검사를 비네에게 의뢰하였고 비네는 아동의 지적 능력을 수량화하여 측정할 수 있는 지능 검사를 제작하였다. 따라서 이러한 비네의 지능 검사는 표준화 검사의 기원이다.

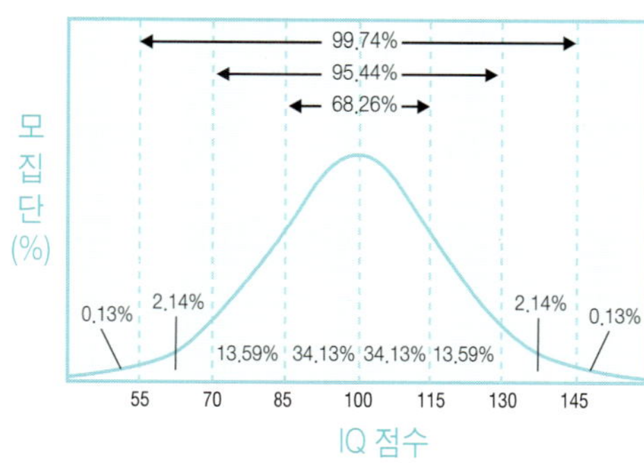

지능 검사 도구를 최초로 만든 비네(Alfred Binet: 1857~1911)와 지능 검사 점수

| 출처 | www.wps.prenhall.com

대부분의 심리 검사는 객관적이고 표준화된 측정을 위해 일관성 있는 절차와 방법으로 진행되는 표준화 검사를 사용한다. 표준화 검사(standardized test)란 모집단(측정하고자 하는 전체 대상)을 대표하는 피험자를 표집하여 동일한 지시와 절차에 의해 검사를 시행한 후 객관적 채점 방법에 의해 규준(비교를 위해 필요한 기준)이 만들어진 검사이다. 대표적 표준화 검사 중 하나인 웩슬러 성인 지능 검사는 성인 모집단에서 성인들을 대표하는 표본(검사 대상)을 뽑아 지능 검사를 실시하여 규준을 제작하고, 그 규준에 의해 지능 검사를 해석한다. 예를 들어 한 사람이 110점을 맞았을 때, 이 점수의 상대적 위치가 어디인지를 알기 위해 규준이 필요하다. 따라서 표준화 검사에는 모든 검사 대상이

동일한 상황에서 검사를 받을 수 있도록 검사 사용설명서(test manual)가 있고, 개인의 점수를 비교 · 해석할 수 있는 규준 점수가 있다. 유아의 경우에 발달이 끊임없이 진행되어가는 과정에 있기 때문에 유아심리 검사에서도 유아의 다양한 심리적 특성과 발달을 과학적이고 객관적으로 밝히기 위해 표준화된 측정 도구를 사용한다.

2) 아동심리 검사의 필요성

부적응행동과 발달적인 문제로 치료기관을 찾거나 치료의 필요성을 느끼는 유아와 아동의 수는 해마다 증가하고 있다. 특히 우리나라에서 아동 정신질환 중 단일질환으로는 가장 유병률이 높은 주의력결핍과잉행동 장애(ADHD) 아동의 경우는 친구들과 잘 어울리지 못하고 반항적인 태도를 보이며 수업 시간에도 집중력이 없고 산만한 정도가 심각하여 문제 아동으로 취급되는 경우가 많다. 그러나 ADHD는 산만성과 과잉행동을 조절하는 아동의 뇌발달이 아직 미숙하여 발생하기 때문에, 조기에 전문적인 치료를 하면 거의 치료가 이루어진다. 따라서 조기치료와 적기치료가 가장 중요하고, 이를 위해서는 조기 발견이 무엇보다 선행되어야 한다. 그럼에도 불구하고 부모들이 자녀의 ADHD를 전문가에게 의뢰하는 것은 자녀가 초등학교에 들어가 문제를 일으킨 이후이다.

부모들의 경우는 ADHD에 대한 관심은 높지만 상대적으로 ADHD에 대한 객관적인 정보와 지식은 적기 때문에, 개입과 치료 시기가 늦어진다. 그러나 현실적으로 교사가 유아의 장애와 문제를 발견하여 부모에게 보고하는 경우는 많지 않다. 이는 의심 가는 유아를 교사가 발견하였을 때 교사 자신의 발견이 느낌이 아닌 객관적 자료에 근거하지 못하였다는 방법론적 문제와 또한 부모에게 전달하는 과정에서 부모가 교사의 판단을 신뢰하지 못하고 오해할 수 있다는 불안감 때문이다. 실제로 부모들은 ADHD 증상에 대해 유아의 기질적 성향이나 남자다움, 넘치는 에너지 정도로 생각하는 것으로 나타났다. 또한 교사가 부모에게 유아의 ADHD 성향에 대해 보고하였을 경우에 교사가 멀쩡한 내 아이를 문제아로 취급한다는 오해를 하여 결국 부모와 교사와의 관계가 더 나빠지기도 한다.

따라서 검사 도구를 통해 측정한 심리 검사는 보다 객관적인 자료를 제공하여 줌으로써, 부모가 조기에 자녀를 전문 상담기관과 병원에 가서 정확한 진단을 받도록 도와준다. 즉 검사 도구는 특정문제나 장애를 가진 유아가 전문적인 상담과 치료를 받도록 연결하는 중간 매개이며, 교사가 유아의 장애를 조기 발견할 수 있도록 돕는 주요 자원이다.

유아의 정신병리는 연령이 증가할수록 지속적으로 나타나 다른 관계에도 부정적인 영향을 미친다. 대부분의 성인 장애는 영유아기에서 시작되고 개인의 일생과 나아가 가정과 사회에도 영향을 미친다. 따라서 보다 효과적인 초기개입과 예방 프로그램의 선행과정으로서 유아교육기관에서 교사가 실시하는 심리 검사는 유아의 건강한 발달과정을 위해 매우 중요하다.

3) 아동심리 검사의 종류

심리 검사는 측정하고자 하는 검사의 목적, 측정 방법, 내용 등에 따라 매우 다양하다. 검사의 목적에 따라 총점으로 검사의 결과를 판단하는 개관 검사(survey test), 하위 요인별로 세분화하여 결과를 분석하는 분석 검사(analysis test), 하위 요인별로 검사결과를 보며 피험자의 문제점을 판단하는 진단 검사(diagnosis test) 등이 있다. 측정 방법에 따라서는 필기 도구를 사용하는 지필 검사와 동작과 행동을 통해 실시하는 작업(동작) 검사가 있으며, 검사의 실시 방법에 따라 개인에게 시행되는 개별 검사와 집단적으로 이루어지는 집단 검사로 분류되기도 한다. 또한 인간의 잠재적 특성은 인지적, 정서적, 행동적 영역 등 3가지로 나누어지는데, 이러한 인간의 영역에 따라 심리 검사를 분류하기도 한다. 이를 구체적으로 살펴보면 다음과 같다.

첫째, 인지적 영역을 측정하는 심리 검사이다. 인지적 영역은 인간의 지적 능력과 관련된 영역으로 지능 검사와 학업적성 검사, 학업성취도 검사 등이 있다. 이 중 유아교육기관에서 가장 많이 사용하고 있는 지능 검사에는 비네 지능 검사와 웩슬러 지능 검사가 있다. 최근에는 가드너(Gardner)의 다중지능 영향으로 인해 유아의 다중지능과 창의성을 측정하는 검사도 많이 사용되고 있다.

둘째, 정서적 영역을 측정하는 심리 검사이다. 인간의 정의적 특성은 자아 개념, 동기, 적성, 불안 등과 같은 정서적 영역으로 자아 개념 검사, 애착 검사, 성격 검사, 흥미 검사, 불안 검사, 어떤 사건이나 사물에 대한 느낌을 묻는 검사 등 다양하다. 유아는 발달 특성상 아직 언어발달이 완전히 이루어지지 않아 체크리스트와 같은 설문지법은 적절하지 않다. 따라서 면접법, 관찰법, 투사법 등이 유아를 대상으로 정의적 영역을 측정하기 위한 방법으로 사용된다.

셋째, 행동적 영역을 측정하는 심리 검사이다. 특정 행위의 완성도나 발달 정도를 측정한다. 유아의 신체발달과 운동기능(대근육과 소근육), 언어능력 등을 연령이나 개월 별로 제시한 발달 도표와 비교하거나 발달 검사를 위해 준비된 장난감을 가지고 유아가 놀이하는 모습을 관찰함으로써 유아의 발달 정도를 살펴보는 발달 검사가 있다. 발달 검사는 최근 유아교육기관에서 많이 실시하는 선별 검사이다. 전에는 훈련받은 소아 관련 전문가(소아과 의사, 발달치료사)에 의해서 수행되었지만 최근에는 교사나 부모가 소정의 교육을 받고 제시된 검사지침서를 활용하여 평가하도록 제작한 검사 도구도 있다.

이 외에도 유아의 신체 · 심리사회적 발달의 건강성을 평가하기 위해 사용하는 검사 방법에는 행동관찰, 면접법, 사례연구, 심리 검사 등이 있다. 이와 같이 아동심리 검사의 종류는 다양하다. 그리고 체계적이고 종합적인 심리 평가가 되기 위해서는 앞서 언급한 네 가지 측정 도구를 모두 사용하는 것이 이상적이지만, 현실적으로 한계가 있다. 따라서 본 지면에서는 전문적인 아동상담기관에서 가장 일반적으로 사용하는 진단용 검사인 객관적 검사 및 투사적 검사와 유치원과 어린이집 현장에서 교사가 보편적으로 사용할 수 있는 아동의 그림을 분석하는 그림 검사를 중심으로 살펴보고자 한다.[1)]

1) 일반적으로 유치원과 어린이집에서는 유아의 행동관찰과 면접법을 보편적으로 사용하고 있지만 이들 검사 방법은 생활 지도나 아동관찰법에서 자세히 다루고 있기 때문에 본 지면에서는 제외하였다.

Tip 발달이정표(Developmental Milestone)

발달이정표는 대부분의 아기들이 보이는 표준적인 발달양상을 개월별로 만들어 놓은 발달표이다. 따라서 매일 영유아를 관찰하고 접촉하는 교사에게 유용한 '자가 발달 검사'이다. 예를 들어 출생부터 3개월 사이에 영아가 머리 들기를 시도하는지 체크하고, 만약 5, 6개월이 되어서도 머리 들기를 하지 못한다면 전문가와 상담을 해야 한다. 이와 같이 교사는 교실에서 영유아의 발달적 특징을 발달이정표의 내용과 비교하여 정상적인 발달로 진행되어 가고 있는지, 또는 전문적인 검사가 필요한지를 알 수 있으며, 영유아의 발달지연을 조기에 발견할 수 있다.

◘ 한국 영유아의 발달이정표

구분	신체발달	언어발달
0~3개월	• 꼭 쥔 주먹을 입으로 가져가 빤다. • 팔, 다리를 바둥거린다. • 손을 폈다 오므렸다 한다. • 팔꿈치를 몸을 지탱한 채 머리와 가슴을 들어올리려 한다.	• 소리, 빛, 몸짓 등에 반응을 보인다.(예 부모의 목소리가 들리면 머리를 돌린다.) • 손과 눈을 조화롭게 사용하기 시작한다. • 일부 모음을 흉내 낸다.
4~7개월	• 누워서 몸을 좌우로 굴리고 앉혀 놓아도 균형을 잡는다. • 손에 닿는 물건을 잡는다. • 잡은 물건을 반대쪽 손으로 옮긴다.	• 사물이 눈에 보이지 않을 때에도 존재한다는 사실을 인식한다. • 손에 닿지 않는 물건을 가지려는 애를 쓴다. 여기저기 부딪치고 물건을 흔들어 보고 떨어뜨리면서 인과 관계를 탐색한다.
8~12개월	• 손바닥과 무릎을 이용하여 기기 시작한다. • 가구를 짚고 일어선다. • 엄지와 검지를 이용하여 관심 있는 물건을 집는다.	• 몸짓에 의미를 부여하기 시작한다. 예를 들어 '싫다'는 의미로 고개를 흔들거나 사람들과 헤어질 때 손을 흔든다. • 집게손가락으로 원하는 것을 가리킨다.

구분	신체발달	언어발달
13~18개월	• 성장은 느려지지만 힘이 세지고 균형이 잡혀간다. • 아무 도움 없이 혼자서 걷는다. • 크레용으로 낙서하고 집게손가락으로 사물을 가리킨다.	• 이름을 인식한다. 예를 들어 "코는 어디 있지?" 하고 물으면 코를 가리킨다. • 빗과 전화기 등에는 특유의 기능이 있다는 사실을 인식한다. • 그림책이 거꾸로 되어 있을 경우 그 사실을 알아챈다.
19~23개월	• 뛰고 기어오르기 시작한다. • 넘어지지 않고 발로 공을 찬다. • 장과 방광을 통제하는 능력이 생긴다. • 손을 이용해 컵에 든 음료를 마시고 서투르게나마 원을 그린다.	• 가장놀이를 시작한다. • "참 크다.", "다 없어졌네." 등 간단한 어구를 말하기 시작한다. • 단어를 사용하여 욕구 불만을 표현하는 경우가 있다.
24~36개월	• 뒹굴기를 즐기고 음악 박자에 맞춰 춤을 추며 한 발로 깡충깡충 뛰기 시작한다. • 용변 훈련을 시작한다. • 손목을 돌려 병을 열거나 너트, 볼트, 나사를 돌린다.	• 어휘와 문장 구성능력이 급속히 발달한다. • 분류의 개념을 이해하기 시작한다. (예 개와 고양이는 동물이다.) • 지시하는 말을 이해하지만 따르기를 거부하는 경우도 있다.
37~48개월	• 어른의 도움을 받지 않고 혼자서 옷을 입고 벗을 줄 안다. • 세발자전거의 페달을 밟고 방향을 조정한다. • 연필을 이용하여 글 쓰는 자세를 잡고 알아볼 수 있는 형체를 그린다.	• 비슷한 것과 다른 것의 개념을 이해한다. 예를 들어, 장난감을 크기나 색상별로 구분할 수 있다. • 이야기를 기억하고 말할 줄 안다. • 끊임없이 "왜?"라는 질문을 한다.

| 출처 | 한국어린이육영회 부설 치료교육 연구소(2012, http://www.kidgrowing.org) 참조.

02 객관적 검사

유아교육과 보육기관 현장에서 심리 검사를 사용하는 주된 목적은 유아의 정상발달 여부 확인 혹은 적응 · 부적응에 대한 변별이 일차적이다. 객관적 검사는 검사 과제가 구조화되어 있고, 채점과정이 표준화되어 있어 검사 실시, 채점, 및 해석과정이 비교적 간편하다는 장점이 있다. 본문에서는 우리나라에서 비교적 가장 많이 사용하고 있는 유아용 객관적 검사인 웩슬러 유아용 지능 검사와 유아의 장애 성향을 살펴보는데 사용되는 아동행동 체크리스트(K-CBCL)를 살펴보았다.

1) 웩슬러 유아용 지능 검사(WPPSI)

웩슬러(Wechsler) 지능 검사에는 유아용(WPPSI), 아동용(WISC), 성인용(WAIS)로 구분된다.

(1) 검사 대상

웩슬러 유아용 지능 검사(WPPSI: Wechsler Preschool and Primary Scale of Intelligence)는 5~15세용의 지능 검사(WISC)를 하향 확대한 검사로 주로 만 4~6.5세 연령의 유아를 대상으로 실시한다. 우리나라에서도 만 3~7세 3개월 아동의 지능을 측정하기 위해 박혜원 · 곽금주 · 박광배(1996)에 의해 한국판 웩슬러 유아용 지능 검사(K-WPPSI)가 개발되었다.

(2) 검사 목적

유아의 교육, 치료, 연구를 위해 주로 사용되며, 특히 특수교육이 필요한 영재 아동이나 발달지체 아동을 변별하는데 활용된다(정옥분, 2012).

(3) 검사 구성

한국판 웩슬러 유아용 지능 검사(K-WPPSI)는 크게 언어성 검사와 동작성 검사로 구성된다. 언어성 검사 부분을 구성하는 하위 소검사 6개는 상식, 이해, 산수, 어휘, 공통성, 문장(보충)문제이다. 비언어적 능력을 측정하는 동작성 검사의 하위 소검사 6개는 모양 맞추기, 도형, 토막 짜기, 미로, 빠진 곳 찾기, 동물 짝짓기(보충) 문제이다. 각 소검사가 측정하는 세부 내용과 임상적 의미는 다음과 같다(박혜원 외, 1996).

표 10-1 유아용 지능 검사(WPPSI) 구성 내용

구분	소검사	측정 내용과 임상적 의미
언어성 검사	상식문제	• 일상의 사건이나 물건에 대한 지식 수준을 측정한다. 선천적 능력, 풍부한 초기 환경조건, 문화적 경험 등으로 누적된 지식이 어느 정도인지를 측정하는 내용으로 구성된다. 〈임상적 의미〉 • 낮은 점수는 가정에서의 문화적 기회 제공과 독서량이 부족함을 반영한다.
	이해문제	• 행동의 원인과 사건의 결과에 대한 인과적 관계를 파악하고 그에 근거하여 효율적인 문제해결 방안을 찾아내는 등 적절하고 의미 있는 방법으로 자기의 과거 경험을 평가하고 종합하는 능력을 측정한다. 〈임상적 의미〉 • 과거경험에 대한 평가와 활용능력이 떨어지거나 가정에서의 양심과 도덕 개념 교육이 부족할 때 낮은 점수를 얻게 된다.
	산수문제	• 기본적으로 수 개념에 대한 이해능력을 측정한다. 사고력, 수리능력 및 주의 집중력과 사고의 유연성을 파악할 수 있다. 〈임상적 의미〉 • 기본적인 수 개념 형성이 미숙하고, 시간적 압박 하에서의 수행에 대한 부담감이 많고, 주의를 기울일 수 있는 범위가 좁거나 불안 수준이 높을 때 낮은 점수를 얻게 된다.

구분	소검사	측정 내용과 임상적 의미
언어성 검사	공통성 문제	• 사물의 공통성을 찾는 검사로 언어적 개념능력을 측정한다. 사물들에 대한 단순한 개념을 넘어 고차원적인 추상적 사고능력을 의미한다. 〈임상적 의미〉 • 앎에 대한 흥미, 호기심이 부족하고 다방면에 관한 독서나 생활경험이 부족할 때 공통성 점수가 낮아진다.
	어휘문제	• 구체적인 실물인 '칼'의 의미부터 추상적인 의미인 '골칫거리'까지 낱말의 의미를 묻는다. 즉 아동의 문화적 경험, 교육적 환경과 밀접히 관련된 아동의 학습능력, 개념의 풍부성, 기억력, 개념, 언어능력 등 개인의 지적 능력을 측정한다. 〈임상적 의미〉 • 기본적인 단어지식과 정상적인 언어발달이 이루어지지 않을 때 낮은 점수를 얻게 된다. '상식'과 '공통성'처럼 초기 환경의 풍요로움, 학습경험, 가정에서의 문화적 기회 제공 요인에 의해 영향을 받는다.
	문장문제 (보충)	• 큰소리로 기록용지에 있는 문장을 읽어주면 아동은 이를 그대로 따라해야 한다. 이를 통해 단기 기억능력과 주의력을 측정한다. 〈임상적 의미〉 • 주의를 기울일 수 있는 범위가 좁고 불안 수준이 높거나 주의가 산만한 경우에 단기 기억능력이 떨어져 낮은 점수를 얻게 된다.
동작성 검사	빠진 곳 찾기	• 일상적인 물건 그림에서 빠진 부분을 찾아내야 한다. 사물의 중요한 부분과 지엽적인 부분을 구별하는 능력을 측정한다. 또한 집중력, 시각적 예민성, 시각적 구성력 및 기억력 등을 파악할 수 있다. 〈임상적 의미〉 • 낮은 점수를 얻는 경우에는 시각적 구성능력과 언어적 이해능력이 떨어져 자극에 대한 정확한 이해가 결여되어 효율적인 문제해결이 힘들어진다.
	토막 짜기	• 제시된 모양과 같은 모양을 제한된 시간 안에 두 가지 색깔로 된 토막들로 재구성해야 하는 검사이다. 시각-운동 협응능력과 지각 구성능력 및 공간 시각능력을 측정한다. 또한 운동능력과 색채-지각능력도 파악할 수 있다. 〈임상적 의미〉 • 낮은 점수의 경우에는 전체와 부분의 관계성을 파악하는 능력이 떨어져 시간적 제한이 있는 수행에 있어 전략적으로 접근하지 못하고 시행착오적 접근을 통한 비효율적인 문제해결 경향성을 띤다.
	도형 검사	• 도형 검사는 제시된 4개의 도형 중에서 제시된 그림과 똑같은 도형을 찾는 과제와 아동이 그림을 보고 따라 그리는 과제로 구성되어 있다. 시각운동 협응력, 정신적 조작의 민첩성 및 단기 기억능력을 측정한다. 〈임상적 의미〉 • 낮은 점수의 경우에는 모형 재구성능력과 시각운동 통합능력이 떨어지거나 지필기술이 부족할 가능성이 높고 단기 기억능력이 떨어져 기초 학습수행 수준이 저하될 수 있다.

구분	소검사	측정 내용과 임상적 의미
동작성 검사	모양 맞추기	• 모양 맞추기는 여러 조각들을 나열하여 제시하고 제한된 시간 안에 이 조각들을 맞추어 하나의 구체적인 모양을 파악하는 검사이다. 시각-운동의 협응능력과 지각 구성능력 및 공간 시각능력을 측정한다. 〈임상적 의미〉 • 낮은 점수의 경우에는 전체와 부분 간의 관계성 파악이 힘들고 불확실함에 반응하는 능력이 떨어져 학습한 내용들을 통합하여 고차적인 지식으로 체계화하지 못할 가능성이 높다. 또한 다양한 퍼즐경험이 결여되었을 가능성이 높다.
	미로	• 미로 검사는 제한된 시간 안에 점점 더 어려워지는 미로의 통로를 찾는 검사이다. 계획능력, 지각 구성능력을 측정하며, 시각-운동 협응능력과 수행 속도 및 정확성을 파악할 수 있다. 〈임상적 의미〉 • 미로문제에 대한 이전 경험이 많거나 시각적 패턴을 예견하는 능력이 발달된 경우는 높은 점수를 얻을 수 있지만, 점점 어려워지는 과업에 대한 인내나 좌절에 대한 내성이 낮은 경우는 낮은 점수를 얻게 된다.
	동물 짝짓기 (보충)	• 동물 짝짓기는 동물 그림 밑에 있는 구멍에 그 동물에 맞는 색깔의 원통막대를 끼우는 것이다. 다른 동작성 검사와 마찬가지로 지각 구성능력과 시각-운동 협응능력을 측정한다. 시간이 충분하지 않거나 아동의 집중력이 떨어지거나 거부적일 때는 생략가능하다.

출처: 임창재(2000). 유아심리측정. pp. 225-250.

비록 유아교육 교사들이 전문적인 지능 검사 결과 해석의 절차를 완전히 이해하는 것은 어렵지만, 유아의 정상성과 독특한 성격적 특성을 파악하기 위해서는 다음의 기준을 숙지하는 것이 필요하다. 지능 검사 결과를 이해하기 위한 기준은 다음과 같다.

첫째, 언어성 지능과 동작성 지능의 차이를 확인한다. 일반적으로 12점 이상의 차이가 있을 때 임상적으로 설명할 가치가 있다고 본다. 만약 25점 이상의 차이가 있을 때는 신경학적 역기능의 문제를 시사한다. 문화적 경험이 결여되거나 학습이나 읽기 장애를 갖고 있는 아동은 동작성 지능이 언어성 지능보다 유의하게 높다. 또한 시간제한을 둔 수행에 대한 부담감을 많이 느끼는 아동은 일반적으로 언어성 지능이 동작성 지능보다 유의하게 높다. 이럴 경우는 시계에 대해 부주의하거나 불안 혹은 산만한 아동이거나 심사숙고하여 애매모호한 문제이해에 많은 시간을 소요하는 경우일 수 있다. 혹은 완벽주의 성향이 있는 아동은 토막 짜기나 모양 맞추기 검사에서 완벽해질 때까지 조각들을 움직이느라 시간을 초과해 버리게 된다.

둘째, 언어성 검사와 동작성 검사의 하위 소검사 점수들 간의 기복을 살펴보고 유의미한 개인의 강점(strength)과 약점(weakness)을 파악한다. 각 하위 소검사의 점수와 해당 검사 평균치와의 차이를 비교했을 때 평균보다 3점 이상 크면 의미 있는 강점으로, 3점 이상으로 작으면 의미 있는 약점으로 추정한다. 그 다음 강점을 보이는 소검사 중 하나를 선정한 후에 그 소검사와 관련된 모든 공유 요인을 찾아본다. 언어적 이해능력을 공통적으로 측정하는 소검사는 '상식, 공통성, 이해, 어휘문제' 이며, 지각적 구성능력과 공간능력을 공통적으로 측정하는 소검사는 '빠진 곳 찾기, 토막 짜기, 모양 맞추기, 미로 검사' 이며, 산만성과 계열화능력을 측정하는 소검사들은 '산수, 문장, 도형 검사' 가 있다. 따라서 공통적인 능력을 측정하는 소검사 점수들이 일관적으로 평균 이하로 떨어지는지 살펴봐야 한다. 산만성 측정 3개 소검사 중 어느 하나라도 유의미하게 평균치에서 이탈되었다면 신중히 검토해야 한다.

셋째, 아동의 프로파일에서 시사되는 강점이나 약점은 아동의 성장 배경, 검사 시의 행동 관찰, 다른 검사 점수들에 대한 정보와 함께 통합하여 고려한다.

한편 특정 진단에 따라 두드러지는 지능 검사 결과 특징들이 있다. 다음에 제시한 진단별 특징은 전문적 치료개입이 필요한 사례인지 아닌지를 파악하는 데 도움을 준다 (김재환 외, 2006).

첫째, 정신분열 장애이다. 정신분열 장애는 망상, 환청, 언어기능 와해, 정서적 둔감 등의 증상과 더불어 사회적 기능에 장애를 일으키는 질환이다. 일반적으로 정신분열 장애 아동은 상식과 어휘문제를 중심으로 극단적으로 점수가 분산되어 있으며 언어성 지능이 동작성 지능에 비해 14점 이상 높다. 쉬운 문항에서의 잦은 실패를 보이고 문제

자체를 잘못 이해하는 경향성을 보인다. 또한 이해, 공통성, 빠진 곳 찾기, 토막 짜기, 차례 맞추기 점수가 유의하게 떨어지는 양상을 보인다. 마지막으로 비논리성, 말의 앞뒤 조리가 없고 괴이한 언어 표현을 보인다.

둘째, 불안 장애이다. 불안 장애는 다양한 형태의 비정상적, 병적인 불안과 공포로 인하여 일상생활에 장애를 일으키는 정신 질환을 통칭하는 것이다. 불안과 공포는 정상적인 정서 반응이지만, 정상적 범위를 넘어서면 정신적 고통과 다양한 신체적 증상을 초래한다. 불안 장애의 경우는 지능 검사에서 문장, 산수 점수가 낮고, 정신분열 장애의 경우처럼 혼란된 사고와 같이 현실 검증력의 결핍은 보이지 않는다.

셋째, 강박 장애이다. 강박 장애는 불안 장애의 하나로서, 반복적이고 원하지 않는 강박적 사고(obsession)와 잦은 손 씻기, 숫자세기, 재차 확인하기와 같은 강박적 행동(compulsion)을 특징으로 하는 정신질환이다. 강박 장애 아동은 전체 지능 점수가 110 이상이면서 상식문제, 어휘문제 점수가 높은 반면 이해문제 점수는 낮게 나타난다.

넷째, 우울 장애이다. 우울 장애는 의욕 저하와 우울감을 주요 증상으로 하여 다양한 인지 및 정신 신체적 증상을 일으켜 일상 기능의 저하를 가져오는 질환이다. 우울 장애는 평생 유병율이 15%, 특히 여자에서는 25% 정도에 이르며, 감정, 생각, 신체 상태, 행동 등에 변화를 일으킨다. 우울 장애의 경우는 언어성 지능이 동작성 지능보다 유의하게 높고, 난이도가 어려워지면 쉽게 포기하는 행동을 보인다. 전반적으로 반응 속도가 느리고 언어 표현의 유창함이 부족하다. 공통성 문제 점수가 다른 언어성 검사에 비해 떨어지며 수행 실패에 대해 자신을 비판하는 행동 특성이 나타날 때가 많다.

다섯째, 전환 장애이다. 전환 장애는 심리적인 갈등이나 부담으로 몸이 마비되거나 운동기능과 감각기능에 이상이 생기며, 심한 경우에는 경련과 발작까지 일으키는 질환이다. 일반적으로 전환 장애 아동은 산수문제에서 쉽사리 포기하는 경향이 있으며, 언어성 지능보다 동작성 지능이 올라가고, 상식문제에 비해 이해문제 점수가 높게 나타난다. 또한 와해징후는 없으나 도덕적인 내용이 많이 보고된다.

여섯째, 대뇌 기질성 장애이다. 대뇌 기질성 장애는 뇌조직의 일시적 또는 영구적 손상이나 기능 장애로 인해 사고 및 정서적 문제가 초래되는 질환이다. 이 경우에는 토막 짜기, 도형, 모양 맞추기 점수가 유의하게 떨어지며, 통합적 사고능력 저하로 인해 공통성 문제 점수가 현격히 저하되어 나타난다.

다음은 K-WPPSI 실제 사례를 통해 정상적인 지능 검사 프로파일과 부적응적인 지능 검사 프로파일을 살펴보도록 하자.

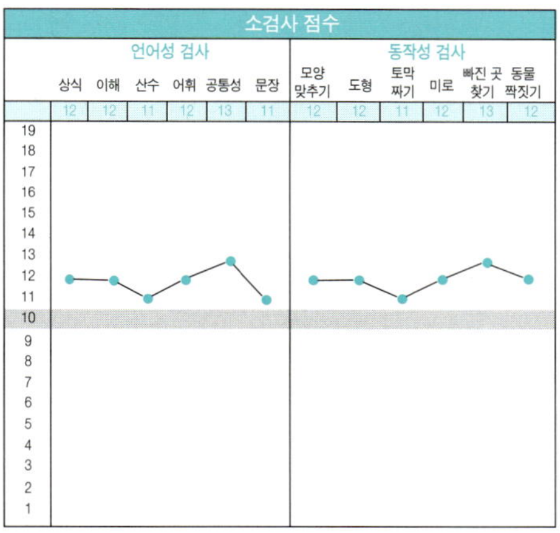

〈사례 1〉

- 6세 남아
- 전체 지능 점수: 119(언어성 지능 점수: 116, 동작성 지능 점수: 119)

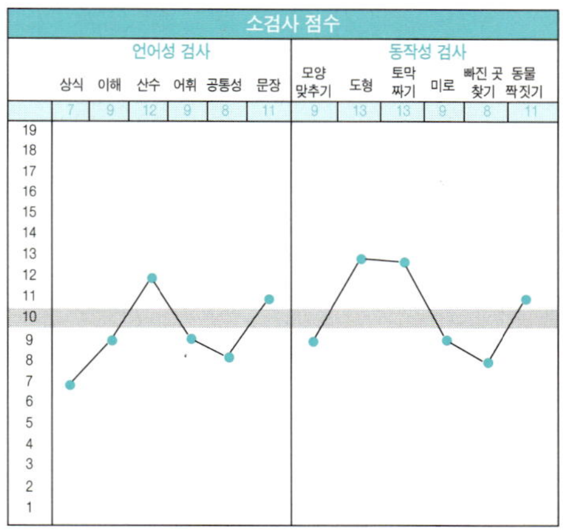

〈사례 2〉

- 7세 3개월 남아
- 전체 지능 점수: 101(언어성 지능 점수: 99, 동작성 지능 점수: 102)

※ 본문 내용 중 K-WPPSI, K-WAIS 프로파일 예시는 다음을 기준으로 한다.
전체 지능 점수는 언어성 지능 점수와 동작성 기능 점수의 합을 2로 나눈 값이 아님. 피검사자의 연령집단의 규준 점수를 따르기 때문에 '(언어성 지능 점수 + 동작성 지능 점수)/2' 값과 일치할 수도 있지만, 일치하지 않을 수도 있음. 그러나 크게 차이가 나지 않는 경향이 있음.

그림 10-1 K-WPPSI 프로파일 예시

사례 1과 2 모두 언어성 지능과 동작성 지능 점수가 12점 차이가 나지 않는다. 그러나 소검사들 간의 점수 분산이 사례 1의 경우는 크지 않다. 즉, 언어성과 동작성 소검사 점수 모두 곡선의 기울기가 원만하다. 이는 다양한 인지기능들과 시각-운동 협응능력들이 고르게 발달되어 있음을 의미한다. 소검사 수행을 고려할 때 '평균상'에서 '우수' 수준의 지적 잠재력을 추정해 볼 수 있다. 그러나 사례 2의 경우는 전체 지능 점수는 '평균'에 해당되지만 언어성과 동작성 소검사들에서 점수 분산이 사례 1보다는 큼을 알 수 있다. 인지기능이 고르게 발달되지 못하고 있음을 의미한다. 강점으로 볼 수 있는 것은 언어성 검사 중에 '산수', 동작성 검사 중에는 '도형과 토막 짜기'라 할 수 있다. 기본적인 수 개념은 양호하게 발달해 있으며 구체적이고 명확한 수행 과제 자극이 제시될 때는 어렵지 않게 과제를 성공할 수 있을 가능성이 높다. 그러나 기본적으로 언어이해능력(예 상식, 이해, 어휘, 공통성)과 시공간적으로 자극들 간의 개연성을 파악해야 하는 '모양 맞추기'와 사물의 본질과 비본질을 구분하는 '빠진 곳 찾기'에서 수행 수준이 떨어지고 있는 것으로 보아 고차적인 인지기능이 미숙하다고 보인다. 따라서 사례 2의 경우는 다양한 문화적 학습 경험을 통해 언어이해능력과 논리적인 분석능력을 향상시킬 수 있도록 도와줄 필요가 있다.

2) 아동행동 평정 척도(CBCL)

아동행동 평정 척도(CBCL: Child Behavior Checklist)는 토마스 아첸바흐(Thomas Achenbach)와 크레그 에데브록(Craig Edelbrock)이 1983년에 아동의 정신과적 질병을 가질 위험이 높은 아동을 신속하게 분류하기 위해 제작한 것이다.

(1) 검사 개발

아동 및 청소년기의 대표적인 문제행동에 관한 문항들을 작성하여, 정신과 전문 진료기관에 내원한 4~16세의 아동 및 청소년들을 대상으로 설문을 실시하였다. 설문자료를 요인분석하고 그 결과를 토대로 검사의 하위 척도를 구성하였는데, 크게 사회능력에 관한 20문항과 문제행동에 관한 118문항으로 구분된다. 한편 CBCL은 아동을 잘 아는 부모나 양육자가 평정하도록 되어 있는데, 아동의 문제가 부모에 의해 관찰되지 않고 가정 밖 교육장면에서 목격될 때가 많다. 따라서 아첸바흐는 1991년 개정판에서 교사용 행동평정 척도(TRF: Teacher Report Form)를 개발하였다.

(2) 한국판 아동행동 평정 척도(K-CBCL: Korea-Child Behavior Checklist)

한국에서는 오경자 · 하은혜 · 이혜련 · 홍강의(2007)가 아첸바흐와 에델브록(Achenbach & Edelbrock, 1983)이 개발한 CBCL을 한국 실정에 부합하게 문항 수정 및 보완과정을 거쳐 CBCL을 표준화하였다.

(3) 검사 대상 및 검사 구성

K-CBCL 실시 대상 연령은 4~17세에 이르기까지 폭넓다. K-CBCL은 크게 사회능력 척도와 문제행동 척도로 구성되며, 문항 내용은 다음 |표 10-2|과 같다.

표 10-2 아동행동 평정 척도(K-CBCL)의 전체 구성

전체 척도	하위 척도	문항수	비고
사회능력 척도	사회성	6	사회능력 척도는 6세부터 적용
	[문항 내용] 친구는 몇 명 정도 있는가?, 부모와의 관계는 원만한가?		
	학업수행	7(6)*	학업수행 척도는 초등학교 이상에만 적용
	[문항 내용] 과목별 학업성취 수준은?		
	총 사회능력	13(12)	사회성과 학업수행 점수 합산
문제행동 증후군 척도	위축	9	[문항 내용] 말을 하지 않으려 한다. 수줍어 한다.
	신체증상	9	[문항 내용] 어지럽다. 몸이 쑤시고 아프다.
	불안/우울	14	[문항 내용] 잘 운다. 나쁜 생각이나 행동을 할까봐 두려워 한다.
	사회적 미성숙	8	[문항 내용] 너무 어른들에게 의지하고 매달리는 경향이 있다.
	사고의 문제	7	[문항 내용] 이상한 소리를 듣는다.
	주의집중문제	11	[문항 내용] 가만히 앉아 있지 못하고 안절부절못하고 지나치게 많이 움직인다.
	비행	13	[문항 내용] 거짓말을 하거나 남들을 속인다.
	공격성	20	[문항 내용] 말다툼을 자주 한다. 다른 사람을 괴롭히고 못살게 군다.

전체 척도	하위 척도	문항수	비고
문제행동 증후군 척도	내재화 문제	31**	위축, 신체증상, 불안/우울 척도의 합-문항 103**
	외현화 문제	33	비행, 공격성 척도의 합
	총 문제행동	117	문항 2, 4를 제외한 전체 문항의 합
	성문제	6	4~11세만 적용
	정서 불안정	10	6~11세만 적용, 한국판에만 추가한 특수 척도

* 초등학생은 영어 제외하여 6임
** 문항 103은 위축과 불안/우울 척도에 모두 포함되므로 한번 뺌

| 출처 | 정옥분(2012). 아동심리 검사. pp. 466-474.

사회능력 척도는 사회성 척도와 학업 수행 척도의 표준 점수인 T점수가 30이하이면 문제가 있다고 판단되며, 총 사회능력 척도의 T점수가 33점 이하이면 문제가 있는 것으로 판단할 수 있다. 반면 문제행동 증후군 척도는 총 문제 척도의 T점수 63점 이상(90% 이상), 각 문제증후군의 T점수 70점 이상(97% 이상)이면 임상적으로 유의미한 부적응을 보이고 있다고 판단할 수 있다. 아래 제시된 K-CBCL 프로파일을 보면 사회능력 척도에서 사회성과 학업수행 T점수가 30점 이하이다. 이는 가정과 교육장면에서 사회성이 떨어지고 학업수행에 어려움을 경험할 가능성이 있음을 의미한다. 그러나 문제행동증후군 척도에서는 T점수가 63점 이상으로 상승하는 것이 없다. 이것은 내담자 아동의 사회성과 학업성취도가 떨어지는 것이 아동이 해결하기 힘들 정도의 과도한 스트레스가 작용하고 있지는 않는 것으로 판단된다. 따라서 본 프로파일의 아동에게는 효율적으로 학습을 수행할 수도 있도록 조력해줌과 동시에 적절한 사회적 기술 훈련을 통해 대인 관계능력을 향상시킬 필요가 있다.

표 10-3 K-CBCL 프로파일 예시

K-CBCL 아동, 청소년 행동 평가 척도의 예

오OO, 이OO, 홍OO, 하OO

번 호		검사일	
이 름		성 명	(기록인:)
연 령		전화번호	

사회능력 척도

총 사회능력 척도 원점수: 0%, tile: 0, T점수: 18(임상 범위)

구 분	raw	%tile	T
I. 사회성	0	13	23
II. 학업수행	0	15	20

문제행동 증후군 척도

내재화 척도 원점수: 0%, tile: 5, T점수: 33

외현화 척도 원점수: 0%, tile: 6, T점수: 35

총 문제행동 척도 원점수: 0%, tile: 2, T점수: 29

구 분		raw	%tile	T
내재화	I. 위축	0	13	39
	II. 신체 증상	0	15	40
	III. 우울/불안	0	11	38
	IV. 사회적 미성숙	0	17	40
	V. 사고의 문제	0	29	45
	VI. 주의집중 문제	0	6	34

문제행동 증후군 척도

구 분		raw	%tile	T
외현화	VI. 비행	0	13	41
	VII. 공격성	0	7	35
성문제		0	0	0
정서 불안정		0	0	0

※ 성문제는 4~11세, 정서 불안정은 6~11세까지에만 적용되는 특수 척도입니다.

구 분			원 점 수		
사회능력		I. 사회성	18. 친구의 수	18-1. 어울리는 정도	19-1, 2, 3. 관계평균
			19-4. 혼자 놀기, 공부		
		II. 학업수행	20. 학업성적 평균	21. 특수학급	22. 휴학 여부
문제행동 증후군	내재화	I. 위축	42. 혼자 있음	65. 말안함	69. 숨기기
			75. 수줍음	80. 허공 응시	83. 부루퉁
			102. 비활동적	103. 슬픔, 우울	111. 위축
		II. 신체 증상	51. 어지러움	54. 피곤	56-1. 몸아픔
			56-2. 두통	56-3. 메스꺼움	56-4. 눈의 이상
			56-5. 발진	56-6. 배앓이	56-7. 구토
		III. 우울/불안	12. 외로움	14. 잘 운다	31. 나쁜 행동 걱정
			32. 완벽 요구	33. 사랑 못 받음 불평	34. 피해의식
			35. 낮은 자아 개념	45. 건강	50. 겁, 불안
			52. 죄책감	71. 자의식	89. 의심
			103. 슬픔, 우울	112. 걱정	
		IV. 사회적 미성숙	1. 어린 행동	11. 어른 의지	25. 못 어울림
			38. 놀림 받음	48. 아이들이 싫어함	55. 과체중
			62. 운동신경 둔함	64. 어린애들과 놀기	
		V. 사고의 문제	9. 강박적 사고	40. 헛 것 들음	65. 강박행동
			70. 헛것 봄	80. 허공 응시	84. 이상한 행동
			85. 이상한 생각		
		VI. 주의집중문제	1. 어린 행동	8. 주의집중문제	10. 안전물질 과잉행동
			13. 헷갈림	17. 공상	41. 충동적
			45. 긴장	46. 불안한 몸짓	61. 공부 부진
			62. 둔한 운동신경	80. 허공 응시	

구분			원점수		
문제행동 증후군	외현화	VII. 비행	26. 가족 없음	39. 나쁜 친구	43. 거짓말
			63. 나이많은 애 어울림	67. 가출	72. 불지름
			81. 집안 도벽	82. 집 밖 도벽	90. 욕
			96. 성에 집착	101. 무단 결석	105. 술 · 약물 사용
			105. 기물 파괴		
		VIII. 공격성	3. 말다툼	7. 허풍, 자랑	16. 잔인, 괴롭힘
			19. 관심 요구	20. 자기 물건 파괴	21. 남 물건 파괴
			22. 집 반항	23. 학교 반항	27. 샘
			37. 싸움	57. 신체적 공격	63. 고함
			74. 싱거운 것	86. 고집, 시무룩	87. 기분 급변
			93. 수다	94. 남 놀림	95. 분노 발작
			97. 남 위협	104. 소란스러움	
	기타		5. 반대 성행동	6. 대변 지림	7. 허풍, 자랑
			18. 자해, 자살	24. 안 먹음	28. 못 먹는 것 먹기
			36. 다침, 사고	44. 손톱 물기	47. 악몽
			49. 변비	53. 과식	56-8. 기타 신체 증상
			58. 신체 뜯기	60. 성기 장난	73. 성문제
			76. 잘 적응	77. 잠 많음	78. 대변 장난
			79. 언어문제	83. 물건 모음	76. 언어문제
			92. 자면서 걷기	98. 손빨기	93. 지나친 청결
			100. 수면문제	107. 낮 소변 지림	108. 이뇨증
			109. 징징거림	110. 반대 성 되고 싶음	
	성문제		5. 반대 성행동	59. 타인 앞 성기 장난	60. 성기 만짐
			73. 성문제	96. 성에 대한 생각	110. 반대 성 되기
	정서 불안정		14. 잘 운다	27. 샘	45. 신경질, 긴장
			46. 불안한 몸짓	86. 고집 셈	87. 기분 급변
			88. 부루퉁	89. 의심	95. 분노발작
			109. 징징우는 소리		

| 출처 | 한신영 특수교육연구소(2013, http://cafe.daum.net/hsy-special)

생각해보기

1 아래의 표는 영유아용 표준화된 검사 도구들입니다. 유치원과 어린이집에서 어떤 검사 도구가 필요한지 생각해 봅시다.

◘ 영유아용 표준화 검사 도구

용도	명칭	대상	특징
인지검사	아동용 웩슬러 지능 검사(K-WISC-IV)	만 6세 이상	• 언어이해, 지각추론, 작업 기억, 처리 속도 측정
	유아용 웩슬러 지능 검사(K-WPPSI)	만 3세 ~7세 3개월	• 동작성, 언어성 소검사로 지능 측정
	고대-비네 지능 검사 (Kodae-Binet Scale)	만 4~15세	• 여러 가지 질문을 통하여 지적 능력을 측정하는 개인용 지능 검사로 측정 내용이 연령별로 다양
	인물화 지능 검사	만 3~10세	• 아동이 그린 사람 그림에 점수를 부여함으로써 지적 성숙을 측정
	유아 지능 검사	만 4세 ~7세 6개월	• 언어 의미, 지각 속도, 양화능력, 운동 조절, 공간능력의 6개 항목으로 구성
	K-Raven (한국 레이븐 지능 검사)	만 5~11세	• 도형 검사 자극으로 아동의 추론능력을 검사하는 비언어적 검사
	KISE-KIT	만 5~17세	• 한국형 인지 검사 도구로 동작성과 언어성으로 지능 측정
	Fagan 영아 지능 검사(Fagan Test of infant intelligence)	6~12개월	• 그림자극을 통해 영아의 지능 측정
	카우프만 아동용 개별 지능 검사(K-ABC)	2세 6개월 ~12세 5개월	• 16개 하위 검사로 구성되어 있으며 아동의 인지처리능력과 습득도로 지능 측정
	유아 종합 창의성 검사 (K-CCTYC)	만 4~6세	• 언어 · 도형 · 신체 영역의 창의성 수준 측정
	유아 도형 창의성 검사 (K-FCTYC)	만 4~6세	• 도형 영역의 창의성 측정

용도	명칭	대상	특징
인지검사	유아 창의적 특성 검사(K-CTC)	만 4~6세	• 유아의 인지적, 정의적 요인에 걸친 창의적 특성 평가
	그림 지능 검사 (Pictorial Testing of intelligence)	만 3~8세	• 말이나 동작 반응 없이 아동의 지능 측정 • 어휘능력, 형태 변별, 상식 및 이해, 유사성 찾기, 크기와 수 개념, 회상능력의 6개 영역으로 구성
	종합인지능력 검사 (MCAT-C)	만 4~7세	• 다차원적인 방법으로 인간의 지능 측정을 시도한 검사 • 지각력, 분류능력, 공간인지력, 추리력, 기억력, 창의력으로 구성
운동능력검사	Oseresky 운동능력 검사 (Oseresky Motor Skill Test)	만 4~16세	• 운동량 측정과 협응력, 속도, 자발동작, 단일동작, 수행능력 측정
	Milani-Comparetti 운동발달 선별 검사 (Milani-Comparetti Motor Development Screening Test)	생후 2년까지	• 운동지체와 비정상적인 동작문제 판별을 위한 신경발달적 검사
	지각-운동발달 진단 검사 (PMDT: Perceptual-Motor Development Test)	만 3~11세 아동 및 지각-운동능력 발달지체아	• 지각 검사, 운동 검사, 시각-운동 통합 검사의 세 가지 하위 검사로 구성되어 지각 검사와 운동 검사로 검사 실시
발달검사	사회성숙도 검사 (VSMS: Vineland Social Maturity Scale)	0~30세	• 자조능력(일반적 자조능력, 식사 자조능력, 옷 입기 · 벗기 및 청결 자조능력), 이동능력, 작업능력, 언어능력, 자기 지향성, 사회화의 6개 항목 측정
	바텔발달 검사 (Battlle Developmnet Inventory)	출생~만 8세	• 적응, 운동능력, 의사소통, 개인 일상생활, 사회-인지 적응의 5개 영역에 대한 발달 평가

용도	명칭	대상	특징
발달검사	KISE-KHOS 정신발달 검사(KISE-KHOS)	만 3~5세 11개월 및 정신지체 아동	• 4개의 입방체를 배열하도록 하는 수행 검사 도구
	한국판 덴버 발달 선별 검사(Korean Denver Developmental Screening Test)	0~만 6세	• 발달 장애 아동 선별 목적으로 사용
	게젤발달 검사(Gesell developmental test)	출생~60개월	• 적응행동, 대근육운동, 소근육운동, 언어, 개인-사회적 행동 측정
	커텔 영아 지능 척도(Cattell infant intelligence scale)	2~30개월	• 지능측정 도구 • 게젤 척도와 유사하나 개인-사회적 행동 문항과 대근육 운동 문항이 제외됨
	베일리 척도 2판(BSID-II: Bayley Scales of infant Development)	1~42개월	• 언어, 운동, 인지, 사회성, 감각발달이 아이의 연령에 적절한 수준에 이르렀는지 알아보기 위한 검사
적응행동검사	종합적응능력 진단 검사	유치원~중학생	• 생활 속에서 부딪히는 다양한 어려움을 적절히 잘 극복하면서 자신의 목표를 달성하고, 심리적으로 건강한 삶을 유지해 나갈 수 있는 적응능력을 측정하는 도구 • 유아용, 초등학교 저학년용 · 고학년용, 중학생용으로 구분
	행동 평가(K-CBCL)	만 4~17세	• 아동 및 청소년의 사회적 적응 및 문제행동 평가
	신생아행동 평가 척도(BNBAS: Brazelton Neonatal Behavioral Assessment Scale)	37~44주 영아	• 신생아행동의 개인차 설명을 위한 임상적 도구로 28가지 행동적 항목을 포함한 20가지 반사측정을 통해 생리, 운동, 상태 조절, 상태 조직, 습관화, 반사, 사회적 상호작용의 7개 기능 영역을 측정
	미숙아의 행동 평가(Assessment of Preterm Infant Behavior)	조산아 및 생후 44주까지 영아	• 자율신경, 운동, 상태, 주의력 및 자기 조절 체계에 대한 조산아의 차이 측정이 목적. 결과는 개별적인 활동과 환경적 양육계획을 개발하기 위한 개입에 활용

용도	명칭	대상	특징
기초학습기능검사	기초학습기능 검사 (KEDI-Individual Basic Learning Skills Test)	유치원~초등학교 6년	• 장애 아동, 유치원 및 초등학교 일반 아동의 기초학습기능 또는 기초능력을 평가하는 학년규준과 연령규준을 갖춘 개인용 학력 검사로 정보 처리, 셈하기, 읽기, 쓰기 등을 평가
	교육진단 검사	생활연령 (1~12세) 정신연령 (1~5세)	• 학습에 문제를 갖고 있는 아동의 행동과 능력 평가 • 발달진단 및 병리진단: 정신지체, 자폐, 발달장애 평가
	개인별 산수능력 평가 도구 (First Grade Screening Test)	취학 전 ~초등학교 1학년 아동	• 아동의 수량 개념 자체 발견
	읽기진단 평가 도구	초등학교 1 ~고등학교 1학년 수준	• 학습부진, 학습 장애, 읽기 수준 평가를 위한 진단 도구 • 20단계로 위계화 되어 입으로 읽기, 눈으로 읽기, 듣기, 이해, 단어파악 등으로 구성
	종합학습능력 진단 검사	유아 ~초등학생	• 학습과 관련된 기본능력 및 성취한 학습 결과를 측정 • 지각능력, 주의집중능력, 기억능력, 언어능력, 수리능력, 추리능력, 사회성숙도, 정숙성 등으로 구성
장애평정	학습준비도 검사	유치원 및 초등학교 1학년	• 1학년 아동을 대상으로 성공적인 학교생활을 영위하도록 돕기 위해 특별히 주의를 요하는 아동을 미리 선별하기 위한 도구로 도시와 지방으로 규준이 이원화됨 • 축적된 지식, 신체 개념발달, 정서적 성숙에 대한 지각, 부모상에 대한 지각의 정확성 적절한 놀이에 대한 지각, 시간-운동 협응 등으로 구성

용도	명칭	대상	특징
장애평정	자폐증 평정 척도 (CARS: Childwood Autism Rating Scale)	자폐성을 지닌 아동이나 자폐 아동, 정서 · 행동 장애 아동	• 15개 항목으로 걸쳐 자폐 측정
	이화-자폐 아동행동발달 평가 (E-CLAC: EHWA-Check List for Autistic Children)		• 일본에서 개발된 척도를 수정 · 보완하여 국내용으로 개발한 도구로 부모나 부모대리자를 통해 아동의 행동발달 상태를 객관적으로 평가하는 시간적, 경제적 손실을 최소화하는 도구 • 면접용 자폐 아동행동발달 평가 도구로 초기 면접 시 저항 주의산만 등으로 검사 실시가 불가능한 자폐아를 대상으로 실시 가능
	한국자폐증진단 검사 (KADS: Korean Autism Diagnostic Scale)	2~21세	• 자폐 아동을 조기 판별하고 적절한 중재 방안을 제공하기 위한 표준화 진단 검사 도구
	학습준비도 검사 (FGST: First Grade Screening Test)	특수교육 및 취학 전 아동	• 지능발달 부진, 정서 장애나 학습 장애문제가 있는 아동의 조기 선별
	그림 자음 검사	만 3세 이상	• 21개의 그림카드를 통해 아동이 발화한 내용을 전사하여 분석: 25개 단어 유도를 통해 19개 음소를 3개 조음 위치에서 평가
	한국 표준어음 검사	만 4~17세 청각 장애 아동, 일반 아동, 지각 장애 아동	• 청각 장애 아동과 일반 아동의 어음청력 검사가 목적 • 최적가청치, 최고가청치, 어음가청치, 어음변별력, 어음명료도 검사 실시 • 활용: 언어 장애 진단 및 판별, 구개파열 아동의 수술 전후 검사자료, 언어 훈련 및 지도의 기초자료
	취학전 아동 언어 검사 (PLS: Preschool Language Screening)	1~7세 아동	• 수용언어력(청각적 이해능력)과 표현언어력, 조음 평가를 통해 수용언어력과 표현언어력 수준 측정

용도	명칭	대상	특징
장애평정	ECC(Evaluating Communicative Competence)	9~17세 아동	• 21가지 과제를 통해 의사소통능력 평가
	그림어휘력 검사 (PPVT)	2세 ~8세 11개월	• 수용어휘능력 측정 • 일반 아동, 정신지체, 청각 장애, 뇌손상, 자폐 장애, 행동 장애, 뇌성마비 등으로 야기되는 아동의 수용어휘능력 평가에 활용
	한국주의력결핍과잉 행동 장애 진단 검사 (KADHDDS: Korean Attention Deficit Hyoeractivity Disorder Diagnostic Scale)	3~23세	• ADHD 아동의 조기발견 진단 도구
	집중력 검사 (ADS)	만 5~12세	• 주의집중력과 주의산만의 원인을 알아보기 위해 전산화된 자료로 시각적 자극과 청각적 자극을 통해 검사
언어능력검사	영유아 언어발달 검사(SELSI)	5~36개월	• 유아 및 아동의 언어능력 평가 • 언어 장애 아동의 언어발달지표로 사용 가능
	언어문제해결력 검사	5~12세	• 아동의 논리적인 사고과정을 언어화하는 상위 언어기술 측정 검사 도구
	언어이해 · 인지력 검사	3~5세	• 학령전 아동의 언어이해력 및 인지력 측정 도구
	언어학습능력 진단 검사 (ITPA)	3~8세	• 언어학습능력에 장애를 지닌 아동 진단용 검사 도구로 아동의 언어학습능력 측정 및 치료를 위한 교육과정의 지침이 되는 정보 제공
성격검사	유아성격 검사	4~7세	• 카드 형식으로 제작된 검사로 학문성, 사회성, 가족성, 정서성, 타당성을 측정
	BGT 성격진단법	아동 및 성인 5~18세	• 9개의 도형이 그려진 카드를 통해 개인의 심리적 과정을 분석하는 검사 도구
	아동용 회화통각 검사		• 아동의 내면 세계를 각각 도판화시켜 아동의 욕구 체계 및 갈등과 상황처리 같은 성격적 특징을 진단

용도	명칭	대상	특징
시지각능력검사	한국판 시지각 발달 검사 (K-DTVP-2: Korean Developmental Test of Visual Perception)	4~8세	• 문자 학습 준비기능 유무 선별, 학습곤란아를 위한 임상적 평가 도구 및 뇌일혈이나 뇌손상을 당한 성인의 시지각능력 평가 • 지각적 내용으로만 구성된 도구로 탈문화적 성격을 띰 • 눈-손 협응, 공간 위치, 따라 그리기, 도형-배경, 공간 관계, 시각통합, 시각-운동 속도, 형태항상성의 8개 영역으로 구성
	시각-운동 통합발달 검사 (VMI)	4~14세	• 교차적인 사고와 행동이 감각력과 운동 활동 간의 통합을 필요로 한다는 점에서 아동의 감각운동발달을 아동이 묘사하는 기하학 도형을 통해 판단

| 출처 | 이순형 외(2013). 보육과정 4판. pp. 415-418.

Chapter 11

아동심리 검사(2): 투사적 검사

1. 벤더게슈탈트 검사
2. 로르샤하 잉크반점 검사
3. 아동용 주제통각 검사
4. 그림 검사

학습주제 아동심리 검사(2): 투사적 검사

학습목표

❶ 벤더게슈탈트 검사(BGT), 로르샤하 검사(RIT) 및 주제통각 검사의 세부 구성 요인을 이해하고, 이들 검사 결과에 대한 판독능력을 기른다.
❷ 집-나무-사람 그림 검사(HTP)와 동적 가족화(KFD) 검사 결과에 대한 판독능력을 기른다.

학습요약

1. 벤더게슈탈트 검사(BGT)
   1) 검사 목적
   2) 검사 구성
   3) 검사 실시
   4) 결과 해석

2. 로르샤하 검사(RIT)
   1) 검사 목적
   2) 검사 구성
   3) 검사 실시
   4) 결과 해석

3. 아동용 주제통각 검사(CAT)
   1) 검사 목적
   2) 검사 실시

4. 그림 검사
   1) 집-나무-그림 검사
   2) 동적 가족화 검사

주요개념

투사적 검사, 벤더게슈탈트 검사(BGT), 로르샤하 검사(RIT), 아동용 주제통각 검사(CAT), 그림 검사, 집-나무-사람 그림 검사(HTP), 동적 가족화(KFD)

들어가기

인간은 능동적인 행위의 주체자입니다. 따라서 주어진 객관적 정보들 중에서 무엇을 취사 선택할지는 개인의 몫입니다. 아래 두 그림에서 여러분은 무엇을 보는지 서로 말해보세요.

1 서로 공통점을 발견했다면 그것은 무엇입니까?
2 서로 다른 것을 발견했다면 그것은 무엇입니까?
3 동일한 그림자극에 대해 서로 다르게 본다는 것은 무엇을 의미할까요?

본 장에서는 대표적 아동심리 검사 중 투사적 검사에 대해 살펴보았다. 투사적 심리검사는 애매모호한 시각적 자극에 대해 개인이 어떻게 지각하고 이해하고 경험하는가를 알아보는 검사다. '투사(projection)' 의 의미는 개인마다 동일한 자극에 대해 독특한 자신의 내면 세계 즉, 인지 체계, 감정양식, 대처방식 등에 근거하여 다르게 경험하는 것을 뜻한다. 예를 들어 '우울한 사람' 은 매사 부정적이고 어둡게 경험할 가능성이 높기 때문에, 인정받고 성취하는 경험을 해도 보통의 사람들에 비해 긍정정서 반응이 적고 자신의 능력에 의한 인정과 성취이기 보다는 운(luck)에 의한 것으로 여긴다. 투사적 검사는 자극에 대한 정답이 없고 반응과정이 거의 무의식적이기 때문에, 왜곡이나 방어를 할 가능성이 적다. 또한 떠오르는 대로 자유롭게 보고할 수 있기 때문에 개인의 내면 세계에 대한 다양한 정보를 얻을 수 있다는 장점이 있다.

투사적 검사 중 그림 검사는 피험자에게 그림을 그리도록 한 후 그 그림을 보고 피험자의 특성을 분석하는 심리 검사 방법이다. 예를 들어 유아에게 가족을 그리게 한 후, 유아의 가족 그림에 나타난 유아의 특성과 가족 관계를 분석한다. 인간을 이해하기 위해 그림 자료를 활용하는 것은 1940년대부터로 비교적 역사가 짧다. 앞서 살펴본 로르샤하 검사나 성인용 주제통각 검사(TAT)에서처럼 주어진 그림자극을 지각하고 의미를 부여하는 과정에서 개인의 내면 세계가 투사되어 표현되기도 하지만, 직접 어떤 주제에 대한 그림을 그리는 과정에서도 동일한 현상이 일어난다는 것이다.

최근에는 투사적 그림 검사에 대한 체계적인 채점과 해석 체계 개발, 검사의 안정성(신뢰도와 타당도) 검증을 위한 여러 연구자들의 노력에 힘입어, 그림 검사는 현재 임상 현장에서 개인의 발달과 정신병리를 진단하는 도구로 널리 활용되고 있다. 특히 그림은 유아가 좋아하는 활동 중의 하나이며, 유아의 발달 특성상 언어적 표현이 미숙하기 때문에 그림은 유아의 내적인 갈등과 원인을 파악하는 데 도움이 된다.

투사적 검사는 객관적 검사에 비해 비구조화된 검사로 신뢰도와 타당도가 낮기 때문에 투사적 검사 하나만으로 개인을 평가하는 것은 바람직하지 않다. 그러나 투사적 검사들도 검사 절차 및 해석에 대한 표준 절차가 마련되어 있어, 개인에 대한 효과적인 검사 도구 중의 하나로 많이 사용되고 있다.

01 벤더게슈탈트 검사

벤더게슈탈트 검사(BGT: Bender-Gestalt Test)는 1938년 벤더(Bender)가 미국예방정신의학협회(America Orthopsychiatric Association)의 연구지 제3호에 「시각-운동 형태 검사 및 그 임상적 활용(A Visual Motor Gestalt Test and Its Clinical Use)」이란 논문을 발표하면서 소개되었다. 벤더게슈탈트 검사는 대표적인 시지각 발달 검사로, 원명은 'Bender Visual Motor Gestalt Test'이나 약칭하여 'BGT'로 흔히 불리운다. 여러 임상가들(빌링스리(Billingsle)와 뮤트(Mutt), 파스칼(Pascal)과 셔텔(Suttell), 코피츠(Koppitz), 톨러(Tolor)와 브래니간(Branningan), 랙스(Lacks), 허트(Hutt), 펄티콘(Perticone) 등)의 타당화와 신뢰도 확보를 위한 노력에 힘입어, 오늘날 BGT는 만 5세 아동부터 성인을 대상으로 행동상의 미성숙을 검사하는 방법 중에 가장 신뢰로운 검사 도구 중의 하나로 알려져 있다(정종진, 2003).

1) 검사 목적

일차적으로 개인의 뇌 기질 손상 여부, 시각-운동지각의 성숙 정도를 파악하는 데 주목적으로 둔다. 이외에도 개인이 BGT 도형을 모사(보고 따라 그리는)하는 과정에서 드러내는 독특한 개인의 성격적 특성, 욕구, 갈등주제, 방어기제, 심리적 성숙 수준, 문제해결 방식과 자아강도 등도 파악할 수 있다. 특히 유아에게 있어 정상적인 시지각 발달 여부는 기초학업수행능력 획득에 절대적으로 중요하다. 외부 자극 정보에 대한 정상적인 지각이 어려워지면 유아는 수행에 실패할 수밖에 없고, 이는 심리적으로 위축감, 좌절, 분노와 같은 부정적 정서를 일으켜 전반적인 자기감(sense of self)을 손상시키게 된다. 따라서 간단하면서도 발달연령에 따른 적응/부적응 판별에 용이하게 사용될 수 있는 BGT의 임상적 효능성은 크다.

2) 검사 구성

9개의 도형(도형 A와 도형 1~8)으로 구성되어 있으며, 각각 6×4인치(15.6×10.4cm) 크기의 카드에 그려져 있으며, 이들 9개 카드 한 조를 오토 카드(Ortho Cards)라고 부른다(| 그림 11-1 | 참조).

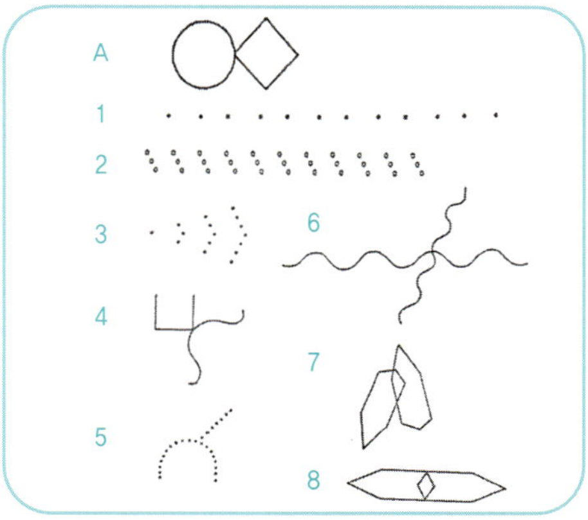

그림 11-1 BGT 도형

| 출처 | 정종진(2003). BGT 심리진단법. p. 16

3) 검사 실시

BGT 검사를 실시를 위해서는 9개 도형 카드와 모사할 용지(21.59×27.94cm, A4 용지 활용), 경도 '중'의 연필, 지우개, 도형 모사 활동에 적합한 평평하고 반듯한 책상과 의자가 필요하다. 검사 실시에 앞서 피검사자에게 도움을 주는 검사임을 안내하고 평가 받는 것에 대해 불안해하지 않고 편안함을 느낄 수 있는 분위기를 조성해야 한다. 준비물과 분위기가 조성된 이후 피검사자에게 검사 실시 방법에 대해 안내한다. 아래에 소개된 바와 같이 여러 학자들마다의 실시하는 안내문(정종진, 2003 재인용)이 있으나 어느 것을 선택해도 무방하다. 그러나 어린 아동이나 불안 수준이 높은 성인들에게는 미술능력 검사가 아니라는 점과 시간제한이 없다는 점을 분명하게 전달하는 것이 효과적이다.

- 벤더(Bender) 방법: 여기에 몇 장의 카드가 있습니다. 제시되는 카드를 보고 당신에게 보이는 대로 이것을 그리세요.
- 허트(Hett) 방법: 지금부터 여기 있는 카드들을 한 번에 한 장씩 보여주겠습니다. 각 카드에는 간단한 그림이 있습니다. 당신은 될 수 있는 대로 그 그림을 종이에 잘 그리십시오. 당신이 원하는 대로 어떤 방법으로든 그리시면 됩니다. 이것은 미술능력 검사가 아닙니다. 그러나 될 수 있는 대로 정확하게 그리십시오. 빨리 그리든 천천히 그리든 상관없습니다.
- 파스칼(Pascal)과 셔텔(Suttell) 방법: 여기 당신이 그릴 9장의 간단한 도형이 있습니다. 스케치하지 말고 자 같은 것도 사용하지 말고 이 종이에 그립니다. 이 도형들을 한 장씩 보여주겠습니다. 이 검사에는 시간제한은 없습니다.
- 코피츠(Koppitz) 방법: 여기 9장의 그림이 그려진 카드가 있는데 이것을 종이에 그리는 것입니다. 자 여기 첫 번째 그림이 있습니다. 시작합니다. 꼭 그대로 그립니다.

4) 결과 해석

다양한 BGT 해석 방법이 존재하나 피검사자의 시각-지각 운동능력의 정상성과 정서적 안정성을 포함한 개인적 특성을 평가하기 위해서 대체로 공통적으로 강조하는 것은 다음과 같다(정종진, 2003).

첫째, 9개 도형의 배열순서의 규칙성 정도이다. 대체로 왼쪽에서 오른쪽으로 혹은 위에서 아래로 순서대로 배열하는 것이 보통이다. 특히 도형 A가 용지 상부의 1/3 이내에 있고 어느 부분이든 가장자리에서 1인치 이상 떨어져 있을 때 '정상'이라 판독한다. 만약 도형 A의 어느 부분이든 용지의 중앙 3인치 평방 이내에 들어있을 경우에는 '자기 중심적, 자기 도취적, 소극적 저항주의’와 같은 성격 특성을 반영한다고 볼 수 있다.

둘째, 도형들 간 사이 공간의 활용양상이다. 도형들 간의 사이가 지나치게 좁거나 넓은 경우이거나 도형들이 서로 중첩되어 있는 경우에는 미숙한 발달의 징후나 부적응적 성격 특성의 징후로 이해할 수 있다.

셋째, 도형 형태의 왜곡 정도이다. 여러 부분을 결합시키거나 서로 근접되어야 하는 도형들(A, 2, 4, 7, 8)에서 이탈이 일어나거나 교차가 일어나는 도형들(6, 7)에서 이탈이 발생할 경우에는 대인 관계의 어려움을 유추해 볼 수 있다. 특히 두 개의 도형들을 교차시키는 것(crossing)을 어려워 하는 경우는 우유부단, 강박적 의심, 공포반응과 상관이 있는 것으로 보고되고 있다. 그리고 도형 4, 6, 7에서 두 도형을 접촉시키는 것을 잘 못하는 경우는 기질적 뇌손상을 의심해볼 수 있다. 또한 직선이 아니라 물결처럼 곡선으로 표현된 도형들(도형 4, 5, 6)은 정서적 혼란을 반영하는데 매우 민감한 지표라 할 수 있다. 도형 4에서 아래 곡선을 직선으로 혹은 하나의 굴곡을 여러 개로 표현하는 경우나 도형 5의 점 곡선을 사각형이나 굴곡을 두 개 이상으로 표현하는 경우 그리고 도형 6에서 네 번의 굴곡을 가진 두 개의 곡선을 직선으로 표현하거나 너무 많은 굴곡으로 그리거나 굴곡을 뾰족하게 그릴 때, 이 모든 경우는 곡선이 감소하거나 증가 혹은 왜곡이 심하게 나타나는 것이다. 이런 경우는 우울, 충동성, 적대감과 같은 부정정서와 상관이 있다. 이외 도형 1번 점의 모양이 선으로 표시되거나 점의 흐름이 고르지 않고 굽었거나 수평으로 이루지 못하는 경우, 도형 3에서 점들 사이의 공간 비대칭이나 각의 비대칭, 점의 개수 비대칭이거나 점이 결여된 경우도 부적응 지표라 할 수 있다.

위 내용은 정상성을 가려내는데 공통적으로 강조되는 내용이라 할 수 있지만, 어린 아동과 성인은 발달적 차이가 있다. 코피츠(Koppitz)는 지능이나 문제 유형에 관계없이 5세에서 10세까지의 모든 아동들에게 적용될 수 있는 판별 방법을 개발하여 1963년 『아동용 BGT』에서 소개하였다. 그에 따르면 어린 아동의 경우는 BGT 개개 도형모사에 있어 미세한 일탈현상은 발달 단계상 세밀한 운동 조절능력이 충분히 발달하지 않았기 때문에 유의한 임상적 해석을 내리지 않았다.

아동의 경우는 임상적으로 유의한 일탈현상을 보인다고 판독하는 경우는 다음과 같다(정종진, 2003).

첫째, 도형들의 모양이 왜곡되어 있거나 45° 이상 회전되어 있는 경우이다. 예를 들어 원이 갈라지거나 각이 있는 경우, 사각형이 각이 많거나 적어 사각형이라 판독되지 않는 경우, 두 개 도형들이 접촉되어 있을 때 어느 한쪽 도형이 다른 쪽보다 2배 이상 큰 경우, 점인 데 5개 이상을 원으로 그린 경우 등 원래의 모양이 상실되는 것을 말한다. 9개 도형 전체에서 이와 같은 일탈현상들이 발견된다면 시각-운동지각에 문제를 갖고 있을 가능성이 높을 수 있다.

둘째, BGT는 아동의 정서적인 문제에 대한 정보를 제공해주는 좋은 도구이며 9개 도형의 배치가 매우 혼란되어 있을 때 정서문제를 의심해 볼 수 있다. 즉, 가로 혹은 세로로 일관된 진행을 보이지 않고 논리적 계열이나 순서 없이 제멋대로 불규칙하게 흩어져 있는 경우가 많다. 그러나 불규칙적으로 배열하는 것은 5~7세 아동들에게서는 흔히 보일 수 있기 때문에, 단순히 배열혼란만으로 계획능력 부족이나 조직력 저하로 보는 것은 조심해야 한다. 대신 다른 도형들의 모사 특성을 고려한다. 우선 점들이나 원들의 방향이 2개 이상 갑작스럽게 변경되는 경우나 원을 선(대시)으로 표현하는 경우는 정서적 불안정성을 유추해 볼 수 있다. 도형들이 원래 크기보다 2배 이상 지나치게 크게 확대되는 경우는 행동 외현화 문제가 의심되며, 반대로 원래 도형크기의 1/2이하로 작게 축소되는 경우, 필압이 너무 약하거나 도형이 전체적으로 미완성인 경우는 불안, 위축, 소심함 특성과 관련되는 경향이 있다. 또한 도형을 그리다 말거나 재차 강조하는 선을 그리거나 지우지 않고 도형 위에 다시 그리는 경우는 수행에 대한 불안이 높거나 좌절 인내력이 낮고 충동적인 특성을 반영하는 경향이 있다.

BGT는 유아교육 현장의 교사들이 다른 검사에 비해 실시하기가 상대적으로 용이하고 정밀한 진단은 어렵더라도 5세 이상의 아동의 정상적인 시각-운동발달과 정서적 안정성을 대략적으로 가늠하는데 활용도가 높은 검사 도구이다. BGT 도구를 활용하지 않는다 하더라도 유아와 함께 하는 다양한 표현 활동 시간에 BGT의 원리를 적용할 수도 있다. 예를 들어 선, 점, 두 개 도형의 접촉 및 접촉각도 등 얼마나 정확하게 지각해 내는가를 파악해 볼 수 있다. 그리고 유아의 정서적 측면을 평가하기 위해 모사할 때의 표현 특성이 부주의한지, 충동적인지, 위축되어 있는지, 지나치게 강박적인지 등을 관찰해낼 수도 있다.

마지막으로 정상적인 BGT 검사 결과와 부적응 지표가 발견되는 BGT 검사 결과를 살펴보도록 하자.

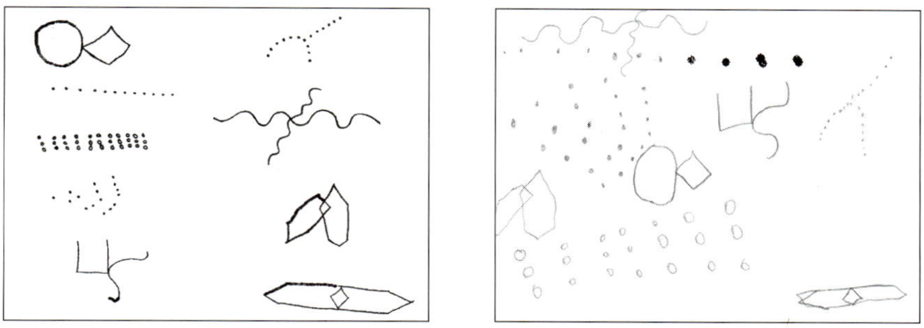

사례 1: 8세 여아　　사례 2: 7세 남아

그림 11-2 BGT 사례 예시

※ 사례 2 내담자의 원래 그림은 필압이 약해 매우 희미하였으나 자료 제공을 위해 진하게 인쇄되었다. 그림 위치, 필압, 대화 내용은 내담자의 상태를 간접적으로 설명하고 있다.

사례 1은 발달적 문제를 시사하는 기본적인 지표인 형태 왜곡, 도형접촉 곤란[1], 배치혼란 등이 없으며, 점 · 원의 변형, 도형의 축소 및 확대, 필압 등과 같은 정서적 부적응성 지표도 나타나지 않는다. 반면 사례 2에는 도형회전[2]이나 도형접촉 곤란의 문제는 없으나, 배치혼란 및 점 과대묘사, 이중선, 곡선 비대칭, 폐쇄곤란[3] 등이 나타나고 있다. 또한 지면 활용 면에 있어서도 무계획적인 특성이 드러나고 있다. 또한 도형 A의 위치는 생활공간에 대한 개인의 방향을 나타내는데 피검사자는 중앙에 배치되어 있는 것으로 볼 때 자기 중심적이고 충동적이며 욕구 좌절 인내성이 낮을 것으로 보여진다.

1) **도형접촉 곤란**: 도형카드가 서로 맞닿아 있거나 겹쳐져 있는 두 도형으로 구성되어 있을 때, 맞닿음과 겹침을 제대로 모사하지 못하는 경우
2) **도형회전**: 원래 도형의 모습에 45° 이상 회전시켜 모사하는 경우
3) **폐쇄곤란**: 원이나 다각형의 도형을 완전하게 그리지 못하고 어느 한 부분을 단절시켜 도형이 열린 상태로 모사되는 경우

02 로르샤하 잉크반점 검사(RIT)

로르샤하 잉크반점 검사(RIT: Rorschach Inkblots Test)는 가장 대표적인 투사 검사 중 하나로, 1921년 스위스 정신과 의사 허만 로르샤하(Hermann Rorschach)에 의해 개발되었다. 그러나 로르샤하는 잉크반점 검사를 출간하고 7개월이 지난 시점에서 37세의 젊은 나이로 갑작스럽게 사망하였다. 이후 사무엘 벡(Saumuel J. Beck), 마구에리티 헤르츠(Marguerite Hertz), 브루노 크로퍼(Bruno Klopfer), 지그문트 피오트로스키(Zygumunt Piotrowski)와 데이비드 라파포트(David Rapaport) 등에 의한 지속적인 연구에 힘입어 로르샤하 검사의 임상 도구적 가치는 입증되었다(황상훈, 2012).

1) 검사 목적

뇌 기질 손상과 관련된 신경학적 문제의 진단과 개인이 의식적으로는 잘 인식하지 못하는 욕구, 미해결 정서, 성격 특성 등을 파악하는데 유용하게 활용될 수 있다.

2) 검사 구성

로르샤하 검사는 좌우 대칭의 잉크반점이 인쇄된 10장의 카드로 구성되어 있다(｜그림 11-3｜ 참조).

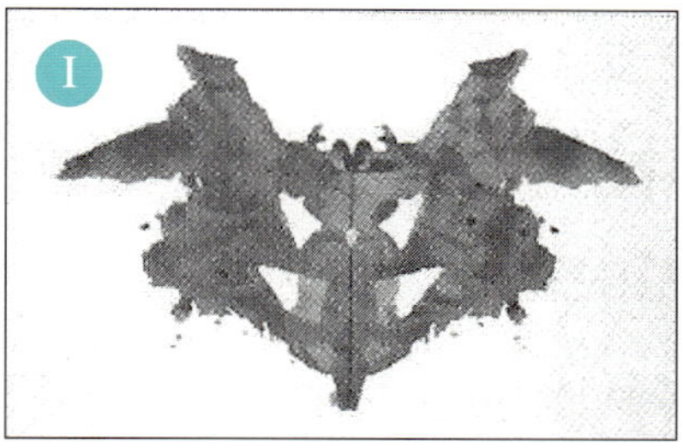

평범반응: 반점 전체를 박쥐 또는 나비로 지각

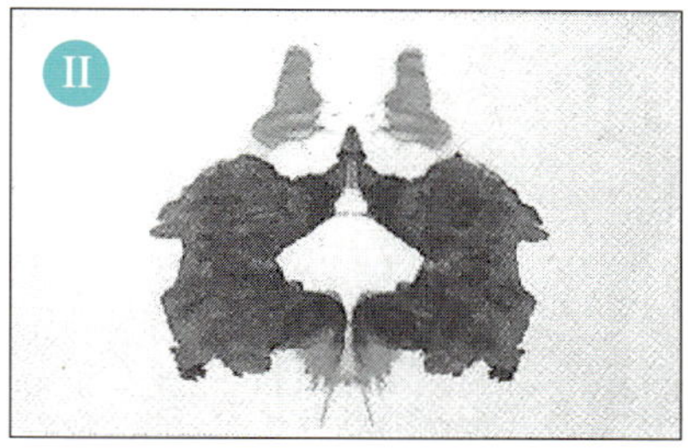

평범반응: 곰, 개, 양, 동물의 전체 또는 머리로 지각

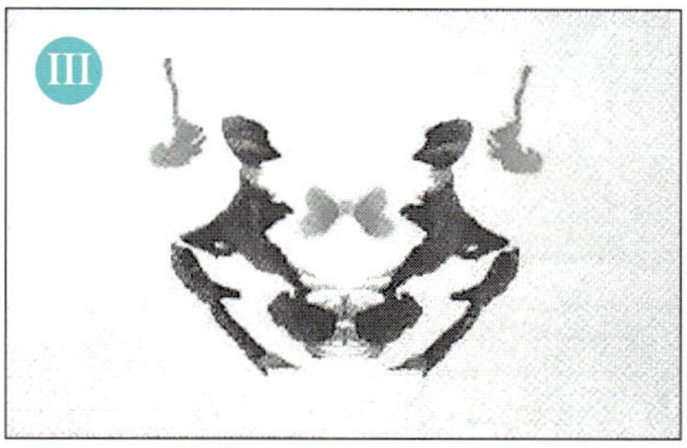

평범반응: 인간 또는 추상적인 모습으로 지각

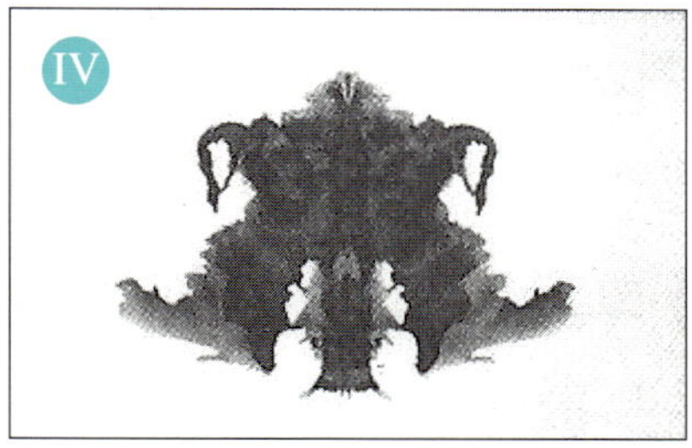

평범반응: 인간 또는 인간과 비슷한 모습으로 지각

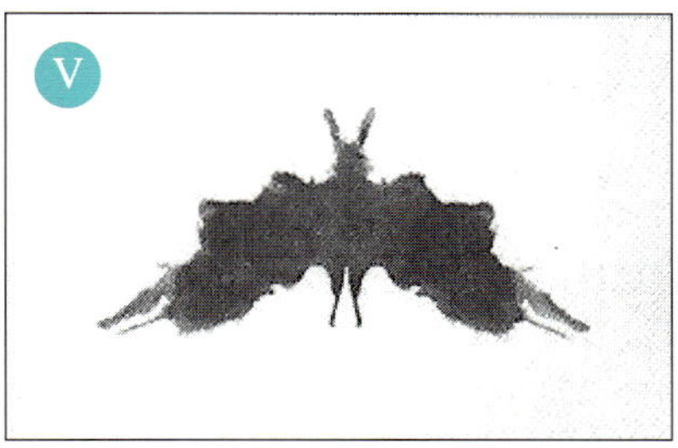

평범반응: 박쥐 또는 나비로 지각

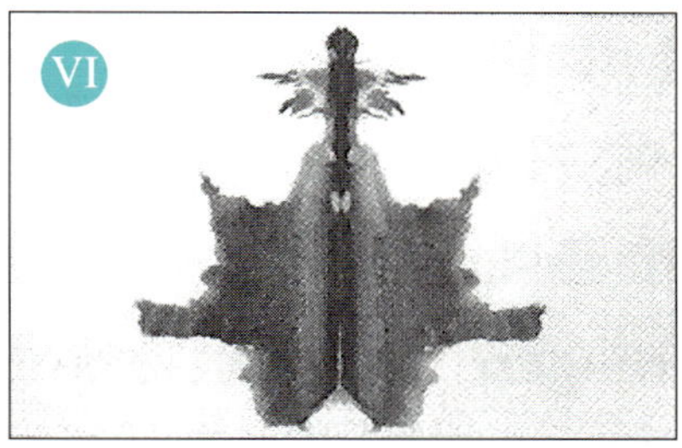

평범반응: 동물의 피부, 가죽, 모피 또는 양탄자로 지각

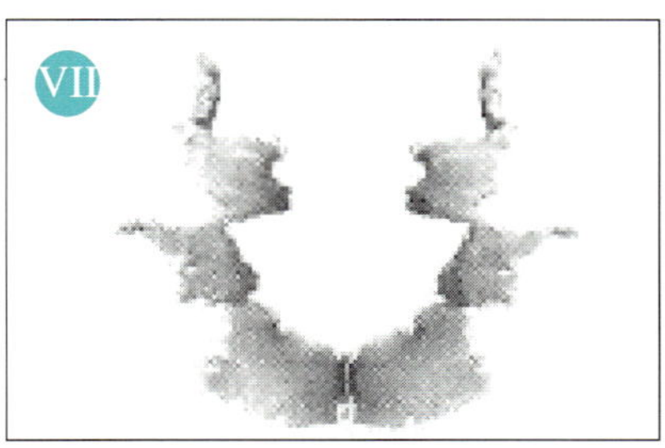

평범반응: 인간의 머리 또는 얼굴로 지각

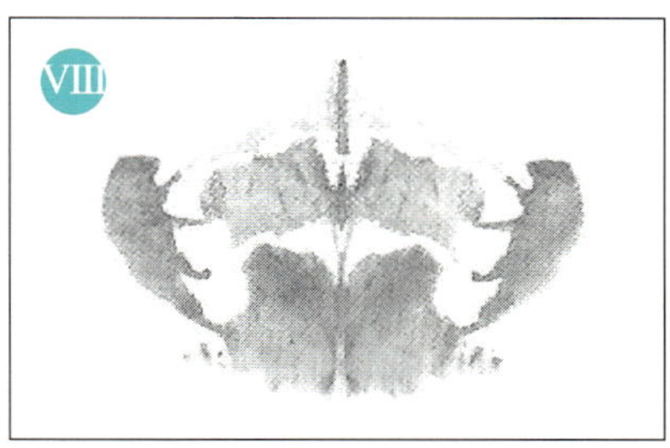

평범반응: 전체 동물 형상으로 지각

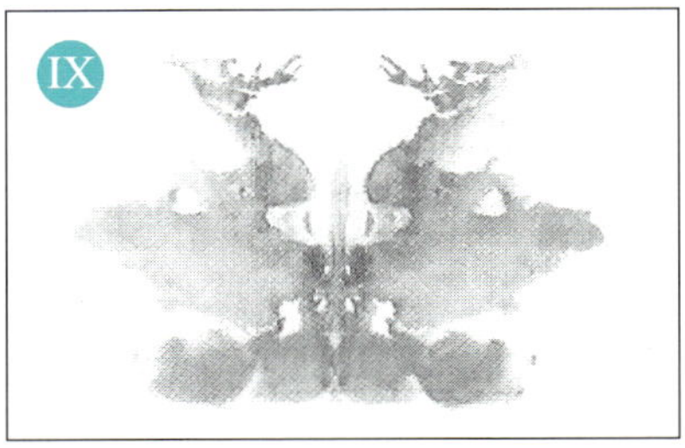

평범반응: 인간 또는 인간 같은 모습으로 지각

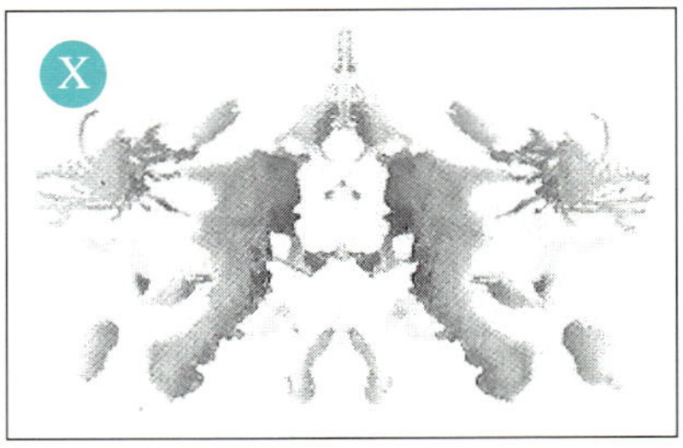

평범반응: 거미 또는 게라고 지각

그림 11-3 로르샤하 잉크반점 검사 카드

3) 검사 실시

로르샤하 잉크반점 검사 결과에 대한 채점은 매우 복잡하고 어렵고 다양하나, 채점에 있어 기본적인 원리는 공유된다. 로르샤하 검사의 기본전제는 '애매모호한 자극을 지각하고 통합하여 의미를 부여하는 개개인의 표현'이 개인의 인지적 · 정서적 · 행동적 특성을 반영한다는 것이다. 따라서 검사실시과정에서 피검사자가 잉크반점의 어떤 부분을 보고(예 전체, 부분, 공간 등), 그 부분의 무엇 때문에(예 형태, 색채, 그림자, 움직임 등) 특정한 어떤 것(예 인간, 식물, 동물, 사물 등)으로 보게 되었는지를 파악한다. 그리고 개인이 지각한 것이 일반적으로 사람들에게서 자주 출현하는 평범반응 여부와 전체 반응의 수도 살펴봐야 한다(Exner, 1995; 김영환 외 역, 1999 재인용). 검사 전문가가 아닌 이상 매우 복잡한 채점과정을 완벽히 따르기는 힘들다.

유아교육 현장의 교사들은 아동의 반응이 정상 혹은 적응 범주에 해당되는지 아닌지를 구분하는 정도의 판독이 필요하지, 이를 교사 자신이 직접 치료하려 하는 것은 적절하지 않다. 만약 아동이 부적응 범주에 들어간다고 판단될 때에는 전문가에게 의뢰하여 보다 세밀한 평가와 그에 적합한 치료과정을 밟도록 하는 것이 적절하다.

4) 결과 해석

정상 혹은 적응 범주에 속하는지를 판독하기 위해 다음의 기준을 고려한다.

첫째, 잉크반점에 대한 지각한 내용을 보고하는 반응 수가 10개 미만인가?

반응 수가 지나치게 적다면 일시적으로 방어적 태도를 취하고 있거나 자극의 복잡성을 무시하고 지나치게 단순화시키는 소극적 행동방식을 반영한다고 볼 수 있다. 즉 외부 세계에 대한 관심이 없고 접촉하지 않으려는 경향성을 생각해 볼 수 있다.

둘째, 순수한 형태반응의 빈도가 낮은가?

잉크반점 자극의 특성을 근거하여 구체적인 형태를 띤 '어떤 것' 으로 보고하지 않고 반점의 형태가 무시되고 인위적인 선이나 윤곽을 만들어서 반응하는 경우가 많다면 내적으로 지나친 갈등이나 감정에 휩싸여 있어 외부자극에 지나치게 과민하게 몰두하게 되고 적절한 자기 조절 상태로 대처하는 것이 어려운 상태라 볼 수 있다. 혹은 지나치게 성취 지향적이라 과도하게 자극을 조직하려는 인지적 특성을 반영할 수도 있다.

셋째, 유채색이 아닌 무채색 반점이나 반점 영역을 유채색으로 보고하는가?

예를 들어 색채시각 결함이 없는 데도 불구하고 흰색과 검정색 잉크반점에서 '노란색과 파란색이 보여요' 라고 보고하는 경우이다. 이는 정서 조절과 표현에 있어 어려움을 경험하고 있음을 반영할 수 있다.

넷째, 재질반응의 빈도가 어느 정도인가?

'거칠다, 보드랍다, 양털 같다' 등의 재질반응이 많을 때는 애정과 의존 욕구의 결핍을 생각할 수 있다. 주로 의존적이거나 부모의 별거나 이혼 이후에 아동에게 있어 재질반응이 증가하는 경향이 있다. 반대로 재질반응이 결여된 경우라면 대인 관계에 있어 거리감이 있으며 경계적인 성향이라 할 수 있다.

다섯째, 잉크반점 자극에 대해 싸움, 갈등, 분노 등 공격적인 운동반응을 보고하는가? 혹은 병적인 내용이 포함되어 있는가?

예를 들어 '두 마리 곰이 서로 싸우면서 쓰러뜨리려 한다, 노려보는 사람, 바지를 찢고 있다' 등 서로 대립적이고 비호의적 반응을 보이는 경우는 대인 관계에서의 갈등과 내적화, 분노행동을 반영할 수 있다. 반면 '죽은, 상처 입은, 깨진, 상한 등'의 내용이나 '슬픈 사람, 울고 있는 나무 등' 대상에 음울한 감정을 부여하는 반응을 보일 때는 부정적인 내면정서가 지배적이라 볼 수 있다. 이외에도 살펴봐야 할 내용들은 많으나 일차적으로 아동의 인지, 정서, 행동적 상태를 가늠해 볼 수 있는 대표적인 고려사항이라 할 수 있다. 교사는 로르샤하 잉크반점 검사를 직접 활용하지 않더라도 유아의 일상생활 속에서 언어반응을 유심히 관찰하다보면 유아의 특이적인 인지, 정서, 행동에 대한 주요 특성을 파악할 수 있다.

아래 제시된 7세 남아의 사례를 통해 앞서 언급된 정상 혹은 적응 범주에 속하는지를 판독하기 위한 기준들을 적용하여 살펴보고자 한다.

표 11-1 로르샤하 검사 반응 예시

번호	카드	연상반응 및 질문반응	번호	카드	연상반응 및 질문반응
I		① 두 마리 코끼리(서로 잡아 당기며서 싸우고 있어요.) ② 괴물 가면 얼굴(고약하게 생겼어요.)	II	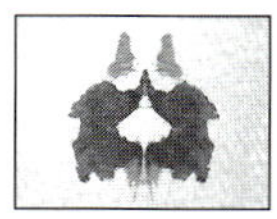	① 빨간 고깔 쓰고 빨간 양말 신은 쌍둥이 형제(둘이서 엄마를 골려주려 작당하고 있어요.)
III		① 이빨을 드러내고 웃고 있는 못생긴 남자(웃지 말라고 했는데 웃어서 맞아 코에서 피가 나요.)	IV		① 무시무시한 요괴 대장(꼬리랑 다리가 대빵 커요, 부하들을 혼내러 쿵쾅거리며 가요.)
V		① 아기나비 ② 날개 달린 토끼(활짝 날개 펴고 하늘을 날고 있어요. 힘센 동물들이 못 잡는다.)	VI		① 나자빠진 톰(제리가 만든 함정에 빠져 바닥에 깔려 있어요.) ② 늑대 가죽
VII	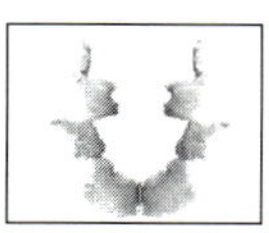	① 하얀 팅커벨(둘이서 마주 보며 노래해요.) ② 턱받침(애기 침 흘릴 때 하는 거예요.)	VIII	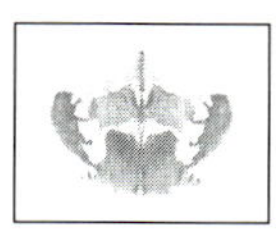	① 호수에서 나온 괴물이 산을 올라가고 있어요. 누가 더 빨리 가나 시합해요.
IX	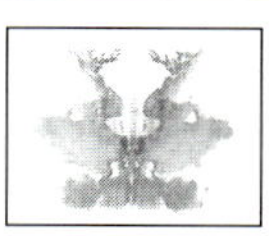	① 화난 사람 얼굴(눈에서 레이저가 발사, 볼은 시퍼렇고)	X	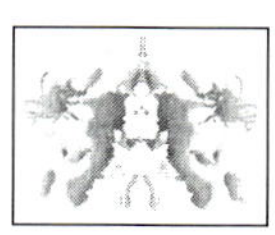	① 바다 물고기들이 먹이 먹으러 돌아다녀요. ② 에펠탑

피검사자 반응은 10개 이상(15개)이었으며, 비교적 명확한 형태반응 비율이 높게 나타난다. 그리고 잉크반점의 부분을 보고 반응하기 보다는 전체반응이 우세한 것으로 보아 애매한 자극을 극복하고 현실의 요구를 수행하는 자아강도가 양호하다고 보인다. 그리고 인간과 동물의 적극적인 운동반응과 두 개의 내용이 결합되는 혼합반응에 근거해 볼 때 또래에 비해 심리적 복잡성 수준이 높고, 문제해결적 사고능력이 발달되었을 가능성이 높다. 그러나 운동반응의 내용이 '싸우는, 작당, 나자빠진, 레이저 발사, 시합' 등 승패가 갈리거나 누군가를 공격하는 것이다. 협동적이고 긍정적인 내용보다 경쟁적이고 공격적인 내용이 많은 것을 볼 때 대인 관계에서 갈등을 경험하고 있거나 사람들과의 상호작용에 대한 개인적인 인지도식 자체가 경쟁적 혹은 공격적인 것으로 형성되어 있을 가능성도 있다. 피검사자에 대해 사회적 관계에서 협조적이고 조화하는 태도와 기술을 훈련시킬 필요가 있겠다.

03 아동용 주제통각 검사(CAT)

주제통각 검사(TAT)는 하버드 대학교 교수 크리스티나 몰간(Christina Morgan)과 헨리 머레이(Henry Murray)가 1935년에 '공상연구의 한 방법(A method for investigation fantasies)'을 소개한 것에서 유래되었다. 이들은 인간이 외부대상을 인지하는 과정에는 대상의 자극을 단순히 있는 그대로 지각하는 것이 아니라, 자신의 독특한 주관성을 반영하여 외부대상을 자기 나름대로 이해하고 주관적인 해석을 내리거나 어떤 상상을 하면서 받아들인다는 점을 발견하였다. 이후 머레이는 개인의 욕구와 개인의 내외적인 압력의 상호작용에 근거하여 성격을 설명하였고, 그림카드를 이용하여 그림을 지각하고 의미부여 하는 과정에서 개인의 성격적 특성이 투사되도록 유도하였다.

한편 성인에 비해 아동은 추상적 사고능력과 정서 표현능력이 미숙하기 때문에 사람 그림보다 동물 그림과 같이 친숙하고 쉽게 동일시되는 자극을 제시할 때 더 풍부한 심리적 정보를 표현하였다. 따라서 1949년 레오폴드 벨락(Leopold Bellak)과 소냐 소렐 벨락(Soyna Sorel Bellak) 부부는 동물 그림을 사용하여 아동용 주제통각 검사(CAT: Children's Apperception Test)를 제작하였다. 3~10세 아동을 대상이며, 기본 검사 실시 및 해석 방법은 성인용 주제통각 검사(TAT)에 기초한다. 아동용 주제통각 검사(CAT)의 그림카드는 9개의 표준판과 어린 아동과 정신연령이 만 5~6세 이하의 지체 아동을 대상으로 한 9개의 보충판으로 구성되어 있다. 9개의 표준판은 주로 구강기의 문제, 부모형제들과의 관계 및 동일시, 공격성, 자위, 외로움의 공포, 청결이나 배설습관에 대한 관심 등 기본적 문제를 표출시키는 데 목적을 둔다(정옥분, 2012). 한국판 아동용 주제통각 검사(K-CAT)는 김태련 · 서봉연 · 이응화 · 홍숙기(1976)가 CAT 원판을 근거하여 한국 아동을 대상으로 제작하였다. 한국판 아동용 주제통각 검사(K-CAT) 도판을 살펴보면 다음과 같다.

1) 검사 목적

CAT 검사는 그림카드를 이용하여 피검사자의 주요한 욕구와 욕구 충족 혹은 결핍에 영향을 미치는 자신의 내적 신념과 외부 환경적인 조건 및 환경에 대해 주관적으로 이해한 내용 등을 파악할 수 있다. 또한 이러한 욕구와 환경적 압력의 상호작용으로 인해 어떠한 행동이 선택되는지를 파악하여 피검사자의 독특한 인지, 정서 및 행동 반응양식을 알아낼 수 있다.

2) 검사 실시

검사자는 피검사자에게 '현재의 도판에 나타난 그림이 어떤 상황인가?, 그런 상황의 원인은 무엇인가?, 앞으로 그 상황이 어떻게 전개되어 갈 것으로 여겨지는가?' 등을 질문한다. 피검사자의 반응 내용을 보면서 보고된 내용을 보다 구체화시키고 심층 탐색하는 절차를 밟을 때 더 풍부한 내용을 수집할 수 있다.

표 11-2 아동용 주제통각 검사(CAT) 구성

구분	도판 번호	도판해석 및 주된 해석주제	도판
표준판	도판 #1	• 음식이 들어있는 큰 쟁반이 놓인 밥상에 병아리들이 둘러 앉아 있고, 한쪽에는 윤곽이 뚜렷하지 않는 큰 닭이 서 있는 그림 – 구강 욕구의 만족 여부, 형제 간 경쟁의식이 투사	
	도판 #2	• 한쪽에서는 한 마리 곰이 줄을 잡아당기고 다른 한쪽에서는 다른 곰이 아기 곰과 함께 줄을 잡아당기고 있는 그림 – 부모 중 누구를 동일시하는지, 자율과 독립에 대한 욕구 혹은 처벌에 대한 두려움이 드러남	
	도판 #3	• 담뱃대와 지팡이를 가지고 있는 사자와 오른쪽 아래 구석에 있는 쥐구멍에서 작은 쥐가 나오고 있는 그림 – 자신과 아버지에 대한 내적 인식을 반영	

구분	도판 번호	도판해석 및 주된 해석주제	도판
표준판	도판 #4	• 어두운 방에 이불이 깔려 있고 어린 토끼가 혼자 앉아 있는 그림 – 혼자임에 대한 공포나 부모 동침에 대한 호기심 및 오이디푸스 콤플렉스 주제가 드러남	
	도판 #5	• 어두운 동굴에 희미하게 보이는 곰 두 마리가 있고, 그 앞에 작은 곰이 엎드려 있는 그림 – 부모 동침 장면에 대한 태도 반영	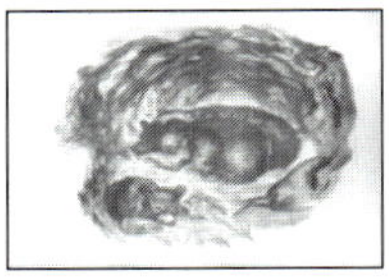
	도판 #6	• 이빨과 발톱을 가진 호랑이가 원숭이에게 덤벼들고 있는 그림 – 공격성에 대한 두려움 정도와 공격성 처리 방식 투사	
	도판 #7	• 두 마리의 원숭이들은 의자에 앉아 차를 마시면서 이야기를 나누고 있고, 그 앞에 큰 원숭이가 새끼 원숭이에게 이야기하고 있는 그림 – 가족 구성원의 역할과 힘의 구도 반영	
	도판 #8	• 화장실 안에서 강아지가 큰 개의 무릎 위에 누워 있는 그림 – 죄와 벌에 대한 태도와 자위 및 대 · 소변 조절 훈련문제 혹은 퇴행 경향을 반영	
	도판 #9	• 과일 가게 앞에 하마가 서 있고, 다람쥐 두 마리가 과일을 손에 들고 달아나고 있는 그림 – 도벽이나 벌에 대한 도덕적 태도 반영	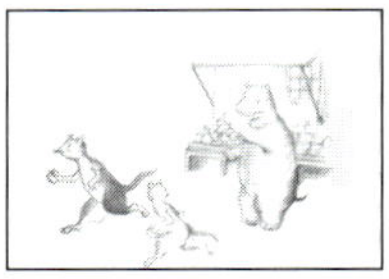
보충판	보충 도판 #1	• 네 마리의 다람쥐가 미끄럼을 타고 있는데 한 마리는 막 타고 내려오고, 또 한 마리는 내려오려는 순간이며, 다른 두 마리는 계단을 올라가고 있는 그림 – 친구끼리의 경쟁 관계 혹은 신체 활동 및 상해에 대한 두려움이 투사	
	보충 도판 #2	• 세 마리 원숭이가 교실에 있는데, 두 마리는 책상에 앉아 있고 그 중 한 마리는 손에 책을 들고 서 있고 다른 한 마리는 꼬리를 잡고 있는 그림 – 가정이나 학교 장면에서의 경쟁 및 과시문제 투사	

구분	도판 번호	도판해석 및 주된 해석주제	도판
보충판	보충 도판 #3	• 쥐들의 소꿉놀이 장면으로, 큰 안경을 쓴 아빠 쥐에게 엄마 쥐가 차를 따라주고 있으며, 작은 유모차와 장난감이 주변에 흩어져 있는 그림 – 성인에 대한 환상, 성인역할에 대한 인식, 성인에게 요구 및 의존하는 태도가 드러남	
	보충 도판 #4	• 큰 곰 한 마리가 두 마리의 아기 곰을 품고 있는 그림 – 형제간의 질투와 엄마에 대한 애정, 독립과 의존의 갈등이 드러남	
	보충 도판 #5	• 엄마 토끼가 아기 토끼를 유치원 문 앞에 데리고 와서 선생 토끼에게 인계하려 하고 있으며, 운동장에는 동물들이 수업하고 있는 그림 – 유치원에서의 적응 및 어머니로부터의 독립에 대한 태도 반영	
	보충 도판 #6	• 캥거루가 꼬리와 다리에 붕대를 감고 목발을 짚고 서 있는 그림 – 자신의 신체 결함에 대한 이미지와 태도 투사	
	보충 도판 #7	• 고양이 한 마리가 거울 앞에 서서 자신을 비춰보고 있는 그림 – 자기 신체 이미지, 외모에 대한 자부심 혹은 열등감 및 청결한 자기 관리에 대한 태도 반영	
	보충 도판 #8	• 토끼 의사가 아기 토끼를 청진기로 진찰하고 있고, 뒤에는 약병이 보이는 그림 – 질병에 대한 태도 반영	
	보충 도판 #9	• 목욕탕에서 큰 고양이가 몸을 씻고 있는 장면을 작은 고양이가 살며시 문을 열고 들여다보는 그림 – 성차나 나체에 대한 태도, 성적 호기심 혹은 청결 훈련에 대한 태도 반영	

04 그림 검사

그림은 유아가 즐겨하는 활동 중의 하나이기 때문에 유아의 내적인 갈등과 원인을 파악하는 데 도움이 된다. 본 지면에서는 대표적인 투사적 그림 검사인 집-나무-사람 그림 검사(HTP)와 동적 가족화 검사(KFD)에 대해 살펴보았다.

1) 집-나무-사람 그림 검사(HTP: House-Tree-Person)

(1) 집-나무-사람 그림 검사(HTP)의 목적

집-나무-사람(HTP) 그림 검사는 대표적인 투사적 그림 검사 중 하나로 벅(Buck, 1948)이 성격 특징과 대인 관계에 관한 정보를 제공하기 위한 도구로 소개하면서부터 사용되었다. 이후 벅과 해머(Buck & Hammer, 1969)가 보다 체계적인 해석 방법을 제시하면서 인간발달 상태와 내면 세계를 이해하는 도구 및 정신병리 진단을 목적으로 활발히 활용되고 있다.

개인은 요청된 HTP 그림을 그리면서 자신의 내면에 가지고 있던 '집-나무-사람'과 관련된 여러 가지 개인정보를 그림에 투사하여 표출한다. 일차적으로 '집'은 사람이 사는 곳이기 때문에 집 그림에는 개인이 인식하고 있는 가족생활, 가족구도, 가족과 맺는 관계양상, 가족 구성원에게 가지는 소망, 감정, 가족에 대한 내적 공상 등이 투사되어 나타나게 된다. '나무'는 인간발달과정을 비유적으로 나타내기 위해 가장 보편적으로 사용되어온 상징이다. 나무를 그릴 때 개인은 자신의 변화과정, 자기 자신과의 관계양상, 자아의 역할을 반영하게 된다(Burns, 1987; 김상식 역, 1998 재인용). '사람' 그림에서는 의식적인 수준에서 자기 자신과 환경과의 관계를 알 수 있으며 자신에게 유의미한 인물에 대한 감정들이 투사되어 나타나기도 한다(차영희, 2010). 또한 무의식적 수준에서 주요 인물과의 관계갈등이나 소망하는 자기 이상이 반영되어 날 수도 있다.

(2) 집-나무-그림 검사(HTP) 실시

실시자는 피검사자에게 A4 용지를 건네주고 '집-나무-사람' 순서로 한 장에 하나씩 그리도록 안내한다. '이 종이에 집(나무, 사람)을 그려보세요' 라고 간단히 제시한다. 단 BGT 검사에서처럼 미술능력 검사가 아님을 정확하게 전달하여 편안한 마음으로 검사에 임할 수 있도록 도와줘야 한다.

검사자는 피검사자가 그린 사람 그림이 여자인지 남자인지 먼저 성별을 확인하고, 다른 종이에 이전에 그린 사람과 다른 성별의 사람을 그리도록 안내한다. 각 그림을 그린 이후에 검사 실시자는 피검사자와의 그림에 대한 질의 응답과정을 통해 수집된 정보에 근거하여 심리학적 · 의학적인 체계적이고 통합적인 해석을 내린다. 따라서 그림에 대한 검사자의 사후 질문과정이 매우 중요하다. 그림에 대한 아래에 제시된 구조화된 질문들이 있지만, 검사자는 피검사자의 답변을 통해 보다 풍부한 정보를 끌어내기 위해 심층적인 추가 질문들을 제공할 수 있는 숙련성을 갖추는 것이 필요하다.

① 집에 대한 사후 기본 질문

- ▢ 누구의 집인가?
- ▢ 이 집에는 누가 살고 있는가?
- ▢ 이 집의 분위기는 어떠한가?
- ▢ 이 집은 무엇으로 만들어졌는가?
- ▢ 다음에 이 집은 어떻게 될 것 같은가? 등

② 나무 그림에 대한 사후 기본 질문

- ▢ 이 나무는 어떤 종류의 나무인가?
- ▢ 나무는 몇 살 정도인가?
- ▢ 나무가 죽었는가, 살았는가?
- ▢ 나무의 건강은 어떠한가?
- ▢ 나무 주변에는 어떤 것들이 있는가?
- ▢ 나무의 소원은 무엇인가?
- ▢ 나중에 이 나무는 어떻게 될 것 같은가?

- ☐ 나무를 그리면서 생각나는 사람은 누구인가? 등

③ 사람 그림에 대한 사후 기본 질문

- ☐ 이 사람은 누구인가?
- ☐ 이 사람은 몇 살인가?
- ☐ 사람은 무엇을 하고 있나?
- ☐ 이 사람은 어떤 생각을 하고 있나?
- ☐ 이 사람의 기분은 어떠한가?
- ☐ 이 사람의 소원이 있다면 무엇일까?
- ☐ 나중에 이 사람은 어떻게 될까? 등

(3) 집-나무-그림 검사(HTP) 결과 해석

HTP 검사 결과 해석에는 여러 가지 방법들이 있으나, 신민섭(2004)은 심리학적 측면에서 '인상주의적 평가 방법' 과 '구조적 평가 방법' 을 소개하였다.

인상주의적 평가는 그림에 대한 전체적인 인상을 점검하는 것이다. 유아교육 현장 교사들은 일정한 시간동안 같은 공간에서 아이들과 함께 생활하다보면 개개의 아이들에 대한 인상이 형성된다. 어떤 아이는 '맑은 아이' 로, 어떤 아이는 '따뜻한 아이' 로, 또 다른 아이는 '화난 호랑이' 로 마음에 남을 수 있다. 투사적 그림 검사를 실시하는 검사자의 입장에서 최대한 자신의 주관성을 배제하고 피검사자의 그림에서 어떤 느낌이 전달되는지, 어떤 메시지가 떠오르는지 스스로 잘 살펴봐야 한다. '어딘지 쓸쓸해 보인다, 터지기 일보직전인 것 같다, 이 집은 사람이 사는 집이 아는 것 같다, 나무가 붕 떠 있어서 불안정해 보인다, 사람이 기운 없어 보인다' 등의 인상이 앞서 제시된 사후 질문들에 대한 답변들과 어떤 연결성이 있는지 점검하는 것이 필요하다. 그러나 인상주의적 평가는 검사자의 주관성을 최대로 배제한다고 해도 한계가 있기 때문에 구조적 평가가 함께 이루어져야 한다.

다음으로 구조적 평가 방법은 주어진 집-나무-사람 그림을 구성하는 전체과정에 대한 평가라 할 수 있다. 즉 그림을 그려나가는 순서, 그림의 크기, 그림을 종이의 어떤 위치에 배치했는지, 필압정도, 획이나 선의 특징, 보이지 않는 것을 표현하거나 형태를 왜곡 및 생략 여부, 그림을 그릴 때의 감정반응이나 행동 특성 등을 찾아내어 이것들이 의미하는 것이 어떤 것인지 평가하는 것이다. 세밀한 구조적 평가 방법을 따르는 것은 유아교사들에게 많은 시간과 훈련을 필요로 하지만, 다음에 제시한 절차를 토대로 유아의 정상 유무를 평가해 볼 수 있다.

첫째, 그림을 그리는 순서를 살펴본다. 대체로 집-나무-사람 그림은 위에서부터 아래로, 틀을 잡고 세부적인 것을 묘사하는 식으로 그려 나가는게 일반적이다. 만약 집 그림을 세부적인 문고리나 창살부터 그린다던지, 나무 잎사귀부터 표현한다던지 사람의 팔부터 그려나가는 것은 보편적이지 않는 경우이다. 이는 사고 장애나 발달 장애 환자에게서 관찰되는 현상이다.

둘째, 그림 크기의 적절성을 점검한다. 보통 종이 크기의 2/3에 해당되는 정도로 그리는 것이 일반적이다. 그런데 종이 크기가 모자랄 정도로 지나치게 크게 그리거나 작게 그린다면 '자기 조절 및 통제' 능력의 미성숙을 반영할 가능성이 크다.

셋째, 그림 그린 위치를 살펴본다. 만약 지나치게 종이의 가운데인지를 거듭 확인하는 경직된 반응을 보이는 경우가 아니라면, 대부분 안정된 사람들은 종이의 어느 한쪽으로 치우지지 않고 가운데에 그림을 그린다. 만약 세 그림이 대체로 가운데에서 벗어나 어느 한쪽 방향으로 치우쳐져 그려졌다면 문제가 있을 가능성이 높다.

넷째, 필압 정도를 확인한다. 정상적인 사람들은 대체로 그림의 형태가 정확히 파악될 정도로 자연스럽게 표현하는 경우가 대부분이다. 그러나 연필을 지나치게 눌러 종이에 자국이 생길 정도로 그린다거나 너무 흐릿하여 형태 파악이 어려운 경우는 현실적응의 어려움을 반영할 가능성이 높다.

다섯째, 획이나 선의 특징을 살펴본다. 선을 그릴 때 자연스러운 흐름이 아니라 거듭 덧선을 그리고, 획의 방향을 여러 방향으로 바꾸고, 지나치게 수평 혹은 수직선을 많이 썼다면 불안정한 개인적 특성이 있음을 유추해 볼 수 있다.

여섯째, 왜곡 혹은 생략 부분이 있는지를 확인한다. 현실적으로 눈으로 보이지 않는 경우인데 보이는 것처럼 표현하는 것은 정상성에서 벗어난다고 볼 수 있다. 예를 들어 나무뿌리가 세밀하게 묘사되어 있거나 사람의 골격이 드러나 있는 경우는 현실검증력이 저하된 경우가 나타나는 특성이다. 혹은 집-나무-사람 그림에서 일부분이 지나치게 강조되어 있어 전체 그림의 균형이 깨져있는 경우, 형태가 일반적인 모양에서 많이 변형되어 있는 경우, 혹은 있어야 하는 본질적인 부분인데 없는 경우도 정상성에서 벗어났다고 볼 수 있다. 그러나 유아는 발달적인 차원에서 인지적으로 미성숙하기 때문에 유아의 그림에서 왜곡이나 생략이 있으면 무조건 문제가 있다는 절대적 해석은 조심해야 한다.

일곱째, 그림 검사는 그리는 피검사자에 있어서는 하나의 과제수행에 해당된다. 평가에 민감한 개인은 자신의 그림이 어떻게 보여질까 불안해할 수도 있고, 자신의 내적인 갈등이나 혼란과 맞닿아 있는 어떤 지점에 이르렀을 때 그리지 못하고 안절부절할 수도 있다. 혹은 지나치게 대충해버린다던지 그리기 싫다고 거부한다던지 과제와 관련 없는 질문을 많이 한다든지 특이한 행동양상이 보인다면 검사 결과 평가에 중요하게 고려한다.

2) 동적 가족화 검사(KFD: Kinetic Family Drawing)의 목적

(1) 동적 가족화 검사(KFD)의 목적

HTP의 '집 그림'에서는 개인이 인식하고 있는 가족에 대한 다양한 정보를 얻을 수 있지만, 가족 구성원들 간의 실제적인 역동적 상호작용 양상을 파악하는데 한계가 있다. 이러한 한계를 보완하기 위해 1970년 번스와 카우프만(Burns & Kaufman)이 동적 가족화(KFD)를 개발하였다. KFD를 통해 가족 구성원들이 주로 어떤 식으로 함께 시간을 보내는지, 가족 구성원들 간에 상호 친밀감은 어떤 식으로 형성되어 있는지, 피검사자가 가족 속에서 어떤 위치에 있는지 등을 살펴볼 수 있다. 검사 실시 방법은 집-나무-그림 검사(HTP)와 동일하며 동적 가족화 검사(KFD)에서도 그림을 그린 이후 사후 질문을 사용한다.

① 동적 가족화에 대한 사후 기본 질문

- 이 그림을 그리면서 무슨 생각을 했는지?
- 이 그림을 보면서 어떤 생각이 드는지?
- 이 가족은 이 그림을 그리기 바로 전에 어떤 일이 있었는지?
- 그림 속의 사람들에 대한 질문
  - 이 사람은 지금 무엇을 하고 있는가?
  - 이 사람의 좋은 점은 어떤 것인지?
  - 이 사람의 나쁜 점은 어떤 것인지?
- 이 가족은 앞으로 어떻게 될 것 같은지?
- 만일 이 그림에 무엇인가를 바꿀 수 있다면 무엇을 바꾸고 싶은지? 등

(2) 동적 가족화 검사(KFD) 결과 해석

KFD 검사의 결과 해석도 앞서 집-나무-그림 검사(HTP)에서와 마찬가지로 '인상주의적 평가 방법'과 '구조적 평가 방법'을 적용할 수 있다. 피검사자의 가족화를 보면서 전달되는 특징적인 인상이 무엇인지를 검사자는 확인해야 한다. '모래알처럼 따로따로인지, 서로 으르렁거리고 있는지, 으스스한 분위기의 가족인지 등' 그림에서 전달되는 정서를 파악하는 것이 중요하다. 그리고 피검사자가 그림 종이 안에 어떤 식으로 가족이나 사물을 채워나가는지 구조적 점검을 실시한다.

피검사자가 가족에 대해 만족도가 높고 원만하고 화목한 분위기의 가정이라면 자신이 느끼고 있는 가족에 대한 애착을 자연스럽고 스스럼없이 표현할 수 있다. 그러나 가족 애착 경험이 결여되어 있거나 갈등이 지속되고 가족 속에서 안정감을 느끼지 못하는 경우는 가족화 그리기 과제가 매우 어렵고 힘들다. 이를 구체적으로 살펴보면 다음과 같다.

첫째, 구획나누기이다. 구획나누기는 그림 종이에 칸을 만들어 가족 구성원을 각 칸에 한 명씩 배치시켜 그림을 그리는 것이다. 구획나누기를 그린 유아는 가족 속에서 감

정적 교류가 없고 고립된 경험을 했을 가능성이 높다.

둘째, 포위하기이다. 특히 위협적이거나 공포의 대상, 적대적 인물 등 비호의적인 대상을 선으로 둘러싸거나 묶고, 특정 사물로 장벽을 만든다. 이는 심리적으로 자신을 안전하게 보호하기 위해 취하는 적극적 노력일 수 있다. 그만큼 가족 속에서 피검사자가 느끼는 안전감은 떨어진다고 볼 수 있다.

셋째, 종이 가운데에 그림을 그리는 대신 그림 종이의 테두리를 따라 그린다. 가족에 대한 분노가 있거나 저항적인 아이들은 가족화 그리기 과제 자체를 거부하거나 그림 종이의 가운데에 가족을 표현하는 것을 거부한다. 이것은 아동이 자신의 내면에 의미 있는 존재로서의 가족을 거부하는 것으로 이해할 수 있다. 따라서 교사는 가족화에서 구성원 간의 원활한 상호작용이 매우 부족하고 반목하거나 갈등하는 상황이 표현될 때는 피검사자의 일차적인 대상 관계의 질이 떨어져 심리적 안정감과 대인신뢰감이 정상적으로 발달되기 어려울 수 있음을 민감하게 포착할 수 있어야 한다.

투사적 그림 검사 결과만을 보고 피검사자의 특성을 신뢰롭게 파악하는 것은 매우 어려운 일이면서도 조심해야 하는 일이다. 따라서 다른 검사들과 종합하여 살펴보는 것이 필요하다. 아래에 제시된 아동의 투사적 그림 검사 결과를 살펴보고, 이들 피검사자들에 대한 특성을 파악해보자.

- 어떤 집? 그냥 사람 사는 집
- 누가 사나? 가족들
- 분위기? 각자 자기 일 해요.
- 미래는? 그냥 지금처럼….

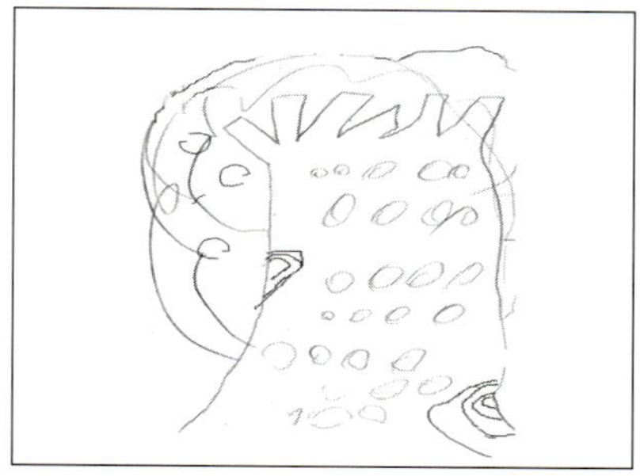

- 어떤 나무? 아주 큰 나무
- 나이는? 500년
- 상태? 건강해요.
- 주변에 다른 나무는? 없어요. 혼자 우뚝 서 있어요.
- 옹이는? 주변에 나쁜 벌레들이 파 먹어서…. 그래도 튼튼해요.
- 다르게 고치고 싶은 점은? 열매를 더 그리고 싶어요.
- 미래는? 더 위로 커질 거에요.

- 누구? 나
- 나이는? 7살
- 뭐하고 있나? 친구들이 놀려서 욕하고 있어요.
- 기분은? 화나
- 성격은? 나빠요.
- 미래? 부자가 되어 먹고 싶은 것 사고 싶은 것 다 살 거에요.

- 누구? 우리 아빠
- 나이는? 100살
- 뭐하고 있나? 돈이 없어서 배고파 먹을 것 갖고 있어요.
- 기분은? 떨려요.
- 성격은? 좋은 데 겁쟁이다.
- 미래? 병에 걸려 죽어요.

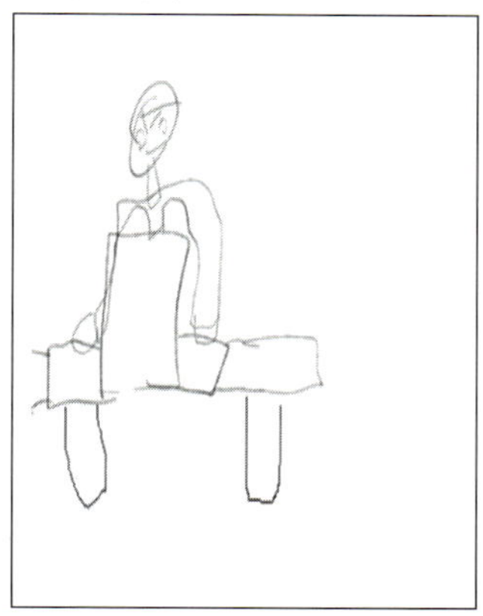

- 누구? 아빠
- 엄마는? 집 나갔어요.
- 너는? 내 방에
- 뭐하나? 인터넷 게임해요. 게임할 때 옆에 있으며 싫어해요.
- 분위기? 심심해. 아빠만 하는 거 싫어요. 커서 돈 벌어 내 컴퓨터 살 거에요.
- 관계는? 그냥 아빠, 딸. 아빠는 욕하면서 날 싫어해.
- 고치고 싶은 점? 할아버지랑 할머니가 있었으면….

그림 11-4 투사적 그림 검사 예시

※ 내담자의 원래 그림은 필압이 약해 매우 희미하였으나 자료 제공을 위해 진하게 인쇄되었으며, 그림은 내담자가 직접 A4 용지 위에 그렸다. 그림 위치, 필압, 대화 내용은 내담자의 상태를 간접적으로 설명하고 있다.

위 그림을 그린 아동은 7세 여아로 유치원에서 물건을 훔치는 문제행동으로 의뢰된 사례이다. 내담아가 5세 때 생모가 가출한 이후 연락이 두절된 상태이고 일용직에 종사하는 생부와 함께 생활하는 중이다. 검사 실시자에게 전해진 내담아의 첫 인상은 똘똘하지만 아이 같은 천진함이 없고 세상 풍파에 때 묻은 듯한 느낌을 전달하며 냉소적이다. 내담아는 과제 자체에 대해 별 관심이 없고 시큰둥하게 임했으나 시작하면서는 빠른 속도로 마무리를 하였다.

투사적 그림 검사에 대한 '인상주의적 차원에서 주요 평가' 내용을 살펴보면 다음과 같다.

- 집과 가족화 그림: '따스함이 없는 삭막함' 이 전해진다. 친밀한 정서적 교류 및 기본적인 가족 간 상호작용이 결핍되어 있고, 모(母)는 아동을 버리고 떠났고 부(父)는 함께 있으나 필요할 때 활용할 수 있는 존재가 아니다. 안정애착 대상이 없고 특히 구강기적 욕구가 결핍되어 있음을 알 수 있다.
- 나무 그림: '가득 채우고 싶은 열망' 이 전달된다. 지면을 넘어서는 나무의 크기, 많은 열매 등은 현실의 결핍에 대한 보상심리로, 이상적 자기상(ideal self)을 표현하는 것으로 볼 수 있으나 뻗어나가지 못한 가지처럼 현실의 장애를 경험하고 있는 것으로 이해된다.
- 사람 그림: '남자 그림' 을 가장 그리기 어려워 했으며 아버지에 대한 좌절, 화가 느껴진다. 함께 있지만 무능하고 나약한 아빠에게 의존할 수 없고 자신을 싫어하고 귀찮아하는 모습에 내적으로 분노하고 있을 가능성이 크다.

구조적 차원에서의 주요 평가 내용을 살펴보면 다음과 같다. 7세 또래와 비교해 볼 때 그리는 순서가 정상적이었고, H-T-P의 본질적인 구성 요소들이 적절히 표현된 것으로 볼 때 기질적 손상을 의심할 단서는 없는 것으로 보인다. 그러나 인물화를 측면으로 그리고 자아상을 의미하는 '여자 그림' 에서 입을 강조 표시하고 신체 전신을 표현하지 못하는 것은 자신과 타인에 대한 기본적인 신뢰가 부족하고, 특히 자존감이 저하되어 있는 것으로 보인다. 가족 속에 소외, 일차적 욕구 좌절, 불안정한 애착으로 인한 부정적인 정서가 내재되어 있을 가능성이 높다. 이에 대한 적절한 해소를 못하는 상황에서

'훔치기'와 같은 충동적인 문제행동을 보일 가능성이 높을 수 있다.

앞서 살펴보았듯이, 유아의 그림에 나타난 사람이나 집, 나무와 같은 그림의 크기와 비례, 색깔, 형태 그리고 그림을 그린 후 사후 질문과정을 통해 유아의 성격이나 충동이나 불안, 갈등 및 보상 욕구 등을 분석할 수 있다. 또한 유아가 그린 가족 그림을 통해 교사는 유아의 내적인 심리 상태를 살펴볼 수 있다.

2008년 울산에서 계모에 의해 살해된 우○○ 유아의 경우는 죽기 전 어린이집에서 그린 가족화가 발견되어 많은 충격과 안타까움을 주었다(사진 참조). ○○이가 그린 가족 그림에서는 화를 내고 있는 아버지와 입은 웃지만 눈은 화를 내는 계모, 그리고 구석에서 가장 작은 모습으로 웃고 있는 ○○이 자신이 있었다. 이 그림을 분석한 박혜원 교수는 ○○이의 모습이 가장 작게 그려짐으로써 ○○이의 위축된 심리적 상태와 무기력한 모습을, 그리고 가족 그림이 사람 얼굴만 그려져 있고 계모의 경우는 입은 웃지만 눈은 화를 내를 모습을 나타냄으로써 이중적인 성격 특성이 표현되어 있다고 분석하였다. 또한 아버지는 화난 모습으로 가장 크게 그려져 있어 평소 가정에 내재된 폭력의 위험이 그림으로 표현되었다. 즉, 영진이의 그림에는 당시 ○○이가 처해 있던 가족 관계의 어려움이 그려져 있었다.

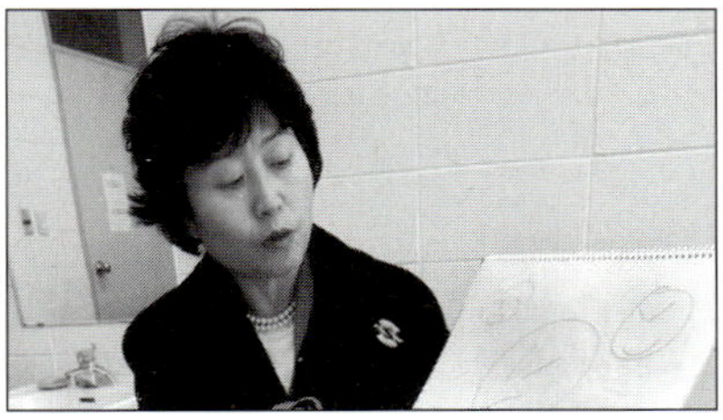

아동심리전문가가 계모에게 살해되기 전 우○○(6) 군이 어린이집에서 그린 가족화 그림을 분석하고 있다.

| 출처 | 연합뉴스(2008. 2. 20.). 영진군 그림 설명하는 박○○ 교수

유아는 아직 언어를 통해 자신의 느낌과 생각을 완전히 표현하지 못하기 때문에 그림을 통해 자신의 생각과 욕구, 갈등 등의 정서 상태를 표현한다. 따라서 성인과 같은 논리적 사고와 언어적 유창성이 발달하기 이전인 유아기에서 유아가 그린 그림은 유아의 내면을 표현하는 가장 자연스러운 표현수단 중 하나이다.

그러나 그림은 개인의 예술적 표현이기에, 그림의 의미나 목적과 내용을 정확히 해석할 수 있는 방법에 대해 합의가 이루어지는 것은 매우 어렵다. 아동의 투사적 그림 검사에 대한 가치를 인정하지만, 그림 검사 한 가지만으로 아동의 불안정애착과 같은 사회·정서적 문제를 평가하는 대신 다른 정보나 검사 결과들의 보충적 자료로 함께 사용해야 한다. 투사적 그림 검사는 심리학자들이 임상에서 가장 자주 사용하는 검사 중의 하나이다. 특히 사회적 · 정서적 문제를 가진 아동의 문제를 진단할 때, 가장 많이 사용되는 검사이기 때문에 이에 대한 신중함이 필요하다(신민섭, 2004).

Tip 심리 검사 기관들

- 아이코리아 아동발달연구원(www.kidgrowing.org)
  영유아 심리 검사 기관, 영유아 발달 정도와 장애 관련 정보 제공, 자가진단 검사 제공
- 한국심리검사연구소(www.kpti.com)
  심리 검사 기관, MBTI, 학습능력 검사 등 심리 검사, 온라인상담실 제공
- 학지사심리검사연구소(www.kops.co.kr)
  심리 검사 전문기관, 학교 및 유아교육기관 검사, 진단, 학습 검사, 지능 검사 등 (※ 검사 대행 및 검사도구 판매)
- 한국행동심리연구소(www.kapi.co.kr)
  심리 및 지적능력, 진로발달 검사 종류, 직업, 교육정보 수록
- KPTI 온라인심리검사센터(www.career4u.net)
  심리 검사 절차, 온라인 심리 검사 및 결과 조회, 상담기관 소개 수록

생각해보기

투사적 심리 검사를 유아 대상에게 적용하여 사용하기에 앞서 여러분 자신의 내면을 이해하기 위해 둘씩 짝지어 투사적 심리 검사를 실시해 보시기 바랍니다.

1. 검사의 실시자의 경험을 통해 가장 어려운 부분과 가장 주의를 기울여야겠다고 생각된 부분은 무엇입니까?

2. 검사를 받는 피검사자의 경험을 통해 가장 어렵거나 불편했던 부분은 무엇입니까?

3. 검사결과 해석을 통해 자신에 대해 이해하게 된 내용은 무엇입니까?

Chapter 12

아동상담 사례

학습주제 아동상담 사례

학습목표

❶ 아동미술심리 집단상담 사례를 통해 미술치료를 이해할 수 있다.
❷ 우울 장애 아동상담 사례를 통해 심리 검사 결과를 이해할 수 있다.
❸ 주의력결핍 및 과잉행동 장애 아동상담 사례를 통해 심리 검사 결과를 이해할 수 있다.

학습요약

1. 아동미술심리 집단상담 사례
   1) 집단미술치료 프로그램의 개요
   2) 집단미술치료 프로그램의 진행과정

2. 우울 장애 아동상담 사례
   1) 내담아 인적사항
   2) 가족 배경
   3) 주 호소문제
   4) 심리 검사 결과

3. 주의력결핍 및 과잉행동 장애 아동상담 사례
   1) 내담아 인적사항
   2) 가족 배경
   3) 주 호소문제
   4) 심리 검사 결과

주요개념

미술심리 집단상담, K-WPPSI, BGT, HTP, CAT, KFD, 로르샤하 검사

들어가기

'열 길 물 속은 알아도 한 길 사람 속은 모른다'는 속담이 있다. 그리고 종종 일상생활을 하다보면 '나도 왜 그때 그랬는지 잘 모르겠어. 귀신이 씌였나봐!' 라고 말할 때가 있습니다. 이 두 표현이 담고 있는 인간의 본질적 특성은 무엇일까요?

아동은 연령이 어릴수록 인지능력이 충분히 발달되지 못했기 때문에 외부현실과 자신의 경험에 대한 객관적인 지각이 어렵다. 따라서 심리적으로 힘든 상황에 있거나 그로 인해 부정적인 영향을 받고 있어도 그에 대해 구체적이고 명확한 설명을 하지 못할 때가 많다. 대부분의 아동은 스스로 도움을 구하거나 치료의 필요성을 인식하지 못한다. 따라서 그림이나 검사 도구를 사용하여 아동의 문제를 살펴보는 것은 아동상담에 있어 매우 중요하다.

본 장에서는 저소득층 한부모가정의 아동들을 대상으로 한 아동미술심리 집단상담과 함께 우울 장애 아동과 주의력결핍 및 과잉행동 장애 아동의 상담사례를 소개하였다. 최근 이혼과 경제적 어려움의 증가로 인해 점차 많은 아동이 한 부모와 지내고 있다. 따라서 이들에 대한 미술심리 집단상담 사례는 유치원과 어린이집 현장에서도 도움이 될 것으로 여겨진다.

또한 많은 유형의 아동 장애가 존재하지만 교육현장에서 자주 목격되는 대표적인 아동 장애인 우울증과 주의력결핍 및 과잉행동 장애 아동상담 사례를 살펴보고자 한다. 비록 유치원과 어린이집에서 상담기관에서와 같은 검사를 할 수는 없지만 아동이 어떠한 유형의 심리 검사를 받는지 알고, 나아가 이들 검사 결과를 판독할 수 있다면 아동을 이해하고 상담하는 데 많은 도움을 받을 수 있다.

01 아동미술심리 집단상담 사례

이 사례는 경상북도 내 저소득층 한부모가정의 2, 3, 4학년 아동을 대상으로 주 2회 60분씩 총 24회를 실시한 집단미술치료 프로그램의 결과이다(김정희 · 정다운, 2011).

1) 집단미술치료 프로그램의 개요

프로그램의 목적은 대상 아동들의 자아존중감 증진 및 또래 관계 증진을 위하여 진행되었고, 관계 형성 단계, 자기-타인 인식 단계, 문제해결-또래 관계를 위한 단계, 종결 단계 등의 순서로 4단계로 구조화되었으며, 총 24회기로 회기당 60분으로 구성되어 있다. 프로그램의 세부 내용 및 진행과정은 다음 [표 12-1]과 같다.

표 12-1 집단미술치료 프로그램의 세부 내용

단계	회기	주제	내용	적용 기법
사전 검사			• 자아존중감 검사 • 또래 관계 검사	
관계 형성 단계	1	별칭 짓기	• 그림을 통하여 자신 소개하기	그리기
	2	사포조각	• 여러 가지 사포에 그려진 그림에 연상하여 그리고 다 함께 맞춰보고 이야기 나누기	사포 그림
	3	난화	• 4B 연필로 난화를 하고 숨은 그림을 찾아내어 크레파스로 색칠하고 이야기나누기	난화
	4	난화 이야기	• 난화를 통하여 찾아낸 숨은 그림으로 이야기 꾸민 후 나누기	난화이야기 만들기
자기-타인 인식 단계	5	가족 이야기	• 가족을 그리고 가족에 대해 이야기 나누기	가족화
	6	학교 생활화	• 학교생활과 반 아이들에 대해 그리고 이야기 나누기	그리기

단계	회기	주제	내용	적용 기법
자기-타인 인식 단계	7	나와 친구의 이름 꾸미기	• 내 이름과 친구의 이름을 다양한 재료를 이용하여 꾸미고 이야기 나누기	콜라주
	8	가장 슬펐던 순간 마음이 아팠던 순간	• 두 집단으로 나누어 신문지를 찢어 가운데로 모은 후 날리면서 놀다가 다시 모아 기다란 끈을 만든 후 줄다리기 후 이야기 나누기	종이 찢어 표현하기
	9	밀가루 반죽	• 밀가루에 좋아하는 색을 넣어 반죽하고 원하는 것 만들고 이야기나누기	밀가루작업
	10	동물 가족화	• 가족을 닮은 동물을 그림으로 그리고 이야기 나누기	그리기
	11	내가 살고 싶은 집	• 두 집단으로 나누어 서로 의논하여 내가 살고 싶은 집을 그리고 꾸민 후 이야기 나누기	집단 꾸미기
	12	도자기 만들기	• 조별로 의논하여 도자기를 만들고 이야기 나누기	도자기 만들기
	13	풍경 구성법	• 4B 연필을 이용하여 그린 후 돌아가며 색칠하고 이야기 나누기	그리기
문제해결 -또래 관계를 위한 단계	14	내가 좋아하는 것, 싫어하는 것	• 찰흙을 이용하여 내가 좋아하는 것과 싫어하는 것을 만들고 서로 색칠해 주고 이야기 나누기	흙작업
	15	빈 통 꾸미기	• 빈 요구르트 통을 가지고 서로 의논하여 만들고 이야기 나누기	집단 꾸미기
	16	만다라 그리기	• 다양한 만다라 문양을 자유롭게 선택해서 그리고 색칠하기	만다라
	17	비밀상자	• 자신의 비밀상자를 다양한 재료를 이용하여 만들어 자신에게 바라는 소망과 바람 등을 적기	콜라주
	18	손, 발바닥 본뜨기	• 손과 발을 본떠서 자신의 장점과 단점을 쓰고 이야기 나누기	신체본뜨기
	19	내가 만들고 싶은 것	• 컬러믹스를 이용하여 자유롭게 만들고 이야기 나누기	밀가루작업
	20	주고, 받고 싶은 선물	• 친구에게 주고 싶은 선물과 받고 싶은 선물을 그리거나 만들어 이야기 나누기	그리기 콜라주
	21	곡물 콜라주	• 서로 의논하여 여러 가지 곡물을 이용하여 꾸미고 이야기 나누기	콜라주

단계	회기	주제	내용	적용 기법
종결 단계	22	우리 집 만들기	• 빈 상자를 이용하여 서로 의논한 뒤에 집을 완성하고 이야기 나누기	집단 만들기
	23	소원이 자라는 나무	• 전지에 나무 그림을 그리고 각자의 소원이 적힌 티슈를 뭉쳐 붙인 후 여러 가지 색이 든 분무기로 나무에 물을 준 후 이야기 나누기	꾸미기 물감뿌리기
	24	전시하기	• 지금까지 만든 작품들을 전시하고 감상하면서 이야기 나누기	전시하기
사후 검사			• 자아존중감 검사 • 또래 관계 검사	

2) 집단미술치료 프로그램의 진행과정

(1) 관계 형성 단계(1~4회)

이 단계에서는 상담자와의 만남의 시간을 통해 자신을 알리는 시간을 갖고 친밀한 관계를 형성하기 위한 활동으로 시작하였다. 활동을 시작하면서 서로 어색해하고 산만한 행동을 보였는데 연구자가 활동에 대한 시범을 적극적으로 보이고, 기존의 관련 작품들을 보여주면서 구체적인 설명을 하자 자신감과 의욕을 보이기도 했다. 각 활동에 대한 작품이 완성된 후 이야기 나누기를 전개할 때 학년이 높은 아동들이 주도하는 측면이 있었으나 상담자가 개별 아동 모두에게 이야기할 수 있는 기회를 주고 잘 경청하였을 경우 칭찬을 해주었더니 점점 여유 있고 자신감 있는 대화를 주고받을 수 있었다.

별칭 짓기

사포조각

난화

(2) 자기-타인 인식 단계(5~13회)

이 단계에서는 아동의 가족관계와 선생님의 포함해서 학교에서의 생활과 친구 관계를 알아보고 친구를 대하는 태도를 보기 위해 가족화와 학교생활화를 그리게 하고 가장 좋아하는 친구를 알아보는 시간을 가졌다. 활동을 진행하면서 미술재료는 개별적으로 제공하지 않고 서로 나누고 협동할 수 있는 분위기를 형성하기 위해 공동으로 제공하였다. 가족화와 같은 개별 활동이나 종이 찢어 표현하기 활동과 같은 집단 활동을 진행할 때 가급적 서로 대화하고 도움을 주고받을 수 있는 따뜻한 분위기를 만들기 위해 상담자가 상호작용을 적극적으로 진행하였다.

가족이야기

학교생활화

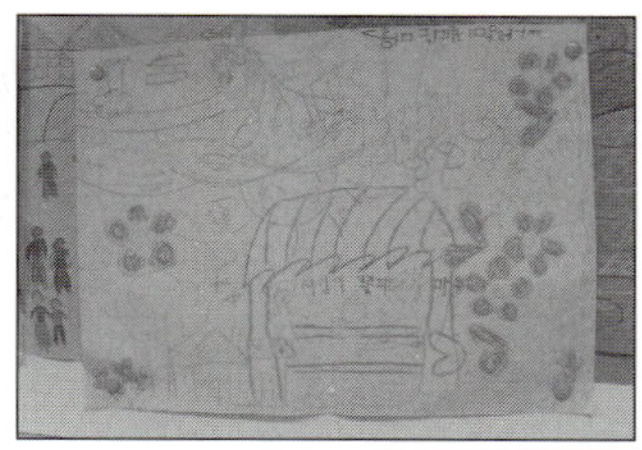

내가 살고 싶은 집

도자기 만들기

풍경 구성법

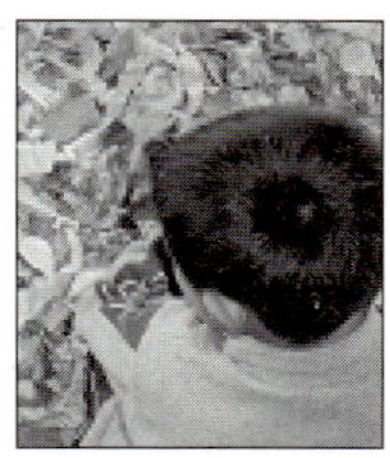

가장 슬펐던 순간, 마음이 아팠던 순간
(종이 찢어 표현하기)

(3) 문제해결-또래 관계를 위한 단계(14~21회)

이 단계에서는 자발적으로 자신의 문제를 표현하고 해결책을 제시하여 실천할 수 있는 활동들을 제시하였다. 또래들과 함께 창작 활동을 전개하면서 타인의 감정과 상황을 이해하고 아동 자신의 감정과 상태를 조절할 수 있는 기회를 작품을 꾸미는 과정과 완성 후 이야기나누기 시간을 통하여 확인할 수 있었다. 주의집중 시간이 개별적으로나 집단 속에서 길어졌으며, 또래간의 갈등이나 말다툼은 현저하게 감소했음을 볼 수 있었다.

만다라 그리기

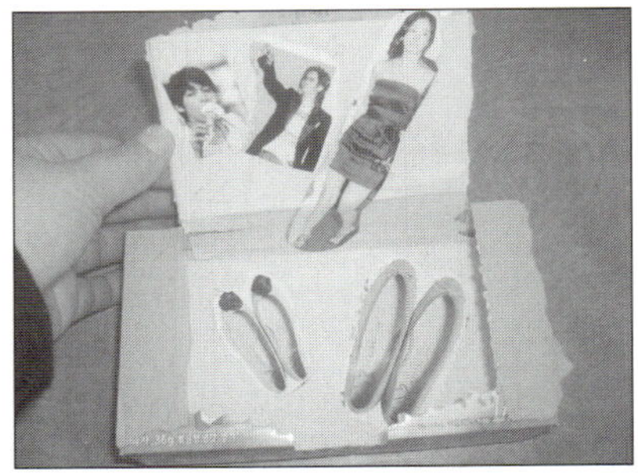

비밀상자

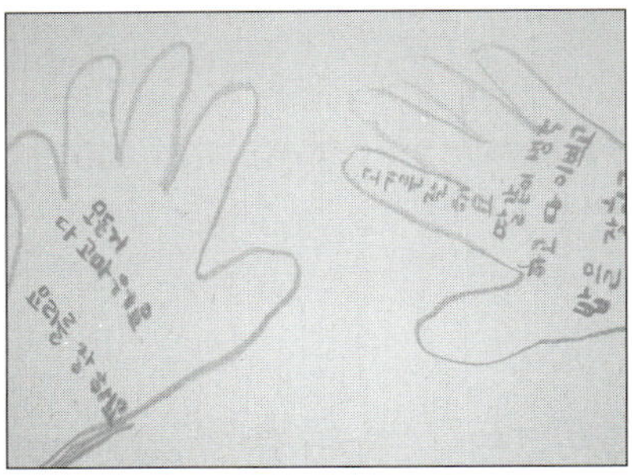

손, 발바닥 본뜨기

주고받고 싶은 선물

(4) 종결 단계(22~24회)

이 단계에서는 그동안 선생님을 포함한 학교생활과 가족생활, 대인 관계에서 달라진 점을 우리 집 만들기와 소망나무 꾸미기 작업을 통해 완성한 후 이야기 나누는 시간을 가졌다. 마지막으로 프로그램을 통해 나타난 결과물을 전시하면서 자신의 작품에 대한 회상과 생각, 활동의 끝마무리에 대한 아쉬움을 아동들이 함께 나누었다. 아동들은 여러 작품 활동을 해보는 과정도 즐거워하였지만 이후 정성을 기울여 활동한 작품을 전시회를 준비하면서 다시 꾸미고 전시하면서 작품을 어떻게 소개할지에 대한 방법에 대한 생각을 나누기도 하였다. 전시회 당일 가족이나 인근 방과후 지역아동센터 또래들을 초대하여 함께 작품을 나누고 발표하면서 서로 즐거워하였고 자신의 능력을 인정해 주고 칭찬해준 사람들에게 감사의 표현도 전하였다.

우리 집 만들기

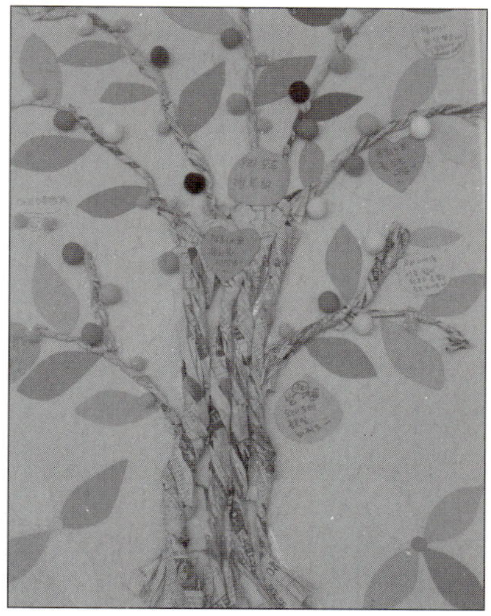

소원이 자라는 나무

02 우울 장애 아동상담 사례

1) 내담아 인적사항

6세 6개월의 남아이다. 임신과 출산과정에서는 별다른 문제가 없었으며, 22개월 차이 여동생이 태어나고 경제적인 어려움으로 시골에 있는 모(母)의 친정어머니에게 2년 정도 맡겨져 성장했다. 외조모가 키울 때 따로 어린이집에 다니지 않았고 주로 할머니와 함께 지냈다. 다시 모(母)와 함께 살면서 처음으로 유치원 종일반에 다니기 시작했으나 아침에 일어나기 너무 힘들어하고 한 시간 이상 울고불고 실랑이를 하다 지쳐서 포기하는 심정으로 겨우 엄마에게 업혀 등원하기를 반복하고 있다.

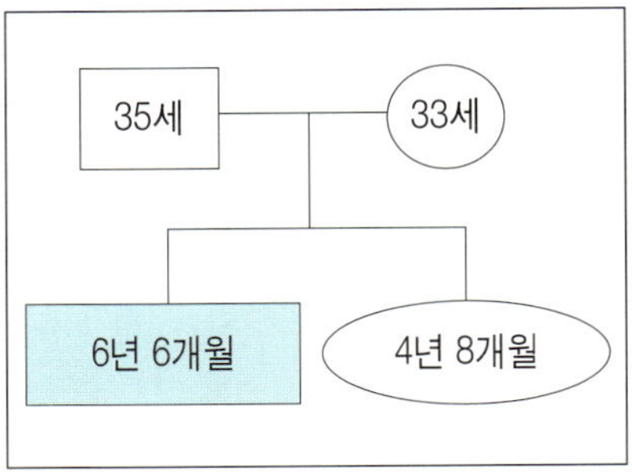

내담자 가계도: □: 남자, ○: 여자, 음영처리: 상담 사례 주인공(내담자)

2) 가족 배경

- 부(父, 35세): 건축 전공으로 대학을 졸업했으며, 건설회사에서 일하다 회사가 부도가 나 퇴사하고 현재 인테리어 전문 업체를 운영 중이다. 기반을 잡지 못한 상태라 수입이 일정하지 않다. 성실하나 과묵하고 아이들에게 별 관심이 없다. 유복한 원가족에서 2남 2녀의 차남으로 출생하였으나, 형제들이 학벌이 좋고 자신보다 모든 면에 뛰어나다는 열등감을 심하게 가지고 있다. 원가족에게 일체의 도움을 받지 않으려 해서, 현재도 자신의 어려운 상황을 알리지 않고 있으며 왕래도 점점 안하고 피하려 한다.
- 모(母, 33세): 간호학 전공으로 전문대를 졸업하였다. 5세 때 부모 이혼 이후 어머니

와 함께 살았다. 힘들게 고생하는 어머니를 도와 어릴 때부터 집안일도 하고 자기 주도적으로 학습하면서 똘똘하고 착한 아이로 인정받으며 성장하였다. 미술을 전공하고 싶었으나 집안 형편 때문에 취업이 보장되는 간호학과로 진학하였고, 과 수석으로 졸업하고 대학병원에 취업해 능력을 인정받았다. 동료 간호사의 소개로 현재 남편을 만나 2년 연애하고 결혼하였으나, 첫 아이를 임신하면서 교대근무가 없는 작은 병원으로 이직하였다. 이직으로 인해 경제적 수입규모가 줄었고, 그 무렵 남편 회사 사정이 안 좋아 제대로 급여가 들어오지 않아 많이 힘든 시간을 보냈다. 첫아이 출산 이후 산후 우울증을 심하게 겪었고, 남편의 열등감과 무심함 때문에 답답하고 점점 다투게 될 때가 많다.

- 여동생(4년 8개월): 모(母)에 따르면 계획된 아이는 아니었으나 첫 아이에 비해 잘 먹고 자고 활발하고 애교가 많아, 보고 있기만 해도 마음이 즐겁고 행복해진다고 한다. 또한 태어나자마자 보육시설에 맡겨졌었고, 임신했을 때 마음도 힘들고 잘 먹지도 못해 미안했는데 정상적으로 잘 커주고 있어 너무 고맙다고 한다. 큰애가 정을 붙이기 어려워 그런지 솔직히 작은 아이가 더 좋아진다고 한다.

3) 주 호소문제

(1) 모(母)가 호소하는 주된 문제

- 아침에 잘 못 일어나고 편식이 심해 김이랑 밥만 먹으려 해서 매일 아침 싸우게 된다.
- 작은 애를 몰래 몰래 꼬집고 때려 야단맞을 때가 많은데, 야단맞으면 분해하며 넘어갈 듯 대성통곡을 한다.

(2) 유치원 선생님이 호소하는 주된 문제

- 수업에 비협조적이고 활동을 끝까지 마무리하지 못한다.
- 멍하게 있을 때가 많고 싫은 것을 해야 할 때는 고집피우다 울어버린다.

□ 또래들과 어울리기를 싫어하고 다른 아이들이 가까이 오면 밀어버려 싸움이 일어나는데 상대방이 강하게 나오면 아무런 반응을 못하고 무력하게 가만히 얼어붙어 있다.

4) 심리 검사 결과

(1) 한국판 유아용 지능 검사(K-WPPSI)

□ K-WPPSI 프로파일 주요 판독 내용: 내담아는 지능 검사 수행에 있어 부여된 과업에 대한 비협조적이고 짜증스런 반응을 보였다. 특히 전반적으로 대충 건성으로 반응하고 문제 난이도가 높아지면 쉽게 포기하였다. 언어성 검사(상식, 이해, 어휘)에서는 깊이 생각해보지 않고 답하면서 점수를 얻지 못한 경우가 많았으며, 검사자가 탐색적 질문을 통해 잠재력을 확인하는 과정에서는 정답을 보고하였다. 또한 동작성 검사에서도 대부분 제한된 시간을 넘겨 점수를 얻지 못했으나 문제 이해 자체에는 발달지체가 의심될 정도의 이상소견을 보이지는 않았다. 전체 지능 점수가 93점(언어성 점수 92, 동작성 점수 95)으로 '평균 하' 이지만, 소검사간 점수 차가 크지 않고 잠재적 지적능력이 110점까지 산출되는 것으로 볼 때, 저조한 현재 과업수행은 우울감과 관련된 '사고와 운동 속도' 의 저하로 인한 것으로 판단된다.

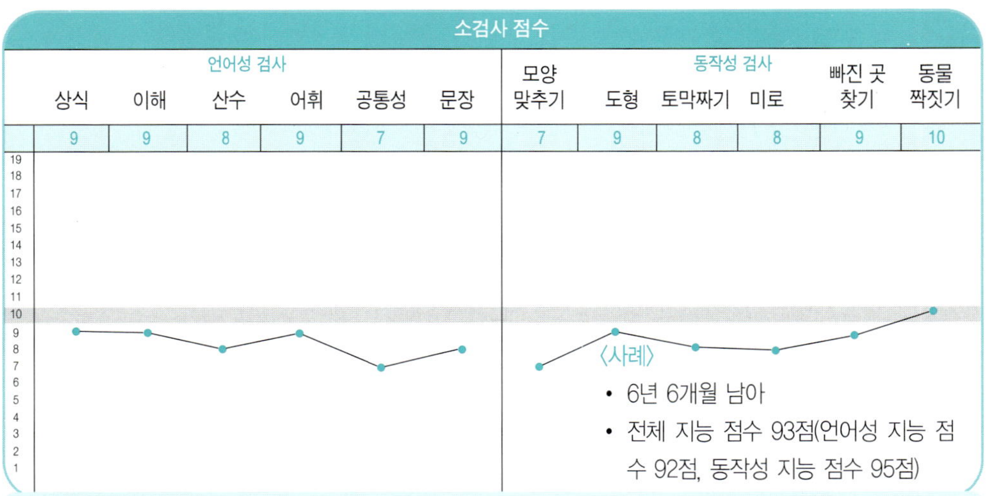

그림 12-1 '우울한 아동 사례' 의 K-WPPSI 프로파일

(2) BGT

'우울한 아동 사례' 의 BGT 결과

☐ BGT 주요 판독 내용: 곡선 모사의 정확도가 떨어지고 각도가 맞지 않으며, 점의 형태가 다소 왜곡되고 있으나, 뇌의 기질적 장애가 시사되지는 않는다. 전체적으로 지면의 활용도는 안정적이나 도형의 원래 크기보다 작게 그리거나 선이 너무 얇아서 완성된 도형을 찾아보기 힘든 점을 볼 때 에너지 수준이 낮고 정서적으로 위축되고 소심한 특성을 엿볼 수 있다.

(3) HTP

- 어떤 집? 그냥 우리 집 아파트
- 누가 사나? 우리 가족
- 분위기? 좋아요.
- 지금? 각자 자기 일해요.
- 미래? 몰라요, 그냥 계속 살아요.

- 어떤 나무? 길가 나무
- 나이는? 6살
- 분위기? 좋아요.
- 주위에 다른 나무는? 없어요.
- 다르게 고치고 싶은 점은? 좀 더 크게.
- 미래? 몰라요.

※ 내담자의 원래 그림은 필압이 약해 매우 희미하였으나 자료 제공을 위해 진하게 인쇄되었으며, 그림은 내담자가 직접 A4 용지 위에 그렸다. 그림 위치, 필압, 대화 내용은 내담자의 상태를 간접적으로 설명하고 있다.

- 누구? 그냥 지나가는 어떤 애
- 나이? 7살
- 지금? 몰라요. 그냥 가만 있어요.
- 기분? 그저 그래요.
- 성격? 좋아요.
- 장래희망? 없어요.

- 누구? 그냥 어떤 애
- 나이? 5살
- 지금? 놀아요.
- 기분? 좋아요.
- 성격? 몰라요.
- 장래희망? 가수

※ 내담자의 원래 그림은 필압이 약해 매우 희미하였으나 자료 제공을 위해 진하게 인쇄되었으며, 그림은 내담자가 직접 A4 용지 위에 그렸다. 그림 위치, 필압, 대화 내용은 내담자의 상태를 간접적으로 설명하고 있다.

□ HTP의 주요 판독 내용: 그림 검사의 전체적인 인상은 '에너지가 없고 위축된 느낌' 이다. HTP에서 그림의 크기가 모두 작으며 왼쪽 귀퉁이로 몰려있고, 기본 질문에 대해 '몰라요, 없어요, 좋아요' 식의 단답형이다. 또한 '나무 그림' 과 '집 그림' 을 보면 형태가 매우 빈약하며 필압이 약하다. 이는 내담아가 지능 검사 결과에서 보여준 것처럼, 우울감으로 인해 부여된 과업에 대한 수행 몰입도가 떨어지고 있음을 보여준다.

(4) CAT

□ CAT 주요 판독 내용: 내담아는 '밥 먹기, 유치원 가기, 일찍 자기' 등 주요 일상생활 사건에서 '자기 결정권' 이 박탈되고 있는 것으로 인식한다. 엄마는 '하기 싫은 것을 억지로 하게 하는 사람' 이며, 엄마와의 갈등에서 내담아는 적절한 자기주장을

하지 못하고 있다(도판 #1, #8, 보충도판 #4와 5). 끌려 다니는 것에 대한 피곤함과 지친 내적 상태를 보여주고 있으며(도판 #3과 4), 방해받지 않는 자기만의 세계에 대한 욕구 즉 자기 경계(self- boundary) 욕구를 드러내고 있다(보충도판 #9).

표 12-2 CAT 결과(일부)

구분	도판 번호	반응 내용 및 주요주제	도판
표준판	도판 #1	• 엄마 닭이 밥 다 먹을 때까지 감시한다. 다 안 먹으면 못 일어난다. – 모(母)와의 갈등: '싫은 걸 하게 하는 엄마'	
	도판 #3	• 병든 사자가 힘이 없어 앉아 있기만 한다. – 낮은 심리적 에너지 반영	
	도판 #4	• 토끼가 방에서 잠자려고 준비한다. 힘들어서 잠자는 걸 제일 좋아한다. – 낮은 심리적 에너지 반영	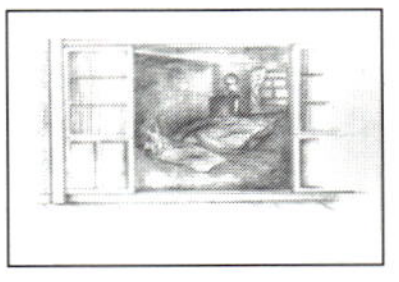
	도판 #8	• 엄마 강아지가 새끼 강아지 목욕시킨다. 새끼 강아지는 귀찮은 데 자꾸 빡빡 문질러서 싫어한다. – 모(母)와의 갈등: '싫은 걸 하게 하는 엄마'	
보충판	보충 도판 #4	• 엄마 곰이 아기 곰을 안아서 재우고 있다. 내일 일찍 일어나려면 빨리 자야한다고 억지로 재운다. – 모(母)와의 갈등: '싫은 걸 하게 하는 엄마'	
	보충 도판 #5	• 유치원 안 간다고 울고 있는 아기 토끼를 엄마 토끼가 가야 한다고 혼내고 있다. 갔다 오면 초콜릿 사준다고 한다. – 모(母)와의 갈등: '싫은 걸 하게 하는 엄마'	
	보충 도판 #9	• 고양이가 혼자 목욕탕에서 물놀이 하고 있다. 혼자 물놀이 하는 걸 좋아한다. 막 물 뿌리고 비누칠하고 논다. – 자기 통제: 방해받지 않은 시간과 공간에 대한 욕구 반영	

심리 검사를 종합해 볼 때, 내담아는 심리적 에너지가 저하된 상태로, 주의력과 집중력이 떨어져 적극적인 사고 활동과 신체 활동을 요하는 과업을 수행하는 것에 대한 어려움이 예상된다. 상황에 대한 적절한 대처능력이 발달되지 않아 스트레스 상황에서 문제해결적 접근을 못하고 울거나 회피하는 반응을 나타낼 수 있다. 특히 엄마와 같이 힘이 우위에 있는 성인들과의 관계에서 무력감을 느낄 수 있기 때문에, 안정애착 형성과 적절한 자기주장 훈련이 요구된다.

03 주의력결핍 및 과잉행동 장애 아동 사례

1) 내담아 인적사항

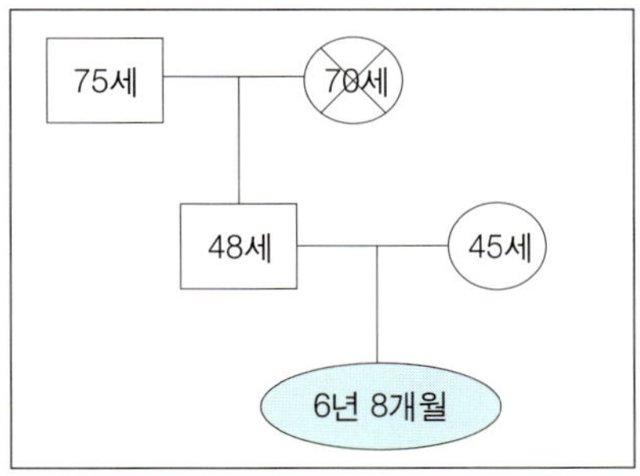

내담자 가계도: □: 남자, ○: 여자, ⊗ : 사망, 음영처리: 상담 사례 주인공(내담자)

외동딸이며 6세 8개월의 여아이다. 자연임신이 안 되어 결혼 7년만에 인공수정으로 어렵게 얻은 아이이다. 축복받으며 태어났고 유복한 가족의 사랑을 독차지하면서 자랐다. 어렸을 때부터 원하는 것은 무엇이든 허용되었고 즉각적으로 충족이 안 되는 경우에는 몹시 힘들어 했다. 다양한 것에 관심이 많으면서도 금방 싫증을 내서 '변덕쟁이' 라는 별명이 붙었고, 어릴 때부터 부산스러운 경향은 있었으나 영어유치원 들어가 공동생활을 하면서 짜증이 많아지고 한 곳에서 가만히 있질 못하고 산만한 행동을 하는 것이 더 늘어났다. 최근에는 물건을 자주 잊어버리고 뜻대로 안되면 분노를 폭발하는 정도가 심해져 친구를 때리기도 하고, 야단치는 엄마를 물어 상처를 입히는 사건이 있었다.

2) 가족 배경

□ 조부(75세): 대학원 졸업이며, 전직 대학교수였다. 유복한 가족의 외동아들로 전폭적인 지원 속에 성장하였다. 외롭게 성장해서 결혼해서 여러 명의 자식을 낳고 싶었으나 아내의 건강이 허락되지 않아 아들 하나만을 얻었다. 아내가 60세에 유방암으로 투병하다 66세에 사망하고 현직에서도 퇴임한 이후 우울증 약을 복용하고 있다. 현재 아들 내외와 함께 생활하고 있으며 하나밖에 없는 손녀딸에 대해 무조

건 두둔해 주는 인물이다. 손녀딸의 심리치료에 대해 강력히 반대하고 있고 며느리가 엄마 역할을 못한다고 호통 친다.

- 부(48세): 화학 전공의 현직 대학교수다. 유학을 마치고 대기업 연구소에서 일하다 대학교수로 임용되었다. 어릴 때 천재소리를 들을 만큼 똑똑했으며 호탕하고 사교성도 좋아 어디를 가나 인기를 독차지하였다. 아이를 간절히 바라긴 했으나 현재 대외적인 활동으로 아이와 함께 할 수 있는 시간이 매우 부족하고, 아이는 크면 나아질 거라는 낙관적인 마음을 가지고 있다. 아내가 너무 예민해서 아이의 행동을 과장하여 지각한다며 아내를 나무라고 있다.
- 모(45세): 대학 졸업 이후 맞선으로 현재 남편을 만나 결혼했고 전업주부로 살아왔다. 자손이 귀한 집안에 시집와 결혼 7년 동안 유산을 3번 경험하면서 마음고생이 매우 많았다. 임신시도를 포기했다가 시어머니가 죽기 전에 손주를 보고 싶다는 간절함이 너무 심해 마지막으로 한 번 더 노력해보기로 하였다. 실패하면 이혼을 생각하고 시도한 끝에 얻은 아이라 '구세주 같은 존재'라 여기고 있다. 그러나 태어나 자주 깨고 예민한 아이로 인해 늘 잠 부족에 시달리면서 생활하였고, 육아에 있어 시아버지 때문에 아이에게 부모로서의 권위를 세우지 못하는 것이 매우 큰 스트레스로 작용하고 있다.

3) 주 호소문제

(1) 모(母)가 호소하는 주된 문제

- 감정 조절이 안되고 뜻대로 안되면 분노폭발 하는 게 점점 더 심해지고 있다.
- 크리스마스 선물로 받은 게임기에 심취해서 유치원도 안가려 하고 못하게 하면 초조해하는 것 같다.

(2) 유치원 선생님이 호소하는 주된 문제

- 또래보다 똑똑해서 자기 과제를 빨리 끝내고 수업 중에 계속 돌아다니면서 다른

아이들을 방해하다 다투게 된다.

- 쉽거나 재미없다 여겨지는 활동이거나 오랜 시간의 끈기를 요하는 활동에 대한 주의집중력이 많이 떨어져 마무리를 못하거나 대충 해버리는 경향이 있다.
- 선생님들에게 무례하고 야단을 쳐도 반성하기 보다는 딴짓하면서 듣지 않아 화나게 한다.

4) 심리 검사 결과

(1) 한국형 유아용 지능 검사(K-WPPSI)

- K-WPPSI 프로파일 주요 판독 내용: 내담아는 지능 검사 수행시 소검사에 대한 호불호가 분명했으며, 좋아하는 유형이 소검사의 경우는 몰입도가 높고 신속하고 정확하게 문제를 해결하였으나, 흥미를 끌지 못하는 소검사의 경우는 주의를 기울이지 않는 반응을 보였다. 전체 지능 점수는 117점으로 '보통 상'이며, 언어성 점수(119점)와 동작성 점수(114) 간 유의한 차이는 보이지 않는다. 그러나 소검사 점수 간에는 3점 이상의 유의한 차이가 나타나는데, 이는 기질적 문제이기보다는 성격적 특성을 반영한 것으로 이해할 수 있다. 구체적으로 지속적인 주의력을 요하는 산수, 문장, 미로 검사 점수와 본질과 비본질을 구분하는 능력을 측정하는 빠진 곳 찾기 점수가 다른 점수들에 비해 저하되고, 상대적으로 추상적 사고력을 발휘해야 하는 공통성 문제와 시각적으로 수행에 대한 즉각적인 피드백을 제공하는 모양 맞추기, 토막 짜기, 동물짝짓기 점수는 높다. 이는 내담아가 자신에게 도전이 되는 과업에는 동기부여가 되지만, 난이도는 높지 않으나 주의집중력을 필요로 하는 문제들은 간과하는 것으로 내담아의 '자기 중심적 특성' 을 반영하는 것으로 이해할 수 있다. 또한 즉각적으로 자신의 수행의 정답 여부를 확인할 수 있는 것을 선호하는 것은 '욕구 지연' 의 어려움을 예상할 수 있다. 이러한 특성은 내담아의 잠재적 능력을 효율적으로 사용하지 못하게 하여 가진 능력에 비해 수행 수준이 저하될 수 있으며, 사회적 관계에서 자기 중심적이고 충동적인 모습으로 인해 갈등을 초래할 수 있을 것으로 여겨진다.

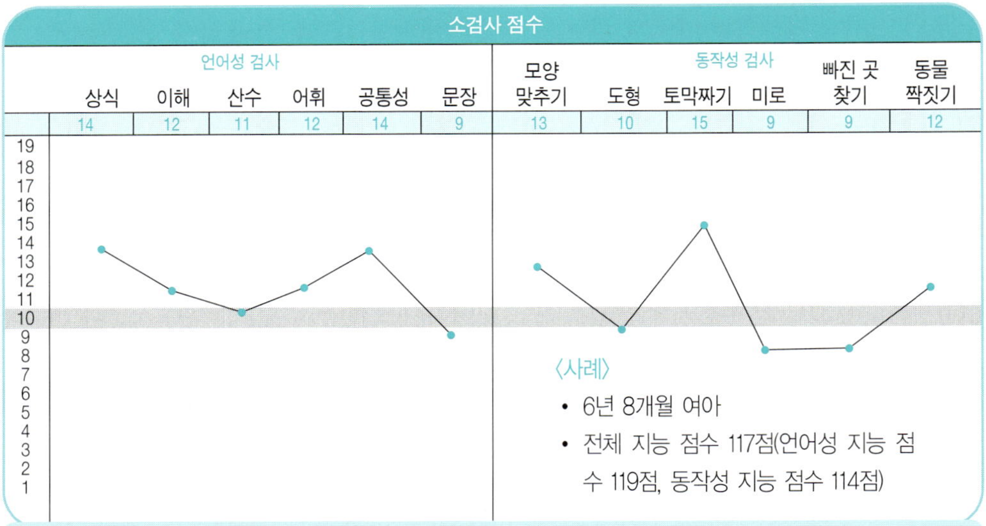

그림 12-2 '주의력결핍 및 과잉행동 장애 아동 사례'의 K-WPPSI 프로파일

(2) BGT

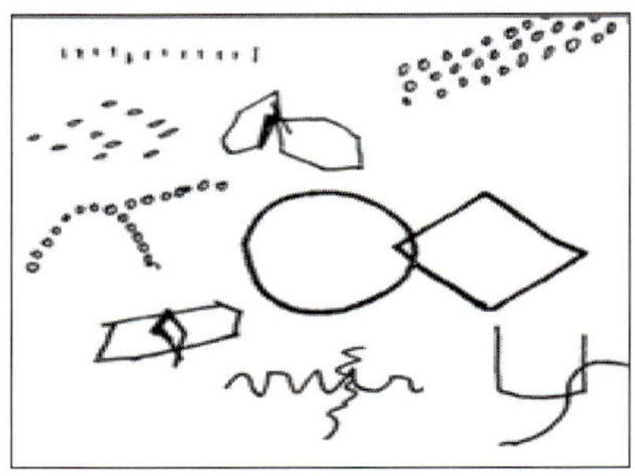

'주의력결핍 및 과잉행동 장애 아동 사례'의 BGT 결과

□ BGT 주요 판독 내용: 연령을 고려할 때 전체적으로 곡선 모사의 정확도가 양호하고, 형태 왜곡이 심하지 않으며 각도일탈이나 중첩 현상이 없는 것으로 볼 때에 뇌의 기질적 손상 징후는 보이지 않는다. 그러나 전체 지면을 계획적, 조직적으로 활용하지 못하고 있고 점을 원이나 선으로 처리하는 점, 지면을 벗어나고 있는 도형, 도형 A에서 사각형이 원을 침투하고 있는 점 등은 내담아의 자아팽창감과 충동성, 대인갈등 상황에서의 행동화 가능성을 반영하는 것으로 이해할 수 있다.

(3) 로르샤하 검사

□ 로르샤하 검사 주요 내용: 반응 내용에 대한 체계적인 구조적 요약은 생략하고, 정상 여부를 판독하기 위한 기준들을 적용하여 내담아의 특성을 살펴보면, 전체 반응 수가 10개 이상(18개)이고, 자잘한 세부반응에 비해 전체 형태반응이 더 많은 것으로 볼 때, 외부 세계와의 접촉 수준은 양호하다 보여진다. 그러나 순수한 형태 반응보다 색채반응과 움직임 반응이 많으며, 특히 이들이 표현하고 있는 내용은 분노 정서와 공격적인 행동(예 노려보고, 째려보고, 휘저으면 다 죽고, 싸우고, 뚫어버리는)이다. 이는 외부자극을 지나치게 조작하려 하는 성취지향적 특성(예 힘 센, 큰, 장군 등)을 반영하며, 좌절 혹은 갈등상황에서 정서 조절의 어려움이 드러날 수 있음을 보여준다.

표 12-3 주의력결핍 및 과잉행동 아동 사례'의 로르샤하 검사 반응

번호	카드	연상반응 및 질문반응	번호	카드	연상반응 및 질문반응
I		① 뿔난 고양이가 노려보고 있어요. ② 사나운 늑대들이 서로 싸우고 있어요.	II	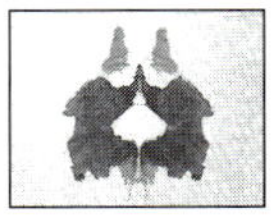	① 말벌(빨간 침이 있고, 힘이 세다.) ② 무늬가 있는 화려한 나비 같다. ③ 얼굴은 작은데, 빨간 레이저가 나오는 요괴다.
III		① 메뚜기다(이빨이 뾰족하고 이쁘다.).	IV		① 엄청 큰 괴물이다(뭘 잘못 먹어 쫙쫙 설사하고 있다.). ② 화려한 망토를 걸친 장군(엄청 소리가 크고 무시무시하다.)
V		① 얼굴이 없는 망토 입은 유령(망토를 휘저으면 다 죽어요.) ② 날개 끝에 뾰족한 침이 있는 나비(적을 감시하는 레이더 뿔도 있어요.)	VI		① 땅 파는 괴물(게임에 나오는 데, 엄청 쎄서 뭐든지 뚫어요. 제일 위에 있는 게 윙 돌아가는 거예요.) ② 딱딱한 호랑이 가죽
VII	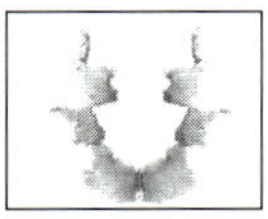	① 벌레 두 마리가 손잡고 춤을 춰요. ② 팅커벨 요정(뿔 달린 요정이 웃고 있어요.)	VIII	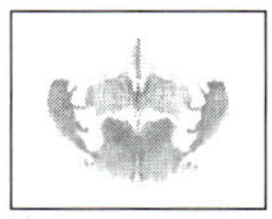	① 빨간 팔, 빨간 몸통을 가진 괴물이 앉아 있다(혼내주려고 째려보고 있다.). ② (거꾸로 보며) 빨간 머리의 사람 얼굴
IX	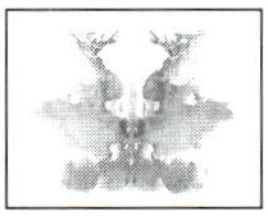	① 화산이 폭발한거다(용암이 흘러내리고 연기 나고 난리다.).	X	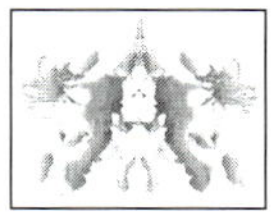	① 엄청 힘 쎈 할아버지(빨간 수염, 부스스한 머리카락이 있다.)

(4) HTP와 KFD

□ HTP와 KFD 주요 판독 내용: 내담아는 지능 검사나 BGT 검사에 비해 그림 검사에 대한 적극성이 더 높았으며, 거침없이 빠른 속도로 그림을 완성했다. 그러나 수행 속도에 비해 수행 결과의 질은 떨어진다. 전체적인 그림에 대한 인상도 지면을 꽉 채웠으나 무성의한 느낌을 전달한다. 사람 그림에서 구성 요소의 생략이 있고 손과 발을 크고 검게 표현한 것과 집 그림에서 형태의 불완전성, 대문의 생략, 어지러운 선처리 등에서 내담아의 '자기 중심적 충동성과 호전성'을 엿볼 수 있다. 또한 가족화에서는 부모의 손발이 생략되고 아빠는 함께 상호작용하기 보다는 자신의 일에 몰두하고 있고, 엄마는 내담아를 바라보고는 있으나 내담아에 대한 적절한 통제력이 발휘되고 있지 않음을 볼 수 있다. '엄마가 게임하는 걸 방해하면 짜증이 난다. 결국 내가 이긴다'는 보고는 현재 진행 중인 '엄마와의 힘겨루기' 주제를 드러내고 있다.

〈나무 그림〉

- 어떤 나무? 우리 집에 있는 느티나무
- 나이는? 7살, 나랑 같아요.
- 상태? 엄청 크고 건강해요. 물 주고 할아버지가 다른 것도 줘요.
- 주변에 다른 나무는? 다른 나무도 많은데 이게 제일 커요.
- 여기 사람은? 저예요. 나무 좋아해줘요.
- 미래는? 더더 커질거에요.

〈남자 그림〉

- 누구? 노랑반 쌈쟁이 ○○이.
- 나이? 7살.
- 지금? 신나게 놀아요. 대장이라서 자기 하고 싶은 대로 해요. 그래서 싫어요. 귀찮게 해요.
- 기분? 좋아요.
- 성격? 자기가 하고 싶은대로 다 해야 해요.
- 장래희망? 대통령

〈여자 그림〉

- 누구? 나요.
- 나이? 7살이죠.
- 지금? 게임도 하고 노래도 하고 집에서 어슬렁. 근데 선생님 게임 잘해요? (그림과 무관한 이야기를 꺼냄)
- 기분? 너무 좋아요. 엄마가 잔소리 하는 것 빼면.
- 성격? 진짜 좋아요. 통이 커요. 애들이 달라는 스티커 다 줘요.
- 장래희망? 내가 되고 싶은거요. 화가, 선생님, 탤런트! 다다!

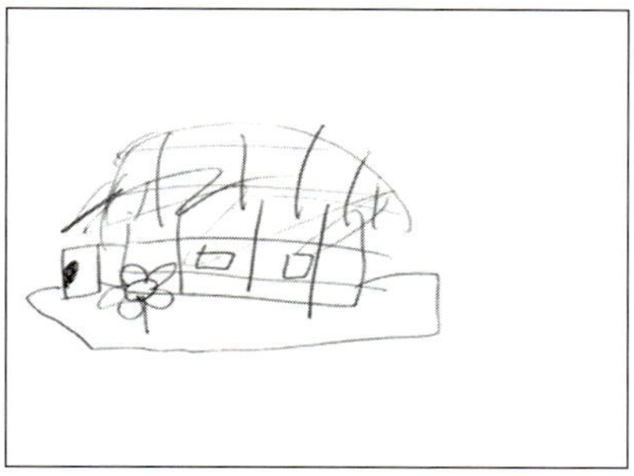

〈집 그림〉

- 어떤 집? 예쁜 집
- 누가 사나? 할아버지랑 우리 가족
- 분위기? 좋은데, 안 좋을 때는 안 좋아요.
- 지금? 같이 밥 먹고 TV 봐요. 과일도 먹어요.
- 미래? 잘 살아요. 여행도 다니고 사고 싶은 것 다 사고 그래요.

〈가족화〉

- 지금? 집에서 가족들이랑 있는데, 각자 자기 일해요.
- 누구? 아빠, 엄마, 나, 할아버지는 놀러 갔어요. 나 안 데려갔어요. 미워요. 근데 가도 재미없을 것 같아서 괜찮아요.
- 뭐하나? 닌텐도. 근데 엄마가 게임하는 걸 방해해요. 너무 많이 한다고 잔소리하면서 방해하면 짜증이 나요. 근데 결국 내가 이겨요.
- 분위기? 싸울 때만 빼면 좋아요. 내가 이기니까 괜찮아요.
- 관계는? 좋은데.
- 고치고 싶은 점은? 내가 너무 못 생기게 그려졌어요. 더 멋지게 그리고 싶어요.

그림 12-3 주의력결핍 및 과잉행동 장애 아동 사례' 의 HTP와 KFD 결과

심리 검사를 종합해볼 때, 내담아는 지적 지능은 '보통 상' 이지만 선택적 주의집중력과 인내력이 부족하고, 계획적인 조직능력 저하로 인해 충동적인 문제해결 양상을 드러내고 있다. 욕구 좌절에 대한 내성이 약해 욕구를 포기하거나 지연 등 제약이 발생되는 상황에서 분노반응 및 공격적인 외현화 행동이 나타날 가능성이 높을 것으로 이해된다. 따라서 과도한 자기 중심적 욕구 충족에 대한 요구를 적절히 조절하고 갈등상황에서 부적절한 외현화 행동을 줄여나갈 수 있도록, 문제대처능력과 객관적인 조망 수용능력을 향상시킬 수 있도록 조력하는 것이 필요하다.

생각해보기

본 장에서 제시된 상담 사례를 살펴보면, 특정한 어려움을 겪고 있는 한 아이를 체계적으로 이해하기 위해서는 주요한 발달사적 특성, 가족사항, 객관적인 심리 검사 결과 등을 통합해야 함을 알 수 있었을 것이다. 이외에 유아교사로서 여러분이 아이들과 함께 생활하면서 수집할 수 있는 유의한 구체적인 정보들에는 어떤 것이 있을 수 있고 어떻게 수집할지에 대해 생각해 보세요. 아래 목록들을 참고해 보세요.

1. 인지적 특성에 관련된 정보
2. 정서적 특성에 관련된 정보
3. 대처행동적 특성에 관련된 정보
4. 대인관계적 특성에 관련된 정보

참고문헌

강옥려(1992). 장애아동의 행동 지도. 서울: 서울장애인종합복지관.

교육과학기술부(2008). 유치원교육과정해설(II). 교육과학기술부.

구수연(2004). 영아의 어린이집 적응과정에 관한 연구. 중앙대학교대학원 박사학위청구논문.

권석만(2003). 현대 이상심리학. 서울: 학지사.

김광웅(1999). 아동놀이의 속성과 치료적 요소에 관한 고찰. 놀이치료연구, 2. 49-57.

김광웅(2009). 유아행동 지도-행동 지도 사례와 기법. 서울: 교육과학사.

김광웅 · 유미숙 · 유재령(2008). 놀이치료학. 서울: 학지사.

김경희(2002). 부모-자녀 놀이치료. 서울: 동문사.

김동연 · 최외선(2002). 아동미술치료. 대구: 중문출판사.

김동연 · 이재연 · 홍은주(2004). 아동미술심리이해. 서울: 학지사.

김명룡(2013. 5. 12.). '스트레스 받는 아이들' 일부 발췌. 머니투데이.

김순혜(2006). 현대아동상담. 서울: 학지사.

김영옥 · 백혜리 · 최미숙 · 황윤세(2009). 아동발달론. 경기: 공동체.

김진호 · 이병래 · 김덕희(2009). 유아정신건강. 서울: 동문사.

김재은(1995). 유아문제행동의 특징과 지도 방법. 서울: 국민서관.

김재환 · 황순택 · 이장한 · 홍상희 · 오상우 · 김지혜 · 정승아 · 문혜신 · 정은경(2006). 임상심리 검사의 이해. 서울: 학지사.

김정희 · 정다운(2011). 집단미술치료 프로그램 참여가 저소득층 한부모가족 아동의 자아존중감 및 또래 관계에 미치는 효과. 한국생활과학회지, 20(5). 967-982.

김지현 · 정지나 · 조윤주 · 한준아(2008). 부모교육. 서울: 양서원.

김진영 · 김정원 · 전선옥(2009). 개정 영유아를 위한 부모교육. 서울: 창지사.

김춘경(2006). 아동상담. 서울: 학지사.

김태련(1991). 아동치료접근. 서울: 이화여자대학교 출판부.

김태련 · 서봉연 · 이웅화 · 홍숙기(1976). 아동용회화 통각 검사: 한국판. 서울: 이화여자대학교 인지발달연구소.

김희경 · 김옥숙 · 이숙희(2011). 정신건강론. 서울: 정민사.

노희연(2008). 배변 훈련을 통해 본 영아의 분리와 전이 경험. 유아교육학논집, 12(1). 289-317.

문용린(2011). 행복한 성장의 조건. 서울: 리더스북.
박영숙(1993). 심리 평가의 실제. 서울: 하나의학사.
박영숙(2001). 투사적 검사와 치료적 활용. 서울: 하나의학사.
박영숙 · 박기환 · 오현숙 · 하은혜 · 최윤경(2010). 최신 심리 평가: 아동 청소년 성인대상. 서울: 하나의학사.
박지연 · 이숙(2008). 우울, 불안과 위축행동을 보이는 유아에 대한 모래놀이치료 효과. 놀이치료연구, 12(3). 85-103.
박진성(2009). 가정과 지역사회를 연계한 유아교육기관의 영양교육 프로그램 개발 연구. 덕성여자대학교대학원 박사학위청구논문.
박현주(2009). 미술치료 진단 기법의 이해. 서울: 양서원.
박혜원 · 곽금주 · 박광배(1996). K-WPPSI: 한국 웩슬러 유아지능 검사. 서울: 특수교육.
백중열(2010). 아동미술치료. 경기: 공동체.
보건복지부(2009). 보건복지 가족 통계 연보. 5-4-9.
보건복지가족부(2009). 표준보육과정-보육프로그램 총론. 보건복지가족부.
서소정(2009). 영아의 보육기관 적응 행동에 영향을 미치는 요인에 관한 연구: 영아발달, 기질, 교사-영아 간의 상호작용, 어머니의 양육 및 보육신념과 적응지원 전략을 중심으로. 미래유아교육학회지, 16(4). 259-288.
서울교육대학교 초등교육연구원 아동상담연구소 초등상담학회(2008). 아동상담사례집. 경기: 교육과학사.
서현아 · 강경희(2006). 유아의 정서적 부적응행동에 대한 원인과 지도 방법. 경성대학교 인문과학논총, 11(2). 179-198.
선우현 · 김하정(2009). 다문화가정 유아를 위한 아동 중심 집단놀이치료. 아동교육, 18 (4). 143-155.
손석한(2008). 부모와 아이마음 간격 1 mm. 서울: 파인앤굿.
송영혜 · 김현주(2010). 모래상자 놀이의 심리치료적 요인 탐색. 놀이치료연구, 14. 21-32.
신동주 · 강금지 · 이용수 · 정춘식(2005). 영유아의 영양, 건강, 안전. 서울: 정민사.
신민섭(2004). 그림을 통한 아동의 진단과 이해. 서울: 학지사.
신숙재 · 한정원(2000). 아동 중심 놀이치료의 효과. 놀이치료연구, 3 (1). 49-57.
신인숙 · 유연옥(2003). 철학적 탐구 공동체 활동이 유아의 기본생활습관 형성에 미치는 효과. 미래유아교육학회지, 10(1). 269-296.
염태호 · 박영숙 · 오경자 · 김정규 · 이영호(1992). K-WAIS 실시요강. 서울: 가이던스.
염숙경(2004). 아동상담과 놀이치료. 서울: 상조사.
오경자 · 하은혜 · 이혜련 · 홍강의(2007). K-CBCL 아동, 청소년행동 평가 척도. 서울: 휴노컨

설팅.

유가효 · 위영희 · 문현주 · 이희정 · 김태은(2010). 놀이치료의 이해. 경기: 양서원.

유미숙 (2002). 놀이치료 이론과 실제. 서울: 상조사.

유승은 · 박부진(2011). 아동의 자아 개념 형성과 자아발달 촉진을 위한 집단모래놀이치료 효과. 아동학회지, 32(3). 163-184.

유안진 · 김연진(1987). 부모교육. 서울: 정민사.

유영만 · 고두현(2011). 곡선이 이긴다. 서울: 리더스북.

유효순(1995). 아동발달. 서울: 창지사.

이강진(2013. 8. 30.). '놀이란 무엇인가' 일부 발췌. 경향신문.

이경화 · 김연진 · 고진영 · 박숙희(2010). 유 · 아동기 정신건강의 이해. 서울: 동문사.

이성호(2011). 부모가 하지 말아야 할 21가지 말. 서울: 이너북스.

이숙 · 정미자 · 최진아 · 유우영 · 김미란(2004). 아동상담. 경기: 양서원.

이숙희 · 고인숙(2007). 아동놀이치료. 서울: 교육아카데미.

이순형 · 이성옥 · 권혜진 · 이소은 · 황혜신(2013). 보육과정(4판). 서울: 학지사.

이순형 · 이혜승 · 권혜진 · 이영미 · 정윤주 · 한유진 · 성미영 · 권기남 · 김정민(2008). 아동행동관칠 및 행동연구. 서울: 학지사.

이영신(2004). 대상별(아동, 청소년, 성인) 상담자의 특성연구. 숙명여자대학교대학원 석사학위논문.

이영호 · 송종용(1991). BDI, SDS, MMPI-D 척도의 신뢰도 및 타당도에 대한 연구. 한국 심리학회지: 임상, 10(1). 98-113.

이원영(1985). 부모교육. 서울: 교민사.

이원영 · 방인옥 · 박찬옥(1991). 유치원의 기본생활교육에 관한 연구. 서울: 교육부.

이은화 · 김영옥(1999). 유아를 위한 부모교육. 서울: 동문사.

이은하 · 정계숙(2006). 형제 관계 개선을 위한 부모-자녀 놀이치료 프로그램 효과 연구. 아동학회지, 27(1). 45-65.

이재연 · 서영숙 · 이명조 역(1993). 아동상담과 치료. 서울: 양서원.

이재연 · 홍은주 · 이지현 역(2006). 학대받은 아동을 위한 미술치료. 서울: 양서원.

이정자(2005). 모래상자 놀이치료의 부모-자녀 의사소통 기능의 고찰. 놀이치료연구, 9(1). 19-30.

이희자 · 송지영(2005). 자녀 양육을 위한 부모자녀 놀이치료의 이론적 접근. 아동가족치료연구, 4. 23-35.

이희선(1997). 유아의 기본생활습관에 관한 부모의 인식. 한국영유아보육학, 제11집. 205-219.

임창재(2000). 유아심리측정. 서울: 학문사.
장미경 · 손금옥 · 서지영(2007). 아버지의 공감능력 증진과 유아기 자녀의 행동문제 개선을 위한 부모놀이치료의 효과. 한국가족복지학, 12(3). 97-113.
장선철(2011). 유아생활 지도. 서울: 태영출판사.
장연집(2003). 아동기의 스트레스. 서울: 다음세대.
전애영(2012). 심리를 읽어가는 모래놀이치료. 경기: 공동체.
정가영(2013. 5. 22.). '손쉽고 간편하고 기발한 유아놀이 7가지' 일부 발췌. 베이비뉴스.
정갑순(2006). 개정 부모교육론. 서울: 창지사.
정계숙 · 이은하(2008). 부모-자녀 놀이치료를 통한 부적응 유아의 대인 관계 증진 사례 연구. 아동학회지, 29(1). 63-86.
정미라 · 권정윤 · 박수경(2011). 영유아 관련 뇌기반 연구에 대한 고찰. 유아교육연구, 31(2). 207-231.
정미라 · 배소연 · 이영미(2009). 영유아를 위한 건강 및 영양교육. 경기: 양서원.
정미라 · 이희선 · 배소연 · 최미경 · 조윤정(2006). 자녀양육과 부모역할. 서울: 양서원.
정민정 · 이상희(2006). 우리나라 아동상담사업의 현황과 개선방향. 한국생활과학지, 15(4). 563-572.
정여주(2003). 미술치료의 이해. 서울: 학지사.
정옥분(2012). 아동심리 검사. 서울: 학지사.
정종진(2003). BGT 심리진단법. 서울: 학지사.
정현희(2007). 실제적용 중심의 미술치료. 서울: 학지사.
조미영(2011). 미술심리치료의 이해와 실제. 서울: 파란마음.
조영숙 · 이혜숙 · 여동원 · 반주영(2012). 미술심리지도사((사)한국대학평생교육원협의회). 서울: 양서원.
조운주 · 최일선(2008). 유아교육기관에서의 유아생활 지도. 서울: 창지사.
존 가트맨 · 최성애 · 조벽(2011). 내 아이를 위한 감정코칭. 서울: 한국경제신문.
지성애 · 홍혜경(2006). 영유아생활 지도. 서울: 양서원.
지성애 · 홍혜경(2010). 영유아생활 지도. 경기: 양서원.
차영희(2010). 유 · 아동상담의 기초-아동상담의 실제 준비를 위하여. 서울: 창지사.
최외선 · 이근매 · 김갑숙 · 최선남 · 이미옥(2007). 마음을 나누는 미술치료. 서울: 학지사.
최정미 · 이숙(2005). 어머니의 양육 스트레스와 언어적 학대기 아동의 정서적 부적응행동에 미치는 영향. 한국지역사회생활과학회지, 16(4). 71-81.
최정윤(2002). 심리검사의 이해. 서울: 시그마프레스.
최혜순(2011). 유아생활 지도. 서울: 신정.

하승민 · 서지영 · 강현아 · 마주리 · 서혜전 · 장정백(2011). 아동상담. 경기: 공동체.

한경희 · 김중술 · 임지영 · 이정흠 · 민병배 · 문경주(2011). MMPI-2 검사 실시 및 해석에 대한 지침서. 서울: 마음사랑.

한국아동미술치료학회(2010). 제8회 미술치료연수 자료집.

한국아동미술치료학회(2013). 제11회 미술치료연수 자료집.

현정환(2009). 아동상담. 서울: 창지사.

홍은주 · 한미현 · 이향숙 · 류진아 · 이상희 · 홍주란 · 안순미(2010). 놀이치료. 서울: 창지사.

황상훈(2012). 상담에의 투사적 기법의 적용. 한국상담심리학회 학술연수 자료집. 2월 1일. 서울: 명지대학교. 미간행.

황유경(2005). 미술치료로 아이들에게 한걸음 다가서기. 서울: 혜성출판사.

황현주 · 유은정 · 박혜정 · 서은경 · 신현정 · 정다운(2013). 교사를 위한 아동정신건강. 서울: 파란마음.

황현주 · 유은정 · 박혜정 · 신현정 · 이찬숙 · 정다운(2011). 아동생활지도. 서울: 파란마음.

SBS 우리 아이가 달라졌어요, 373회(2013. 4. 26.). 최강 악동 건호.

Achenbach, T. M., & Edelbrock, C. S. (1983). *Manual for the Child Behavior Checklist and Revised Child Behavior Profiles*. Burlington, VT: University of Vermont.

Axline, V. (1947). *Play therapy: The inner dynamics of childhood. Boston, MA: Houghton Miffin*. 서영숙 역(1992). 놀이를 통한 아동심리치료. 서울: 학문사.

Beck, A. T. (1967). *Orginal 21-ITEM scale. Depression: Cause and treatment*. Philadelphia: University of Pennsylvania Press.

Bellak, L., & Bellak, S. (1949). *The Children's Apperception Test*. New York: Grune & Stratton.

Bender, L. (1938). *A visual motor gestalt test and its clinical use*. New York: American Orthopsychiatric Association.

Berk, L. E. (2005). *Infants and children: Prenatal through middle childhood(5Eds.)*. Prentice-Hall: Person Education Inc. 박낭자 · 박경희 · 강숙현 · 백미열 · 성정숙 · 오채선 · 유영의 · 이시자 · 이현경 · 임명희 · 조혜경 · 홍연애 · 황윤세 역(2007). 아동발달. 서울: 정민사.

________. (2007). *Development through the life span*(4th). Boston: Allyn & Bacon.

Binger, C. (1973). *Childhood leukimia: Emotional impact on sibling*. In Anthony C.

Buck, J. W. (1948). *The House-Tree-Person technique*. Los Angeles: Western Psychological Services.

Buck, J. W., & Hammer, E. F. (1969). *Advances in House-Tree-Person Technique: Variations and Applications*. Los Angeles: Western Psychological Services.

Burns, R. C. (1987). *Kinetic House-Tree-Person technique*. New York : Brunner/Mazel. 김상식 역(1998). 동적 집-나무-사람 그림 검사. 서울: 하나의학사.

Burns, R. C., & Kaufman, S. H. (1970). *Kinetic Family Drawings(K-F-D): An introduction to understanding children through kinetic drawings*. New York: Brunner/Mazel.

Carey, L. (1990). Sandplay Therapy with a Troubled Child. *The Arts in Psychotherapy, 17*. 179-209.

Clark, L. (1989). *The time-out solution: A practical's guide for handling everyday behavior problem*. New York: Contemporary Books.

Corey, G. (2001). *Theory and Practice of Counseling and Psychotherapy*. CA: Wadsworth Thomson Learning. 조현춘 · 조현재 역(2003). 심리상담과 치료의 이론과 실제. 서울: 시그마 프레스.

Dinkmeyer, D., & McKay, G. D.(1982). *The parent's hand book; Systematic training for effective parenting*. Circle Pines, Minn: American Guidance Service.

Elkind, D. (1989). *The Hurried child*. New York: Perseus Publishing. 김용미 역(2001). 쫓기며 자라는 아이들. 서울: 학지사.

Exner, J. E. (1995). *A Rorschach Workbook for the Comprehensive system*. Asheville, N.C. : Rorschach Workshops. 김영환 · 김지혜 · 홍상황 · 배금예 · 장문선 · 박은영 역(1999). 로르샤하 워크북. 서울: 학지사.

Fields, M., & Fields, D. (2006). *Constructive guidance and discipline for early childhood education(4Eds.)*. New Jersey: Pearson. 이희영 · 허승희 역(2011). 아동생활지도-구성주의적 접근. 경기: 21세기사.

Freud, A. (1952). The role of bodily illness in the mental life of children. *Psychoanalytic Study of the Child, 8*. 69-81.

Frost, J., Wortham, S., & Reifel, S. (2001). *Play and child development*. Upper Saddle River, NJ: Merrill Prentice Hall.

Garfield, S. L. (1995). *Psychotherapy: An Eclectic-Integrative Approach(2th)*. 김미리혜 · 김진영 역(2000). 심리치료-절충 통합적 접근. 서울: 정민사.

Gartrell, D. (1987). *A guidence approach to discipline*. NY: Delmar Pub.

Gestwicki, C. (1995). *Developementally appropriate practice: Curriculum and development in early education*. Albany, NY: Delmar Publishers Inc.

Gestwicki, C. (2007). *Developmentally appropriate practice: Curriculum and development in early education(3Eds.).* Albany, New York: Thomson Delmar Learnin. 임부연 · 장영숙 · 최미숙 · 최윤정 · 최일선 · 황윤세 역 (2008). 발달에 적합한 실제: 유아교육과정과 발달. 서울: 정민사.

Glass, J. (1991). Death, loss, and grief among middle school children: Implications for the school counselor. *Elementary School Guidance and Counseling, 26.* 139-148.

Gordon, A. A., & Browne, K. W. (1996). *Guiding young children in a diverse society.* Neesham Heights, MA: Allyn & Bacon.

Gordon, T. (1989). *Teaching children self-discipline.* NY: Times Book.

Hart, A. (1992). *Stress and Your Child: Know the Signs and Prevent the Harm.* W Publishing Group.

Hathaway, S. R., & Mckinley, J. C. (1942). A multiphasic personality schedule(Minnesota): I. Construction of the schedule. *Journal of Psychology, 10.* 249-254.

Hildebrand, V. (1985). *Introduction to Early Childhood Education(4th ed.).* New York: Macmillan.

Jang, M. (2003). *The effectiveness of filial therapy on Korean Parents. In Vanfleet & L. Guerney, Casebook of filial therapy.* Boiling Springs, PA: Play Therapy Press.

Kalff, D. (1980). *Sandplay: A psychotherapeutic approach to the psyche.* Santa Monica: Sigo Press.

Kostelninik, M. J., Stein, L. C, Whiren, A. P., & Soderman, A. K.(1993). *Guiding children's social development.* Albany, NY: Delmar Publishers Inc.

Krulik, T. (1983). Loneliness and social isolation in School-age children with chronic life-threatening illness. In Krulik, T., Holiday, B., & Martinson, I.(eds.). *The child and family facing life-threatening illness.* Pensylvania: J. B. Lippincott Company. 133-161.

Krupnick, J. (1984). Bereavement during childhood and adolescence. In M. Osterweis, F. L. Parad(Eds.). *Crisis intervention. Book 2: The practitioner's sourcebook for bried therapy.* Milwaukee: WI: Family Service America. 3-66.

Kuczen, B. (1987). *Childhood Stress.* NY: Dell Pub. Co. 강영자 · 박성옥 · 양명숙 역 (2002). 아동의 스트레스. 경기: 양서원.

LaMontagne, L. (1987). Factors influencing children' s reactions and adjustment to illness: Implications for facilitating coping. In Kruik, T., Holaday, B., & Martinson. I.(eds.) *The child and family facing life-threatening illness.* Pennsylvania: J. B. Lippincott Company. 273-278.

Landreth, G. (1991). *Play therapy: The art of the relationship.* PA: Accelerated Development.

Landreth, G. (2002). *Play therapy: The art of the relationship(2nd ed.).* NY: Routledge.

Miller, K. (2005). *Simple transitions for infants and toddlers.* Beltsville, MD: Gryphon House.

Morgan, C. D., & Murray, H. A. (1935). A method for investigation fantasies. The Thematic Apperception Test. *Archives of Neurological Psychiatry, 16.* 292-298.

Natterson, J., & Knudson, A. (1960). Observations Concerning Fear of Death in Fatally Ill Children and Their Mothers. *Psychosomatic Medicine, Vol 22.* 456-465.

Nording, W., & Guerney, L. (1999). Typical stages in the child-centred play therapy process. The Journal for the Professional Counselor, 14(1). 17-23.

Parke, R. D., Ornstein, P. A., Rieser, J. J., ZahZahn-Waxler, C., Parke, R. D., Ornstein, P. A., & Rieser, J. J. (1994). *A Century of Developmental Psychology.* 이민희 · 정태연 역(2004). 발달심리학 거장들의 핵심 이론 연구. 서울: 학지사.

Reynolds, E. (1996). *Guiding young children: A child-centered approach.* Mountain View, CA: Mayfield Pub. Co.

Santrock, J. W. (2006). *Child development(10Eds.).* Boston: McGraw-Hil. 곽금주 · 정윤경 · 김민화 · 박성혜 · 송현주 역(2007). 아동발달심리학. 서울: 박학사.

Sweeney, D., & Landreth, G. (2003). Charles E. Schaefer. In C. Schaefer(Eds.). *Foundations of play therapy.* 김은정 역(2009). 놀이치료의 기초. 서울: 시그마프레스.

Thompson, C. L., & Henderson, D. A. (2007). *Counseling children(7th eds.).* Belmont, CA : Thomson/Brooks/Cole. 김택호 · 박제일 · 송재홍 · 안이환 · 양재혁 · 윤호열 · 은혁기 · 이동훈 · 이상민 · 이승희 · 이영순 · 이희백 · 천성문 · 최명식 · 허재홍 역(2012). 아동상담. 서울: 교보문고.

Thompson, C. L., & Rudolph, L. B. (2000). *Counseling Children.* CA: Wadsworth Thomson Learning. 천성문 · 송재홍 · 윤치연 · 윤호열 · 이영순 · 박천식 · 김경일 · 하영자 · 김상희 · 원요한 역(2003). 아동상담의 이론과 실제. 서울: 시그마

프레스.
Thomson, C., Rudolph, L., & Henderson, D. (2004). *Counseling Children(6th ed.)*. Belmont, CA: Thomas Brooks/Coldill children and mothers. *Psychosom Med, 22 (6)*. 456-465.
Trapmann, H., Liebetrau, G., & Rotthaus, W. (1984). *Auffä lliges Verhalten im Kindesalter*. Germany: Verlag Modernes Lernen. 김영희 역(1992). 아동의 부적응행동에 관한 이해와 대처-부모와 교사를 위하여. 서울: 서울장애자종합복지관.
Turner, B. (2005). *The handbook of sandplay therapy*. LA: Temenos Press.
Vanfleet, R. (1994). *Filial therapy: Strengthening parent-child relationship through play*. FL: Professional Reource Press.
Wallerstein, J. (1989). Daughters of divorce: Report from a ten year follow-up. *American Journal of Orthospychiatry, 59, (4)*. 593-604.
Wills, A., Blechman, E., & McNamara, G.(1996). In Hetherington, E, & Blechman, (eds.). *Stress, coping and resiliency in children and families*. Lawrence Erlbaum Associates, Inc. 오승아 역(2003). 아동과 가족의 스트레스, 대처 및 복원력. 서울: 민지사.
Wolff, S. (1969). *Children under stress*. Maryland: Penguin Books Inc.
Woo, B., & Wong, G. (2003). *Living with grief*. Marshall Cavendish Internationa(Asia) Pte Ltd. 문희경 역(2007). 슬픔에 빠진 아이들. 서울: 즐거운 상상.
Zeligs, R. (1974). Children' s experience with death. IL: Thomas Publsher, Limited.

경향신문(wwww.khan.co.kr)
머니투데이(www.mt.co.kr)
보건복지부(www.mw.go.kr) 중앙아동보호전문기관(2013). 2012 아동학대현황보고서.
서울 강서구 새싹어린이집 사진자료(2009).
________ (2013).
중앙아동보호전문기관(http://korea1391.org/new_index/)
쥬니어 네이버(http://study.jr.naver.com/dongyo)
연합뉴스(2008. 2. 20. http://www.app.yonhapnews.co.kr). 영진군 그림 설명하는 박○○ 교수.
통계청(www.kostat.go.kr)(2012). 2011 사망원인통계.
한국어린이육영회 부설 치료교육 연구소(http://www.kidgrowing.org)
한신영 특수교육연구소(http://cafe.daum.net/hsy-special)

freudsigmund.blogspot.com
http://cpt.unt.edu/about-play-therapy/playrooms
http://en.wikipedia.org/wiki/Carl_Rogers
http://ko.wikipedia.org
http://psychology.about.com/b/2007/07/25/albert-ellis-1913-2007.htm
http://www.vitaminmd.co.kr
University of North Texas Center for Play Therapy(www.cpt.unt.edu)(2013).
Vanderbilt University Medical Center(www.mc.vanderbilt.edu)
www.ahp.apps01.yorku.ca
www.neoneocon.com
www.psychology.geckos.sis.org.cn
www.secularright.org
www.wps.prenhall.com

저자 소개

황 현 주
이화여자대학교 대학원 유아교육 전공 (문학석사)
고려대학교 대학원 아동학 전공 (이학박사)
(현재) 혜천대학교 아동보육과 교수

유 은 정
총신대학교 교육대학원 유아교육 전공 (교육학석사)
성신여자대학교 대학원 교육심리 전공 (교육학박사)
(현재) 백석문화대학교 유아교육과 교수

박 혜 정
중앙대학교 대학원 유아교육 전공 (문학석사)
텍사스대학교(오스틴) 유아교육학 전공 (철학박사)
(현재) 혜천대학교 유아교육과 교수

신 현 정
이화여자대학교 교육대학원 유아교육 전공 (교육학석사)
덕성여자대학교 대학원 유아교육학 전공 (교육학박사)
(현재) 정화예술대학 사회복지학부 교수

정 다 운
총신대학교 교육대학원 유아교육 전공 (교육학석사)
가톨릭대학교 대학원 아동가족학 전공 (이학박사)
(현재) 수성대학교 아동미술보육과 교수

서 은 경
이화여자대학교 대학원 상담심리 전공 (문학석사)
이화여자대학교 대학원 상담심리 전공 (심리학박사)
(현재) 이화여자대학교 교육대학원 겸임교수, 연 심리상담연구소 소장

아동상담

초판 1쇄 인쇄 2013년 12월 3일
초판 1쇄 발행 2013년 12월 10일

지은이_ 황현주 · 유은정 · 박혜정 · 신현정 · 정다운 · 서은경
펴낸이_ 황호철
펴낸곳_ 도서출판 파란마음
주소_ 140-845 서울시 용산구 백범로90라길 47 | 전화_ (02) 3275-2110~1 | 팩스_ (02) 3275-2199
홈페이지_ http://paranmaum.co.kr/

등 록_ 2006년 4월 24일 · 제302-2006-00024호

ISBN 978-89-97982-18-9 93370
값 18,000원